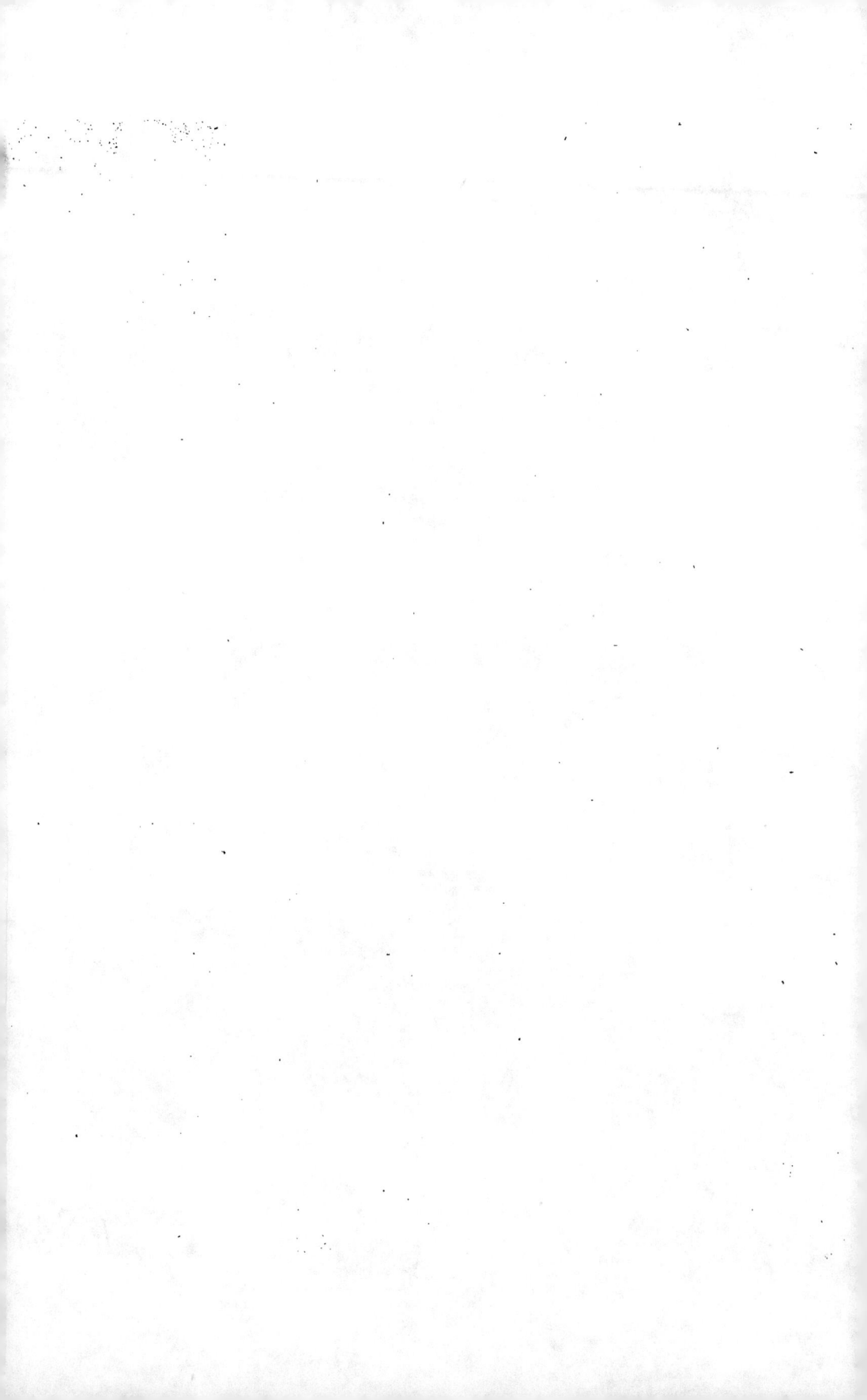

LE

CAMBISTE UNIVERSEL.

LE

CAMBISTE UNIVERSEL,

OU

Traité complet

DES CHANGES, MONNAIES, POIDS ET MESURES,

DE TOUTES LES NATIONS COMMERÇANTES ET DE LEURS COLONIES;

AVEC UN EXPOSÉ DE LEURS BANQUES, FONDS PUBLICS ET PAPIERS-MONNAIES;

RÉDIGÉ PAR ORDRE ET AUX FRAIS DU GOUVERNEMENT ANGLAIS,

PAR KELLY,

EXAMINATEUR POUR LES MATHÉMATIQUES DU COLLÉGE DE LA TRINITÉ, etc.,

Traduit et calculé aux unités françaises sur la seconde Édition;

AUGMENTÉ

DE TABLEAUX DES MONNAIES D'OR ET D'ARGENT,

D'UN APERÇU SUR LA LETTRE DE CHANGE ET LES OPÉRATIONS DE LA BOURSE DE PARIS.

TOME SECOND.

PARIS,

J. P. AILLAUD, QUAI VOLTAIRE, N° 21.
BOSSANGE FRÈRES, RUE DE SEINE, N° 12.

IMPRIMERIE DE RIGNOUX.

M DCCC XXIII.

INTRODUCTION,

CONTENANT L'EXPLICATION DE LA RÈGLE CONJOINTE, ET DES DÉTAILS RELATIFS AUX OPÉRATIONS EN CHANGE ET EN LINGOTS.

Le change, dont nous traitons spécialement dans ce volume, est une science de la plus haute importance dans le commerce et dans l'économie politique. Ses applications communes et directes sont de payer au loin des dettes, des emprunts et des subsides, et de faire circuler les richesses des nations, sans l'embarras ou les dépenses qu'entraînerait le déplacement du numéraire. Les opérations plus compliquées, appelées arbitrages de change, procurent souvent de grands bénéfices; et non-seulement elles réalisent les fortunes particulières, mais dans certains cas elles soutiennent le crédit public.

Une science aussi importante pour les nations, les gouvernemens, et les individus, doit être étudiée par les hommes d'état et les voyageurs, aussi bien que par les négocians, et toutes les personnes qui ont des relations de commerce avec les pays étrangers.

L'introduction du premier volume de cet ouvrage contient la théorie des espèces monnayées, des poids et des mesures; les principes et les lois du change sont établis dans les premières pages du deuxième. Pour en rendre l'étude encore plus facile, nous allons, dans cette introduction, expliquer les principales méthodes de calcul.

Pour étudier avec avantage, voici les règles qu'il faut bien connaître, la règle de trois directe et inverse, simple et composée; les fractions ordinaires et décimales, et la règle conjointe[1]. Cette dernière est la seule qui demande ici quelques explications; toutes les autres sont suffisamment développées dans les livres ordinaires d'arithmétique.

La règle conjointe consiste en une série de termes qui ont entr'eux un un certain rapport. Ils sont disposés sur deux colonnes : les premiers à gauche s'appellent *antécédens*, les seconds à droite se nomment *conséquens.*

[1] La règle conjointe s'appelle, en anglais, la règle de la chaîne.

Les termes sont placés comme dans les équations, et unis entre eux comme les anneaux d'une chaîne; quel que soit leur nombre, on obtient par une seule opération le même résultat que par plusieurs règles de trois.

Cette règle étant surtout utile dans les changes, se démontre ordinairement par des exemples tirés des monnaies, poids et mesures étrangers; mais comme ces exemples sont rarement bien compris des lecteurs, ils obscurcissent plutôt qu'ils n'expliquent le sujet. C'est pour cela que nous avons choisi de préférence le cas suivant.

EXEMPLE I. — Si 3 liv. de thé valent 4 liv. de café, et si 6 liv. de café valent 20 liv. de sucre, combien de livres de sucre doit-on avoir pour 9 liv. de thé?

D'abord par une double règle de trois.

liv. thé		liv. café		liv. thé		liv. café.
3	:	4	::	9	:	12

Et

liv. café		liv. sucre		liv. café		liv. sucre.
6	:	20	::	12	:	40

D'où l'on conclut que 9 liv. de thé valent 40 livres de sucre.

Solution par la règle conjointe.

Distinguez les divers termes en antécédens et conséquens, de la manière suivante :

1° Placez à droite la somme donnée, ou le terme sur lequel vous opérez (ce terme dans la question actuelle est 9 liv. de thé), on l'appelle le terme de la demande.

2° A gauche de ce terme, et un degré plus bas, placez le premier antécédent, lequel doit être de la même espèce que le terme de la demande, et de la même valeur que le conséquent suivant. Ainsi, dans l'exemple cidessus, 3 liv. de thé = 4 liv. de café.

3° De même ayez soin que le second antécédent soit de la même espèce que le second conséquent, et de la même valeur que le troisième conséquent, et ainsi de suite, quel que soit le nombre de termes. Ainsi, 6 liv. de café = 20 liv. de sucre.

4° Les termes étant ainsi disposés, divisez le produit des conséquens par celui des antécédens. Le quotient sera la réponse, et il sera de même espèce que le dernier conséquent. Ainsi

		9 liv. thé.
3 liv. thé	=	4 liv. café.
6 liv. café	=	20 liv. sucre.

D'où $\frac{20 \times 4 \times 9}{6 \times 3} = \frac{720}{18} = 40$ liv. de sucre, — la réponse.

Par l'exemple ci-dessus, on voit que dans l'arrangement des antécédens et des conséquens chaque article est entré deux fois, excepté celui qui est de même espèce que la réponse. Ici le sucre est ce terme, et la réponse doit être de cette espèce.

On doit remarquer aussi que dans la même colonne il n'y a jamais deux articles de la même dénomination. Comme les quantités sont placées en forme d'équation, il est évident que celles qui sont égales de part et d'autre peuvent être supprimées, et par conséquent le quotient ou la réponse doit être évidemment de la même espèce que le dernier conséquent.

Preuve de la règle conjointe.

La preuve de cette règle se trouve dans l'opération inverse, c'est-à-dire en faisant de la réponse le terme de la demande, et mettant en rapport le dernier conséquent avec le premier antécédent. Ainsi,

	40 liv. sucre.
20 liv. sucre	* 6 liv. café.
4 liv. café	3 liv. thé.

D'où $\frac{40 \times 6 \times 3}{20 \times 4} = \frac{3 \times 3}{1 \times 1} = 9$ liv. de thé.

L'opération peut être abrégée en supprimant les nombres semblables qui se trouvent dans les deux colonnes, ou en les réduisant à de plus simples quand ils ont un diviseur commun, comme cela se pratique dans la réduction des fractions à leur plus simple expression.

Dans la recherche d'un commun diviseur, il est utile de se rappeler les propriétés suivantes des nombres.

Un nombre est divisible par 2 quand son dernier chiffre est divisible

* Ce zigzag sert quelquefois à unir les termes de la règle, et s'appelle la *chaîne*. Son utilité est évidente.

par 2; il se divise par 4 quand ses deux dernières figures jouissent de cette propriété; enfin il est divisible par 8 quand ses 3 dernières figures sont divisibles par 8.

Un nombre est divisible par 3 quand la somme de ses chiffres est divisible par 3; il est divisible par 6, quand en outre son dernier chiffre est pair; il est divisible par 9 quand la somme des chiffres peut être divisée par 9. Tout nombre est divisible par 5 quand son dernier chiffre est un 5 ou un zéro. Tous les zéros peuvent être supprimés en nombre égal dans les antécédens et les conséquens.

Exemple de la règle conjointe, 1° dans une opération de réduction; 2° dans une simple règle de trois.

Exemple II. — On demande de réduire £ 2 en farthings, en admettant que la livre = 20 schillings, le schilling = 12 pence, et le penny = 4 farthings?

2 livres, — terme de la demande.
1 livre = 20 schillings.
1 schilling = 12 pence.
1 penny = 4 farthings, — dernier terme.

D'où $\frac{2 \times 20 \times 12 \times 4}{1 \times 1 \times 1} = 1920$ farthings.

Ces farthings peuvent être réduits en livres par l'opération inverse; c'est-à-dire en faisant de 1920 le terme de la demande, et de £ 2 le dernier terme.

Exemple III. — On demande la valeur de 7 yards de drap, sachant que 3 yards valent 45 shillings?

7 yards, — terme de la demande.
3 yards = 45 shillings, — dernier terme.

D'où $\frac{45 \times 7}{3} = 105$ s.

Les exemples précédens expliquent le principe de la règle conjointe, qui peut être démontré par une équation algébrique.

Supposons que x = le nombre de shillings cherché.
Alors x = la valeur de 7 yards.
Et 3 yards = 45 shillings.
D'où $3x = 45 \times 7 = 315$
$x = \frac{315}{3} = 105$ s.

Ou ainsi,
$3 : 45 :: 7 : x$.
D'où $3x = 315$ et $x = 105$ s.

La démonstration suivante de la règle conjointe est encore plus évidente.

Soient A, B, C, D, etc., les diverses espèces d'objets, m, n, p, q, etc., les nombres donnés; les valeurs de ces objets sont :

Antécédens		Conséquens
m A	=	n B
p B	=	q C
r C	=	s D
t D	=	v E

Cherchons quelle quantité de la dernière espèce est égale à une quantité donnée de la première, et réciproquement.

Supposons que z fois la dernière = y fois la première; c'est-à-dire que z E = y A.

Multiplions ces équations entre elles; les premiers termes par les premiers, et les seconds par les seconds. Alors nous aurons :

$$mA \times pB \times rC \times tD \times zE = nB \times qC \times sD \times vE \times yA. \text{ D'où } mprtz = nqsvy.$$

Par conséquent si c'est la quantité de la dernière espèce qu'on demande, $z = \frac{nqsvy}{mprt}$; mais si c'est la quantité de la première espèce qu'on cherche, $y = \frac{mprtz}{nqsv}$.

D'où l'on déduit cette règle générale, qui est, en substance, celle que nous avons déjà donnée.

Règle générale.

Placez les termes sur deux colonnes, de manière qu'il n'y ait pas deux termes de la même espèce dans une colonne. Divisez le produit des nombres de la colonne qui contient le terme de la demande, et le dernier terme par le produit des nombres de l'autre colonne. Le quotient est la quantité cherchée, et il est de l'espèce du dernier terme.

Il faut remarquer que dans la démonstration ci-dessus il n'y a pas de terme de demande, comme dans les exemples précédens; car ce terme est supposé être l'unité, et on peut le placer sur l'une ou l'autre colonne suivant les conditions de la question, en observant que le produit des termes de cette colonne doit être toujours le dividende.

On peut aussi remarquer que le terme de la demande est placé par quelques auteurs au-dessous des conséquens, au lieu d'être en tête, comme dans cet ouvrage. Mais le résultat est toujours le même. En le plaçant en tête, il y a cet avantage qu'il sert à déterminer le premier antécédent qui doit être toujours de la même espèce.

Par la règle conjointe, les proportions ou rapports entre les poids et mesures des différens pays peuvent se déterminer comme suit :

EXEMPLE IV. — Supposons que 10 liv. de Londres = 11 liv. de Rome, et que 26 marcs d'Espagne = 16 liv. de Londres, quel est le rapport entre la livre romaine et le marc d'Espagne?

		1 liv. Rome.
11 liv. Rome	=	10 liv. Londres.
16 liv. Londres	=	26 marcs d'Espagne.

D'où $\frac{1 \times 10 \times 26}{11 \times 16} = \frac{65}{44}$. Par conséquent 44 liv. de Rome = 65 marcs d'Espagne.

Ou ainsi, soit R = Rome, L = Londres, et S = Espagne; alors suivant la question,

$$11\ R = 10\ L, \text{ et } 26\ S = 16\ L.$$

D'où $L = \frac{26\ S}{16}$ et $L = \frac{11\ R}{10}$ $\therefore$ $\frac{11\ R}{10} = \frac{26\ S}{16}$ et 176 R = 260 S, ou 44 R = 65 S.

EXEMPLE V. — Quelle est la proportion entre le mètre de France et le pied de Crémone, en admettant que 48 de ces derniers = 56 pieds anglais, et que le mètre = 39,371 pouces anglais?

		1 pied de Crémone.
48 pieds de Crémone	=	56 pieds anglais.
1 pied anglais	=	12 pouces.
39,371 pouces	=	1 mètre.

Résultat, $\frac{14}{39,371}$. D'où 14 mètres = 39,371 pieds, ou 1 mètre = 2,812 pieds.

En déterminant les rapports de cette espèce, il est indifférent de prendre pour le terme de la demande l'un ou l'autre des nombres à comparer. Mais quand il s'agit de réduire une somme donnée d'une monnaie dans une autre, cette somme doit être le premier conséquent.

EXEMPLE VI. — Quelle est la valeur sterling d'un kilogramme d'or, $\frac{9}{10}$ fin, à £ 4 par once troy, $\frac{11}{12}$ fin?

		1 kilogramme.
1 kilogramme	=	15434 grains troy.
480 grains	=	1 once.
10 onces étalon français	=	9 onces fin.
11 onces fin	=	12 étalon anglais.
1 once étalon anglais	=	4 livres.

Résultat, £ 126 : 5 : 6.

Exemples de la règle conjointe tirés des monnaies étrangères.

Supposons qu'on ait £ 1000 sterling à remettre à Cadix, et que le change direct soit de 40 den. sterling par piastre ou dollar de change : on veut les faire passer par la Hollande et la France; et on demande ce qui est plus avantageux de la remise directe ou indirecte; les cours de change étant cotés comme suit :

Londres sur Amsterdam, 10 florins 10 stivers par livre sterling.
Amsterdam sur Paris, 60 pence flamands pour l'écu de 3 francs.
Paris sur Cadix, 15 francs pour 1 doublon de 4 dollars de change.

POSITION DE LA RÈGLE.

		£ 1000 sterling.
1 livre sterling	=	$10\frac{1}{2}$ florins.
1 florin	=	40 pence flamands.
60 pence flamands	=	3 francs.
15 francs	=	1 doublon.
1 doublon	=	4 piastres.

D'où $\frac{1000 \times 10,5 \times 40 \times 3 \times 4}{60 \times 15} = \frac{50400}{9} = 5600$ dollars.

PREUVE.

		5600 piastres.
4 piastres	=	1 doublon.
1 doublon	=	15 francs.
3 francs	=	60 pence flamands.
40 pence flamands	=	1 florin.
$10\frac{1}{2}$ florins	=	1 liv. sterling.

D'où $\frac{5600 \times 15 \times 60}{4 \times 3 \times 40 \times 10,5} = \frac{5040000}{5040} = 1000$ livres sterling.

On voit par cette opération que par le change indirect £ 1000 sterling produiraient 5600 piastres, ce qui met la piastre à $42\frac{6}{7}$ d. sterling.

Ainsi le change direct est plus avantageux à celui qui remet que le change indirect, parce qu'il obtiendrait 6000 piastres à 40 d. la piastre; tandis que par la remise indirecte, il n'en aurait que 5600 : au contraire le change indirect serait plus avantageux au tireur. Ces différens cas seront mieux expliqués à l'article *arbitrage de change*.

Nouvelle disposition de la règle conjointe [1].

Il résulte évidemment des exemples précédens, que les termes de la règle conjointe peuvent être disposés horizontalement sous la forme de fractions, en faisant des conséquens les numérateurs, et des antécédens les dénominateurs respectifs. Le résultat s'obtient alors par une multiplication, c'est-à-dire par l'opération qui réduit une fraction composée en une fraction simple équivalente.

Dans ce cas le terme de la demande est le numérateur de la première fraction, son dénominateur doit être de la même espèce et égal en valeur au second numérateur. Le dénominateur de la seconde fraction est aussi de la même espèce que son numérateur et égal en valeur au troisième dénominateur, et ainsi de suite jusqu'à ce qu'on arrive au numérateur de l'espèce cherchée, lequel est le dernier terme, et se trouve par conséquent sans dénominateur.

Donnons un exemple en prenant le problème précédent.

Soit $x =$ le nombre cherché,

$$\text{Alors } x = \overset{\text{£ sterl.}}{\frac{1000}{1}} \times \overset{\text{flor.}}{\frac{10\frac{1}{2}}{1}} \times \overset{\text{d. flam.}}{\frac{12}{60}} \times \overset{\text{fr.}}{\frac{3}{15}} \times \overset{\text{doub.}}{\frac{1}{1}} \times \overset{\text{doll.}}{\frac{4}{}} = \overset{\text{doll.}}{560.}$$

Opération inverse.

$$x = \overset{\text{doll.}}{\frac{5600}{4}} \times \overset{\text{doub.}}{\frac{1}{1}} \times \overset{\text{fr.}}{\frac{15}{3}} \times \overset{\text{d. flam.}}{\frac{60}{40}} \times \overset{\text{s. flam.}}{\frac{1}{35}} \times \overset{\text{£ st.}}{\frac{1}{}} = 1000.$$

---

[1] Cette manière de disposer la règle conjointe a été indiquée récemment à Paris dans les changes de *M. Soulet*, publiés par *M. Garnier*. Voici la formule :

$$x = \frac{a}{a'} \;/\!/\; \frac{b}{b'} \;/\!/\; \frac{c}{c'} \;/\!/\; \frac{d}{} \text{ etc.}$$

Il est entendu dans cette formule que a est le terme de la demande; que a' est de la même espèce que a, et égale b; que b' est de la même espèce que b et égale c; et ainsi de suite.

Les signes d'égalité placés diagonalement indiquent l'égalité de chaque dénominateur avec le numérateur suivant. Les signes de multiplication paraissent également remplir cet objet.

Cette nouvelle disposition de la règle est évidemment plus simple. Mais ce qu'elle gagne en concision, elle le perd peut-être en clarté. Cependant on peut s'en servir quelquefois avec avantage, surtout quand on comprend bien l'ancienne méthode.

Un autre arrangement est indiqué dans l'arithmétique de Lacroix : les dénominateurs sont avancés d'un rang vers la droite, de cette manière, en adoptant les symboles de Garnier :

$$x = \frac{a}{} \times \frac{b}{a'} \times \frac{c}{b'} \times \frac{d}{c'} \text{ etc.}$$

USAGE DES LOGARITHMES ET DES NOMBRES FIXES DANS LES OPÉRATIONS D'ESPÈCES ET DE CHANGES.

Quoique l'usage des logarithmes et des nombres fixes dans les calculs de change soit expliqué dans ce volume; cependant des éclaircissemens et des exemples nouveaux ne seront pas inutiles.

L'emploi des logarithmes dans toutes les sciences diminue le travail, en réduisant à une addition ou à une soustraction la multiplication et la division des nombres ordinaires. Par conséquent, dans le calcul d'une règle conjointe, si *l'on ajoute les logarithmes des conséquens, et que de leur somme on retranche le montant des logarithmes des antécédens, la différence sera le logarithme de la réponse.* On obtient aussi ce résultat en ajoutant à ladite somme des conséquens le complément arithmétique de ladite somme des antécédens, en retranchant 10 à l'index.

On trouve dans quelques livres de change, des tables de logarithme disposées pour ces calculs, c'est-à-dire qu'on y trouve des logarithmes négatifs pour les quantités fractionnaires, et des logarithmes positifs pour les nombres entiers ou complexes. Ainsi le logarithme d'une fraction vulgaire s'obtient soit en la réduisant en décimales, soit en retranchant le logarithme du dénominateur de celui du numérateur.

Quand il se présente des fractions dans une règle conjointe, il est commode de les convertir en nombres entiers, en multipliant par le dénominateur la quantité fractionnaire, ainsi qu'un terme quelconque de l'autre colonne. Ainsi $\frac{7}{12}$ à l'antécédent et 9 au conséquent, peuvent être remplacés par 7 et 108, sans altérer les rapports; ou bien 5 et $11\frac{3}{4}$ sont équivalens à 20 et 47. Cette méthode simplifie beaucoup l'opération; et quand on se sert des logarithmes, il est inutile de réduire les termes à une plus simple expression, à moins qu'ils ne puissent être supprimés ou ramenés à l'unité. Car il est aussi aisé de trouver le logarithme d'un grand nombre que d'un petit.

Les nombres fixes sont d'une grande utilité dans le change, soit qu'on emploie ou non les logarithmes. Ils sont surtout utiles dans les opérations en lingots, où les mêmes questions se présentent journellement, comme nous allons en donner l'exemple. Mais auparavant, il faut bien comprendre les règles des arbitrages.

Dans toutes les règles conjointes, il y a des rapports constans ou invariables, comme le nombre de shillings contenus dans une livre, ou de pence pesant dans une once. En réduisant ces quantités, on les ramène à un seul nombre qu'on appelle *fixe*. Ainsi, dans l'exemple précédent, pag. xj, les nombres 12, 3 et 4 sont constans, et le nombre fixe qu'on obtient est 144; lequel réduit avec les autres nombres donne la solution $16 \times 50 \times 7 = 5600$.

Dans l'exemple VI, pag. x, il n'y a qu'un nombre variable; c'est £ 4, prix d'une once d'or, et si le produit des autres conséquens est divisé par celui des antécédens, le résultat sera 31,569, lequel servira comme nombre fixe dans toutes les questions de ce genre; multiplié par le prix de l'once, il donnera la réponse; mais 31,569 × £ 4 = £ 126,276.

Si le même kilogramme d'or a été acheté à Paris 3156 francs 90 centimes, le rapport entre les deux prix donnera le cours de change : on aura 126,276 : 3156,90 : : £ 1 : 25 francs. Ainsi, le taux de change serait 25 fr. pour 1 livre sterling. Mais il faut observer que, quoique le prix du lingot et le cours du change se règlent l'un l'autre, cependant des demandes extraordinaires causent des variations dans leur rapport, variations qui toutefois tendent à se corriger d'elles-mêmes.

Dans les opérations en lingots les proportions suivantes sont utiles :

		Onces angl. troy.
60	marcs de Hambourg ou Cologne	= 451.
80	marcs d'Amsterdam	= 633.
61	onces de Paris, poids de marc	= 60.
1	kilogramme	= 32,154.
31,1	grammes	= 1
5	marcs d'Espagne, ou 250 castellanos	= 37.
8	marcs de Portugal	= 59.
144	onces de Livourne ou Florence	= 131.
100	onces de Naples	= 86.
11	onces de Rome	= 10.

			Onces étal. angl. de finesse.
1000	piastres espagnoles	= 866 onces troy	= 835.
1000	doublons	= 868 onces troy	= 853.
1000	portugaises		= 460.
55	onces anglaises d'or de France		= 54.
37	onces anglaises d'argent de France		= 36.
19	marcs d'argent fin, Amsterdam		= 164.
34	marcs de Hambourg ducats		= 273.
8	marcs d'argent fin de Hambourg		= 65.
111	onces de piastres		= 107.

40 onces de piastres = 43 onces d'argent fin.

OR EN BARRES.

Calculer le cours du change d'après le prix du lingot, et réciproquement. Trouver les nombres fixes dans la solution de ces questions.

Exemple Ier. — Si l'or se vend, à Hambourg, à 104 sols banco le ducat de 23 $\frac{1}{2}$ carats de fin; et à Londres, à 78 s. 2 d. l'once étalon, quel est le cours du change, en supposant que 67 ducats font 1 marc fin de Cologne, et que 60 marcs pèsent 451 onces troy?

1 livre sterling.

1	livre sterling	=	20 shillings.
78 $\frac{1}{6}$	shillings sterling	=	1 once étalon.
451	onces étalon	=	60 marcs étalon.
47	marcs $\frac{44}{48}$	=	44 marcs $\frac{47}{48}$.
1	marc	=	67 ducats.
1	ducat	=	104 shillings lubs banco.
6	shillings lubs banco	=	1 shilling flamand.

Comme le prix de l'or est ici la seule chose variable, le nombre fixe se détermine comme suit :

$$\frac{20 \times 60 \times 44 \times 67}{451 \times 47} = 27{,}815, \text{ nombre fixe.}$$

D'où 27,815 × 104 ÷ 78 $\frac{1}{6}$ = 37 shillings flamands (cours du change) pour £ 1 sterl.

Au moyen de ce nombre fixe, connaissant le cours du change et le prix du lingot sur une place, on trouve de suite son prix sur une autre place.

Exemple II. — Quand l'or se vend, à Amsterdam, à une avance de 17 pour cent sur le prix tarifé de 355 florins par marc fin, et, à Londres, à 78 s. par once étalon, quel est le cours du change, en supposant que 80 marcs d'Amsterdam pèsent 633 onces anglaises troy?

1 livre sterling.

1	livre sterling	=	20 shillings.
78	shillings	=	1 once étalon.
12	onces étalon	=	11 onces fin.
633	onces fin	=	80 marcs d'Amsterdam.
1	marc	=	355 florins.
100	florins	=	117 avec la prime.

Les nombres invariables dans la règle ci-dessus sont :

$\frac{20 \times 11 \times 80 \times 355}{12 \times 633 \times 100}$ = 8,225, nombre fixe, qui × 117 ÷ 78 = 12 fl. 6$\frac{1}{4}$ st., ou 41 s. 1 d. flam. par livre sterling, cours du change.

Exemple III. — Quel est le cours du change entre Paris et Londres résultant du prix de l'or : savoir, 8 pour mille de prime sur le prix tarifé à 78 par once anglaise étalon ?

		1 livre sterling.
1 livre sterling	=	20 shillings.
78 shillings	=	1 once étalon.
12 onces étalon	=	11 onces fin.
32,154 onces fin	=	1 kilogramme fin.
1 kilogramme fin	=	3434 fr. 44 c. prix du tarif.
100 francs	=	100,8 avec prime.

Les nombres invariables, dans la règle ci-dessus, sont $\frac{20 \times 11 \times 3434 \text{ f. } 44}{12 \times 32{,}154 \times 200} = 19{,}5823$, nombre fixe.

D'où $19{,}582 \times 100 \div 78 = 25$ fr. 30 c. par livre sterling, cours du change.

Exemple IV. — Si le prix de l'or, à Cadix, est de 30 réaux par castellano de $\frac{22\frac{1}{2}}{24}$ de fin; et à Londres, de $934\frac{1}{2}$ d. par once étalon, prix de la Monnaie, quel est le cours du change, etc. ?

		1 piastre.
1 piastre	=	8 réaux.
30 réaux	=	1 castellano.
44 castellanos $\frac{45}{48}$	=	45 castellanos $\frac{44}{48}$.
250 castellanos	=	37 onces troy.
1 once	=	$934\frac{1}{2}$ pence.

Réduits, donnent le cours du change $= 37\frac{1}{2}$ d. par piastre.

Les nombres invariables sont $\frac{8 \times 45 \times 37}{44 \times 250} = 14{,}531$, nombre fixe.

Exemple V. — Si l'or se vend, à Lisbonne, à 1700 reis par outava de $\frac{22}{24}$ fin; et à Londres au prix de la monnaie, quel est le cours du change ?

		1 milrei.
1 milrei	=	1000 reis.
1700 reis	=	1 outava.
64 outavas	=	1 marc.
8 marcs	=	59 onces troy.
1 once	=	$934\frac{1}{2}$ pence.

La réduction donne $63\frac{1}{2}$ d. par milrei, cours du change.

Les nombres invariables sont $\frac{1000 \times 59}{64 \times 8} = 115{,}234$, nombre fixe.

Exemple VI. — Si le prix de l'or, à Livourne, est de 108 lire par once fin, et à Londres celui de la monnaie, quel est le cours du change, etc. ?

		1	pezza.
4 × 1 pezza	=	$5\frac{3}{4}$ lire × 4 = 23.	
108 lire	=	1	once fin de Livourne.
144 onces de Livourne	=	131	onces de Londres.
11 onces fin	=	12	onces étalon.
1 once étalon	=	$943\frac{1}{2}$ pence.	

La réduction donne 49,37 d. par pezza, cours du change.

Les nombres invariables sont $\frac{23 \times 131 \times 12}{4 \times 144 \times 11} = 5{,}706$, nombre fixe.

Solution des exemples précédens par les logarithmes.

Hambourg...	nombre fixe.......	27,815	Log......	1,44428
	prix de Hambourg,	104	Log......	2,01703
	prix de Londres...	$78\frac{1}{6}$	Com. ar. *	8,10798
	cours du change...	37,091	Log......	1,56929
Amsterdam..	nombre fixe	8,225	Log......	0,91514
	prix d'Amsterdam..	117	Log......	2,06819
	prix de Londres ...	78	Com. ar.	8,10790
	cours du change...	12,338	Log......	1,09123
Paris.......	nombre fixe.......	19,582	Log......	9,29186
	prix de Paris......	100,8	Log......	3,00346
	prix de Londres...	78	Com. ar.	8,10790
	cours du change...	25,30	Log......	1,40322
Cadix	nombre fixe.......	1,201	Log......	0,08310
	prix de Londres...	934,5	Log......	2,97057
	prix de Cadix.....	30	Com. ar.	8,52287
	cours du change...	37,72	Log......	1,57654
Lisbonne....	nombre fixe.......	115,23	Log......	2,06156
	prix de Londres...	934,5	Log......	2,97057
	prix de Lisbonne ..	1700	Com. ar.	6,76955
	cours du change...	63,34	Log......	1,80169.

* Le complément arithmétique se trouve en retranchant de 10 le logarithme du nombre donné, et l'opération s'effectue ensuite par l'addition seule.

Livourne..	nombre fixe.......	5,706	Log......	0,75633
	prix de Londres...	934,5	Log......	2,97057
	prix de Livourne..	108	Com. ar.	7,96657
	cours du change...	49,37	Log......	1,69347

ARGENT EN BARRES.

Trouver le cours du change entre Londres et les places précédentes, résultant des prix suivans de l'argent, savoir :

Hambourg...	27 marcs banco par marc fin de Cologne.
Amsterdam ..	26 florins par marc fin.
Paris	3 pour cent. Prime sur le prix tarifé de 218 fr. 89 c. par kilogramme fin.
Cadix.......	108 réaux de plate par marc fin.
Lisbonne....	990 reis par once fin.
Livourne....	84 lire par livre de 12 onces fin.
Londres.....	58 pence par once $\frac{37}{40}$ fin.

POSITIONS ET RÉSULTATS. (Voyez pages 12, 13, etc.)

£ sterl. pence onc. étal. onc. fin marcs marcs bo. s. flam. cours du ch. nomb. fixe

Hambourg. $\frac{1}{1} \times \frac{240}{58} \times \frac{1}{40} \times \frac{37}{451} \times \frac{60}{1} \times \frac{27}{3} \times \frac{8}{} = 36,66$ 78,758

Amsterdam. $\frac{1}{1} \times \frac{240}{58} \times \frac{1}{40} \times \frac{37}{633} \times \frac{80}{1} \times \frac{26 \text{ flor.}}{} = 12,57$ 28,057

Paris...... $\frac{1}{1} \times \frac{240}{58} \times \frac{1}{40} \times \frac{37}{32,154} \times \frac{218,89}{100} \times \frac{103}{} = 26,83$ 15,113

piastre réaux marcs marcs fin onc. ét. pence

Cadix..... $\frac{1}{1} \times \frac{8}{104} \times \frac{1}{5} \times \frac{37}{37} \times \frac{40}{1} \times \frac{58}{} = 37,72$ 64,000

milrei reis once onc. fin onc. ét. pence

Lisbonne... $\frac{1}{1} \times \frac{1000}{990} \times \frac{1}{64} \times \frac{59}{37} \times \frac{40}{1} \times \frac{58}{} = 58,38$ 996,621

pozza lire onc. de liv. onc. tr. onc. ét. pence

Livourne... $\frac{1}{1} \times \frac{5\frac{3}{4}}{84} \times \frac{12}{144} \times \frac{131}{37} \times \frac{40}{1} \times \frac{58}{} = 46,85$ 67,860

Dans chacune des règles précédentes il y a trois nombres variables; savoir : le prix du lingot à l'étranger, le prix de Londres, et le cours du change. Si deux de ces quantités sont données, il est évident que la troisième se trouvera au moyen du nombre fixe. Supposons, par exemple, que dans la dernière règle concernant Paris, $F =$ le nombre fixe, $p =$ le prix de Paris, $l =$ le prix de Londres, et $c =$ le cours du change; on peut déterminer c, l ou p, quand on connaît le reste. Ainsi :

$$c = \frac{Fp}{l} = \frac{15{,}113 \times 103}{58} = 26{,}86 \text{ francs pour £ 1 sterling.}$$

$$l = \frac{Fp}{c} = \frac{15{,}113 \times 103}{26{,}83} = 58 \text{ pence par once sterling.}$$

$$p = \frac{cl}{F} = \frac{26{,}83 \times 58}{15{,}113} = 103 \text{ francs par kilogramme fin.}$$

Les équations ci-dessus peuvent servir pour toute autre place à laquelle Londres donne le certain. Mais, si Londres donnait l'incertain, comme à Cadix, il faudrait se régler sur les formules suivantes, en supposant que s représente le prix en Espagne ou à Cadix.

$$c = \frac{Fl}{s} = \frac{64 \times 58}{104} = 37{,}72 \text{ pence par piastre.}$$

$$s = \frac{Fl}{c} = \frac{64 \times 58}{37{,}72} = 104 \text{ réaux par marc.}$$

$$l = \frac{sc}{F} = \frac{104 \times 37{,}72}{64} = 58 \text{ pence par once.}$$

Ces formules s'appliquent aux opérations d'or comme à celles d'argent, en adoptant toujours, pour les prix, les mêmes dénominations. Quand ces calculs sont pénibles, on peut se servir avec avantage des logarithmes.

Lorsque ces spéculations portent sur des espèces monnayées, la méthode la plus prompte est de chercher d'après la table des Essais, la quantité de métal pur qu'elles contiennent.

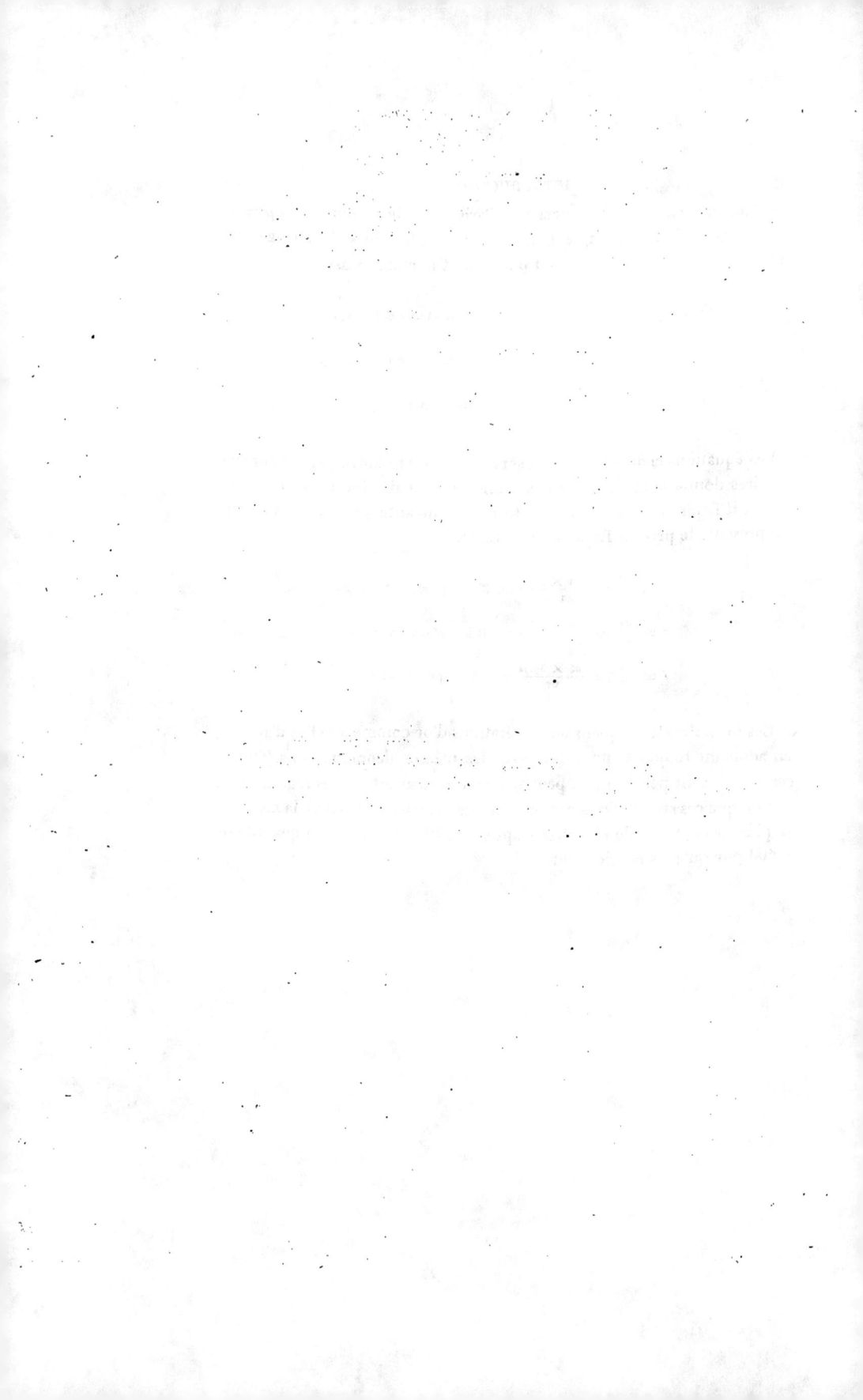

TABLE DES MATIÈRES

CONTENUES DANS LE SECOND VOLUME.

DU CHANGE.

Le change consiste à donner ou à recevoir une somme en espèces d'un pays, pour son équivalent en celles d'un autre, au moyen des lettres de change. Cette opération comprend par conséquent la réduction des monnaies et la négociation des effets. Elle détermine les rapports des monnaies courantes de toutes les nations. Elle fournit les moyens de solder les dettes éloignées, d'ouvrir des emprunts, de payer des subsides, de faire des remises de contrée à contrée sans les risques, les inquiétudes et les dépenses, qu'entraîne toujours le transport des espèces ou des lingots. Du Change

Elle embrasse donc quatre objets.

1° Les lettres de change avec les coutumes, les lois et les règlemens qui les régissent.

2° Les principes du change qui renferment le pair du change, considéré sous ses divers points de vue, et le cours du change avec les causes ordinaires de sa fluctuation.

3° Les monnaies de change avec l'explication de cotes, les règles et des exemples de calcul.

4° L'arbitrage du change avec les règles et des exemples pour négocier les effets avec le plus d'avantages possibles, ainsi que des opérations en espèces, en barres et en marchandises.

I. DES LETTRES DE CHANGE.

Une lettre de change est un ordre écrit de payer une somme donnée à une époque fixe. C'est un contrat commercial dans lequel sont intéressées quatre personnes. Des lettres de change.

1° Le tireur, qui reçoit la valeur; on l'appelle aussi *souscripteur* et *vendeur* de la lettre de change.

2° Le débiteur, qui habite un lieu éloigné, sur lequel la lettre est tirée ; on l'appelle *tiré*. Quand il accepte la lettre de change, il prend le nom d'*accepteur ;* il s'engage par cette acceptation à la payer à son échéance.

3° Celui qui donne la valeur de la lettre de change, qu'on appelle *acheteur*, *preneur* et *remetteur*.

4° Celui à l'ordre duquel elle est tirée. Il prend la dénomination de *payé*, et peut transmettre sa propriété par la voie de l'endossement.

Dans le commerce, la plupart des paiemens se font en lettres de change qui passent généralement de main en main, comme toute autre marchandise. Celui qui en possède une, pendant un temps quelconque, prend le nom de *porteur*.

Quand le porteur d'une lettre de change en dispose, il écrit son nom au dos, c'est ce qu'on appelle endosser. Le payé doit être le premier endosseur. Si l'endossement est en faveur d'une personne particulière, c'est un endossement spécial. Celui à l'ordre duquel il est passé s'appelle *endossé*. Il doit également endosser la lettre de change pour la négocier. Tout individu peut endosser une lettre de change, et chaque endosseur ainsi que l'accepteur, ou le payé, en est solidaire et susceptible de poursuites légales.

L'échéance d'une lettre de change varie suivant les conventions des parties, ou la coutume du lieu. Il y en a qui sont à vue, d'autres à un certain nombre de jours ou de mois de présentation, ou de date. Quelques-unes sont à usance. Ce dernier mode est le plus usité.

Les jours de grâce sont un certain nombre de jours accordés à l'accepteur après l'échéance. C'est trois jours en Angleterre.

Dans la détermination de l'époque, où une lettre de change payable à tant de date devient exigible, n'est pas compris le jour de la date, non plus que celui de la présentation, quand elle est à vue. Si le terme est exprimé en mois, cela s'entend des mois du calendrier, et il n'y a pas de compensation dans le cas où l'un se trouve plus court que l'autre. Si par exemple une lettre de change est datée du 28, 29 et 30 ou 31 janvier, et qu'elle soit à un mois de date, elle a également son échéance au dernier jour de février; et, comme les trois jours de grâce sont de droit, elle devient exigible le 3 mars.

Une lettre de change, tirée d'Angleterre ou d'Irlande, ne peut être négociée, présentée au paiement, ni admise sous aucun rapport comme valable, qu'elle ne soit écrite sur un timbre convenable. Dans le cas contraire le tireur, l'accepteur ou payeur, sont passibles d'une amende.

LOIS DU CHANGE.

Les lois qui suivent ont été extraites des meilleurs ouvrages publiés sur cette matière, et soumises à l'examen de plusieurs négocians, banquiers et légistes qui les ont approuvées. Quoique principalement faites pour les états britanniques, elles ne diffèrent pas essentiellement de celles des autres contrées commerçantes, sous le rapport de l'acceptation, de l'endossement, du paiement, du protêt ou du recouvrement.

DE L'ACCEPTATION.

Acceptation des lettres de change.

Quand une lettre de change est présentée à l'acceptation, on donne en général jusqu'au lendemain, et la manière d'accepter consiste à mettre son nom au bas ou en travers du corps de l'écriture avec le mot accepté. L'acceptation n'exigeait pas autrefois tant de formalités. Il suffisait d'écrire sur une partie de la lettre de change son nom ou ses initiales, ou le jour du mois, ou seulement le mot accepté. Mais un acte du parlement, passé en 1819, a déclaré « que l'acceptation d'une lettre de change, tirée d'Angleterre ou de pays étranger, ne serait valable qu'autant qu'elle serait écrite dans le corps ou sur quelque partie de la lettre, si celle-ci en a plusieurs. »

Dans le cas où plusieurs personnes sont associées, l'acceptation de l'une engage toutes les autres, si la lettre de change est relative aux affaires de la communauté. Mais si on avertit celui qui reçoit la lettre de change qu'elle ne concerne que les intérêts personnels de l'accepteur, celui-ci peut seul être poursuivi.

Un commis, un domestique, peut accepter pour son maître, s'il a qualité pour cela, ou s'il fait d'habitude des affaires de cette espèce. Son acceptation oblige son maître.

Mais si la lettre de change est nominativement tirée sur le commis, qu'il soit chargé de la placer au compte de son maître, et qu'il l'accepte généralement sans spécifier qu'il le fait pour le compte de celui-ci, cette acceptation l'oblige seul.

Quand une lettre de change est tirée et acceptée pour le compte d'un tiers, qui manque sans faire de provision, l'accepteur doit l'acquitter et ne peut avoir recours contre le tireur.

Une lettre de change peut s'accepter pour un terme plus éloigné que celui qu'elle désigne, ou pour une partie seulement de la somme qu'elle spécifie. Une telle acceptation oblige celui qui l'a faite, mais le porteur est libre de recevoir les offres ou d'agir comme si elle n'eût pas été acceptée du tout.

L'acceptation peut fixer un lieu de paiement différent de celui qui est indiqué dans la lettre de change, tel que la maison d'un banquier. Dans ce cas, si le porteur néglige de se faire payer dans un temps utile, et que le banquier vienne à faillir, lui seul doit supporter la perte.

L'acceptation une fois donnée ne peut être révoquée, dans le cas même où le tireur se trouverait avoir failli avant l'acceptation.

DE L'ENDOSSEMENT.

Endossement des effets.

Les effets payables au porteur se transfèrent par une simple délivrance, et sans endossement; mais, pour un effet à ordre, le porteur doit exprimer, par un endossement, l'ordre de payer à un autre.

Un endossement peut être en blanc ou spécial. Un endossement en blanc consiste à écrire le nom de l'endosseur; alors l'effet se transfère par la simple délivrance. Un endossement spécial est un ordre de payer à une personne en particulier ou à son ordre. L'endossement en blanc peut toujours être rempli; alors il devient spécial.

Un endossement peut toujours se faire, dès que l'effet est en circulation; il peut même avoir lieu après l'échéance.

Une personne qui reçoit un effet avec un endossement en blanc, le prend comme endossée. Elle peut aller au remboursement pour son propre compte, ou en recevoir le montant comme agent, ou pour le compte de l'endosseur. Celui-ci, nonobstant l'endossement, peut encore paraître comme porteur dans une action contre le tireur ou l'accepteur.

Il n'est pas nécessaire, pour que l'effet soit négociable, que l'endossement contienne les mots à ordre. Il peut être restrictif et autoriser l'endossé à toucher pour l'endosseur, mais non à transférer la lettre de change. Un endossement, pour une partie de la somme, n'est obligatoire que pour celui qui le fait. Le tireur et l'accepteur ne sont pas liés.

Quand le porteur d'un effet meurt, ses exécuteurs peuvent l'endosser : mais alors ils deviennent personnellement responsables envers celui à qui ils l'ont passé, et ne sont plus considérés comme exécuteurs.

DU PAIEMENT.

Du paiement.

Les effets doivent être présentés, pour le paiement comme pour l'acceptation, dans les heures ordinaires du travail, c'est-à-dire depuis 9 heures du matin jusqu'à 6 heures du soir. Dans le commerce, le mode de paiement en usage parmi les négocians est de tirer sur un banquier le montant de l'effet avec le nom du tiré au bas; mais on peut refuser toute espèce de papier à l'exception des billets de banque. Ceux-ci sont les seuls que la banque reçoive.

DU PROTÊT.

Du protêt.

Quand un effet est refusé à l'acceptation ou au paiement, le porteur doit en donner avis à tous ceux contre qui il veut exercer des recours. Si, par suite d'un délai inutile, quelqu'un d'entre eux vient à faillir, il doit en supporter la perte : quant à cet avis, la manière de le donner varie suivant que les lettres de change sont tirées de l'Angleterre ou de l'étranger. Pour celles-ci le protêt est indispensable. Un notaire public se présente avec l'effet, en demande l'acceptation ou le paiement. Sur le refus il dresse un acte appelé protêt, qui constate que l'acceptation ou le paiement a été demandé et refusé, et que le porteur se propose de réclamer les dommages qu'il en éprouve. Cet acte est admis dans les pays étrangers comme une preuve légale du fait.

Le protêt d'un effet étranger doit être fait à temps, pour être expédié par le courrier du jour suivant à la place où il a été tiré ou négocié. S'il y a eu défaut de paiement il doit être joint au protêt.

Quant aux effets qui viennent de l'intérieur, le protêt n'est pas absolument nécessaire, pour que le porteur puisse se faire rembourser par le tireur ou l'endossé. Il suffit qu'il donne avis par lettre ou autrement, du refus d'acceptation ou de paiement, et de son intention de ne pas faire crédit au tiré.

D'après l'usage des négocians de Londres, on ne fait presque jamais de protêt pour non acceptation d'un effet de l'intérieur. On en tient note, et s'il n'est pas payé à l'échéance, il est protesté pour non paiement. Cependant le porteur doit donner avis de la non acceptation et de la note, autrement il prend les chances pour lui. Si le protêt pour non paiement n'était pas fait, il n'aurait droit qu'au remboursement du montant de l'effet sans pouvoir prétendre ni dommages ni intérêts. Si la personne qui doit accepter est cachée ou ne peut se trouver au lieu indiqué dans l'effet, le protêt se fait comme si l'acceptation eût été refusée.

Quand l'original d'une lettre de change est perdu, et qu'on ne peut s'en faire délivrer une seconde par le tireur, on fait le protêt sur la copie; mais si elle a été confiée pour l'acceptation et qu'elle soit égarée, celui à qui elle a été remise est obligé de la solder, ou on fait le protêt immédiatement.

C'est généralement l'habitude, pour se mettre en garde contre les accidens, de faire trois copies d'une lettre de change destinée à l'étranger, et de les envoyer par différens courriers. On les appelle 1ère, 2ème et 3ème de change. Quand l'une est payée, les autres restent sans valeur.

Lorsque l'accepteur d'un effet devient insolvable ou se cache avant l'échéance, le porteur charge un notaire de demander une meilleure sûreté, et si on la refuse, il signifie le protêt. Cependant la marche ordinaire dans un cas semblable est d'attendre que l'échéance arrive.

Les dommages encourus, pour non acceptation ou non paiement, sont ordinairement, outre les intérêts du principal, les frais du change, du rechange, de la commission, du protêt et du port. Le change se règle d'après le cours à vue de la place où se fait le protêt, avec celui du lieu où l'effet doit être acquitté par le tireur. S'il n'y est pas encore fait honneur, le rechange se règle par le cours de la même place avec celle où l'acquit a lieu. Ainsi il y a double commission. L'intérêt court du jour de la demande.

Souvent après le protêt, un tiers accepte l'effet pour faire honneur au nom du tireur ou d'un endosseur. Cette acceptation s'appelle *acceptation sur protêt.* L'accepteur doit alors se présenter devant un notaire avec des témoins, et déclarer qu'il accepte pour l'honneur d'un tel, et souscrire la lettre de change comme suit : *Accepté sur protêt, pour l'honneur de....*

Il en est de même quand celui sur qui est tirée une lettre de change a des doutes sur le tireur. Il la laisse protester, et accepte ensuite pour l'honneur d'un des endosseurs. Alors on doit envoyer sans délai le protêt à l'endosseur désigné.

La personne pour l'honneur de laquelle une lettre de change est acceptée, doit en rembourser le montant à l'accepteur, avec la commission et autres frais, quand même l'acceptation aurait eu lieu sans qu'elle en eût connaissance. Si elle approuve l'acceptation, la lettre de change doit être payée sans autre protêt : mais si elle ne répond pas, ou la désapprouve, la lettre doit être formellement protestée pour non paiement contre celui à qui elle était adressée. Si celui-ci persiste à refuser, l'accepteur peut payer en sûreté pour son compte et poursuivre le remboursement.

DE L'ACQUITTEMENT.

Acquittement des lettres de change.

Le tireur, l'accepteur et chacun des endosseurs d'une lettre de change, sont également tenus de l'acquitter, et quoique le porteur n'ait droit de se faire payer qu'une fois, néanmoins il peut jusqu'à ce qu'il le soit, en poursuivre un ou les poursuivre tous en même temps, ou l'un après l'autre, et obtenir jugement contre tous jusqu'à paiement intégral. Les procédures ne peuvent s'arrêter dans une telle action que par le paiement de la dette et des frais faits, non-seulement dans cette action, mais dans toutes les autres où le jugement n'a pas été obtenu. Quoique la somme principale soit acquittée par l'une des parties, les frais peuvent se poursuivre par plusieurs actions contre les autres.

Quand l'acceptation est refusée et la lettre de change retournée par protêt, une action peut immédiatement s'intenter contre le tireur, quoique le temps régulier du paiement ne soit pas arrivé. Dans ce cas, la dette est considérée comme contractée du moment que la lettre est tirée. Par conséquent si avant qu'elle soit retournée, le tireur vient à faillir, la dette doit être considérée comme contractée avant que la faillite soit ouverte.

Il n'y a que le paiement intégral qui puisse dégager un endosseur. Un jugement obtenu contre le tireur ou un des endosseurs qui le précèdent, ni même l'exécution contre l'un d'entre eux, ne le libère pas, à moins que l'effet n'ait été payé par suite de cette exécution.

Le porteur d'un effet n'a pas besoin, pour être en droit de se faire rembourser par un endosseur, de prouver qu'il a fait des tentatives auprès du tireur.

Si un effet vient à se perdre avant son échéance, le tireur doit en délivrer un second par duplicata, et celui auquel il le délivre doit à son tour lui donner des sûretés contre toute espèce de personnes, dans le cas où il serait retrouvé.

Quand une personne a endossé un effet, et qu'il lui revient par un autre endossement, elle perd toute action contre celui à qui elle l'avait endossé.

Celui qui a accepté et acquitté une lettre de change, sans avoir en main aucun effet qui appartienne au tireur, a action contre lui, et peut le poursuivre pour rentrer dans les fonds qu'il a déboursés pour son usage.

Dans une action contre l'accepteur d'un effet, il est de règle générale que la signature du tireur est admise, parce que l'accepteur est toujours censé connaître celles des personnes dont il accepte les lettres de change. Si celles-ci ont été endossées, la signature de l'endosseur ou des endosseurs doit être prouvée. Cependant dans le cas d'un endossement en blanc, la signature du premier endosseur suffit. Il en est de même dans le cas où l'endosseur intente une action contre le tireur.

La preuve de la signature d'un commis suffit pour lier son maître, quand il est d'ailleurs établi que ce commis ou cet employé a qualité pour tirer, accepter ou endosser des lettres de change au nom de son maître; et un assentiment subséquent est considéré comme la preuve de cette qualité. La signature habituelle du commis et l'acquittement du chef, sont également reçus comme une preuve suffisante d'une autorisation générale, et continuent d'obliger le chef, jusqu'à ce qu'il soit généralement connu qu'il a pris une détermination contraire.

BILLETS A ORDRE.

Les billets à ordre sont mis en général sur la même ligne que les lettres de change, surtout quand ils sont endossés. Car l'endossement est un ordre, à celui qui les a faits, de payer à un tiers la somme qu'ils représentent. Ainsi le premier endosseur du billet à ordre correspond au tireur de la lettre de change, et celui qui l'a souscrit à l'accepteur, et dans ce sens, toutes les lois relatives à la lettre de change s'appliquent aux billets. Ils jouissent, comme la première, de trois jours de grâce. Billets à ordre.

Quand la forme d'une lettre de change ou d'un billet à ordre est régulière, la loi est la même pour l'une et pour l'autre. Mais il est des cas où le billet est valable sans que la lettre de change le soit. Le paiement d'un billet, par exemple, peut être assigné sur un fonds particulier qui est au pouvoir du tireur, et il n'est pas besoin que l'époque du paiement soit fixée. Ainsi on a reconnu pour bons des billets qui étaient payables à la mort d'une personne ou au retour d'un vaisseau, en un mot à l'époque d'un événement physiquement et moralement certain. Si l'événement était problématique, comme si le billet était payable à l'époque d'un mariage, il ne serait pas réputé valable.

DES OBLIGATIONS NOTARIÉES.

Obligations.

Une obligation pour argent est une plus grande sûreté qu'une lettre de change, qu'un billet à ordre. Elle lie celui qui l'a souscrite, ses héritiers et son avoir, de préférence à tout autre engagement, tandis que la lettre de change, le billet à ordre n'atteignent que sa personne, et en cas de mort, l'obligation, comme une dette privilégiée, se paie avant les simples obligations, au rang desquelles sont mis la lettre de change et les billets.

Une obligation peut se transférer par un acte d'assignation, mais elle ne se transmet pas par un endossement. C'est pourquoi elle n'est pas considérée comme une garantie négociable, telle qu'une lettre de change ou un billet à ordre. Dans les pays étrangers les lettres de change seules engagent comme nous l'avons dit.

NULLITÉ DES LETTRES DE CHANGE, DES OBLIGATIONS ET DES BILLETS.

Nullité des lettres de change, etc.

Les lois précédentes ne s'appliquent qu'aux dettes légalement contractées. Un failli, un insensé, ne peuvent faire ni lettres de change, ni obligations, ni billets. Il en est de même des mineurs, des femmes mariées, si ce n'est pourtant dans quelques cas. Une lettre de change, un billet, ou une obligation, souscrits en totalité ou en partie pour satisfaire la passion du jeu, des paris, n'est pas obligatoire; il suffit même, pour anéantir la valeur de ces effets, que celui au profit duquel ils sont consentis sache visiblement que tel en est l'objet. Il en est de même s'ils ont été contractés pour avoir de l'argent à un taux usuraire, c'est-à-dire au-dessus de l'intérêt légal ou de 6 pour cent par an.

TRAITES SUR BANQUIERS.

Traites sur banquiers.

Les traites ou mandats sur banquiers sont généralement reçus comme espèces dans le commerce. Si celui qui les reçoit ne va pas au remboursement dans un temps utile, il est passible de la perte, dans le cas où le banquier ou le tireur viendrait à faillir durant cet intervalle. On n'a pas fixé ce qu'on doit entendre par temps utile. C'est en grande partie la situation des lieux qui en décide. Aussi, toutes les fois que cette question se présente, le jury ou le tribunal prononcent suivant les circonstances. La coutume est de présenter ces traites au paiement, le jour où elles sont reçues ou datées, et pendant les heures des affaires de la banque, c'est-à-dire depuis 9 heures jusqu'à 5.

Si la traite est refusée, celui qui l'a donnée est obligé d'y faire honneur. Il doit en faire autant dans le cas où elle est perdue; mais alors il exige des garanties suffisantes qu'elle ne sera pas présentée.

Pour se prémunir contre les pertes de ce genre, on écrit ordinairement, en travers de la traite, la raison de la maison à laquelle elle doit être payée. Cette précaution indique qu'il ne faut la solder à aucune autre maison ou personne, qu'après examen. Elle n'est pas moins utile pour la liquidation.

La liquidation est une méthode que suivent les banquiers de Londres, pour échanger mutuellement leurs traites et établir les différences. Cette importante opération se fait avec tant d'exactitude, de rapidité et d'ordre, qu'une masse de £ 5,000,000 en lettres de change et en traites, se balance chaque jour avec moins d'un 20e de cette somme en billets de banque.

La liquidation, récemment introduite en Angleterre, était employée depuis long-temps dans d'autres contrées. On en faisait surtout usage dans les grandes foires du continent pour balancer les lettres de change et autres moyens de crédit. L'invention en paraît due aux Florentins; mais les banquiers de Londres l'ont beaucoup perfectionnée.

II. PRINCIPES DU CHANGE.

CHANGE INTÉRIEUR.

On entend par change intérieur une opération qui consiste à donner des effets sur des places du même pays, moyen plus commode que la remise d'espèces pour acquitter des dettes. *Change intérieur.*

Prenons un exemple. A de Londres est créancier de B d'Édimbourg pour une somme de £ 100 sterling, et C de Londres doit à D d'Édimbourg £ 100. Ces deux dettes peuvent se payer par le moyen d'un seul billet. A tire pour cette somme sur B et passe l'effet à C qui le remet à D, et ce dernier en reçoit de B le montant à l'échéance. Au moyen de ce transfert de droits, le débiteur de Londres paie le créancier de Londres, et le débiteur d'Édimbourg le créancier d'Édimbourg sans aucun déplacement d'espèces. Il en serait de même si D d'Édimbourg tirait sur C de Londres et passait son effet à B d'Édimbourg qui le passerait à A de Londres. Dans l'un et l'autre cas c'est un simple transfert de dettes et de créances [1].

Il résulte de cet exemple que les dettes réciproques et égales qui ont lieu de place à place, peuvent être acquittées sans aucune remise d'espèces, et on peut supposer qu'une opération de ce genre convient également aux parties intéressées. Mais quand les sommes dues sont inégales, les avantages doivent être différens, et celui qui doit davantage est obligé d'acquitter l'excès par un envoi d'argent ou d'effets. Comme ce dernier moyen est celui qu'on préfère généralement, il en résulte un surcroît de demandes qui augmente le prix du papier comme cela aurait lieu pour toute autre marchandise.

C'est là le principe fondamental du change, qui se vérifie chaque jour par la prime qu'obtiennent les effets de la province sur Londres. Cette place est l'entrepôt du commerce où toutes les autres viennent s'approvisionner de marchandises étrangères. Comme siége du gouvernement, elle recueille l'impôt que paie le reste du royaume, et les revenus des riches familles qui l'habitent y affluent aussi. En conséquence la balance est toute en sa faveur. Et comme cette balance se solde en effets, ils sont demandés et ne s'obtiennent qu'à prime.

La prime sur les effets de l'intérieur est ordinairement fixée en raison du temps, c'est-à-dire suivant le nombre de jours de date ou de vue, qui varie suivant les circonstances. Ainsi le terme-

---

[1] Dans cette opération A est le *tireur* et le *vendeur;* B le *tiré* et l'*accepteur;* C l'*acheteur* et le *remetteur;* et D le *payé*, si son nom est mentionné dans l'effet. Il est *porteur* quand il reçoit l'effet de A. Quand D ou un autre porteur présente l'effet pour l'acceptation ou le paiement, il est dit *présenteur*.

ordinaire, pour les effets d'Édimbourg sur Londres, est de 40 jours de date qui s'évaluent à $\frac{1}{2}$ pour cent environ; c'est ce qu'on appelle *la date* au pair. On accorde une prime ou date semblable pour les effets tirés sur Londres des autres parties éloignées de la Grande-Bretagne. Mais les effets à vue sur l'une de ces places, s'obtiennent généralement à Londres sans aucune prime. Ainsi le change intérieur est constamment en faveur de la capitale, et la date ou terme varie suivant que le papier est plus ou moins demandé.

CHANGE ÉTRANGER.

Change étranger.

Le principe du change étranger est le même que celui du change intérieur, relativement à la manière de régler les comptes au moyen d'un transfert de droits, et à la prime ou prix des billets, qui est fixé par le rapport du nombre des demandes à celui des offres. Mais la manière de payer la prime, pour les effets étrangers, diffère, et l'opération est plus complexe, attendu que les dénominations des monnaies varient. Car dans ce cas, la valeur des effets est estimée par le taux comparatif des monnaies et le temps qu'ils ont à courir.

Dans le change étranger une place donne toujours à l'autre une somme fixe ou pièce de monnaie, qu'on appelle le *certain*, pour un prix variable, qu'on nomme l'*incertain*. Ainsi on dit que Londres donne à Paris le *certain* pour l'*incertain*, c'est-à-dire une livre sterling pour un nombre variable de francs; et à l'Espagne l'*incertain* pour le *certain*, ou un nombre variable de pence sterling pour la piastre de change. Le prix incertain qui se cote chaque fois se nomme *taux* ou *cours du change*.

Quand le papier sur Paris est demandé à Londres, on donne moins de francs pour la livre sterling et réciproquement; quand les demandes d'effets sur l'Espagne sont nombreuses, il faut compter plus de pence sterling pour la piastre et réciproquement.

Si au contraire le cours du change entre Londres et Paris est de 24 francs par livre sterling, et si ce nombre de francs contient la même quantité d'argent pur que 20 shillings sterling, le change est considéré comme étant au *pair*. Si Paris paie un prix plus élevé, il est à la défaveur de la France et au bénéfice de l'Angleterre. C'est la manière générale de juger si le change est favorable ou défavorable, quoique ce ne soit pas toujours celle sur laquelle les négocians basent leurs opérations. Mais avant de nous étendre sur le *cours du change* ou les causes qui le font varier, il faut expliquer plus au long ce qu'on entend par le *pair du change*, sujet sur lequel il y a eu tant de divergence d'opinions.

PAIR DU CHANGE.

Pair du change.

Le pair du change peut être envisagé sous deux points de vue : le *pair intrinsèque* et le *pair commercial*, qui admettent l'un et l'autre des divisions et des subdivisions.

Le *pair intrinsèque* est la valeur de la monnaie d'un pays comparée à celle d'un autre, sous le rapport du titre et du poids.

Le *pair commercial* est la valeur comparative des monnaies de différens pays, sous le rapport du poids, du titre et du prix des métaux sur la place.

Ainsi deux sommes de différens pays sont intrinsèquement au pair quand elles contiennent une quantité égale de la même espèce de métal pur. Deux sommes de différens pays, sont commercialement au pair, quand elles peuvent acheter une égale quantité de la même espèce de métal pur.

Ce dernier pair a reçu divers noms. Des auteurs l'ont appelé le pair courant, momentané, rationnel et éventuel. Quoique chacune de ces dénominations semble exprimer sa nature flottante et éphémère, le mot commercial mérite d'être préféré, comme aussi propre et peut-être plus clair.

Il y a d'autres pairs dont les négocians tiennent accidentellement compte, tel que le *pair nominal* ou d'estimation, sur lequel on se règle communément quoiqu'il ne soit pas tout-à-fait exact; le pair monétaire qui se base sur la valeur courante déterminée par l'autorité; le *pair proportionnel*, qui n'est autre chose que l'égalité de deux sommes de divers pays, comparées sous le rapport du taux du change d'une troisième place (on l'appelle aussi *pair politique* ou *pair d'arbitrage*); enfin le *pair moyen*, dont on fait quelquefois usage; c'est une moyenne entre les pairs des monnaies réelles d'or et d'argent.

Le pair intrinsèque du change n'est dans le fait que le pair des monnaies réelles ou pair métallique. En effet, quoique les monnaies de change soient presque toutes imaginaires, toutes ont une valeur déterminée par celle des monnaies réelles qu'elles représentent, ou celles avec lesquelles elles ont un rapport connu. On peut néanmoins supputer un pair approximatif ou moyen, à l'aide du rapport qui existe entre l'or et l'argent, tel qu'il est déterminé par les règlemens des monnaies des places dont il est question. On peut même dire que ces rapports sont les plus justes quand ils sont pris sur une moyenne de plusieurs années.

Ici s'élève une question importante. « Le pair du change doit-il être évalué sur les monnaies réelles d'or ou celles d'argent? » Locke, Harris, et autres auteurs du dernier siècle, pensent que l'égalité de l'argent, exprimée sous diverses dénominations de monnaies réelles, doit constituer le pair du change entre deux pays quels qu'ils soient; mais lord Liverpool dans son « *Traité sur les monnaies réelles du royaume* » soutient que la mesure de valeur la plus convenable doit être du métal qui sert à faire les principaux paiemens. En conséquence, dans quelques pays, le pair doit être évalué en prenant l'or pour base, et dans d'autres en prenant l'argent, suivant l'espèce de monnaies dans laquelle se paient les lettres de change. Cependant en Angleterre, l'or a été reconnu étalon de valeur, par une loi de 1816, qui a décidé, qu'au-dessus de deux livres sterling, l'argent ne peut constituer une offre légale.

On a aussi été partagé d'opinion sur le moyen exact d'établir un pair entre les monnaies réelles d'or et d'argent, attendu que le prix relatif de ces deux métaux varie continuellement. Il est clair cependant que le pair intrinsèque du change ne peut se déterminer qu'entre deux places qui payent leurs effets dans la même espèce de métal. On doit même remarquer que la valeur du même métal varie beaucoup dans différens pays, comme dans le cas où une place possède des mines et en approvisionne une autre de matières à monnoyer. Telles sont par exemple, l'Espagne et la France, ou le

Portugal et l'Angleterre. Dans les temps ordinaires, les différences de ce genre s'évaluent d'après les frais que coûte le transport des métaux précieux. Ainsi l'équivalence commerciale s'établit d'après le pair intrinsèque, les divers prix et dépenses.

La détermination du pair intrinsèque du change donne lieu à une autre question. La supputation doit-elle se faire d'après les *règlemens des monnaies* ou d'après *les essais?* On objecte à la première méthode que les administrations n'observent pas toujours leurs règlemens d'une manière bien scrupuleuse; à la seconde, qu'il n'est pas sûr que les pièces de monnaies soumises aux essais soient exactement des échantillons moyens. Cette dernière objection n'est pas bien sérieuse et un calcul basé sur des essais faits avec soin, est le moyen qu'on préfère généralement. Les supputations contenues dans cet ouvrage ont été faites suivant ces deux méthodes.

COURS DU CHANGE.

Cours du change.

Le cours du change est le prix variable de la monnaie d'un pays, qu'on paie pour une somme fixe de la monnaie d'un autre. On appelle l'un le *certain* et l'autre l'*incertain*, comme nous l'avons déjà dit.

Quand les négocians de Londres ont besoin de tirer ou de remettre des lettres de change, ils vont à la bourse où se traitent ces sortes d'affaires. Ils se divisent en deux classes, en tireurs et en remetteurs. Les premiers sont aussi appelés vendeurs d'effets, et les seconds acheteurs ou preneurs. Ils ont, comme tout vendeur et acheteur, des intérêts opposés. Le marché se fait par des agens de change qui mettent les parties en présence, et établissent le prix du change, après avoir examiné l'état des offres et des demandes. On doit observer que les prix du lingot et du change, se déterminent réciproquement ou tout au moins s'influencent.

Quand le cours des effets sur l'étranger est au-dessus du pair, on dit que le change est favorable à la place qui donne le certain pour l'incertain. Ainsi, dans le cas où le pair entre Londres et Hambourg est évalué à 35 shillings de Flandre pour 1 livre sterling, et que le cours du change est à 36 shillings, on dit que le change est en faveur de Londres et contre Hambourg; c'est le contraire si le prix est au-dessous du pair.

On doit dire cependant que quand le change est favorable à une place, cela ne s'entend que des acheteurs et remetteurs, mais non des tireurs et vendeurs auxquels il est désavantageux.

Ainsi l'intérêt du preneur est identifié avec celui de la place où il acquiert sa lettre de change, et l'intérêt du bailleur, avec celui de la place où se trouvent ses fonds et sur laquelle il tire.

Comment de tels prix sont-ils favorables ou défavorables, quand les bailleurs et les preneurs, qui ont des intérêts opposés, sont du même pays? La réponse ordinaire à cette question consiste à dire que, quand le change est contre une place, le preneur a intérêt de payer ses dettes étrangères avec des espèces ou des lingots, au lieu de les acquitter avec des effets, et l'exportation des métaux précieux est souvent considérée comme une perte nationale.

Les fluctuations du change tiennent à diverses circonstances politiques et commerciales. La principale est généralement la balance du commerce, c'est-à-dire la différence qu'il y a entre les importations et les exportations d'un pays par rapport à un autre. L'expérience prouve cependant que le change peut être défavorable à une contrée qui a pour elle la balance du commerce, car les demandes d'effets doivent surtout dépendre de la balance des dettes qui se liquident immédiatement, c'est-à-dire de la balance des paiemens.

D'un autre côté, les grandes exportations ne sont pas toujours avantageuses ni d'un prompt revirement, et quand même elles le seraient, la balance des paiemens peut encore devenir défavorable par des causes politiques, telles que des emprunts étrangers, des subsides, des expéditions ou des établissemens coloniaux. Les pays riches sont souvent exposés à voir le change leur devenir défavorable à raison des tributs qu'ils paient au moins opulens pour des objets de luxe.

Quand il survient quelque altération dans les monnaies réelles ou courantes d'un pays, le change en éprouve de correspondantes. Cette variation ne peut s'envisager comme un changement dans le prix des effets, mais bien dans la monnaie dans laquelle on les négocie.

Il est rare qu'en temps de paix, le cours du change reste longtemps défavorable à un pays, au moins au-delà des dépenses que cause le transport des métaux précieux; car le lingot est considéré comme le courant général des négocians. Le change le met en circulation, et tend ainsi à maintenir le niveau des monnaies dans le monde commercial.

Le cours défavorable du change est en général considéré comme un désavantage pour la place qui le souffre : mais cette opinion n'est pas toujours fondée. Le cours dépend beaucoup de la quantité de lingots ou d'espèces qu'elle possède. Il y a une circonstance qui complique la question; c'est que le taux défavorable du change encourage l'exportation et diminue l'importation. En effet celui qui exporte peut vendre d'autant plus bas que la prime qu'il reçoit pour ses effets est plus forte, tandis que l'escompte sur ceux qui viennent de l'étranger est une espèce de taxe ou de droit mis sur l'importation. Ainsi le change tend naturellement à se corriger, et peut être considéré dans les circonstances ordinaires, comme moyen de rétablir l'équilibre.

Le cours défavorable du change peut donc se corriger, soit par l'exportation des lingots, soit par l'expédition de marchandises. Il s'offre quelquefois une autre méthode, c'est de négocier les effets par l'intermédiaire de diverses places. Mais ce dernier moyen n'est pas praticable, si le change est généralement défavorable.

De ce que nous venons de dire sur les causes politiques et commerciales qui produisent la fluctuation du change, et qui quelquefois se détruisent ou se balancent entre elles, on peut conclure « que le prix des effets s'élève ou baisse comme celui de tout objet de commerce, suivant la proportion qui existe entre les demandes et les quantités qui se trouvent sur la place. »

III. MONNAIES DE CHANGE.

Monnaies de change.

Les dénominations de monnaies employées dans les changes sont pour la plupart des monnaies de compte imaginaires, qui diffèrent dans quelques places, de celles dont on fait usage dans le commerce intérieur, ainsi que des monnaies réelles dont elles sont originairement dérivées. Car les monnaies réelles, comme monnaies courantes, locales ou nationales, sont sujettes à des altérations aussi fréquentes qu'elles sont faciles, tandis que les monnaies de change qui sont répandues au loin, ne peuvent être altérées sans de graves inconvéniens pour le monde commercial, et circulent ordinairement sur le pied où elles ont été adoptées.

C'est ce qui est arrivé pour la piastre espagnole, ou piastre de change, qui était dans l'origine une monnaie réelle (le peso duro) de 8 réaux de vieille plate, et qui par la succession du temps a été portée à 10, et à 10 $\frac{5}{8}$ de ces mêmes réaux; tandis que dans les changes étrangers, elle a conservé sa valeur primitive. C'est ainsi que 8 piastres fortes valent 10 $\frac{5}{8}$ piastres de change.

La plupart des autres monnaies imaginaires peuvent être suivies de même dans leurs variations, et comme leur rapport avec les monnaies réelles, est connu, leur valeur intrinsèque peut être déterminée d'une manière exacte.

On appelle cote du change, les tableaux de prix qui se transmettent d'un pays à un autre pour l'utilité et la gouverne des négocians. Ces tableaux ne donnent que l'indication des monnaies incertaines, sans faire connaître leurs dénominations, ni les monnaies certaines qu'elles achètent. Nous avons suppléé à toutes ces omissions. Les places sont disposées dans les cotes par ordre alphabétique, et les explications sont accompagnées de nombreux exemples de calcul[1].

---

[1] Les changes se calculent ou par la règle de trois, ou par la règle conjointe. Dans le premier cas, la somme à réduire forme le 3e terme, et la monnaie dans laquelle elle doit se convertir fait le 2e. Le 1er terme doit par conséquent être de même espèce que le 3e. Si on demande, par exemple, de réduire 100 francs en monnaies anglaises, sur le pied de 25 fr. la livre sterling, on dira :

25 fr. : £ 1 sterling : : 100 fr. : £ 4.

En résolvant cette question par la règle conjointe, *la somme à réduire doit être le premier conséquent, et la monnaie dans laquelle on doit la réduire, le dernier conséquent. L'antécédent doit donc être de la même dénomination que le premier conséquent.* Ainsi, pour réduire 100 fr. en £ sterling, nous dirons : 100 francs.

25 fr. = £ 1

$$\text{D'où } \frac{100 \times 1}{25} = £\ 4$$

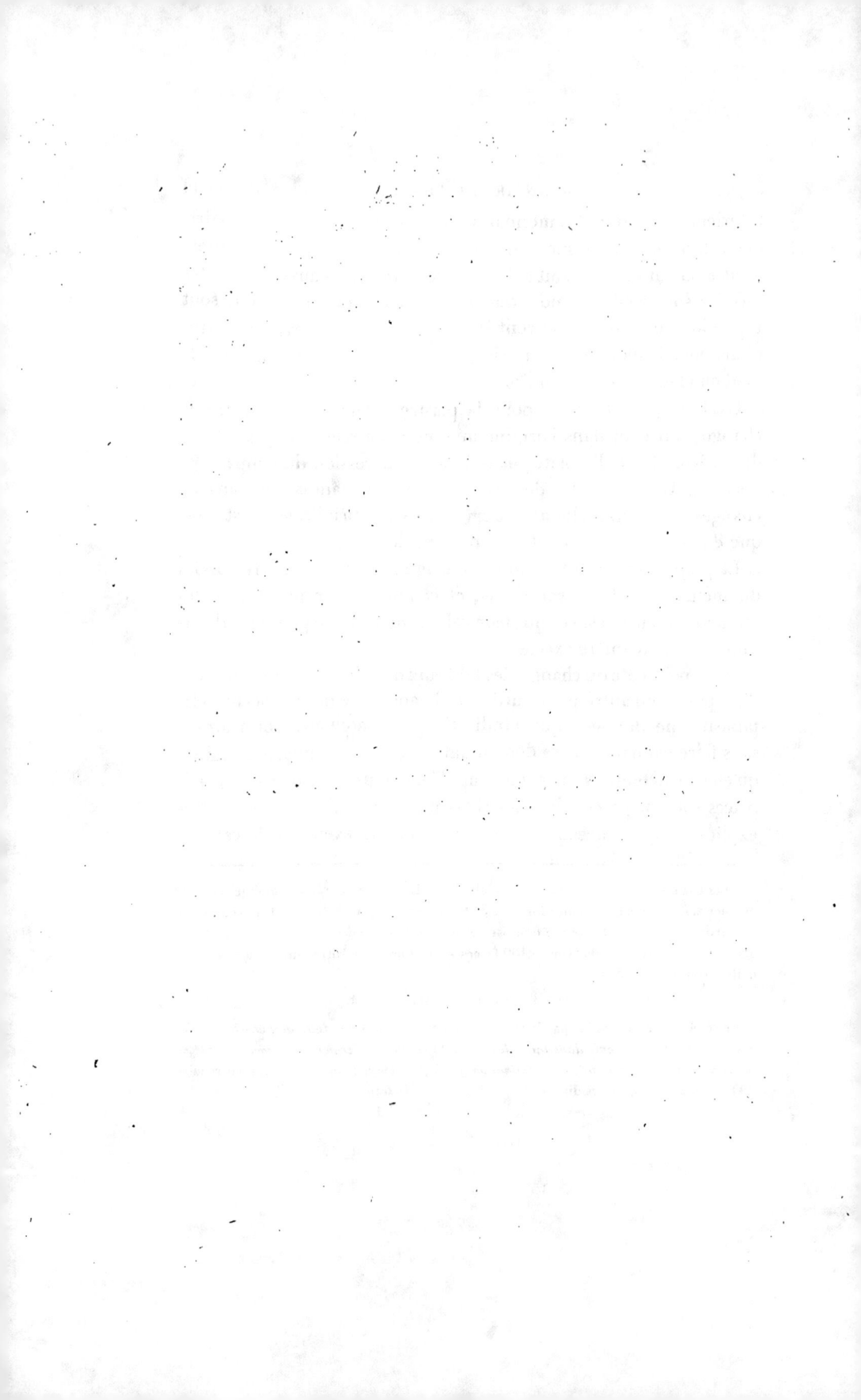

LONDRES.

MONNAIES DE CHANGE.

Les Changes sont évalués en livres, shillings et pence sterling, et quelquefois même en farthings.

4 farthings = 1 penny; 12 pence = 1 shilling; 20 shillings = 1 liv. sterling.

COURS DU CHANGE, d'après le tableau de Loyds, au 1er janv. 1820.			EXPLICATION.						
Amsterdam....	11	16	Londres	reçoit	11	florins 16 stivers.......	pour	1	liv. sterling.
Id	38	6	—	reçoit	38	shill. 6 pence flam. banco		1	*id.*
France........	25	15	—	reçoit	25	francs 15 centimes.....		1	*id.*
Francfort......	149		—	reçoit	149	batzen..............		1	*id.*
Gênes........	44		—	donne	44	pence sterling.........		1	pezza fuori banco.
Gibraltar......	30		—	donne	30	*id.*.................		1	piastre courante.
Hambourg	36	2	—	reçoit	36	shill. 2 pence flam......		1	liv. sterling.
Livourne......	51 ½		—	donne	51 ½	pence sterling.........		1	pezza de 8 réaux.
Lisbonne......	52		—	donne	52	*id.*.................		1	milree, mon. légale.
Malte..........	46		—	donne	46	*id.*.................		1	piastre de change.
Naples........	39		—	donne	39	*id.*.................		1	ducato di regno.
Palerme.......	116		—	donne	116	*id.*.................		1	once.
Rio Janeiro....	56		—	donne	56	*id.*.................		1	milree effectif.
Espagne.......	35		—	donne	35	*id.*.................		1	piastre de change.
Venise........	27		—	reçoit	27	livres italiennes........		1	liv. sterling.
Vienne et Trieste	15		—	reçoit	10	florins 15 creutzers....		1	*id.*
Dublin........	10 ½		—	reçoit	110 ½	livres d'Irlande........		100	liv. d'Angleterre.

(Pour les usances, jours de grâce, etc., voyez *Londres*, Vol. I.)

LONDRES SUR AMSTERDAM.

Réduire 2401 florins 17 stivers 8 pennings en monnaie anglaise; le change étant à 12 florins 4 stivers par £ sterling.

(16 pennings = 1 stiver, et 20 stivers = 1 florin.)

```
flor. st.     £        flor. stiv. penn.     £   s.  d.
12    4   :   1   ::   2401   17    8    :  196  17  6
20                       20
---                    -----
244                    48037
 16                       16
----                   -----
3904          3904)768600(£ 196 17 s. 6 d.
                   3904
                   -----
                   37820 etc.
```

CHANGE EN BANCO FLAMAND.

Quoique l'ancienne banque d'Amsterdam n'existe plus, les changes se font encore quelquefois en banco. Ainsi les exemples suivans peuvent être utiles.

Réduire 8792 florins 13 stiv. 14 ½ penn. en monnaie anglaise; le change étant à 34 s. 4 ½ d. banco flamand par £ sterling.

```
flam.          sterl.     flor. st. penn.      £   s.  d.
34 s. 4 ½ d. : £ 1  ::   8792  13  14 ½  :  852  12  6
12                         20
-----                    ------
412 ½                    175853
  8                          16
----                     ------
3300         33,00)28136,62 ½(£ 852 12 s. 6 d.
                   264
                   ---
                   173
                   165
                   ---
                    86 etc.
```

Par la règle conjointe.

```
                  8792 flor.  13 st.  14 ½ penn.
1 florin      =   40 grotes flam.
412 ½ grotes  =   1 livre sterling.
```

Même résultat que plus haut.

AMSTERDAM SUR LONDRES.

Réduire £ 196 17 s. 6 d. sterling en monnaie hollandaise; le change étant à 12 florins 4 stivers courans par £ sterling.

```
£     flor. st.       £    s.  d.     flor.  st. pen.
1  :  12    4   ::   196   17  6  :   2401   17  8
      20              20
      ---            ----
      244            3937
                       12
                    -----
                    47250
                      244
             ---------(2,0
        24,0)11 52900,0(4803,7 ½
                        ----------
                        2401 fl. 17 st. 8 penn.
```

BANCO RÉDUIT EN MONNAIE COURANTE.

La monnaie de la banque se réduit en monnaie courante en disant :

100 : 100 + l'agio :: le banco : à la monn. courante

La monnaie courante se réduit en banco par une opération inverse.

Quand le change est exprimé en banco flamand l'opération se dispose comme suit :

Réduire £ 852 12 s. 6 d. sterling en mon. hollandaise; le change étant à 34 s. 4 ½ d. banco flamand par £ sterling.

```
sterl.  flam.             £    s.  d.     fl.   st. penn.
£ 1  :  34 s. 4 ½ d.  ::  852  12  6  :  8792  13  14 ½
        12                 20
        -----            -----
        412 ½            17052
          8                 12
        ----            ------
        3300            204630
                          3300
               -------------(16
        24,0)67527900,0(2813662 ½
             48              ---------
             ---          2,0)17585,3  14 ½
             195               ---------
             192 etc.      8792 fl. 13 st. 14 ½ penn.
```

Par la règle conjointe.

```
                    £ 852  12  6
£ 1 sterling   =    412 ½ grotes flamands.
40 grotes      =    1 florin.
```

Même résultat que plus haut.

OBSERVATIONS.

Ces exemples sont peut-être présentés d'une manière trop succincte; nous allons les développer. Le détail du calcul est à peu près uniforme pour tous.

Ier EXEMPLE.

On a réduit le 1er et le 3e termes de la proportion à la même unité. Dans cet exemple c'est le penning. Ainsi les 12 florins ont été multipliés par 20 et ont donné 240 stivers, qui, joints aux 4 qu'on avait déjà, en forment 244. Multipliés par 16, ils se convertissent en pennings et en produisent 3904. De même pour le 3e terme : 2401 florins 17 stivers 8 pennings, égalent 768600 pennings, qui multipliés par £ 1, donnent 768600 livres qui doivent être divisées par 3904; opération pour laquelle nous avons conservé la disposition anglaise comme plus convenable pour la typographie. Elle consiste à écrire le diviseur à gauche et le quotient à droite du dividende, en les en séparant au moyen d'une parenthèse. Les nombres placés sous le dividende sont les produits du diviseur par les divers chiffres du quotient.

IIe.

On réduit le 3e terme en deniers, dont le nombre s'élève à 47250, qu'on multiplie par le 2e, réduit lui-même en 244 stivers. Le produit est 11529000 stivers, qu'on divise par 240, valeur du 1er terme évalué en deniers. On sépare, conformément à une simplification connue, un zéro sur le dividende et le diviseur, et on a pour quotient 48037 $\frac{1}{2}$ stivers, qu'on divise par 20 pour les convertir en florins; 2e division qui est indiquée par la place de ce nombre au-dessus du 1er quotient. Le 2e, 2401 florins 17 stivers 8 pennings, s'écrit au-dessous. Le diviseur 20 donnant lieu à la suppression du zéro, on a supprimé de même au dividende le nombre 7 $\frac{1}{2}$, qui représente toujours des stivers qu'on joint à la dizaine de reste que laisse 4803 divisé par 2.

IIIe.

On réduit le 1er terme 34 shillings 4 $\frac{1}{2}$ deniers en deniers, et on en trouve 412 $\frac{1}{2}$. Pour convertir ce nombre en la plus petite espèce du 3e terme, qui est le penning, on le multiplie par 8, attendu que 2 den. ou pence flamands valent 1 stiver ou 16 pennings; ce qui donne 8 pennings pour 1 den., et par conséquent 3300 pennings. Le 3e terme, évalué en pennings, vaut 2813662 $\frac{1}{2}$; on le multiplie par £ 1, on divise ensuite par 3300, et on obtient un quotient en livres sterling. Les deux zéros qui accompagnent le diviseur font couper sur le dividende les 2 derniers chiffres 62 $\frac{1}{2}$, qui se comportent dans le calcul comme une partie décimale. Les 6 deniers du quotient ont été pris comme nombre rond supérieur au véritable quotient.

IVe.

Le 2 terme est réduit en pennings comme partie aliquote du florin, et donne 3300 pennings. Le 3e est changé en deniers sterling et en donne 204630, qu'on multiplie par 3300. Le produit doit être divisé par £ 1 convertie en deniers, ou 240 deniers. On a ainsi pour quotient 2813662 $\frac{1}{2}$ pennings, qu'on divise par 16 pour les convertir en stivers, dont le nombre s'élève à 175853 et 14 $\frac{1}{2}$ pennings. On divise par 20 le nombre de stivers pour le réduire en florins; ce qui donne 8792 flor. 13 stiv. à quoi il faut joindre les 24 $\frac{1}{2}$ penn.

LONDRES SUR FRANCE.

Réduire 4305 francs 95 cent. en sterl.; le change étant à 24 fr. 25 cent. par £ sterl.

(100 centimes = 1 franc.)

francs.		£		francs.		£
24,25	:	1	::	4305,95	:	177,565
						20
						11,300
						12
						3,6

Ainsi : £ 177 11 s. $3\frac{1}{2}$ d.

LIVRES RÉDUITES EN FRANCS.

Les changes entre la France et l'Angleterre se faisaient autrefois au taux de 30 pence environ par écu de 3 liv. Les effets se sont ensuite tirés en liv., sous et deniers. Dans ce cas on réduit les liv. en francs en multipliant par 80 et divisant par 81.

Réduire 16914 fr. 19 cent. en monnaie anglaise; le change étant à 23 liv. 10 s. par £ sterling.

80 : 81 :: 16914,19 (francs) : 17125,625 (liv.)

liv.	s.		£		liv.	s.	d.		£	s.
23	10	:	1	::	17125	12	6	:	728	15
20					20					
470					342512					
12					12					
5640										

564,0)411015,0(£ 728 15 s. *Rep.*
3948
1621 etc.

Par la règle conjointe.

16914 francs 19 centimes.
80 francs = 81 livres.
$23\frac{1}{2}$ livres = £ 1 sterling.

Même résultat que plus haut.

FRANCE SUR LONDRES.

Réduire £ 177 11 s. $3\frac{1}{2}$ d. en francs et en cent.; le change étant à 24 francs 25 cent. par £ sterling.

11 s. $3\frac{1}{2}$ d. = 0,565

£		fr. cent.		£		fr.
1	:	24,25	::	177,565	:	4305,95

Ainsi : 4305 francs 95 centimes.

FRANCS RÉDUITS EN LIVRES.

Réduire £ 728 15 s. en francs et cent.; le change étant à 23 liv. 10 sous par £ sterl.

£		liv.	s.		£	s.		liv.	s.	d.
1	:	23	10	::	728	15	:	17125	12	6
20		20			20					
20		470			14575					
					470					

2,0)685025,0
2,0)342512,5
17125 liv. 12,5 sous.
12
6,0 deniers.

17125,625 livres
80
81)1370050,000(16914 francs 19 cent. *Rep.*

Par la règle conjointe.

£ 728 15 s.
£ 1 sterling = $23\frac{1}{2}$ livres.
81 livres = 80 francs.

Même résultat que plus haut.

LONDRES SUR FRANCFORT.

Réduire 8036 florins 22 creutzers monn. courante de Francfort en sterling; le change étant à 142 ½ batzen par £ sterling.

(4 creutzers = 1 batze, 60 creutzers ou 15 batzen = 1 florin.)

batzen		£		flor.	creutz.		£	s.	d.
142 ½	:	1	::	8036	22	:	845	18	8
4					60				
570									

570)482182(£ 845 18 s. 8 d.
4560

2618 etc.

Par la règle conjointe.

8036 florins 22 creutzers.
1 florin = 15 batzen.
142 ½ batzen = £ 1 sterling.

FRANCFORT SUR LONDRES.

Réduire £ 845 18 s. 8 d. en monnaie de Francfort; le change étant à 142 ½ batzen par £ sterling.

£		batzen		£	s.	d.		flor.	creutz.
1	:	142 ½	::	845	18	8	:	8036	22
		4		20					
		570		16918					
				12					
				203024					
				570					

6,0
24,0)11572368,0(48218,2
96

197 etc.

8036 flor. 22 creutz.

LONDRES SUR GÈNES.

Réduire 7346 lire 11 soldi 8 denari en sterling; le change étant à 45 d. sterling par pezza de 5 ¾ lire fuori banco.

(Pour convertir les lire en pezze multipl. par 4 et divisez par 23.)

lire sol. den. di lira.
7346 11 8
4

23)29386 6 8(1277 pez. 13 sol. 4 den. di pez.
23

63 etc.

pez.		d.		pezze	sol.	d.		£	s.	d.
1	:	45	::	1277	13	4	:	239	11	3
20				20						
20				25553						
12				12						
240				306640						
				45						

(12
24,0)1379880,0(57495
120

179 etc.

2,0)479,1 3

£239 11 s. 3 d.

GENES SUR LONDRES.

Réduire £ 239 11 s. 3 d. en monnaie de Gènes; le change étant à 45 d. sterling par pezza de 5 ¾ lire fuori banco.

d.		pez.		£	s.	d.		pez.	sol.	d. di pez.
45	:	1	::	239	11	3	:	1277	13	4
				20						
				4791						
				12						

45)57495(1277 pez. 13 sol. 4 d.

Si on demande des livres au lieu de pezze dites :

d.		liv.	s.		£	s.	d.		lire	sol.	d.
45	:	5	15	::	239	11	3	:	7346	11	8

Par la règle conjointe.

£ 239 11 s. 3 d.
£ 1 sterling = 240 pence.
45 pence = 1 pezza.
4 pezze = 23 lire.

Même résultat que plus haut.

Gênes change aussi sur Londres au taux de 27 liv. italiennes, plus ou moins, pour £ 1 sterling.

LONDRES SUR HAMBOURG.

Réduire 1416 marcs 1 shilling 6 pfenings banco en monnaie anglaise; le change étant à 35 shillings 4 grotes ou pence de Flandres banco par £ sterling.

(12 pfenings = 1 shilling, 16 shillings = 1 marc.)

Flam.		£		marcs	shil.	pfen.		£	s.	d.
35 s. 4 d.	:	1	::	1416	1	6	:	106	17	6
12				16						
424				22657						
6				12						
2544										

2544)271890(£ 106 17 s. 6 d.
2544 etc.

Par la règle conjointe.

1416 marcs 1 shill. 6 pfen.
1 marc = 32 grotes flam.
424 grotes = £ 1 sterling.

Même résultat que plus haut.

HAMBOURG SUR LONDRES.

Réduire £ 106 17 s. 6 d. sterling en monnaie de Hambourg; le change étant à 35 shillings 4 grotes ou pence de Flandres banco par £ sterling.

sterl.		flam.		£	s.	d.		marcs	shill.	pfen.
£ 1	:	35 s. 4 d.	::	106	17	6	:	1416	1	6
		12		20						
		424		2137						
				12						
				25650						
				424						

(32 marcs shil. pfen.
24,0(1087560,0(45315 d. fl. (1416 1
96 etc.

Par la règle conjointe.

£ 106 17 s. 6 d.
£ 1 sterling = 424 grotes flamand.
32 grotes = 1 marc.

Même résultat que plus haut.

LONDRES SUR LIVOURNE.

Réduire 1876 pezze 12 soldi 5 denari en monnaie anglaise; le change étant à 50 $\frac{1}{4}$ d. sterling par pezza de 8 réaux.

(12 denari = 1 soldo, 20 soldi = 1 pezza.)

pezza		d.		pezze	soldi	den.		£	s.	d.
1	:	50 $\frac{1}{4}$	::	1876	12	5	:	392	18	4 $\frac{1}{2}$
				20						
				37532						
				12						
				450389						
				50 $\frac{1}{4}$						

(12
240)22632047(94300 d. st. — £ 392 18 s. 4 $\frac{1}{4}$ d.

Par la règle conjointe.

1876 pez. 12 s. 5 den.
1 pezza = 50 $\frac{1}{4}$ pence.
240 pence = £ 1 sterling.

Même résultat que plus haut.

LIVOURNE SUR LONDRES.

Réduire £ 392 18 s. 4 $\frac{1}{4}$ d. sterling en monnaie de Livourne; le change étant à 50 $\frac{1}{4}$ d. sterling par pezza de 8 réaux.

d.		pezza		£	s.	d.		pez.	sol.	den.
50 $\frac{1}{4}$	:	1	::	392	18	4 $\frac{1}{4}$	:	1876	12	5
4				20						
201				7858						
				12						
				94300						
				4						

201)377201(1876 pez. 12 sol. 5 den.
201 etc.

Par la règle conjointe.

£ 392 18 s. 4 $\frac{1}{4}$ d.
£ 1 sterling = 240 pence.
50 $\frac{1}{4}$ pence = 1 pezza.

Même résultat que plus haut.

LONDRES SUR LISBONNE.

Réduire 827 milrees 160 rees en monnaie angl.; le change étant à 63 $\frac{3}{8}$ d. sterling par milree.

(1000 rees = 1 milree, 400 rees = 1 crusade.)

mil.		d.		milrees		£	s.	d.
1	:	63 $\frac{3}{8}$	::	827,160	:	218	8	5 $\frac{1}{4}$

$$\begin{array}{r} 827,160 \\ 63,375 \\ \hline 12)52421,265 \\ \hline 2,0)436,8\ \ 5\frac{1}{4} \\ \hline £218\ \ 8s.\ \ 5\frac{1}{4}d. \end{array}$$

Mais si la somme est donnée en crusades on les réduit en rees en multipliant par 400. Ainsi réduire 7650 crusades en sterling; le change étant à 61 $\frac{1}{2}$ d. sterling par milree.

7650 × 400 = 3060000 rees = 3060 milrees, d'où

milree		d.		milrees		£	s.	d.
1	:	61 $\frac{1}{2}$	::	3060	:	784	2	6

LISBONNE SUR LONDRES.

Réduire £ 218 8 s. 5 $\frac{1}{4}$ d. en monnaie portugaise; le change étant à 63 $\frac{3}{8}$ d. sterling par milree.

d.	d.		milr.		£	s.	d.		m.	r.
63 $\frac{3}{8}$	ou 63,375	:	1	::	218	8	5 $\frac{1}{4}$	:	827	160

$$\begin{array}{r} 218 \\ 20 \\ \hline 4368 \\ 12 \\ \hline 63,375)52421,250(827,160 \end{array}$$

Mais si la conversion devait être en crusades on ne séparerait que deux chiffres et on diviserait les quatre premiers par 4; ainsi

4)8271,60 rees (2067 crusades 360 rees.

Les changes de Rio-Janeiro sont semblables à ceux de Lisbonne. Il y a cependant une différence dans la valeur de leurs monnaies, attendu que celle de Lisbonne, dite légale, est moitié espèce, moitié papier, et que celle de Rio-Janeiro est effective.

LONDRES SUR MALTE.

Réduire £ 728 13 s. 6 d. en tari et grani de Malte; le change étant à 49 den. par piastre 2 $\frac{1}{2}$ scudi ou 30 tari.

(20 grani = 1 tari, et 12 tari = 1 scudo.)

d.		dol.		£	s.	d.		scudi	tari	gr.
49	:	1	::	728	13	6	:	8922	6	12

$$\begin{array}{r} 2\frac{1}{2} \\ \hline 2\frac{1}{2} \end{array} \qquad \begin{array}{r} 728 \\ 240 \\ \hline 174882 \\ 2\frac{1}{2} \\ \hline 49)437205(8922 \text{ scudi } 6 \text{ tari } 12 \text{ grani} \\ 392 \\ \hline 452 \\ 441 \\ \hline \end{array}$$

Rest. × 12 × 20 etc.

MALTE SUR LONDRES.

Réduire 8922 scudi 6 tari 12 grani en sterling; le change étant à 49 d. par piastre.

piastre		d.		scudi	tari	gr.		£	s.	d.
1	:	49	::	8922	6	12	:	728	13	6

$$\begin{array}{r} 30 \\ \hline 30 \\ 20 \\ \hline 600 \end{array} \qquad \begin{array}{r} 8922 \\ 12 \\ \hline 107070 \\ 20 \\ \hline 2141412 \\ 49 \\ \hline 6,00)1049291,88 \\ \hline 12)174882 \\ \hline 2,0)1457,3\ \ 6 \\ \hline £\ 728\ \ 13s.\ \ 6d. \end{array}$$

LONDRES SUR NAPLES.

Réduire 1014 ducati 16 grani di regno en monnaie anglaise; le change étant à 37 ½ d. sterling par ducato.

Cette réduction se fait mieux par les décimales.

(100 grani = 1 ducato di regno.)

ducat		d.		ducati		£	s.	d.
1	:	37 ½	::	1014,16	:	158	9	3

```
                37,5
24,0)3803,100(£ 158,4625
     24                20
     140 etc.      9,2500
                       12
                     3,00
```

NAPLES SUR LONDRES.

Réduire £ 158 9 s. 3 d. en monnaie de Naples; le change étant à 640 grani par £ sterl.

9 s. 3 d. = ,4625.

£		gr.		£	s.	d.		ducati	grani
1	:	640	::	158	9	3	:	1014	16

```
240        20
240      3169
           12
        38031
          640
24,0)2433984,0
1,00)1014,16
```

Par les décimales :

9 s. 3 d. = ,4625.

£		grani		£		ducati	grani
1	:	640	::	158,4625	:	1014	16

```
           640
duc.   1014,16
```

LONDRES SUR PALERME.

Réduire 1377 oncie 14 grani en monnaie angl.; le change étant à 127 d. sterling par oncia.

(20 grani = 1 tari, 30 tari = 1 oncia.)

onc.		d.		onc.	tari	grani		£	s.	d.
1	:	127	::	1377	0	14	:	728	13	6

```
 30                  30
 30               41310
 20                  20
600              826214
                    127
         6,00)1049291,78
   ÷ 12 et 20)174882
             £ 728 13 6
```

PALERME SUR LONDRES.

Réduire £ 728 13 s. 6 d. en monnaie sicilienne; le change étant à 127 d. sterling par oncia.

d.		onc.		£	s.	d.		onc.	tari	gr.
127	:	1	::	728	13	6	:	1377	0	14

```
      × 20 et 12
127)174882(1377 0 14
    127
```

Reste × 30 et 20 ÷ 127 donne le même résultat que plus haut.

LONDRES SUR ESPAGNE.

Réduire 2375 piastres 6 réaux 16 maravedis en monnaie anglaise; le change étant à 34 d. sterl. par piastre.

(34 maravedis = 1 réal, 8 réaux = 1 piastre de change.)

piastre		d.		piastr.	réaux	mar.		£	s.	d.
1	:	34	::	2375	6	16	:	336	11	5½

```
 8      × 8 × 34
 —      = 646220
 8           34
34      ————————
 —      2584880
272    1938660
       ————————(12
272)21971480(80777½
    2176     ————————
    ———— 2,0)673,1 5½
     2114   ——————————
     1904   £ 336 11 s. 5½ d.
     ————
     2108 etc.
```

ESPAGNE SUR LONDRES.

Réduire £ 336 11 s. 5½ d. sterling en monn. espagnole; le change étant à 34 d. sterling par piastre de plate.

d.		piastre		£	s.	d.		piastres	réaux	mar.
34	:	1	::	336	11	5½	:	2375	6	16

```
     20
   ————
   6731
     12
   ————
34)80777½(2375 piast. 6 réaux 16 marav.
   68 etc.
```

Le reste multiplié par 8 et divisé par 34 donne la conversion.

Si on demande que le résultat soit en vellon, multipliez la plate par 32, divisez par 17 et réciproquement.

Gibraltar change en piastres courantes et en piastres fortes. Voyez *Espagne* et *Gibraltar*, vol I.

LONDRES SUR VENISE.

Réduire 14783 lire 3 soldi 9 denari piccoli en sterling; le change étant à 59 lire piccole par £ sterling.

(12 denari = 1 soldo, 20 soldi = 1 lira.)

lire		£		lire	s.	d.		£	s.	d.
59	:	1	::	14783	3	9	:	250	11	3

59)14783 3 9(£ 250 11 s. 3 d.

Cette méthode de change, employée autrefois à Venise, a été remplacée par les francs de France, appelés livres italiennes. 40 $\frac{5}{10}$ lire piccole de Venise, égalent 20 $\frac{723}{1000}$ liv. italiennes. Dans les affaires le rapport est ordinairement de 23 lire 9 soldi pour 12 liv. italiennes. Voyez l'exemple ci-joint.

VENISE SUR LONDRES.

Réduire £ 728 13 s. 6 d. sterling en liv. italiennes de Venise; le change étant à 24 liv. 80 centimes par £ sterling.

(Les livres italiennes et les centimes se réduisent en sterling, et réciproquement, de la même manière que les francs et centim. de France, suivant le cours du change.)

£		lire	cent.		£	s.	d.		lire	cent.
1	:	24	80	::	728	13	6	:	18071	14

Pour réduire les livres italiennes ci-dessus en lire piccole, dites :

lire ital.		lire	sol. (piccoli)		lire it.	cent.		lire piccole		
12	:	23	9	::	18071	14	:	35314	0	5
20		20			× 469 ÷ 240					
240		469			Même résultat que plus haut.					

LONDRES SUR VIENNE.

Réduire 6451 florins 50 creutzers en monnaie anglaise; le change étant à 9 florins 40 creutzers par £ sterling.

(4 pfenings = 1 creutzer, 60 creutzers = 1 florin.)

flor.	cr.		£		florins	cr.		£	s.	d.
9	40	:	1	::	6451	50	:	667	8	$7\frac{1}{2}$
60					60					
580										

58,0)38711,0(£ 667 8 s. $7\frac{1}{2}$ d.
348
391
348
431
406
25 × 20, etc.

VIENNE SUR LONDRES.

Réduire £ 667 8 s. $7\frac{1}{2}$ d. en monnaie de Vienne; le change étant à 9 florins 40 creutz. par £ sterling.

£		flor.	cr.		£	s.	d.		florins	cr.
1	:	9	40	::	667	8	$7\frac{1}{2}$	:	6451	50
240		60			20					
240		580			13348					
					12					

160183,5
580
(6,0
24,0)9290640,0(38711,0
72 etc.
6451 flor. 50 cr.

Le change avec Trieste est semblable à celui de Vienne.

LONDRES SUR DUBLIN.

Réduire £ 879 6 s. 6 d. d'Irlande en monn. angl.; le change étant à $11\frac{5}{8}$, c'est-à-dire £ 100 anglaises pour £ $111\frac{5}{8}$ irlandaises.

	£ irland.		£ angl.		£	s.	d. irl.		£	s. angl.
	$111\frac{5}{8}$	:	100	::	879	6	6	:	787	15
	8		8		800					
	893		800		703200					
5 s. = $\frac{1}{4}$....					200					
1 s. = $\frac{1}{5}$....					40					
6 d. = $\frac{1}{2}$....					20					

893)703460(£ 787 15 s.
6251 etc.

Par décimales.

111,625 : 100 :: 879,325 : 787,75
20
15,00

DUBLIN SUR LONDRES.

Réduire £ 787 15 s. d'Angleterre en monn. irlandaise; le change étant à $11\frac{5}{8}$.

£ angl.		£ irland.		£	s. angl.		£	s.	d. irl.
100	:	$111\frac{5}{8}$	::	787	15	:	879	6	6

Ou suivant la méthode de calcul ordinaire :

	£	s.	d.
	£ 787	15	
		$11\frac{5}{8}$	
	8665	5	
$\frac{4}{8} = \frac{1}{2}$....	393	17	6
$\frac{1}{8} = \frac{1}{4}$....	98	9	$4\frac{1}{2}$
	£ 91,57	11	$10\frac{1}{2}$
	20		
	11,51		
	12		
	6,22		

£	s.	d.
£ 787	15	0
91	11	6
£ 879	6	6

Par décimales.

100 : 111,625 :: 787,75 : 879,325

AMSTERDAM.

MONNAIES DE CHANGE.

Les changes sont calculés en florins, stivers et pennings, ou en livres, shillings et pence flamands.

16 pennings = 1 stiver; 20 stivers = 1 florin ou guilder. 12 grotes ou pence flamands, ou 6 stivers = 1 shilling flamand; 20 shillings flamands ou 6 florins = 1 livre flamande; 2 ½ florins ou 50 stivers = 1 risdale.

COURS DU CHANGE, tel qu'il a été coté à Amsterdam, le 7 janvier 1820.		EXPLICATION.					
Anvers	4 ½ pour c.	Amsterd.	reçoit	104 ½	florins	pour	100 florins de change.
Breslau	144	—	reçoit	144	risd. monn. cour.		100 risdales.
Espagne.......	95	—	donne	95	grotes flam.......		1 ducat de change.
France........	55	—	donne	55	grotes flam......		3 francs.
Francfort......	35 ⅜	—	reçoit	35 ⅜	stivers..........		1 risdale.
Gênes.........	86	—	donne	86	grotes flam......		1 pezza de 5 ¾ lire.
Hambourg	34	—	donne	34	stivers..........		1 risdale de 2 marcs.
Lisbonne......	40 ½	—	donne	40 ½	grotes flam......		1 vieille crusade.
Livourne......	93	—	donne	93	*idem*...........		1 pezza de 8 réaux.
Londres.......	38	—	donne	38	shillings		1 livre sterling.
Naples........	74	—	donne	74	grotes..........		1 ducato di regno.
Venise........	224	—	reçoit	224	cent. liv. ital.....		1 florin.
Vienne........	14	—	donne	14	stivers		1 risdale en papier.
Idem.........	34	—	donne	34	*idem*...........		1 risdale effect. cour.

(Pour les usances, etc., des lettres de change, voyez *Amsterdam*, Vol. I.)

AMSTERDAM sur LONDRES, *voyez* page 22.

AMSTERDAM SUR FRANCE.

Réduire 475 florins 10 stivers 12 pennings en monnaie française; le change étant à 54 grotes flam. par écu de 3 fr.

grot. fl.		fr.		fl.	st.	pen.		fr.	cent.
54	:	3	::	475	10	12	:	1056	75
8				20					
432				9510					
				16					
				152172					
				3					

432)456516(1056 fr. 75 cent.
432 etc.

Par la règle conjointe.

		475 flor. 10 stiv. 12 pen.
1 florin	=	40 grotes flam.
54 grotes	=	3 francs.

Même résultat que plus haut.

LONDRES sur AMSTERDAM, *voyez* page 22.

FRANCE SUR AMSTERDAM.

Réduire 1056 francs 75 centimes en monn. hollandaise; le change étant à 54 grotes flam. par écu de 3 fr.

fr.		grot. fl.		fr.		fl.	stiv.	pen.
3	:	54	::	1056,75	:	475	10	12
				54				
				3)57064,50				
				4,0)1902,150				
				475,5375				
				20				
				10,7500				
				16				
				12,000				

Par la règle conjointe.

		1056,75 francs.
3 francs	=	54 grotes flam.
40 grotes	=	1 florin.

Même résultat que plus haut.

AMSTERDAM SUR GÊNES.

Réduire 4145 florins 2 stivers en monnaie de Gênes; le change étant à 84 ¾ grotes flam. par pezza de 5 ¾ liv.

grotes		pezza		florins	stivers		pezze	soldi	d.
84 ¾	:	1	::	4145	2	:	1956	7	9

Réduire les pezze en lire.

	pezze	soldi	den. di lira
	1956	7	9
			23
	4)44996	18	3
Rep.	11249	4	7

Par la règle conjointe.

		4145 florins 2 stivers.
1 florin	=	40 grotes flam.
84 ¾ grotes	=	1 pezza.
4 pezze	=	23 lire.

Réduites donnent 11249 liv. 4 s. 7 den. comme ci-dessus.

GÊNES SUR AMSTERDAM.

Réduire 11249 lire 4 soldi 7 denari en monnaie hollandaise; le change étant à 84 ¾ grotes flam. par pezza de 5 ¾ lire.

Réduire les lire en pezze.

11249 4 7
4

23)44996 18 4(1956 pez. 7 soldi 9 den. di pez.
23 etc. Alors

pez.		grot.		pezze	sol.	den.		florins	st.
1	:	84 ¾	::	1956	7	9	:	4145	2

Par la règle conjointe.

		11249 lire 4 soldi 7 den.
23 lire	=	4 pezze.
1 pezza	=	84 ¾ grotes flam.
40 grotes	=	1 florin.

Réduites donnent 4145 florins 2 stiv. comme plus haut.

AMSTERDAM SUR HAMBOURG.

Réduire 3309 marcs 12 schillings en monn. hollandaise; le change étant à 32 $\frac{7}{8}$ stivers par risdale de deux marcs d'Hambourg banco.

marcs		stivers		marcs	schil.		florins	stiv.
2	:	32$\frac{7}{8}$	::	3309	12	:	2720	4
16				16				
32				52956				
				32$\frac{7}{8}$				

(2,0
32)1740928(5440,4 st.=2720 fl. 4 st.
160 etc.

Par la règle conjointe.

		3309 marcs 12 sch.
2 marcs	=	32 $\frac{7}{8}$ stivers.
20 stivers	=	1 florin.

Même résultat que plus haut.

Le change d'Amsterdam sur Hambourg se fait quelquefois en donnant 120 marcs pour tant de florins courans. L'opération alors se dispose comme suit :

Réduire 4080 marcs banco en monnaie hollandaise; le change étant à 106 florins pour 120 marcs de Hambourg.

marcs		florins		marcs		florins
120	:	106	::	4080	:	3604

HAMBOURG SUR AMSTERDAM.

Réduire 2720 florins 4 stivers en monnaie de Hambourg; le change étant à 32 $\frac{7}{8}$ stivers par risdale de change de 2 marcs banco.

stiv.		marcs		florins	stiv.		marcs	schil.
32$\frac{7}{8}$	:	2	::	2720	4	:	3309	12
8		8		20				
263		16		54404				
				16				

263)870464(3309 marcs 12 schil.
789 etc.

Par la règle conjointe.

		2720 florins 4 stiv.
1 florin	=	20 stivers.
32 $\frac{7}{8}$ stivers	=	2 marcs.

Même résultat que ci-dessus.

Le change de Hambourg sur Amsterdam se fait quelquefois en donnant tant de florins courans pour 120 marcs banco. L'opération se dispose alors comme suit :

Réduire 3604 florins courans en monnaie de Hambourg; le change étant à 106 florins courans pour 120 marcs de Hambourg banco.

florins		marcs		florins		marcs
106	:	120	::	3604	:	4080

AMSTERDAM SUR LIVOURNE.

Réduire 9800 florins d'Hollande en monn. de Livourne; le change étant à 87 $\frac{1}{2}$ grotes flam. par pezza de 8 réaux.

grot.		pezza		florins		pezze
87$\frac{1}{2}$	:	1	::	9800	:	4480
8				20		
700				196000		
				16		

7,00)31360,00
4480

Par la règle conjointe.

		9800 florins.
1 florin	=	20 grotes.
87 $\frac{1}{2}$ grotes	=	1 pezza.

Même résultat que plus haut.

LIVOURNE SUR AMSTERDAM.

Réduire 4480 pezze de 8 réaux en monn. hollandaise; le change étant à 87 $\frac{1}{2}$ grotes flam. par pezza.

pezza		grotes		pezze		florins
1	:	87$\frac{1}{2}$	::	4480	:	9800
				87$\frac{1}{2}$		

4,0)39200,0 grotes.
9800 florins.

Par la règle conjointe.

		4480 pezze.
1 pezza	=	87 $\frac{1}{2}$ grotes.
20 grotes	=	1 florin.

Même résultat que plus haut.

AMSTERDAM SUR LISBONNE.

Réduire 557 milreis 846 reis en monnaie hollandaise; le change étant à $46\frac{1}{4}$ grotes flam. par crusade de 400 reis.

reis		grotes		milr.		florins	stiv.	pen.
400	:	$46\frac{1}{4}$	::	557,846	:	1612	10	8

$$\begin{array}{r} 557,846 \\ 46\frac{1}{4} \\ \hline 4,00)258003,77 \\ \hline 4,0)6450,0944 \\ \hline 1612,5236 = 1612\text{ fl. } 10\text{ st. } 8\text{ pen.} \end{array}$$

Par la règle conjointe.

		557,846 milreis.
400 reis	=	$46\frac{1}{4}$ grotes flam.
40 grotes	=	1 florin.

Même résultat que plus haut.

LISBONNE SUR AMSTERDAM.

Réduire 1612 florins 10 stivers 8 pennings en monnaie portugaise; le change étant à $46\frac{1}{4}$ grotes flam. par crusade de 400 reis.

grotes		reis		florins	stiv.	pen.		milr.	reis
$46\frac{1}{4}$	:	400	::	1612	10	8	:	557	846

$$\begin{array}{ll} 46\frac{1}{4} & \times 20 \times 16 \times 400 \\ 8 & \\ \hline 370 & 37,0)20640320,0(557,846 \\ & 185 \text{ etc.} \end{array}$$

Par la règle conjointe.

		1612 flor. 10 stiv. 8 pen.
1 florin	=	40 grotes flam.
$46\frac{1}{4}$ grotes	=	400 reis.

Même résultat que plus haut.

AMSTERDAM SUR ESPAGNE.

Réduire 956 piastres 6 réaux de plate en monnaie hollandaise; le change étant à $94\frac{1}{4}$ grotes flam. par ducat de plate.

mar.		gr.		piastres	réaux		florins	stiv.
375	:	$94\frac{1}{4}$	::	956	6	:	1635	3

$$\begin{array}{l} \times 8 \times 34 \times 94\frac{1}{4} \\ \hline (4,0 \\ 375)24527243(6540,6 \text{ grotes.} \\ \quad 2250 \\ \quad \overline{2027} \text{ etc.} \quad 1635,15 \text{ florins.} \\ \qquad\qquad\qquad 20 \\ \qquad\qquad\qquad \overline{3,00} \text{ stivers.} \end{array}$$

Par la règle conjointe.

		956 piastres 6 réaux.
1 piastre	=	272 maravedis.
375 marav.	=	$94\frac{1}{4}$ grotes.
40 grotes	=	1 florin.

Même résultat que plus haut.

ESPAGNE SUR AMSTERDAM.

Réduire 1635 florins 3 stivers en monnaie espagnole; le change étant à $94\frac{1}{4}$ grotes flam. par ducat de 375 marav. de plate.

grot.		mar.		florins	stiv.		piastres	réaux
$94\frac{1}{4}$	:	375	::	1635	3	:	956	7

$$\begin{array}{ll} 94\frac{1}{4} & \times 20 \times 16 \times 375 \\ 8 & \qquad\qquad 34 \qquad (8 \\ \hline 754 & 754)196218000(260236(7654 \text{ réaux.} \\ & \quad 1508 \quad\quad 288 \\ & \quad \overline{4541} \text{ etc.} \quad \overline{222} \text{ etc.} \quad 956 \text{ piast. } 6 \text{ r.} \end{array}$$

Par la règle conjointe.

		1635 florins 3 stivers.
1 florin	=	40 grotes flam.
$94\frac{1}{4}$ grotes	=	375 marav.
272 marav.	=	1 piastre de plate.

Même résultat que plus haut.

Les changes d'Anvers sont semblables à ceux d'Amsterdam. Pour les monnaies de change et les règlemens, etc., voyez *Anvers*, Vol. I.

AUGSBOURG.

MONNAIES DE CHANGE.

Les Changes se calculent en florins et creutzers, ainsi qu'en risdales et creutzers.

60 creutzers = 1 florin ou gulden; 90 creutzers ou 1 ½ florin = 1 risdale de compte; 100 risdales giro ou monnaie de change = 127 risdales courantes ou 190 ½ florins courans; 2 florins = 1 risdale d'espèce.

COURS DU CHANGE, coté à Augsbourg, janvier 1820.		EXPLICATION.					
Amsterdam....	110	Augsbourg	donne	100	risdales giro...........	pour	100 risdales.
France........	120	—	donne	120	florins courans.........		100 écus de 3 francs.
Francfort......	102	—	donne	102	risdales courantes.......		100 risd. cour.
Gênes........	62	—	reçoit	62	soldi fuori banco........		1 florin cour.
Hambourg	118	—	donne	118	risdales giro............		100 risd. cour.
Livourne......	57	—	reçoit	57	soldi moneta buona		1 florin cour.
Leipsic........	99	—	donne	99	risdales courantes.......		100 risd. de change.
Londres.......	9 45	—	donne	9	florins 45 creutzers cour.		£ 1 sterling.
Milan.........	67	—	reçoit	67	soldi cour..............		1 florin cour.
Nuremberg....	101	—	donne	101	florins cour............		100 *idem*.
Vienne........	106	—	reçoit	106	florins................		100 *idem*.

(Pour les usances et autres particularités relatives aux lettres de change, voyez *Augsbourg*, Vol. I.)

AUGSBOURG SUR AMSTERDAM.

Réduire 1197 florins 18 stiv. $5\frac{1}{2}$ pennings en monnaie courante d'Augsbourg; le change étant à 112 risd., monnaie de change, pour 100 risdales d'Amsterdam de $2\frac{1}{2}$ florins chaque.

risd.	risd. de change		florins	stiv.	penn.		florins	cr. cour.
100 :	112	::	1197	18	$5\frac{1}{2}$	:	1022	21
$2\frac{1}{2}$			20					
250			23958					
×20×16			16					
			383323,5					
			112					
	8,0000)4293,2232							
			536,6529 risdales.					
			3					
		2)1609,9584						
			804,9798 florins de change.					

805 × 127 ÷ 100 = 1022 flor. 21 creutz. cour.

AMSTERDAM SUR AUGSBOURG.

Réduire 1022 florins 21 creutz., monnaie courante de Augsbourg, en monnaie hollandaise; le change étant à 112 risdales, monnaie de change, par 100 risdales d'Amsterdam.

(127 risd. cour: = 100 risd: de change:)

risd. cour.		risd. de change		florins	cr.		florin de change
127	:	100	::	1022	21	:	805
							2
							3)1610
							$536\frac{2}{3}$

	risd. de change		risd.		risd.	cr.		florins	st.	pen.
Et	112	:	100	::	536	60	:	1197	18	$5\frac{1}{2}$
	90		$2\frac{1}{2}$		90					
	10080		250		48300					
					250					

1008,0)1207500,0(1197 flor. 18 st. $5\frac{1}{2}$ pen.
1008
1995 etc.

Le reste ×20×16 etc.

AUGSBOURG SUR FRANCE.

Réduire 2542 francs 50 cent. en monnaie d'Augsbourg; le change étant à 124 risdales courantes par 100 écus de 3 francs.

francs		risdales		francs		florins	cr.
300	:	124	::	2542,50	:	1576	21
				124			
		3,00)3152,7000					
				1050,90			
				$1\frac{1}{2}$			
				1576,35			
				60			
				21,00			

Par la règle conjointe.

2542 francs 50 centimes.
300 francs = 124 risdales.
2 risdales = 3 florins.

Même résultat que plus haut.

FRANCE SUR AUGSBOURG.

Réduire 1576 florins 21 creutzers, monnaie courante d'Augsbourg; le change étant à 124 risdales par 100 écus de 3 francs.

risdales		francs		florins	creutzers		francs	cent.
124	:	300	::	1576	21	:	2542	50
90				60				
11160				94581				
				300				

1116,0)2837430,0(2542,50
2232
6054 etc.

Par la règle conjointe.

1576 florins 21 creutzers.
3 florins = 2 risdales.
124 risdales = 300 francs.

Même résultat que plus haut.

AUGSBOURG SUR GÈNES.

Réduire 11616 lire 19 soldi 10 denari fuori banco en monnaie d'Augsbourg; le change étant à 62 soldi par florin d'Augsbourg courant.

```
soldi   florin     lire   soldi  denari    florins  cr.
 62   :   1   ::  11616    19     10    :   3747    25
 12                  20
 ---              ------
744              232339
                     12
                 ------
           744)2788078(3747 flor. 25 creutz.
               2232
               ----
               5560 etc.
```

Par la règle conjointe.

	11616 lire 19 sol. 10 den.	
1 lira	=	20 soldi.
62 soldi	=	1 florin.

Même résultat que plus haut.

GÈNES SUR AUGSBOURG.

Réduire 3747 florins 25 creutzers, monnaie cour. d'Augsbourg, en monnaie de Gènes; le change étant à 62 soldi fuori banco par florin.

```
florin   soldi     florins  creutz.     lire   soldi  den.
  1   :   62   ::   3747     25    :   11616    19    10
                      60
                  ------
                  224845
                      62
                  -------
               6,0)1394039,0
            2,0)23233,9   10
                11616 lire 19 soldi 10 denari.
```

Par la règle conjointe.

	3747 florins 25 creutz.	
1 florin	=	62 soldi.
20 soldi	=	1 florin.

Même résultat que plus haut.

AUGSBOURG SUR HAMBOURG.

Réduire 3546 marcs 6 schillings 4 pfenings banco en monnaie d'Augsbourg; le change étant à 144 risd., monnaie cour. d'Augsbourg, par 100 risd. de Hambourg banco.

(60 creutzers = 1 florin; 90 creutzers = 1 risdale de compte.)

```
risd. H.   risd. A.     marcs  sch.  pf.     florins   cr.
  100   :    144    ::   3546   6    4   :    2553     24
    3                      16
  ----                   -----
  300                    56742
   16                       12
  ----                  ------
 4800                   680908
   12                      144
 -----                  ------
57600          57600)98050752(170227
                     57600        1 1/3
                     ------
                     404507 etc.  2553,40
                                       60
                                  -------
                                    24,00
```

HAMBOURG SUR AUGSBOURG.

Réduire 2553 florins 24 creutzers, monnaie cour. d'Augsbourg, en banco d'Hambourg; le change étant à 144 risd. d'Augsbourg par 100 risd. de Hambourg banco.

```
risd. A.   risd. H.     florins  cr.      marcs  sch.  pf.
  144   :    100    ::   2553    24   :    3546   6    4
   90                      60
 -----                  ------
12960                   153204
                           100
                    -------------risd. H.
            1296,0)1532040,0(1182   2   1 1/3
                   1296                 3
                   ----         -----------
                   2360 etc.    3546   6   4
```

Le reste × 16 × 12 etc.

N. B. Le change d'Augsbourg avec Livourne se fait sur le même principe que celui d'Augsbourg avec Gènes; ceux de Londres avec Augsbourg sont les mêmes qu'avec Vienne.

BERLIN ET BRESLAU.

MONNAIES DE CHANGE.

Les Changes se calculent en risdales, goodgroschen et pfenings, monnaie courante.

12 pfenings = 1 goodgroschen; 24 goodgroschen = 1 risdale monnaie courante, ou risdale de compte.

COURS DU CHANGE, d'après la cote de Berlin, janvier 1820.			EXPLICATION.				
Amsterdam........	147 $\frac{1}{2}$		Berlin donne	147 $\frac{1}{2}$	risdales courantes	pour	250 florins, ou 100 risdales.
Augsbourg........	102		— donne	102	*idem*		100 risd. monn. convention.
France............	79		— donne	79	*idem*		100 écus de 3 francs.
Francfort..........	105		— donne	105	*idem*		100 risd. courantes.
Hambourg, en banco	150		— donne	150	*idem*		100 risd. banco.
Kœnigsberg	100 $\frac{2}{3}$		— donne	100 $\frac{2}{3}$	*idem*		100 risd. courantes.
Leipsic............	104		— donne	104	*idem*		100 risd. monn. convention.
Londres..........	6	14	— donne	6	*idem* 14 groschen		1 liv. sterling.
Vienne............	41		— donne	41	*idem* courantes ..		100 risd. courantes.

(Pour les usances et autres particularités relatives aux lettres de change, voyez *Berlin* et *Breslau*, Vol. I.)

BERLIN SUR AMSTERDAM.

Réduire 4656 florins 5 stivers en monnaie prussienne; le change étant à 146 risd., monnaie cour. de Prusse, par 100 risd. d'Amsterdam.

risd. holl.	risd. pruss.	florins stiv.	risdales groschen
100 :	146 ::	4656 5 :	2719 6
2½		20	
250		93125	
20		146	
5000		5,000)13596,250	
		2719,25	
		24	
		6,00	

Par la règle conjointe.

4656 florins 5 stivers.
5 florins = 2 risdales.
100 risdales = 146 risdales de Prusse.

Même résultat que plus haut.

AMSTERDAM SUR BERLIN.

Réduire 2719 risdales 6 goodgroschen, monnaie cour. de Prusse, en monnaie de Hollande; le change étant à 146 risd. de Prusse par 100 risd. de Hollande.

risd. pruss.	risd. holl.	risdales groschen	florins stivers
146 :	100 ::	2719 6 :	4666 5
24	2½	24	
3504	250	65262	
		250	
		3504)16315500(4656 flor. 5 stiv.	
		14016	
		22995 etc.	

Par la règle conjointe.

2719 risd. 6 groschen.
146 risd. de Prusse = 100 risd. d'Amsterdam.
2 risdales = 5 florins.

Même résultat que plus haut.

BERLIN SUR FRANCE.

Réduire 1943 francs 75 cent. en monnaie prussienne; le change étant à 76 risd., monnaie courante de Prusse, par 100 écus de 3 francs.

francs	risdales	francs cent.	risdales gr.
300 :	76 ::	1943 75 :	492 10
		76	
		3,00)1477,25	
		492,41667	
		24	
		10,00008	

FRANCE SUR BERLIN.

Réduire 492 risd. 10 groschen, monnaie courante de Prusse, en monnaie française; le change étant à 76 risd. par 100 écus de 3 francs.

risdales	francs	risdales groschen	francs cent.
76 :	300 ::	492 10 :	1943 75
24		24	
1824		11818	
		300	
		1824)3545400(1943,75	
		1824	
		17214 etc.	

BERLIN SUR HAMBOURG.

Réduire 1908 marcs 5 schillings 4 pfenings banco en monnaie courante de Prusse; le change étant à 145 ½ risd. de Prusse par 100 risd. de Hamb. banco.

risd. banco		risd. pruss.		marcs	schil.	pf.		risdales	gr.
100	:	145 ½	::	1908	5	4	:	925	13
3				16					
300				30533					
16				12					
4800				366400					
12				145 ½					
57600		576,00)53311 2,00(925,54							
		5184 24							
		1471 etc. 12,96							

HAMBOURG SUR BERLIN.

Réduire 925 risd. 13 goodgroschen, monnaie courante de Prusse, en banco de Hambourg; le change étant à 145 ½ risd. de Prusse par 100 risd. banco de Hambourg.

risd. pruss.		risd. banco		risdales	gr.		marcs	sch.	pf.
145 ½	:	100	::	925	13	:	1908	5	4
24		3		24					
3492		300		22213					
				300					

3492)6663900(1908 marcs 5 sch. 4 pf.
3492
31719 etc.

Le reste × 16 × 12 etc.

BERLIN SUR LONDRES.

Réduire £ 115 13 s. 4 d. sterling en monnaie courante de Prusse; le change étant à 6 ¾ risdales par £ sterl.

£		risdales		£	s.	d.		risdales	gr.
1	:	6 ¾	::	115	13	4	:	780	18
		24		20					
		162		2313					
				12					
				27760					
				24					

24,0)449712,0(18738 gr.(780 risd. 18 gr.
24 168
2097 etc. 193 etc.

LONDRES SUR BERLIN.

Réduire 780 risd. 18 goodgroschen, monnaie courante de Prusse, en sterl.; le change étant à 6 ¾ risd. par £ sterl.

risdales		£		risdales	gr.		£	s.	d.
6 ¾	:	1	::	780	18	:	115	13	4
24				24					
162									

162)18738(£ 115 13 s. 4 d.
162
253 etc.

Le reste × 20 × 12 etc.

N. B. Les changes entre Berlin et la plupart des autres villes d'Allemagne, se suppute au moyen d'un certain taux comme pour Amsterdam et Hambourg. Les calculs sont par conséquent semblables. Il est inutile de donner des exemples pour ces villes ainsi que pour les places qui n'ont que peu ou point de relations commerciales.

BOLOGNE (*voyez* Rome).

BRÊME.

MONNAIES DE CHANGE.

Les changes se calculent en risdales, grotes et swares.

5 swares = 1 grote; 32 grotes = 1 marc de Brême; 72 grotes ou $2\frac{1}{4}$ marcs = 1 risdale de compte.

96 grotes ou $1\frac{1}{3}$ risdale de compte = 1 risdale d'espèce.

COURS DU CHANGE, d'après la quote de Brême, janvier 1820.		EXPLICATION.			
Amsterdam....	143	Brême donne	143 risdales...........	pour	100 risdales.
France........	20	— donne	20 grotes.............		1 franc.
Francfort......	110	— donne	110 risdales...........		100 risdales, monnaie convention.
Hambourg	142	— donne	142 *idem*.............		100 risdales banco.
Leipsic........	104	— donne	104 *id*...............		100 risdales monn. cour.
Londres.......	605	— donne	605 *id*................		100 livr. steling.
Nuremberg....	104	— donne	104 *id*................		100 risdales monn. cour.
Vienne........	90	— donne	90 *id*................		100 *id.*

(Pour les usances, jours de grâce, etc., voyez *Brême*, Vol. I.).

BRÊME SUR HAMBOURG.

Réduire 7817 marcs 11 schillings 4 pfenings banco en monnaie de Breme; le change étant à 140 risdales monnaie courante de Brême, par 100 risdales d'Hambourg banco.

```
risd. Hamb.  risd. Br.   marcs  sch. pf.   risdales gr.
  100     :    140   ::   7817   11   4  :  3648   19
    3                       16
  300                   125083
   16                       12
 4800                  1501000
   12                      140
57600      576,00)2101400,00(3648 risd. 19 gr.
                  1728
                   3734 etc.
```

Le reste × 72 etc.

HAMBOURG SUR BRÊME.

Réduire 3648 risdales 19 grotes, monnaie courante de Brême, en monnaie d'Hambourg; le change étant à 140 risdales de Brême par 100 risdales d'Hambourg banco.

```
risd. Br.  risd. Hamb.   risdales grot.   marcs sch. pf.
  140    :    100    ::   3648   19   :  7817   11   4
   72           3           72
10080         300       262675
                           300
      1008,0)7880250,0(7817 marcs 11sch. 4pf.
             7056
              8242 etc.
```

Le reste × 16 × 12 etc.

BRÊME SUR LONDRES.

Réduire £ 383 6 s. 8 d. sterling en monnaie de Brême; le change étant à 604½ risdales par £ 100 sterling.

```
 £     risdales     £   s.  d.   risdales grot.
100  :  604½   ::  383  6   8  :  2317    8
                    20
                  7666
                    12
                 92000
                  604½
      24,000)55614,000(2317 risd. 18 gr.
             48
              76 etc.
```

LONDRES SUR BRÊME.

Réduire 2317 risdales 18 grotes en monnaie courante de Brême, en sterling; le change étant à 604½ risdales par £ 100 sterling.

```
risdales    £     risdales grot.    £   s.  d.
 604½   :  100  ::  2317   18   :  383  6   8
  72                  72
 1208       43524)16684200(£ 383 6 s. 8 d.
4228              130572
  36               362700
43524              348192
                   145080 etc.
```

Le reste × 20 etc.

Les changes entre Brême et les autres places sont semblables aux précédens, comme on peut le voir par la cote.

CONSTANTINOPLE.

MONNAIES DE CHANGE.

Les Changes sont supputés en piastres, paras et aspres, ou en piastres et aspres; quelquefois en piastres et en demi-paras, ou en piastres et en minas.

3 aspres = 1 para; 40 paras ou 120 aspres = 1 piastre ou dollar turc.

80 demi-paras ou 100 minas, qu'on appelle aussi aspres = 1 piastre.

COURS DU CHANGE, d'après la cote de Constantinople, janvier 1820.		EXPLICATION.					
Amsterdam....	115	Constantinople	donne	115	paras............	pour	1 florin.
France........	14½	—	reçoit	14½	sous..............		1 piastre.
Gênes.........	44	—	donne	44	paras.............		1 lira fuori banco.
Hambourg	20	—	reçoit	20	grotes flamand.....		1 piastre.
Livourne......	283	—	donne	283	paras.............		1 pezza de 8 réaux.
Londres.......	35	—	donne	35	piastres		£ 1 sterling.
Malte.........	124	—	donne	124	paras.............		1 scudo.
Russie........	73	—	reçoit	73	copecs............		1 piastre.
Smyrne.......	100½	—	reçoit	100½	piastres..........		100 *idem.*
Trieste........	140	—	donne	140	paras.............		1 florin cour.
Venise........	80	—	reçoit	80	centimes..........		1 piastre.
Vienne........	140	—	donne	140	paras.............		1 florin cour.

(Pour les usances et autres coutumes relatives aux lettres de change, voyez *Constantinople*, Vol. I.)

CONSTANTINOPLE SUR AMSTERDAM.

Réduire 2904 florins 12 stivers 2 pfenings en monnaie turque; le change étant à 61 paras par florin.

florin		paras		florins	stiv.	pen.		piastres	paras
1	:	61	::	2904	12	2	:	4429	21

20
20
16
320

2904 × 20 = 58092
58092 × 16 = 929474
929474 × 61 = 4,0

320)56697914(17718,1
320 etc.

4429 piast. 21 paras.

Comme les monnaies turques sont sujettes à de continuelles variations, on a adopté, dans ces questions, les anciennes valeurs, qui sont également propres à ces opérations.

AMSTERDAM SUR CONSTANTINOPLE.

Réduire 4429 piastres turques 21 paras en monnaie de Hollande; le change étant à 61 paras par florin.

paras		florin		piastres	paras		florins	stiv.	pen.
61	:	1	::	4429	21	:	2904	12	2

40

61)177181(2904 flor. 12 stiv. 2 pen.
122
551
549
281 etc.

Le reste × 20 × 16 etc.

CONSTANTINOPLE SUR FRANCE.

Réduire 8903 francs 7 centimes de France en monnaie turque; le change étant à 1 franc 38 cent. par piastre.

franc	cent.		piastre		francs	cent.		piastres	paras
1	38	:	1	::	8903	7	:	6451	20

1,38)8903,07(6451 20
828
623 etc.

La manière la plus générale de coter le change est en sous français pour la piastre. Dans ce cas le sou est considéré comme $\frac{1}{20}$ de franc ou 5 cent. Ainsi

Réduire 5385 francs 84 cent. en piastres; le change étant à 14 $\frac{1}{2}$ sous par piastre.

sous		piastre		fr.	cent.		piastres	paras
14,5	:	1	::	5385	84	:	7428	30

14,5 × 5 = 72,5

725)5385,84)7428 30
5075
3108 etc.

FRANCE SUR CONSTANTINOPLE.

Réduire 6451 piastres turques 20 paras en monnaie française; le change étant à franc 38 cent. par piastre.

piastre		franc	cent.		piastres	paras		francs	cent.
1	:	1	38	::	6451	20	:	8903	7

40
40

6451 × 40 = 258060
258060 × 1,38

4,0)35612,280
8903,07 francs.

Réduire 7428 piastres 30 paras en monnaie française; le change étant à 14 $\frac{1}{2}$ sous par piastre.

piastre		sous		piastres	paras		francs	cent.
1	:	14,5	::	7428	30	:	5385	84

40 — 40
14,5 × 5 = 72,5
7428 × 40 = 297150
297150 × 72,5

4,0)2154337,50
5385,84

CONSTANTINOPLE SUR LIVOURNE.

Réduire 264 pezze 10 soldi 8 denari en monnaie turque; le change étant à $142\frac{1}{2}$ paras par pezza.

```
pezza     paras        pezze  soldi  den.     piastres  paras
  1   :   142½   ::    264    10     8    :    942      16
 20                     20
 ---                  -----
 20                   5290
 12                     12
 ---                  -----
240                   63488
                       142½
               ---------4,0
         24,0)904704,0(3769,6
              72          -------
             ---       942 piast.  16 paras.
             184 etc.
```

Par la règle conjointe.

	264	pezze 10 soldi 8 denari.
1 pezza =	$142\frac{1}{2}$	paras.
40 paras =	1	piastre.

Même résultat que plus haut.

LIVOURNE SUR CONSTANTINOPLE.

Réduire 942 piastres turques 16 paras en monnaie de Livourne; le change étant à $142\frac{1}{2}$ paras par pezza de 8 réaux.

```
paras     pezza      piastr.  paras      pez.  soldi  den.
142½   :   1    ::    942     16    :    264   10     8
  2                    40
 ---                 -----
285                  37696
                         2
                     -----
              285)75392(264 pez.  10 sol.  8 den.
                  570
                  ----
                  1839
                  1710
                  ----
                  1292 etc.
```

Par la règle conjointe.

	942	piastres 16 paras.
1 piastre =	40	paras.
$142\frac{1}{2}$ paras =	1	pezza.

Même résultat que plus haut.

CONSTANTINOPLE SUR LONDRES.

Réduire £ 81 2 s. 7 d. sterling en monnaie turque; le change étant à 18 piastres turques par £ sterling.

```
 £      piastr.      £    s.  d.      piastr.  paras
 1   :   18    ::   81    2   7   :   1460     13
20                  20
---                ----
20                 1622
12                   12
---                -----
240                19471
                      18
                   -----
          24,0)35047,8(1460 piast.  13 paras.
               24
               ---
               110 etc.
```

Le reste × 40 etc.

LONDRES SUR CONSTANTINOPLE.

Réduire 1460 piastres turques 13 paras en sterl.; le change étant à 18 piastres par £ sterling.

```
piastr.   £       piastr.  paras       £    s.  d.
  18   :  1   ::   1460    13    :    81    2   7
  40                 40
 ---
 720          720)58413(£ 81  2 s.  7 d.
                  5760
                  ----
                   813
                   720
                   ---
                    93
                    20
              720)1860(2
                  1440
                  ----
                   420 etc.
```

CONSTANTINOPLE SUR VENISE.

Réduire 10420 lire 13 soldi 4 denari piccoli en monnaie turque; le change étant à 354 paras par sequin de 22 lire.

```
lire       paras       lire    sol. den.      piastres  par.
 22    :    354   ::   10420   13   4     :    4191     38
 20                       20
----                  -------
440                   208413
 12                       12
----                  -------
5280                  2500960
                          354
              -----------4,0
        5280)885339840(16767,8
             5280       --------
             ----       4191 piastr. 38 paras.
             35733 etc.
```

Cette méthode de change a cessé en partie, attendu que Venise donne un nombre variable de centimes italiennes pour la piastre. Elle fait l'opération comme avec la France.

VENISE SUR CONSTANTINOPLE.

Réduire 4191 piastres turques 38 paras en monnaie vénitienne; le change étant à 354 paras par sequin de 22 lire piccole.

```
paras    lire      piastres  paras      lire   sol.  den.
354   :   22   ::   4191      38    :   10420   13    4
                      40
                   ------
                   167678
                       22
                   ------
         354)3688916(10420 lire 13 sol. 4 den.
             354
             ----
             1489
             1416
             ----
              731 etc.
```

Le reste × 20 × 12 etc.

CONSTANTINOPLE SUR VIENNE.

Réduire 3737 florins 48 creutzers en monnaie turque; le change de Vienne avec Constantinople étant à 50 paras par florin.

```
florin   paras      florins  creutz.    piastres  paras
  1    :   50   ::   3737     48     :   4672      10
 60                    60
---                 ------
 60                 224268
                        50
            6,0)1121340,0
                 4,0)18689,0
                    -------
                      4672   10
```

Par la règle conjointe.

3737,8 florins.
1 florin = 50 paras.
40 paras = 1 piastre.

Même résultat que plus haut.

VIENNE SUR CONSTANTINOPLE.

Réduire 4672 piastres turques 10 paras en monnaie autrichienne; le change de Constantinople avec Vienne étant à 50 paras par florin.

```
paras   florin     piastres  paras      florins   cr.
 50   :   1    ::   4672      10    :   3737      48
                      40
            5,0)18689,0
                -------
                 3737,8
                     60
                 ------
                   48,0
```

Par la règle conjointe.

4672,25 piastres.
1 piastre = 40 paras.
50 paras = 1 florin.

Même résultat que plus haut.

COPENHAGUE.

MONNAIES DE CHANGE.

Les Changes sont supputés en risdales, marcs et skillings danois; quelquefois ils le sont en risdales, marcs et schillings lubs. On fait accidentellement usage des pfenings.

12 pfenings = 1 skilling.

16 skillings = 1 marc.

6 marcs danois ou 3 marcs lubs = 1 riksdaler ou risdale.

Ainsi 2 pfenings, skillings ou marcs danois = 1 pfening, schilling ou marc lubs.

COURS DU CHANGE, d'après la cote de Copenhague.		EXPLICATION.					
Amsterdam....	143	Copenhague	donne	143	risd. mon. danoise cour.	pour 100	risdales.
France........	25	—	donne	25	skillings danois.......	1	franc.
Hambourg	$149\frac{1}{4}$	—	donne	$149\frac{1}{4}$	risdales danoises......	100	risdales banco.
Londres.......	6 33	—	donne	6	risdales 33 skillings....	£ 1	sterling.
Stockholm.....	36	—	reçoit	36	skillings.............	1	risdale.

(Pour les jours de grâce et autres particularités relatives aux lettres de change, voyez *Copenhague,* Vol. I.)

COPENHAGUE SUR AMSTERDAM.

Réduire 1310 florins 4 stivers 13 pennings en monnaie danoise; le change étant à 127 risdales danoises par 100 risdales courantes de Hollande, et l'agio du banco sur le courant étant à $3\frac{3}{4}$ par cent.

```
risd. cour.  banco        florins stiv. pen. banco  florins stiv. pen. c.
100     :   103¾    ::    1310    4    13     :    1359    7     8

   risd. holl.  risd. dan.   florins stiv. pen.     risd. marcs sk.
Et 100      :   127      ::  1359    7    8     :   690    3    6
     2½                       × 20  × 16
   ----                      -------
    250                      435000
     20                         127
   ----                   ----------
   5000         8,0000)5524,5000
     16                  ----------
  -----                   690,5625
  80000                          6
                          --------
                            3,3750
                                16
                          --------
                            6,0000
```

Par la règle conjointe.

		1310	fl. 4 stiv. 13 pen. banc.
100 florins banco	=	$103\frac{3}{4}$	florins courans.
$2\frac{1}{2}$ florins	=	1	risdale.
100 risdales cour.	=	127	risdales danoises.

Même résultat que plus haut.

AMSTERDAM SUR COPENHAGUE.

Réduire 690 risdales 3 marcs 6 skillings danois en banco de Hollande; le change étant à 127 risdales par 100 risdales courantes de Hollande, et l'agio du banco sur le courant étant à $3\frac{3}{4}$ par cent.

```
risd. dan.  risd. cour.   risdal. marcs sk.     florins stiv. pen.
  127    :    100    ::    690    3    6    :   1359    7     8
    6          2½            6
  ---        ----          ---
  762         250         4143
   16                       16
-----                    -----
12192                    66294
                           250
                       -------
       12192)16573500(1359 fl. 7 st. 8 pen. cour.

                    florins st. pen. c.  florins st. pen. bco.
Et 103¾  :  100  ::  1359   7   8    :   1310   4   13
     4        4       400
   ---      ---      ------
   415      400  415)543750(1310 fl. 4 st. 13 pen.
                     415 etc.
```

Par la règle conjointe.

		690	risdales 3 marcs 6 skil.
127 risdales dan.	=	100	risdales cour. de Holl.
$103\frac{3}{4}$ risdales cour.	=	100	risdales banco.
1 risdale	=	$2\frac{1}{2}$	florins.

Même résultat que plus haut.

COPENHAGUE SUR FRANCE.

Réduire 6698 francs 36 centimes en monnaie danoise; le change étant à $72\frac{1}{2}$ risdales par 100 écus de 3 fr.

```
francs  risdales      francs         risdales marcs skil.
 300  :   72½   ::   6698,36    :    1618     4    10
                       72,5
           3,00)4856,31100
                -----------
                1618,77033
                         6
                ----------
                   4,62198
                        16
                ----------
                   9,95168
```

FRANCE SUR COPENHAGUE.

Réduire 1618 risdales 4 marcs 10 skillings danois en monnaie française; le change étant à $72\frac{1}{2}$ risdales par 100 écus de 3 fr.

```
risdales  francs    risdales marcs skil.     francs cent.
  72½   :  300  ::   1618    4    10     :   6698   36
   6                    6
 ----                ----
  435                9712
   16                  16
 ----              ------
 6960              155402
                      300
                 --------
      696,0)4662060,0(6698,36 francs.
            4176
            ----
            4860 etc.
```

COPENHAGUE SUR HAMBOURG.

Réduire 12354 marcs 11 schillings d'Hambourg banco en monnaie danoise; le change étant à 142 risdales danoises par 100 risdales banco.

```
risd. banco  risd. dan.   marcs  schil.   risdales marcs sk.
 100    :    142    ::   12354   11    :   5847    5    5
   3                        16
 ---                    ------
 300                    197675
  16                       142
 ---                    ------
4800         48,00)280698,50(5847 risd. 5 mar. 5 sk.
                   240
                   ---
                   406 etc.
```

Par la règle conjointe.

```
                 12354 marcs 11 schillings.
  3 marcs    =       1 risdale.
100 risdales =     142 risdales danoises.
```

Même résultat que plus haut.

HAMBOURG SUR COPENHAGUE.

Réduire 5847 risdales 5 marcs 5 skillings danois en monnaie d'Hambourg; le change étant à 142 risdales danoises par 100 risdales d'Hambourg banco.

```
risd. dan.  risd. banco   risdales marcs sk.    marcs  sch.
  142    :    100    ::   5847    5    5   :   12354  11
    6           3            6
  ---         ---         -----
  852         300         35087
   16                        16
  ---                     -----
13632                    561397
                            300
                      ---------
          13632)168419100(12354 mar. 11 sch. lubs.
                13632
                -----
                 32099 etc.
```

Par la règle conjointe.

```
                   5847 risd. 5 marcs 5 skillings.
142 risd. dan. =    100 risd. d'Hambourg banco.
  1 risdale    =      3 marcs.
```

Même résultat que plus haut.

COPENHAGUE SUR LONDRES.

Réduire £ 621 16 s. 3 d. sterling en monnaie danoise; le change étant à 6 risdales 1 marc danois par £ sterling.

```
£   risd. marc     £    s.   d.     risd.  marcs skil.
1  :  6    1  ::  621   16   3  :   3834    3    1
      6            20
     --          -----
     37          12436
                    12
                ------
                149235
                    37
               -------6
      24,0)552169,5(23007
           48          -----
           --          3834 risd. 3 marcs 1 skill.
            72 etc.
```

LONDRES SUR COPENHAGUE.

Réduire 3834 risdales 3 marcs 1 skilling danois en sterling; le change étant à 6 risdales 1 marc par £ sterling.

```
risd. marc    £     risdales marcs sk.    £    s.   d.
 6    1  :   1  ::   3834    3    1  :  621   16   3
 6                      6
--                  -----
37                  23007
16                     16
---                 -----
592           592)368113(£ 621 16 s. 3 d.
                  3552
                  ----
                   1291
                   1184
                   ----
                   1073 etc.
```

Le reste × 20 × 12 etc.

DANTZIC.

MONNAIES DE CHANGE.

Les Changes se calculent à Dantzic en florins, groschen et pfenings.

3 pfenings = 1 groschen.
30 groschen = 1 florin ou gulden.
3 florins = 1 risdale.

COURS DU CHANGE, d'après la cote de Dantzic, janvier 1820.		EXPLICATION.		
Amsterdam....	314	Dantzic donne 314 groschen....	pour	1 livre flam.
France........	98	— donne 98 risdales.....		100 écus de 3 francs.
Francfort......	88	— donne 88 groschen.....		1 risdale.
Hambourg	141	— donne 141 *idem*........		1 risdale d'espèce.
Leipsic........	104	— donne 104 risdales.....		100 risdales.
Londres.......	$19\frac{1}{3}$	— donne $19\frac{1}{3}$ florins......		£ 1 sterling.
Stockholm.....	$9\frac{1}{2}$	— donne $9\frac{1}{2}$ skillings.....		1 florin.

(Pour les usances et autres particularités relatives aux lettres de change, voyez *Dantzic*, Vol. I.)

DANTZIC SUR AMSTERDAM.

Réduire 1881 florins 16 stivers en monn. dantziquoise; le change étant à 415 groschen dantziq. par £ flam.

£ flam.		groschen		florins	stivers		florins	grosch.	pfen.
1	:	415	::	1881	16	:	4338	17	15
6				20					
6				37636					
20				415					
120		12,0)1561894,0							
		3,0)13015,7		15					
		4338 flor. 17 grosch. 15 pfen.							

Par la règle conjointe.

		1881 florins 16 stivers.
6 florins de Hollande	=	1 liv. flamande.
1 liv. flamande	=	415 groschen.
30 groschen	=	1 florin de Dantzic.

Même résultat que plus haut.

AMSTERDAM SUR DANTZIC.

Réduire 4338 florins 17 groschen 15 pfenings monnaie courante de Dantzic en monnaie hollandaise; le change étant à 415 groschen par £ flam.

groschen		£ flam.		florins	gr.	pf.		florins	stiv.
415	:	1	::	4338	17	15	:	1881	16
18				30					
7470				130157					
				18					
				747,0)234284,1(£ 313 12 s. 8 d. flam.					
				2241 etc. 6					
				1881 12					
				4 st. pour 8 d.					
				flor. 1881 16 stiv.					

Par la règle conjointe.

		4338 flor. 17 gros. 15 pf.
1 florin de Dantzic	=	30 groschen.
415 groschen	=	1 livre flam.
1 livre flamande	=	6 florins hollandais.

Même résultat que plus haut.

DANTZIC SUR HAMBOURG.

Réduire 837 marcs 4 schillings banco en monnaie de Dantzic; le change étant à 168 groschen par risdale banco.

risd.	marcs		groschen		marcs	schil.		florins	groschen
1 ou	3	:	168	::	837	4	:	1562	26
			16		16				
			48		13396				
					168				
					3,0				
			48)2250528(4688,6						
			192						
					1562 flor. 26 gr.				

Par la règle conjointe.

		837 marcs 4 schillings.
3 marcs	=	1 risdale.
1 risdale	=	168 groschen.
30 groschen	=	1 florin.

Même résultat que plus haut.

HAMBOURG SUR DANTZIC.

Réduire 1562 florins 26 groschen monnaie courante de Dantzic en banco d'Hambourg; le change étant à 168 groschen par risdale banco.

groschen		risd.	marcs		florins	grosch.		marcs	sch.
168	:	1 ou	3	::	1562	26	:	837	4
					20				
					46886				
					3				
					168)140658(837 marcs 4 sch.				

Par la règle conjointe.

		1562 florins 26 groschen.
1 florin	=	30 groschen.
168 groschen	=	1 risdale banco.
1 risdale	=	3 marcs.

Même résultat que plus haut.

N. B. Les changes de Dantzic avec Londres et Paris sont trop simples pour qu'il soit besoin de donner des exemples. Voyez la *cote*.

FRANCE.

MONNAIES DE CHANGE.

Les Changes se supputent en francs et en centimes, ou en livres, sous et deniers.

10 centimes = 1 décime; 10 décimes ou 100 centimes = 1 franc; 12 deniers = 1 sou ou sol; 20 sous = 1 livre tournois; 80 francs = 81 livres; 3 livres = 1 écu de change.

COURS DU CHANGE, d'après la cote de Paris, janvier 1820.			EXPLICATION.					
Amsterdam....	53 ¾		Paris reçoit	53 ¾	grotes flam..........	pour	1	écu de 3 francs.
Augsbourg....	249		— donne	249	centimes.............		1	florin courant.
Bâle..........	1	perte	— donne	101	livres...............		100	livres.
Berlin.........	3	80	— donne	3	francs 80 centimes....		1	risdale.
Francfort	75		— reçoit	75	risdales courantes.....		100	écus.
Genève	162		— donne	102	francs...............		100	liv. courantes.
Gênes	465		— donne	465	centimes.............		1	pezza de 5 ¾ lire.
Hambourg.....	185		— donne	185	francs...............		100	marcs banco.
Livourne......	503		— donne	503	centimes.............		1	pezza de 8 réaux.
Lisbonne......	520		— reçoit	520	reis.................		1	écu de 3 francs.
Londres.......	24		— donne	24	francs...............		£ 1	sterling.
Milan.........	8	6	— reçoit	8	lire 6 soldi..........		6	francs.
Naples........	4	20	— donne	4	francs 20 centimes....		1	ducato di regno.
Espagne.......	15	40	— donne	15	francs 40 centimes....		1	doublon de change.
Vienne........	257		— donne	257	francs...............		100	florins effectifs.

(Pour les usances et autres particularités relatives aux lettres de change, voyez *France*, Vol. I.)

FRANCE sur LONDRES, voyez page 24.
FRANCE sur AMSTERDAM, voyez page 32.
FRANCE sur AUGSBOURG, voyez page 36.
FRANCE sur GENÈVE, voyez page 61.

FRANCE SUR GÊNES.

Réduire 1382 lire 3 soldi $1\frac{1}{2}$ denari en monnaie française; le change étant à 4 francs 80 centimes par pezza.

$$
\begin{array}{l}
1382 \quad 3 \quad 1\tfrac{1}{2} \\
\qquad\qquad\quad 4 \\
\hline
23)5528 \quad 12 \quad 6(240 \text{ pez. } 7 \text{ soldi } 6 \text{ den. di pez.} \\
\;\;\; 46 \\
\;\;\; 92 \text{ etc.}
\end{array}
$$

	pezza		francs		pezze	soldi	den.		francs	cent.
Ainsi	1	:	4,80	::	240	7	6	:	1153	80

$$
\begin{array}{lr}
 & 240 \\
 & 4,80 \\
\hline
 & 19200 \\
 & 960 \\
5 \text{ soldi} = \tfrac{1}{4} .. & 120 \\
2 \text{ soldi } 6 \text{ den.} = \tfrac{1}{2} .. & 60 \\
\hline
 & 1153,80
\end{array}
$$

LONDRES sur FRANCE, voyez page 24.
AMSTERDAM sur FRANCE, voyez page 32.
AUGSBOURG sur FRANCE, voyez page 36.
GENÈVE sur FRANCE, voyez page 61.

GÊNES SUR FRANCE.

Réduire 1153 francs 80 centimes en monnaie de Gênes; le change étant à 4 francs 80 centimes par pezza de $5\frac{3}{4}$ lire.

francs		pezza		francs		pez.	soldi	d. di pez.
4,80	:	1	::	1153,80	:	240	7	6

$$
\begin{array}{l}
48,0)11538,0(240 \quad 7 \quad 6 \\
\qquad\;\; 96 \text{ etc.}
\end{array}
$$

Si on demande de convertir en lire, dites

				pezz.	soldi	d. di pez.		lire	sol.	d. di l.
4	:	23	::	240	7	6	:	1382	3	$1\frac{1}{2}$

$$
\begin{array}{lrrr}
 & 240 & 7 & 6 \\
 & 23 & & \\
\hline
 & 720 & & \\
 & 480 & & \\
5 \text{ soldi} = \tfrac{1}{4} & 5 & 15 & \\
2 \text{ soldi } 6 \text{ den.} = \tfrac{1}{2} & 2 & 17 & 6 \\
\hline
 & 4)5528 & 12 & 6 \\
\hline
 & 1382 & 3 & 1\tfrac{1}{2}
\end{array}
$$

FRANCE SUR HAMBOURG.

Réduire 3492 marcs 16 schillings 6 pfenings banco en monnaie française; le change étant à $25\frac{1}{2}$ schill. lubs banco par écu de 3 fr.

schillings		francs		marcs	sch.	pf.		francs
$25\frac{1}{2}$	:	3	::	3492	15	6	:	6575

$$
\begin{array}{ll}
25\tfrac{1}{2} & \qquad 3492 \\
12 & \qquad\;\; 16 \\
\hline
306 & \qquad 55887 \\
 & \qquad\;\; 12 \\
 & \qquad 670650 \\
 & \qquad\;\;\; 3 \\
 & 306)2011950(6575 \\
 & \qquad 1836 \\
 & \qquad 1759 \text{ etc.}
\end{array}
$$

HAMBOURG SUR FRANCE.

Réduire 6575 francs en monnaie d'Hambourg; le change étant à $25\frac{1}{2}$ schillings lubs banco par écu de 3 francs.

francs		sch.		francs		marcs	sch.	pf. banco
3	:	$25\frac{1}{2}$	::	6575	:	3492	15	6

$$
\begin{array}{r}
6575 \\
25\tfrac{1}{2} \\
\hline
3)167662\tfrac{1}{2} \\
\hline
16)55887\tfrac{1}{2} \\
\hline
3492 \text{ marcs } 15\tfrac{1}{2} \text{ schil.}
\end{array}
$$

Par les décimales :

francs		sch.		francs		marcs	sch.	pf. banco
3	:	25,5	::	6575	:	3492	15	6

$$
\begin{array}{r}
6575 \\
25,5 \\
\hline
3)167662,5 \\
\hline
16)55887,5 \\
\hline
3492,96875 \\
\times 16 \times 12
\end{array}
$$

FRANCE SUR LIVOURNE.

Réduire 760 pezze 7 soldi 6 denari en monnaie française; le change étant à 5 francs 20 centimes par pezza de 8 réaux.

pezza : francs :: pezze sol. den. : francs cent.

1 : 5,20 :: 760 7 6 : 3953 95

5,20

15200

3800

5 soldi . . . . . = $\frac{1}{4}$ 130

2 soldi 6 den. = $\frac{1}{2}$ 65

3953,95

Par décimales.

760 pezze 7 soldi 6 denari valent 760 $\frac{3}{8}$ = 760,375

1 : 5,20 :: 760,375 : 3953,95

5,20

3953,95000

LIVOURNE SUR FRANCE.

Réduire 3953 francs 95 centimes en monnaie de Livourne; le change étant à 5 francs 20 centimes par pezza de 8 réaux.

francs : pezza :: francs : pezze sol. den.

5,20 : 1 :: 3953,95 : 760 7 6

52,0)39539,5(760 7 6

364

313

312

19 × 20 et 12 etc.

Par décimales.

5,20 : 1 :: 3953,95 : 760,375

20

7,500

12

6,000

FRANCE SUR LISBONNE.

Réduire 617 milreis 334 reis en monnaie française; le change étant à 465 reis par écu de 3 fr.

reis : francs :: milreis : francs cents

465 : 3 :: 617,334 : 3982 80

3

465)1852002(3982,80

1395 etc.

Mais si la somme est donnée en crusades, on la convertit en milreis en multipliant par 4. On sépare ensuite le dernier nombre et on ajoute à ce nombre les premiers reis comme dans l'exemple suivant :

Réduire 1543 crusades 134 reis en milreis, etc.

4

617,2

134

,334

Réponse. 617 mil. 334 reis.

LISBONNE SUR FRANCE.

Réduire 3982 francs 80 centimes en monnaie de Portugal; le change étant à 465 reis par écus de 3 francs.

francs : reis :: francs cents. : milreis reis

3 : 465 :: 3982 80 : 617 334

465

3)1852002,00

617,334

Mais si la réponse doit se faire en crusades, on sépare les deux derniers nombres et on divise les autres par 4, ainsi

4)6173,34

1543 crusades 134 reis.

FRANCE SUR MILAN.

Réduire 4536 lire 17 soldi 6 denari en monnaie française; le change étant à 7 lire 10 soldi par 6 fr.

lire	soldi		francs		lire	soldi	den.		francs	cen.
7	10	:	6	::	4536	17	6	:	3629	50

20   20
250   90737
12   12
1800   1088850
6
18,00)65331,00(3629,50
54 etc.

Les changes se sont faits récemment entre Milan et la France en donnant des livres italiennes pour des francs, avec une prime sur les deniers, comme dans l'exemple ci-joint.

MILAN SUR FRANCE.

Réduire 3629 francs 50 centimes en monnaie de Milan; le change étant à 7 lire 10 soldi par 6 fr.

francs		lire	soldi		francs		lire	soldi	den.
6	:	7	10	::	3629,50	:	4536	17	6

7
2540650
10 soldi = ½....... 181475
6)27221,25
4536,875
20
17,500
12
6,00

Réduire 3629 francs 50 centimes en livres italiennes; le change étant à 99 francs pour 100 livres italiennes.

francs		liv. ital.		francs		liv. ital.
99	:	100	::	3629,50	:	3666,00

FRANCE SUR NAPLES.

Réduire 580 ducats 56 grains en monnaie française; le change étant à 4 francs 25 centimes par ducato di regno.

ducat		francs	cent.		ducats		francs	cent.
1	·	4	25	::	580,56	:	2467	38

4,25
290280
116112
232224
2467,3800

NAPLES SUR FRANCE.

Réduire 2467 francs 38 centimes en monnaie de Naples; le change étant à 4 francs 25 centimes par ducato di regno.

francs		ducat		francs		ducats	gr.
4,25	:	1	::	2467,38	:	580	56

425)2467,38(580 56
2125
3423
3400
238 etc.

FRANCE SUR ESPAGNE.

Réduire 1777 piastres 7 réaux 2 maravédis de plate en monnaie française; le change étant à 14 fr. 45 centimes par doublon de change de 4 piastres de plate.

piastr.		francs		piastr.	réaux	mar.		francs	cent.
4	:	14,45	::	1777	7	2	:	6422	60

```
   4                 1777
×8×34                   8
-----             -------
1088                14223
                       34
                  -------
                   483584
                    14,45
              -----------
        1088)6987788,80(6422,60
             6528
             ----
             4597 etc.
```

Par la règle conjointe.

		1777 piastres 7 réaux 2 marcs.
4 piastres	=	1 doublon de change.
1 doublon	=	14 francs 45 centimes.

Même résultat que plus haut.

ESPAGNE SUR FRANCE.

Réduire 6422 francs 60 centimes en monnaie espagnole; le change étant à 14 francs 45 centimes par doublon de change de 4 piastres de plate.

francs		piastr.		francs		piastr.	réaux	mar.
14,45	:	4	: :	6422,60	:	1777	7	2

```
                    6422,60
                          4
                   --------
           14,45)25690,40(1777 pias. 7 r. 2 mar.
                 1445
                 -----
                 11240 etc.
```

Le reste × 8 × 34 etc.

Par la règle conjointe.

		6422 francs 60 centimes.
14 fr. 45 cent.	=	1 doublon de change.
1 doublon	=	4 piastres de change.

Même résultat que plus haut.

FRANCE SUR VIENNE.

Réduire 6025 florins 55 creutzers en monn. française; le change étant à 257 francs pour 100 florins.

florins		francs		florins	cr.		francs	cent.
100	:	257	::	6025	55	:	15486	60

```
 100                 6025
  60                   60
----               ------
6000               361555
                      257
             ------------
       6,000)92919,635
             ------------
             15486,60
```

Par décimales.

55 creutzers $= \frac{55}{60} =$,916.

florins		francs		florins		francs
100	:	257	::	6025,916	:	15486,60

```
                   6025,916
                        257
            ---------------
       1,00)1548660,412
            ---------------
            15486,60
```

VIENNE SUR FRANCE.

Réduire 15486 francs 60 centimes en monnaie viennoise; le change étant à 257 francs par 100 flor.

francs		florins		francs		florins	cr.
257	:	100	::	15486,60	:	6025	55

```
            15486,60
                 100
          ----------
      257)1548660(6025
          1542
          ----
           666
           514
          ----
          1520
```

Le reste × 60 etc.

FRANCFORT.

MONNAIES DE CHANGE.

Les Changes se calculent en florins et creutzers, ou en risdales et creutzers, ainsi qu'en florins et en batzen.

4 pfenings = 1 creutzer.

4 creutzers = 1 batze.

60 creutzers, ou 15 batzen = 1 florin.

90 creutzers, ou 1 $\frac{1}{2}$ florin = 1 risdale de compte.

COURS DU CHANGE, d'après la cote de Francfort, janvier 1820.		EXPLICATION.			
Amsterdam....	140 $\frac{3}{4}$	Francfort	donne	140 $\frac{3}{4}$ risdales de compte pour	100 risdales.
Augsbourg	100 $\frac{3}{4}$	—	donne	100 $\frac{3}{4}$ *idem*...........	100 risd. cour.
Bâle..........	101 $\frac{1}{4}$	—	donne	101 $\frac{1}{4}$ *id*.............	100 risd. en nouveaux écus.
Brême........	108 $\frac{1}{2}$	—	donne	108 $\frac{1}{2}$ *id*..............	100 risd. cour.
France........	79	—	donne	79 *id*.............	100 écus de 3 liv.
Hambourg.....	150	—	donne	150 *id*..............	100 risdales banco.
Leipsic........	100 $\frac{1}{2}$	—	donne	100 $\frac{1}{2}$ *id*..............	100 risd. en louis d'or.
Londres.......	149	—	donne	149 batzen..........	£ 1 sterling.
Vienne........	40	—	donne	40 florins..........	100 écus cour.

(Pour les usances et autres coutumes relatives aux lettres de change, voyez *Francfort*, Vol. I.)

FRANCFORT SUR AMSTERDAM.

Réduire 6165 florins 9 stivers 11 pennings en monnaie de Francfort; le change étant à 141 risdales monnaie courante de Francfort par 100 risdales d'Amsterdam.

risd. A.		risd. F.		florins	stiv.	pen.		risd.	cr.
100	:	141	::	6165	9	11	:	3477	30
$2\frac{1}{2}$				20					
250				123309					
20				16					
5000				1972955					
16				141					
80000		8,0000)		27818,6665					
				3477,3332					
				90					
				29,9880					

AMSTERDAM SUR FRANCFORT.

Réduire 3477 risdales 30 creutzers, monnaie courante de Francfort en monnaie de Hollande; le change étant à 141 risdales de Francfort par 100 risdales d'Amsterdam.

risd. F.		risd. A.		risd.	cr.		flor.	st.	pen.
141	:	100	::	3477	30	:	6165	9	11
90		$2\frac{1}{2}$		90					
12690		250		312960					
				250					

1269,0)7824000,0(6165 fl. 9 st. 11 pen.
7614
2100 etc.

Le reste × 20 × 16 etc.

FRANCFORT SUR FRANCE.

Réduire 9137 francs 45 centimes en monnaie de Francfort; le change étant à 76 risdales par 100 écus de 3 livres tournois.

francs		livres		francs		livres
80	:	81	::	9137,45	:	9251,667
						20
						13,340 sous
						12
						4,080 den.

	livres		risd.		livres	sous	den.		florins	cr.
Et	300	:	76	::	9251	13	4	:	3515	38
	20		$1\frac{1}{2}$		20					
	6000		114		185033					
	12				12					
	72000				2220400					
					114					

72,000)253125,600(3515 fl. 38 cr.
216

FRANCE SUR FRANCFORT.

Réduire 3515 florins 38 creutzers monnaie courante de Francfort en monnaie française; le change étant à 76 risdales par 100 écus de 3 livres tournois.

risd.		livr.		florins	cr.		livr.	sous	den.
76	:	300	::	3515	38	:	9251	17	9
90				60					
6840				210938					
				300					

684,0)6328140,0(9251 liv. 13 sous 4 den.
6156
1721 etc.

	liv.		fr.		liv.	sous	den.		fr.	cent.
Et	81	:	80	::	9251	13	4	:	9137	45

Les changes entre Francfort et Paris se cotent quelquefois d'une manière qui simplifie l'opération.

FRANCFORT SUR HAMBOURG.

Réduire 5929 marcs 9 schillings 4 pfenings d'Hambourg banco, en monnaie de Francfort; le change étant à 144 risdales de Francfort par 100 risdales banco.

```
risd.     risd. Fr.     marcs   sch. pf.      risd.   cr.
100   :   144    ::     5929    9    4   :    2846    18
  3                       16
---                   -------
300                    94873
 16                       12
---                   -------
4800                 1138480
  12                     144
----                 -------
57600       5760,0)16394112,0(2846 risd. 18 cr.
                   11520
                   -----
                    48741 etc.
```

Le reste × 90 etc.

HAMBOURG SUR FRANCFORT.

Réduire 2846 risdales 18 creutzers, monnaie courante de Francfort en monnaie courante de Hambourg; le change étant à 144 risdales de Francfort par 100 risdales de Hambourg banco.

```
risd. Fr.   risd. banco    risd.   cr.     marcs  sch. pf.
144    :    100    ::    2846    18   :   5929    9   4
 90           3            90
-----       ---         ------
12960       300         256158
                           300
                    ---------
              1296,0)7684740,0(5929 marcs 9 sch. 4 pf.
                     6480
                     -----
                     12047 etc.
```

Le reste × 16 × 12 etc.

FRANCFORT SUR LONDRES.

Réduire £ 845 18 s. 8 deniers en monnaie de Francfort; le change étant à 142½ batzen par £ sterl.

```
£       batz.        £     s.   d.      florins  cr.
1   :   142½   ::   845    18   8   :   8036     22
20        4          20
--       ---       -----
20       570       16918
12                    12
---                ------
240                203024
                      570
              ------------6,0
        24,0)11572368,0(48218,2
              96             --------
              ---            8036 flor. 22 cr.
              197 etc.
```

LONDRES SUR FRANCFORT.

Rédnire 8036 florins 22 creutzers, monnaie courante de Francfort en sterling; le change étant à 142½ batzen par £ sterling.

```
batzen   £       florins  cr.       £     s.   d.
142½  :  1   ::  8036     22   :    845   18   8
  4                60
----              ----
570        57,0)48218,2(£ 845 18 s. 8 d.
```

Par la règle conjointe.

		8036 florins 22 creutz.
1 florin	=	15 batzen.
142½ batzen	=	£ 1 sterling.

Même résultat que plus haut.

GENÈVE.

MONNAIES DE CHANGE.

Les Changes se calculent en livres, sous et deniers, ou en écus, livres, etc.

12 deniers = 1 sou où sol.

20 sous = 1 livre courante.

3 livres = 1 écu ou patagon.

COURS DU CHANGE, d'après la cote de Genève, février 1820.		EXPLICATION.					
Amsterdam	92	Genève reçoit	92	grotes flamand..	pour	1	*écu.*
Augsbourg	128	— reçoit	128	risdales courantes		100	*idem.*
Bâle	162	— reçoit	162	liv. tournois		106	livr. courantes.
Espagne	44	— donne	44	sous courans		1	piastre de plate.
France	162	— reçoit	162	francs		100	liv. cour.
Gênes	98	— donne	98	écus		100	pezze de $5\frac{3}{4}$ lire fuori banco.
Hambourg	23	— donne	23	sous courans		1	marc banco.
Livourne	104	— donne	104	écus		100	pezze de 8 réaux.
Londres	46	— reçoit	46	pence sterling		1	écu de 3 liv.
Milan	100	— donne	100	écus		640	liv. cor.
Naples	$50\frac{3}{4}$	— donne	$50\frac{3}{4}$	sous		1	ducat.
Palerme	15 3	— donne	15	lire 3 sous		1	oncia.
Turin	84	— reçoit	84	soldi piemontesi.		1	écu.
Vienne	128	— reçoit	128	risdales courantes		100	*idem.*

(Pour les usances et autres particularités relatives aux lettres de change, voyez *Genève*, Vol. I.)

GENÈVE SUR AMSTERDAM.

Réduire 2479 florins 13 stivers 12 pennings en monnaie de Genève; le change étant à 92 grotes flam. par écu de 3 livres.

grotes		liv.		florins	stiv.	pen.		liv.	s.	d.
92	:	3	::	2479	13	12	:	3234	7	6
8				20						
736				49593						
				16						
				793500						
				3						

736)2380500(3234 liv. 7 sous 6 den.
2208
1725 etc.

Par la règle conjointe.

2479 florins 13 stiv. 12 pen.
1 florin = 40 grotes.
92 grotes = 3 livres.

Même résultat que plus haut.

AMSTERDAM SUR GENÈVE.

Réduire 3234 livres 7 sous 6 den. monnaie courante de Genève en monnaie de Hollande; le change étant à 92 grotes flam. par écu de 3 liv.

liv.		grot.		liv.	s.	d.		flor.	stiv.	pen.
3	:	92	::	3234	7	6	:	2479	13	12
20		8		20						
60		736		64687						
12				12						
720				776250						
				736						
				16						

72,0)57132000,0(793500
504
673 etc.
2,0)4959,3 — 12
2479 fl. 13 st. 12 pen.

Par la règle conjointe.

3234 liv. 7 s. 6 den.
3 liv. = 92 grotes.
40 grotes = 1 florin.

Même résultat que plus haut.

GENÈVE SUR FRANCE.

Réduire 1623 francs 93 centimes en monnaie de Genève; le change étant à 168 francs par 100 livres courantes.

francs		liv.		francs		liv.	s.	d.
168	:	100	::	1623,93	:	966	12	6

168)162393(966 12 6
1512
1119 etc.

Le reste × 20 × 12 etc.

Par décimales.

francs		liv.		francs		liv.	s.	d.
168	:	100	::	1623,93	:	966	12	6

168)162393,00(966,625
1512 — 20
1119 etc. — 12,500
12
6,0

FRANCE SUR GENÈVE.

Réduire 966 livres 12 sous 6 den. monnaie courante de Genève en monnaie de France; le change étant à 168 francs par 100 livres courantes.

liv.		francs		liv.	s.	d.		francs	cent.
100	:	168	::	966	12	6	:	1623	93
20				20					
2000				19332					
12				12					
24000				231990					
				168					

24,000)38974,320(1623,93
24
149 etc.

Par décimales.

12 sous 6 den. $\frac{150}{240} = \frac{5}{8} = ,625$

liv.		francs		liv.		francs	cent.
100	:	168	::	966,625	:	1623	93

GENÈVE SUR HAMBOURG.

Réduire 1068 marcs 4 schillings 2 pfenings banco en monnaie courante de Genève; le change étant à 23 sous courans par marc banco.

marc		sous		marcs	schi.	pf.		livres	sous
1	:	23	::	1068	4	2	:	1228	10

16
16
12
192

1068
16
17092
12
205106
23
2,0
192)4717438(2457,0
384
877 etc.

1228 liv. 10 sous.

HAMBOURG SUR GENÈVE.

Réduire 1228 livres 10 sous, monnaie courante de Genève en monnaie d'Hambourg; le change étant à 23 sous courans par marc d'Hambourg banco.

sous		marc		liv.	sous		marcs	sch.	pf.
23	:	1	::	1228	10	:	1068	4	2

20
23)24570(1068 marcs 4 sch. 2 pf.
23
157
138
190 etc.

Le reste × 16 × 12 etc.

GENÈVE SUR LIVOURNE.

Réduire 1480 pezze 8 soldi 4 denari en monnaie courante de Genève; le change étant à 105 écus par 100 pezze de 8 réaux.

pezze		écus		pezze	sol.	den.		liv.	sous	d.
100	:	105	::	1480	8	4	:	4663	6	3

105
3
315

1480
20
29608
12
355300
315
24,000)111919,500(4663 liv. 6 s. 3 d.
96
159 etc.

Par la règle conjointe.

1480 pezze 8 soldi 4 denari.
100 pezze = 105 écus.
1 écu = 3 livres.

Même résultat que plus haut.

LIVOURNE SUR GENÈVE.

Réduire 4663 livres 6 sous 3 den., monnaie courante de Genève en monnaie de Livourne; le change étant à 105 écus par 100 pezze de 8 réaux.

écus		pezze		liv.	s.	d.		pezze	soldi	d.
105	:	100	::	4663	6	3	:	1480	8	4

105
3
315
20
6300
12
75600

4663
20
93266
12
756,00)1119195,00(1480 pez. 8 sol. 4 den.
756
3631 etc.

Par la règle conjointe.

4663 liv. 6 s. 3 den.
3 livres = 1 écu.
105 écus = 100 pezze de 8 réaux.

Même résultat que plus haut.

GENÈVE SUR LONDRES.

Réduire £ 458 3 s. 11 d. sterling en monnaie de Genève; le change étant à 48 d. sterling par écu de 3 livres courantes.

d.		liv.		£	s.	d.		liv.	s.	d.
48	:	3	::	458	3	11	:	6872	18	9

20
9163
12
109967
3
48)329901(6872 liv. 18 s. 9 d.
288
419 etc.

Le reste × 20 × 12 etc.

Par la règle conjointe.

£ 458 3 s. 11 d.
£ 1 sterling = 240 pence.
48 pence = 3 livres.

Même résultat que plus haut.

LONDRES SUR GENÈVE.

Réduire 6872 livres 18 sous 9 den., monnaie courante de Genève en sterling; le change étant à 48 den. sterling par écu de 3 livres courantes.

liv.		d.		liv.	s.	d.		£	s.	d.
3	:	48	::	6872	18	9	:	458	3	11

20 — 20
60 — 137458
12 — 12
720 — 1649505
48
12
72,0)7917624,0(109967
72
717 etc.
2,0)916,3 11
£ 458 3 s. 11 d.

Par la règle conjointe.

6872 liv. 18 s. 9 den.
3 livres = 48 pence.
240 pence = £ 1 sterling.

Même résultat que plus haut.

GENÈVE SUR ESPAGNE.

Réduire 655 piastres 7 réaux de plate en monnaie courante de Genève; le change étant à 44 sous courans par piastre de plate.

piast.		s.		piast.	réaux		liv.	s.	d.
1	:	44	::	655	7	::	1442	18	6

8 — 8
8 — 5247
44
8)230868
2,0)2885,8 $\frac{1}{2}$
1442 liv. 18 s. 6 d.

Par la règle conjointe.

655,875 piastres.
1 piastre = 44 sous.
20 sous = 1 livre.

Même résultat que plus haut.

ESPAGNE SUR GENÈVE.

Réduire 1442 liv. 18 s. 6 d. en monnaie espagnole de plate; le change étant à 44 sous courans par piastre de plate.

sous		piast.		liv.	sous	d.		piast.	réaux
44	:	1	::	1442	18	6	:	655	7

12 — 20
528 — 28858
12
528)346302(655 piast. 7 réaux.
3168
2950 etc.

Le reste × 8 etc.

Par la règle conjointe.

1442,925 livres.
1 livre = 20 sous.
44 sous = 1 piastre.

Même résultat que plus haut.

GÊNES.

MONNAIES DE CHANGE.

Les Changes se calculent en lire, soldi et denari di lira; ou en pezze, soldi et denari di pezza; tout en monnaie fuori banco.

12 denari = 1 soldo; 20 soldi = 1 lira fuori banco; 5 lire 15 soldi fuori banco = 1 pezza. La pezza se divise aussi en 20 soldi, ou 240 den. di pezza; ainsi 4 pezze = 23 lire; 4 soldi di pezza = 23 soldi di lira; 4 denari di pezza = 23 denari di lira.

Pareillement 4 lire 12 soldi fuori banco = 1 scudo di cambio, ou couronne de change; 10 lire 16 $\frac{1}{5}$ soldi fuori banco = 1 scudo d'oro ou couronne d'or; 10 lire 14 soldi fuori banco = 1 scudo d'oro marche.

COURS DU CHANGE, coté à Gênes, mars 1820.		EXPLICATION.				
Amsterdam....	89	Gênes reçoit	89	grotes flam........	pour	1 pezza de 5 $\frac{3}{4}$ lire.
Augsbourg.....	61 $\frac{1}{2}$	— donne	61 $\frac{1}{2}$	soldi fuori banco...		1 florin cour.
Constantinople..	16	— donne	16	soldi ou 80 centimes		1 piastre.
France........	94 $\frac{1}{3}$	— reçoit	94 $\frac{1}{3}$	sous en francs......		1 pezza de 5 $\frac{3}{4}$ lire.
Hambourg	45 $\frac{1}{3}$	— donne	45 $\frac{1}{3}$	soldi fuori banco...		1 marc banco.
Livourne......	123	— donne	123	*idem*............		1 pezza de 8 réaux.
Lisbonne......	868	— reçoit	868	reis..............		1 pezza de 5 $\frac{3}{4}$ lire.
Londres.......	48	— reçoit	48	pence sterling......		1 *idem*.
Idem.........	30	— donne	30	lire italiane........		£ 1 sterling.
Milan.........	87 $\frac{1}{4}$	— reçoit	87 $\frac{1}{4}$	soldi correnti......		1 scudo de 4 lire fuori banco.
Naples........	100	— donne	100	soldi fuori banco...		1 ducato di regno.
Palerme.......	36 $\frac{1}{2}$	— reçoit	36 $\frac{1}{2}$	grani.............		1 lira fuori banco.
Idem.........	15	— donne	15	lire fuori banco....		1 oncia.
Rome.........	128	— donne	128	soldi fuori banco...		1 écu romain.
Espagne.......	617	— reçoit	617	maravedis de plate..		1 scudo d'oro marche.
Trieste........	61 $\frac{1}{4}$	— donne	61 $\frac{1}{4}$	soldi fuori banco...		1 florin effectif.
Venise........	34 $\frac{1}{4}$	— reçoit	34 $\frac{1}{4}$	soldi piccoli.......		1 lira fuori banco.
Vienne........	61 $\frac{7}{8}$	— donne	61 $\frac{7}{8}$	soldi fuori banco...		1 florin effectif.

(Pour les usances et autres particularités relatives aux lettres de change, voyez *Gênes,* Vol. I.)

GÊNES sur LONDRES, voyez page 25.
GÊNES sur AMSTERDAM, voyez page 32.
GÊNES sur FRANCE, voyez page 53.

GÊNES SUR HAMBOURG.

Réduire 1789 marcs 10 schillings 8 pfenings d'Hambourg banco en monnaie de Gênes; le change étant à $46\frac{1}{2}$ soldi di lira par marc banco.

marc		soldi		marcs	sch.	pf.		lire	soldi	d.
1	:	$46\frac{1}{2}$	::	1789	10	8	:	4160	19	6
16				16						
16				28634						
12				12						
192				343616						
				$46\frac{1}{2}$						

2,0)
192)15978144(8321,9 6
1536
618 etc.

4160 lire 19 sol. 6 den.

Par la règle conjointe.

1789 marcs 10 schillings 8 pfenings.
1 marc = $46\frac{1}{2}$ soldi.
20 soldi = 1 lira.

Même résultat que plus haut.

GÊNES SUR LIVOURNE.

Réduire 210 pezze 16 soldi 8 denari en monnaie de Gênes; le change étant à 124 soldi fuori banco par pezza de 8 réaux.

pez.		soldi		pezze	soldi	d.		lire	soldi	d.
1	:	124	::	210	16	8	:	1307	3	4
20				20						
20				4216						
12				12						
240				50600						
				124						

2,0)
24,0)627440,0(2614,3
48
147 etc.

1307 lire 3 sol. 4 d.

Le reste × 12 etc.

LONDRES sur GÊNES, voyez page 25.
AMSTERDAM sur GÊNES, voyez page 32.
FRANCE sur GÊNES, voyez page 53.

HAMBOURG SUR GÊNES.

Réduire 4160 lire 19 soldi 6 denari en monnaie d'Hambourg; le change étant à $46\frac{1}{2}$ soldi di lira par marc banco.

soldi		marc		lire	soldi	d.		marcs	sch.	pf.
$46\frac{1}{2}$	:	1	::	4160	19	6	:	1789	10	8
12				20						
558				83219						
				12						

558)998634(1789 marcs 10 sch. 8 pf.
558
4406 etc.

Le reste × 16 × 12 etc.

Par la règle conjointe.

4160 lire 19 soldi 6 denari.
1 lira = 20 soldi.
$46\frac{1}{2}$ soldi = 1 marc.

Même résultat que plus haut.

LIVOURNE SUR GÊNES.

Réduire 1307 lire 3 soldi 4 denari de Gênes en monnaie de Livourne; le change étant à 124 soldi fuori banco par pezza de 8 réaux.

soldi		pezza		lire	sol.	d.		pezze	sol.	d.
124	:	1	::	1307	3	4	:	210	16	8
12				20						
1488				26143						
				12						

1488)313720(210 pezze 16 sol. 8 d.
2976
1612 etc.

Le reste × 20 × 12 etc.

GÊNES SUR LISBONNE.

Réduire 595 milreis en monnaie de Gênes; le change étant à 736 reis par pezza de $5\frac{3}{4}$ lire fuori banco.

reis : lire :: milreis : lire sol. d.

736 : $5\frac{3}{4}$ :: 595,184 : 4649 17 6

$\times\ 5\frac{3}{4}$

736)3422308(4649 lire 17 s. 6 d.

2944

4783 etc.

Le reste × 20 × 12 etc.

LISBONNE SUR GÊNES.

Réduire 4649 lire 17 soldi 6 denari fuori banco en monnaie portugaise; le change étant à 736 reis par pezza de $5\frac{3}{4}$ lire fuori banco.

lire sol. : reis :: lire sol. den. : mil. reis

5 15 : 736 :: 4649 17 6 : 595 184

20 | 20

115 | 92997

12 | 12

1380 | 1115970

736

138,0)82135392,0(595 milr. 184 reis.

690 etc.

GÊNES SUR NAPLES.

Réduire 1612 ducati di regno en monn. de Gênes; le change étant à $104\frac{1}{2}$ soldi fuori banco par ducat.

duc. : soldi :: duc. : lire sol.

1 : $104\frac{1}{2}$ :: 1612 : 8422 14

$\times\ 104\frac{1}{2}$

2,0)16845,4

8422 lire 14 soldi.

NAPLES SUR GÊNES.

Réduire 8422 lire 14 soldi fuori banco en monnaie de Naples; le change étant à $104\frac{1}{2}$ soldi par ducat.

soldi : duc. :: lire sol. : duc.

$104\frac{1}{2}$: 1 :: 8422 14 : 1612

12 | 20

1254 | 168454

12

1254)2021448(1612 ducats.

GÊNES SUR PALERME.

Réduire 196 oncie 24 tari 2 grani en monnaie de Gênes; le change étant à $34\frac{1}{2}$ grani par lira fuori banco.

grani : lira :: oncie tari gr. : lire sol. den.

$34\frac{1}{2}$: 1 :: 196 24 2 : 3422 13 4

30

5904

20

34,5)118082,0(3422 lire 13 sol. 4 den.

1035

1458 etc.

PALERME SUR GÊNES.

Réduire 3422 lire 13 soldi 4 denari fuori banco en monn. sicilienne; le change étant à $34\frac{1}{2}$ grani par lira fuori banco.

lira : gr. :: lire sol. den. : onc. tari gr.

1 : $34\frac{1}{2}$ :: 3422 13 4 : 196 24 2

20

68453

12

821440

$34\frac{1}{2}$

2,0)

24,0)2833968,0(11808,2

240

3,0)590,4

433 etc.

196 onc. 24 tari 2 gr.

GÊNES SUR ESPAGNE.

Réduire 468 piastres 3 réaux 17 maravedis de plate en monnaie de Gênes ; le change étant à 640 maravedis de plate par scudo d'oro marche de 10 lire 14 soldi fuori banco.

mar.		lire	soldi		piast.	réaux	mar.		lire	sol.	d.
640	:	10	14	::	468	3	17	:	2130	4	4

```
   20          8
  ---        ----
  214        3747
               34
           ------
           127415
              214
           ------20)
64,0)2726681,0(4260,4   4
  256            ------
  ---          2130 lire 4 soldi 4 den.
   166 etc.
```

Par la règle conjointe.

```
                468 piastres 3 réaux 17 mar.
 1 piastre  =   272 maravedis.
640 mar.    =   214 soldi.
 20 soldi   =     1 lira.
```

Même résultat que plus haut.

ESPAGNE SUR GÊNES.

Réduire 2130 lire 4 soldi 4 denari fuori banco en monnaie espagnole ; le change étant à 640 maravedis de plate par scudo d'oro marche de 10 lire 14 soldi fuori banco.

lire	sol.		mar.		lire	sol.	d.		piast.	réaux	m.
10	14	:	640	::	2130	4	4	:	468	3	17

```
 20              20
 ---            -----
 214            42604
  12               12
 ---            ------
 2568           511252
                   640
            ---------34)
    2568)327201280(127415
      2568          ------
      ----        8)3747  17
      7040 etc.    ----
                  468 piast. 3 r. 17 m.
```

Par la règle conjointe.

```
                   2130 lire 4 soldi 4 denari.
10 lire 14 soldi =  640 maravedis.
272 mar.         =    1 piastre.
```

Même résultat que plus haut.

GÊNES SUR VENISE.

Réduire 4673 lire 13 soldi 8 denari piccoli en monnaie de Gênes ; le change étant à 38 soldi piccoli par lira fuori banco de Gênes.

soldi		lira		lire	soldi	den.		lire	soldi	den.
38	:	1	::	4673	13	8	:	2459	16	8

```
 12             20
 ---          -----
 456          93473
                 12
              -----
    456)1121684(2459 lire 16 sol. 8 den.
        912
        ----
        2096 etc.
```

Quand les changes entre Gênes et Venise se font en livres italiennes, l'opération se simplifie.

VENISE SUR GÊNES.

Réduire 2459 lire 16 soldi 8 denari de Gênes en monnaie de Venise ; le change étant à 38 soldi piccoli par lira fuori banco.

lira		soldi		lire	soldi	d.		lire	soldi	d.
1	:	38	::	2459	16	8	:	4673	13	8

```
 20               20
 ---            -----
 20             49196
 12                12
 ---           ------
 240           590360
                   38
          ---------2,0)
    24,0)2243368,0(9347,3   8
         216         ------
         ---        4673 lire 13 sol. 8 den.
          83 etc.
```

Le reste × 12 etc.

HAMBOURG.

MONNAIES DE CHANGE.

Les Changes se calculent en marcs, schillings et pfenings, banco ou courans; ou en livres, schillings et pence, banco de Flandre.

Le banco a sur le courant un agio qui s'élève généralement de 20 à 25 pour cent.

12 pfenings = 1 schilling ou sou lubs; 16 schillings lubs = 1 marc; 3 marcs = 1 risdale; 6 pfenings = 1 grote flamand; 12 grotes flam. ou 6 schillings lubs = 1 shilling flam.; 20 shillings flam. ou 7 $\frac{1}{2}$ marcs = 1 livre flam.

COURS DU CHANGE, d'après la cote de Hambourg, janvier 1820.		EXPLICATION.					
Amsterdam	106	Hambourg	reçoit	106	risdales cour. de Hollande	pour 100	risdales.
Augsbourg	148 $\frac{1}{2}$	—	reçoit	148 $\frac{1}{2}$	risd. effectives	100	risd. banco.
Bâle	25 $\frac{1}{8}$	—	donne	25 $\frac{1}{8}$	schillings banco	1	écu de 3 francs.
Breslau	41	—	reçoit	41	risd. cour. de Prusse	100	risd. banco.
Copenhague	149	—	reçoit	149	risd. danoises	100	*idem.*
France	25 $\frac{7}{8}$	—	donne	25 $\frac{7}{8}$	schillings banco	1	écu de 3 fr.
Francfort	148 $\frac{1}{2}$	—	reçoit	148 $\frac{1}{2}$	risdales effectives	100	risd. banco.
Gênes	80	—	donne	80	grotes flam. banco	1	pez. de 5 $\frac{3}{4}$ lire f. b.
Livourne	86 $\frac{1}{2}$	—	donne	86 $\frac{1}{2}$	*idem*	1	pezza de 8 réaux.
Lisbonne	37	—	donne	37	*idem*	1	vieille crusade.
Londres	35 9	—	donne	35	shill. et 9 pence flam. banco	£ 1	sterling.
Prague	149	—	reçoit	149	risd. effectives	100	risd. banco.
Espagne	84 $\frac{3}{4}$	—	donne	84 $\frac{3}{4}$	grotes flam. banco	1	ducat de plate.
Venise	82	—	reçoit	82	soldi piccoli	1	marc banco.
Vienne	149	—	reçoit	149	risd. effectives	100	risd. banco.

(Pour les usances, lois, etc., des lettres de changes, voyez *Hambourg*, Vol. I.)

HAMBOURG sur LONDRES, voyez page 26.
HAMBOURG sur AMSTERDAM, voyez page 33.
HAMBOURG sur AUGSBOURG, voyez page 37.
HAMBOURG sur BERLIN, voyez page 40.
HAMBOURG sur BRÊME, voyez page 42.
HAMBOURG sur COPENHAGUE, voyez page 49.
HAMBOURG sur DANTZIC, voyez page 51.
HAMBOURG sur FRANCE, voyez page 53.
HAMBOURG sur FRANCFORT, voyez page 59.
HAMBOURG sur GENÈVE, voyez page 62.
HAMBOURG sur GÊNES, voyez page 65.

LONDRES sur HAMBOURG, voyez page 26.
AMSTERDAM sur HAMBOURG, voyez page 33.
AUGSBOURG sur HAMBOURG, voyez page 37.
BERLIN sur HAMBOURG, voyez page 40.
BRÊME sur HAMBOURG, voyez page 42.
COPENHAGUE sur HAMBOURG, voyez page 49.
DANTZIC sur HAMBOURG, voyez page 51.
FRANCE sur HAMBOURG, voyez page 53.
FRANCFORT sur HAMBOURG, voyez page 59.
GENÈVE sur HAMBOURG, voyez page 62.
GÊNES sur HAMBOURG, voyez page 65.

HAMBOURG SUR LIVOURNE.

Réduire 527 pezze 8 soldi 8 denari en monnaie de Hambourg; le change étant à 84 $\frac{3}{4}$ grotes flam. par pezza de 8 réaux.

pezza		grot.		pezze	sol.	d.		marcs	sch.
1	:	84$\frac{3}{4}$	::	527	8	8	:	1396	14

```
 20          20
 ——        —————
 20        10548
 12           12
 ——        —————
240       126584
             84¾
        ——————————32)
24,0)1072799,4(44699,9 grot. flam.
      96          ———————————————
      ——          1396 marcs 14 sch.
     112 etc.
```

Par la règle conjointe.

		527	pezze 8 soldi 8 denari.
1 pezza	=	84$\frac{3}{4}$	grotes flam.
32 grotes	=	1	marc.

Même résultat que plus haut.

LIVOURNE SUR HAMBOURG.

Réduire 1396 marcs 14 schillings banco en monnaie de Livourne; le change étant à 84 $\frac{3}{4}$ grotes flam. par pezza de 8 réaux.

grot.		pez.		marcs	sch.		pez.	sol.	den.
84$\frac{3}{4}$	:	1	::	1396	14	:	527	8	8

```
   6              16
 ————          ——————
 508¾           22350
   2               12
 ————          ——————
 1017          268200
                    2
               ——————
          1017)536400(527 pezze 8 sol. 8 den.
               5085
               ————
                2790 etc.
```

Par la règle conjointe.

		1396	marcs 14 schillings.
1 marc	=	32	grotes flam.
84$\frac{3}{4}$ grotes	=	1	pezza.

Même résultat que plus haut.

HAMBOURG SUR LISBONNE.

Réduire 234 milreis 743 reis en monnaie de Hambourg; le change étant à $43\frac{3}{4}$ grotes flam. banco par vieille crusade.

milreis
4,00)2347,43
586,857 crusades.

crus. 1 : grot. $43\frac{3}{4}$ :: crus. 586,857 : marcs 802 sch. 5 pf. 6.

$43\frac{3}{4}$

32)25674,993(802 m. 5 sch. 6 pf.
256
74 etc.

Le reste × 16 × 12 etc.

LISBONNE SUR HAMBOURG.

Réduire 802 marcs 5 schillings 6 pfenings banco en monnaie portugaise; le change étant à $43\frac{3}{4}$ grotes flam. banco par vieille crusade.

grot. $43\frac{3}{4}$: crus. 1 :: marcs 802 sch. 5 pf. 6 : crus. 586,857

$43\frac{3}{4}$	802
6	16
$262\frac{1}{2}$	12837
2	12
525	154050
	2

525)308100(586,857 crusades.
2625
4560 etc.

Si on demande que la réponse soit en milreis et en reis, les crusades doivent être multipliées par 400.

HAMBOURG SUR ESPAGNE.

Réduire 357 piastres 4 réaux 10 maravedis de plate en monnaie de Hambourg; le change étant à $83\frac{3}{4}$ grotes flam. banço par ducat de change de 375 maravedis.

mar. 375 : grot. $83\frac{3}{4}$ :: piastr. 357 réaux 4 mar. 10 : marcs 678 sch. 11 pf. 7

8
2860
34
97250
$83\frac{3}{4}$
32)
375)8144687$\frac{1}{2}$(21719$\frac{1}{6}$
678 marcs $23\frac{1}{6}$ grotes.
6
12)139
11 sch. 7 pf.

ESPAGNE SUR HAMBOURG.

Réduire 678 marcs 11 schillings 7 pfenings banco en monnaie espagnole; le change étant à $83\frac{3}{4}$ grotes flam. banco par ducat de change.

grot. $83\frac{3}{4}$: mar. 375 :: marcs 678 sch. 11 pf. 7 : piast. 357 réaux 4 mar. 10

$83\frac{3}{4}$	678
6	16
$502\frac{1}{2}$	10859
	12
	130315
	375

34) 8)
502,5)48868125,0(97250 (2860 réaux 10 m.
45225 68
36431 etc. 292 etc. 357 piast. 4 r.

HAMBOURG SUR VENISE.

Réduire 21461 lire 18 soldi 7 denari piccoli en monnaie de Hambourg; le change étant à $78\frac{1}{2}$ grotes par ducat banco de 9 lire 12 soldi piccoli.

duc.	soldi		grotes		lire pic.	soldi	den.		marcs	sols
1 ou	192	:	$78\frac{1}{2}$	::	21461	18	7	:	5484	4

12 × 20 × 12
2304 5150863
78,5
2304)404341945,5(1754956 — 32)
5484 marcs 4 sch.

Si la somme vénitienne à réduire en monnaie de Hambourg doit être exprimée en livres italiennes, il faut commencer par la convertir en lire piccole; ainsi

lire it.		lire pic.		lire it.		lire pic.	soldi	den.
240	:	469	::	10982,65	:	21461	18	7

VENISE SUR HAMBOURG.

Réduire 5484 marcs 4 sous lubs en monnaie vénitienne; le change étant à $78\frac{1}{2}$ grotes par ducat.

grotes		ducat		marcs	sols		lire	sol.	den.
$78\frac{1}{2}$	:	1	::	5484	4	:	21461	18	7

2 9 12 32
157 9 12 350992
9 12
3158928
$10 = \frac{1}{2} \ldots$ 175496
$2 = \frac{1}{5} \ldots$ 35099 4
157)3369523 4(21461 lire 18 s. 7 d.

Si on demande que le résultat soit en livres italiennes, dites

lire pic.		lire it.		lire	sol.	d.		lire it.	cent.
469	:	240	::	21461	18	7	:	10982	65

HAMBOURG SUR VIENNE.

Réduire 2719 risdales 41 creutzers effectifs de Vienne en monnaie de Hambourg; le change étant à $149\frac{1}{10}$ risdales effectives par 100 risdales banco.

risd. eff.		risd. b.		risd. eff.	cr.		marcs	sous lubs.
149,1	:	100	::	2719	41	:	5471	12

90 3 90
13419,0 300 244751
300
13419)73425300(5471 marcs 12 s.

La monnaie effective se réduit en papier monnaie à un agio de tant pour cent.

Réduire 2719 risdales 41 creutzers effectifs en papier monnaie, l'agio étant de $66\frac{1}{2}$ pour cent.

				risd. eff.	cr.		pap. monn.
$33\frac{1}{2}$	:	100	::	2719	41	:	8117,70

Le papier monnaie se réduit en effectif par l'opération inverse.

100 : $33\frac{1}{2}$ :: 8117,70 : 2719 41

VIENNE SUR HAMBOURG.

Réduire 5471 marcs 12 sous lubs en monnaie effective; le change étant à $149\frac{1}{10}$ risdales effectives pour 100 risdales banco.

risd. bco.		risd. eff.		marcs		risd. eff.	cr.
100	:	149,1	::	5471,75	:	2719	41

3 149,1
300 300)815837925(2719,459
600 90
2158 etc. 41,310

La monnaie effective se réduit en papier et réciproquement, par une méthode analogue à celle des exemples annexés.

LIVOURNE.

MONNAIES DE CHANGE.

Les Changes se calculent en pezze, soldi et denari di pezza.

12 denari di pezza = 1 soldo di pezza; 20 soldi di pezza = 1 pezza, communément appelée pezza de 8 réaux; 12 denari di lira = 1 soldo di lira; 20 soldi di lira = 1 lira. 24 lire moneta lunga = 23 lire moneta buona. 6 lire moneta lunga, ou 5 $\frac{3}{4}$ lire moneta buona = 1 pezza de 8 réaux.

COURS DU CHANGE, d'après la cote de Livourne, février 1820.		EXPLICATION.						
Amsterdam....	96	Livourne	reçoit	96	grotes flam........	pour	1	pezza.
Ancône.......	129 $\frac{1}{4}$	—	reçoit	129 $\frac{1}{4}$	bajocchi..........		1	pezza de 8 réaux.
Augsbourg....	201 $\frac{1}{2}$	—	reçoit	201 $\frac{1}{2}$	florins courans.....		100	pezze.
Bologne.......	94	—	reçoit	94	bolognini.........		1	pezza.
Constantinople,	296	—	reçoit	296	paras............		100	pezze.
Florence......	123	—	reçoit	123	soldi.............		1	pezza.
France........	102	—	reçoit	102	sous en francs.....		1	*idem.*
Genève........	109	—	reçoit	109	écus de 3 livres....		100	pezze.
Gênes.........	123	—	reçoit	123	soldi fuori banco...		1	pezza.
Hambourg....	87 $\frac{1}{4}$	—	recoit	87 $\frac{1}{4}$	grotes flam. banco..		1	*idem.*
Lisbonne......	930	—	reçoit	930	reis..............		1	*idem.*
Londres.......	48 $\frac{3}{4}$	—	reçoit	48 $\frac{3}{4}$	pence sterling.....		1	*idem.*
Malte.........	30 $\frac{1}{2}$	—	reçoit	30 $\frac{1}{2}$	tari..............		1	*idem.*
Milan.........	134	—	reçoit	134	soldi correnti.....		1	*idem.*
Naples........	123 $\frac{1}{4}$	—	reçoit	123 $\frac{1}{4}$	ducati di regno....		100	pezze de 8 réaux.
Novi..........	187	—	donne	187	pezze............		1	scudo d'oro marche.
Odessa........	510	—	reçoit	510	roubles...........		100	pezze.
Palerme.......	12 3	—	reçoit	12	tari 3 grani.......		1	pezza.
Pétersbourg...	490	—	reçoit	490	roubles...........		100	pezze.
Rome.........	128	—	reçoit	128	bajocchi..........		1	pezza.
Smyrne.......	296	—	reçoit	296	paras............		1	*idem.*
Espagne.......	136	—	reçoit	136	pesos de vieille plate		100	pezze.
Trieste.......	200 $\frac{1}{2}$	—	donne	200 $\frac{1}{2}$	soldi moneta buona		1	florin courant.
Turin........	90 $\frac{1}{2}$	—	reçoit	90 $\frac{1}{2}$	soldi.............		1	pezza.
Venise........	10 $\frac{1}{2}$	—	reçoit	10 $\frac{1}{2}$	lire piccoli........		1	*idem.*
Vienne........	201 $\frac{1}{2}$	—	donne	201 $\frac{1}{2}$	soldi moneta buona		1	florin courant.

(Pour les usances et autres particularités relatives aux lettres de change, voyez *Livourne*, Vol. I.)

LIVOURNE sur LONDRES, voyez page 26.
LIVOURNE sur AMSTERDAM, voyez page 33.
LIVOURNE sur FRANCE, voyez page 54.
LIVOURNE sur GÊNES, voyez page 65.
LIVOURNE sur HAMBOURG, voyez page 69.

LIVOURNE SUR LISBONNE.

Réduire 304 milreis 205 reis en monnaie de Livourne; le change étant à 825 reis par pezza de 8 réaux.

reis		pezza		milr.		pezza	sol.	den.
825	:	1	::	304,205	:	368	14	8

825)304,205(368 14 8
2475
5670 etc.

Le reste × 20 × 12 etc.

Si la somme est donnée en crusades, il faut d'abord la convertir en reis, en multipliant par 400.

Ainsi réduire 760 crusades 205 reis en monnaie de Livourne, le change étant comme plus haut.

760 205
400
304000
205
304,205 reis.

LONDRES sur LIVOURNE, voyez page 26.
AMSTERDAM sur LIVOURNE, voyez page 33.
FRANCE sur LIVOURNE, voyez page 54.
GÊNES sur LIVOURNE, voyez page 65.
HAMBOURG sur LIVOURNE, voyez page 69.

LISBONNE SUR LIVOURNE.

Réduire 368 pezze 14 soldi 8 denari en monnaie portugaise; le change étant à 825 reis par pezza de 8 réaux.

pezza		reis		pezze	soldi	den.		milr.	reis
1	:	825	::	368	14	8	:	304	205
20				20					
20				7374					
12				12					
240				88496					
				825					

24,0)7300920,0(304,205 milr.
72
100 etc.

Si la réponse doit être en crusades, divisez 304,000 par 400 et ajoutez 205 reis, vous aurez 760 crusades 205 reis.

LIVOURNE SUR NAPLES.

Réduire 425 ducati 2 grani di regno en monnaie de Livourne; le change étant à 118½ ducati di regno par 100 pezze.

ducat.		pez.		ducat.		pez.	sol.	den.
118½	:	100	::	425,02	:	358	13	4
2				100				
237				42502				
				2				

237)85004(358 pez. 13 sol. 4 d.
711 etc.

Le reste × 20 × 12 etc.

Par décimales.

ducats		pezze		ducats	pezze
118,5	:	100	::	425,02	358,667

358,667
20
13,340 soldi
12
4,08 den.

NAPLES SUR LIVOURNE.

Réduire 358 pezze 13 soldi 4 denari en monnaie de Naples; le change étant à 118½ ducati di regno par 100 pezze de 8 réaux.

pezze		ducat.		pezze	soldi	den.		ducat.	gr.
100	:	118½	::	358	13	4	:	425	2
20				20					
2000				7173					
12				12					
24000				86080					
				118½					

24,000)10200,480(425,02

Par décimales.

13 soldi 4 denari = 0,667

pezze		ducats		pezze		ducats
100	·	118,5	::	358,667	:	425,02
				118,5		

1,00)425,02,0395

LIVOURNE SUR PALERME.

Réduire 567 oncie 10 tari 4 grani en monnaie de Livourne; le change étant à 12 tari 10 grani par pezza de 8 réaux.

tari	gr.		pez.		oncie	tari	gr.		pezze	soldi	d.
12	10	:	1	::	567	10	4	:	1361	12	4
20					30						
250					17020						
					20						

25,0)34040,4(1361 pez. 12 soldi 4 den.
25
90 etc.

Par la règle conjointe.

567 oncie 10 tari 4 grani.
1 oncia = 30 tari.
$12\frac{1}{2}$ tari = 1 pezza.

Même résultat que plus haut.

PALERME SUR LIVOURNE.

Réduire 1361 pezze 12 soldi 4 denari en monnaie sicilienne; le change étant à 12 tari 10 grani par pezza de 8 réaux.

pezza		tari		pezze	soldi	d.		oncie	tari	gr.
1	:	$12\frac{1}{2}$	::	1361	12	4	:	567	10	4
				20						
				27232						
				12						
				326788						
				$13\frac{1}{3}$						

30)
24,0)408485,0(1702,0
24
168 etc.
567 onc. 10 tari 4 gr.

Par la règle conjointe.

1361 pezze 12 sol. 4 den.
1 pezza = $12\frac{1}{2}$ tari.
30 tari = 1 oncia.

Même résultat que plus haut.

LIVOURNE SUR ESPAGNE.

Réduire 1210 piastres 5 réaux 10 maravedis de plate en monnaie de Livourne; le change étant à $129\frac{1}{2}$ piastres de plate par 100 pezze de 8 réaux.

piastres		pezze		piastr.	réaux	mar.		pezze	soldi	d.
$129\frac{1}{2}$	:	100	::	1210	5	10	:	934	17	6
8				8						
1036				9685						
34				34						
35224										

35224)32930000(934 pezze 17 sol. 6 d.
317016 etc.

Par décimales.

5 réaux 10 marav. $= \frac{180}{272} =$,662.

piastr.		pezze		piastr.		pezze
129,5	:	100	::	1210,662	:	934,874
						20
						17,480
						12
						5,76

ESPAGNE SUR LIVOURNE.

Réduire 934 pezze 17 soldi 6 denari en monnaie espagnole; le change étant à $129\frac{1}{2}$ piastres de plate par 100 pezze de 8 réaux.

pezze		piast.		pezze	sol.	den.		piastres	réaux	mar.
100	:	$129\frac{1}{2}$	::	934	17	6	:	1210	5	10
				20						
				18697						
				12						
				224370						
				129,5						

24,000)29055,915(1210,663
24
50 etc.
8
5,304
34
10,336

LISBONNE.

MONNAIES DE CHANGE.

Les Changes se supputent en milreis et en reis, ainsi qu'en vieilles crusades.

1000 reis = 1 milrei; 400 reis = 1 vieille crusade ou crusade de change; 480 reis = 1 nouvelle crusade.

Trois espèces de monnaies sont usitées aujourd'hui en Portugal : la *monnaie effective*, c'est-à-dire l'espèce; le *papier-monnaie*, qui est à escompte; et la *monnaie légale*, qui est moitié espèce, moitié papier. L'escompte était, en février 1820, de 22 pour cent.

COURS DU CHANGE, d'après la cote de Lisbonne, février 1820.		EXPLICATION.					
Amsterdam....	42	Lisbonne	reçoit	42 grotes flam......	pour	1	vieille crusade.
France........	540	—	donne	540 reis		3	francs.
Gênes	746	—	donne	746 *idem*..........		1	pezza de 5 3/4 lire fuori banco.
Hambourg.....	38	—	reçoit	38 grotes flam. banco		1	vieille crusade.
Livourne......	810	—	donne	810 reis..........		1	pezza de 8 réaux.
Londres.......	53	—	reçoit	53 pence sterling ...		1	milrei.
Espagne.......	2700	—	donne	2700 reis..........		1	doublon de plate ou piast. de ch.
Trieste	450	—	donne	450 *idem*		1	florin courant.
Venise........	66	—	donne	66 *idem*..........		1	lira piccola.
Vienne........	450	—	donne	450 *idem*..........		1	florin courant.

(Pour les usances et autres particularités relatives aux lettres de change, voyez *Lisbonne*, Vol. I.)

PAPIER-MONNAIE RÉDUIT A L'EFFECTIF.

Le papier-monnaie se réduit en effectif en disant : 100 est à 100 moins l'escompte, comme la somme en papier est à la somme effective.

Réduire 277 milr. 240 reis papier en effectif; l'escompte étant de $12\frac{1}{2}$ pour cent.

r. pap.		r. effect.		r. pap.		r. effect.
100	:	$87\frac{1}{2}$	::	277,240	:	242,585

MONNAIE EFFECT. RÉDUITE EN PAPIER.

La monnaie effective se convertit en papier par l'opération inverse; ainsi 100 moins l'escompte est à 100, comme la somme effect. est à la somme en papier.

Réduire 242 milr. 585 reis effectives en papier; l'escompte étant de $12\frac{1}{2}$ pour cent.

r. effect.		r. pap.		r. effect.		r. pap.
$87\frac{1}{2}$	:	100	::	242,585	:	277,240

MONNAIE LÉGALE RÉDUITE A L'EFFECTIF.

Comme la monnaie légale se compose de moitié papier, moitié effectif, vous dites : 100 est à 100 moins la moitié de l'escompte, comme la somme en monnaie légale est à la somme en effectif.

Réduire 28 milr. 640 reis, monnaie légale à l'effectif; l'escompte du papier contre la monnaie effective étant de 15 pour cent.

				r. lég.		r. effect.
100	:	$92\frac{1}{2}$	::	28,640	:	26,492

MONNAIE EFFECTIVE RÉDUITE AU LÉGAL.

La monnaie effective se convertit en monnaie légale par l'opération inverse; c'est-à-dire que 100, moins le demi-escompte, est à 100, comme la somme en effectif est à la somme en monnaie légale.

Réduire 26 milr. 492 reis effectiv. en monnaie légale; l'escompte du papier contre la monnaie effective étant de 15 pour cent.

				r. effect.		r. lég.
$92\frac{1}{2}$	:	100	::	26,492	:	28,640

PAPIER-MONNAIE RÉDUIT AU LÉGAL.

Pour convertir le papier-monnaie en légal, il faut d'abord le réduire en effectif comme plus haut. Alors on dit : 100 moins le demi-escompte est à 100, comme la somme en effectif est à la somme en monnaie légale.

Réduire 232 milr. 650 reis papier-monnaie en légal; l'escompte du papier étant de 20 pour cent.

				papier		effectif
100	:	80	::	232,650	:	186,120
				effectif		papier
Et 90	:	100	::	186,120	:	206,800

La question ci-dessus peut se résoudre comme suit : 90 est à 80 comme le papier monnaie est à la monnaie légale; c'est-à-dire que 100 moins le demi-escompte est à 100 moins l'escompte entier, comme le papier est à la monnaie légale.

MONNAIE LÉGALE RÉDUITE EN PAPIER.

La monnaie légale se réduit en papier par une opération inverse; c'est-à-dire en disant : 100 est à 100 moins le demi-escompte, comme la somme en monnaie légale est à la somme en effectif; et se réduit en papier comme ci-dessus.

Réduire 206 milr. 800 reis monnaie légale en papier; l'escompte du papier étant de 20 pour cent.

				légal		effectif
100	:	90	::	206,800	:	186,120
				effectif		papier
Et 80	:	100	::	186,120	:	232,650

La question ci-dessus peut se résoudre comme suit : 100 moins l'escompte est à 100 moins le demi-escompte, comme la somme donnée en monnaie légale est à la somme en papier.

LISBONNE sur LONDRES, voyez page 27.
LISBONNE sur AMSTERDAM, voyez page 34.
LISBONNE sur FRANCE, voyez page 54.
LISBONNE sur GÊNES, voyez page 66.
LISBONNE sur HAMBOURG, voyez page 70.
LISBONNE sur LIVOURNE, voyez page 73.

LISBONNE SUR NAPLES.

Réduire 232 ducats 6 grains en monnaie portug.; le change étant à 684 reis par ducato di regno.

duc.		reis		duc.		milr.	reis
1	:	684	::	232,06	:	158	729
				684			

1,000)158,729,04(158 milr. 729 reis.

LONDRES sur LISBONNE, voyez page 27.
AMSTERDAM sur LISBONNE, voyez page 34.
FRANCE sur LISBONNE, voyez page 54.
GÊNES sur LISBONNE, voyez page 66.
HAMBOURG sur LISBONNE, voyez page 70.
LIVOURNE sur LISBONNE, voyez page 73.

NAPLES SUR LISBONNE.

Réduire 158 milr. 729 reis en monnaie de Naples; le change étant à 684 reis par ducato di regno.

reis		ducat		reis		ducats	gr.
684	:	1	::	158,729	:	232	6

684)158729(232,06
1368
2192 etc.

LISBONNE SUR PALERME.

Réduire 79 oncie 11 tari $12\frac{1}{2}$ grani en monnaie portugaise; le change étant à 5 tari 16 grani par vieille crusade..

tari	gr.		reis		onc.	tari	gr.		milr.	reis
5	16	:	400	::	79	11	$12\frac{1}{2}$	:	164	250
20					30					
116					2381					
					20					
					$47632\frac{1}{2}$					
					400					

116)19053000(164 milr. 250 reis.

Par la règle conjointe.

		79,3875 oncie.
1 oncia	=	30 tari.
5,8 tari	=	400 reis.

Même résultat que plus haut.

PALERME SUR LISBONNE.

Réduire 164 milr. 250 reis en monnaie sicilienne; le change étant à 5 tari 16 grani par vieille crusade.

reis		tari	gr.		reis		onc.	tari	gr.
400	:	5	16	::	164,250	:	79	11	$12\frac{1}{2}$
		20			116				
		116							

4,00)190530,00
2,0)4763,2 $\frac{1}{2}$
3,0)238,1 $12\frac{1}{2}$
79 onc. 11 tari $12\frac{1}{2}$ gr.

Par la règle conjointe.

		164,250 milreis.
400 reis	=	5,8 tari.
30 tari	=	1 oncia.

Même résultat que plus haut.

LISBONNE SUR ESPAGNE.

Réduire 140 piastres 3 réaux 18 maravedis de plate en monnaie portugaise; le change étant à 2312 reis par doublon de change de 4 piastres de plate.

```
piast.   reis       piastr. réaux mar.    milr.  reis
  4   :  2,312  ::   140     3    18   :   81    175
  8                    8
 --                 ----
 32                 1123
 34                   34
----             ---------
1088        1088)8831840 0(81 milr. 175 reis.
                 8704
                 ----
                 1278 etc.
```

Par la règle conjointe.

140 piast. 3 réaux 18 marav.
4 piastres = 1 doublon de change.
1 doublon = 2312 reis.

Même résultat que plus haut.

ESPAGNE SUR LISBONNE.

Réduire 81 milr. 175 reis en monnaie espagnole; le change étant à 2312 reis par doublon de change.

```
reis     piast.   mil. reis    piast. réaux mar.
2,312  :  4   ::   81,175   :   140    3    18
                        4
                 ---------
             2312)324700(140 piast. 3 r. 18 m.
                  2312
                  ----
                   9350
                   9248
                   ----
                    1020 etc.
```

Le reste × 8 × 34 etc.

Par la règle conjointe.

81 milr. 175 reis.
2312 reis = 1 doublon.
1 doublon = 4 piastres.

Même résultat que plus haut.

LISBONNE SUR VENISE.

Réduire 204 lire 3 soldi 7 denari paoli en monnaie portugaise; le change étant à 67 reis par lira piccola.

```
lira   reis    lire  sol. d.     reis
  1  :  67  ::  204   3   7   :  13,680
 20              20
 --             ----
 20             4083
 12               12
---             -----
240             49003
                   67
            ----------
      24,0)328320,1(13,680 reis.
           24
           --
           88 etc.
```

VENISE SUR LISBONNE.

Réduire 13,680 reis en monnaie vénitienne; le change étant à 67 reis par lira piccola.

```
reis   lira    reis      lire  sol. den.
 67  :  1  ::  13,680  :  204   3    7

           67)13,680(204  3   7
              134
              ---
               280
               268
               ---
                12 etc.
```

Le reste × 20 × 12 etc.

LEIPSIC.

Les monnaies de change et les calculs pour Leipsic sont les mêmes que pour Berlin.

MILAN.

MONNAIES DE CHANGE.

Les Changes se calculent en lire, soldi et denari correnti ou imperiali.

12 denari = 1 soldo; 20 soldi = 1 lira.
106 soldi ou lire imperiali = 150 soldi ou lire correnti.
106 soldi imperiali ou 150 soldi correnti = 1 filippo.
117 soldi imperiali = 1 scudo ou couronne.

COURS DU CHANGE, d'après la cote de Milan, janvier 1820.			EXPLICATION.					
Amsterdam....	56		Milan donne	56	soldi correnti......	pour	1	florin.
Augsbourg.....	66		— donne	66	*idem*.............		1	florin courant.
France........	55		— donne	55	soldi imperiali......		3	francs.
Gênes........	86		— donne	86	soldi correnti......		4	lire fuori banco.
Hambourg....	49		— donne	49	*idem*.............		1	marc banco.
Livourne......	132		— donne	132	*idem*.............		1	pezza de 8 réaux.
Londres.......	32	15	— donne	32	lire 15 soldi correnti	£	1	sterling.
Naples........	108		— donne	108	soldi correnti......		1	ducato di regno.
Rome.........	138		— donne	138	*idem*.............		1	scudo romano.
Venise........	96		— donne	96	*idem*.............		1	ducat courant.
Vienne........	67 ⅞		— donne	67 ⅞	*idem*.............		1	florin courant.

(Pour les usances et autres particularités relatives aux lettres de change, voyez *Milan*, Vol. I.)

MILAN SUR AMSTERDAM.

Réduire 717 florins 5 stivers en monnaie de Milan; le change étant à 57 soldi courans par florin.

florin		soldi		florins	stiv.		lire	sol.	d.
1	:	57	::	717	5	:	2044	3	3
20				20					
20				14345					
				57					

2,0)81766,5

2,0)40883,25

2044 lire 3,25 soldi

12

3,00

Par la règle conjointe.

717,25 florins.

1 florin = 57 soldi.

20 soldi = 1 lira.

Même résultat que plus haut.

AMSTERDAM SUR MILAN.

Réduire 2044 lire 3 soldi 3 denari courans de Milan en monnaie de Hollande; le change étant à 57 soldi courans par florin.

soldi		florin		lire	soldi	d.		florins	stiv.
57	:	1	::	2044	3	3	:	717	5
12				20					
684				40883					
				12					

684)490599(717 flor. 5 stiv.

4788

1179 etc.

Par la règle conjointe.

2044,1625 lire.

1 lira = 20 soldi.

57 soldi = 1 florin.

Même résultat que plus haut.

MILAN SUR GÊNES.

Réduire 3559 lire 9 soldi 4 denari fuori banco en monnaie de Milan; le change étant à 85 soldi courans de Milan pour 4 lire fuori banco de Gênes.

lire		soldi		lire	sol.	d.		lire	soldi	d.
4	:	85	::	3559	9	4	:	3781	18	8
20		12		20						
80		1020		71189						
12				12						
960				854272						
				1020						

12

96,0)87135744,0(907664

864

735 etc.

2,0)7563,8 8

3781 lire 18 sol. 8 den.

GÊNES SUR MILAN.

Réduire 3781 lire 18 soldi 8 denari de Milan en monnaie de Gênes; le change étant à 85 soldi courans de Milan pour 4 lire fuori banco de Gênes.

soldi		lire		lire	soldi	den.		lire	sol.	d.
85	:	4	::	3781	18	8	:	3559	9	4
12				20						
1020				75638						
				12						
				907664						
				4						

102,0)363065,6(3559 lire 9 sol. 4 den.

306

570 etc.

MILAN SUR HAMBOURG.

Réduire 901 marcs 15 schillings 4 pfenings banco en monnaie de Milan; le change étant à 48 soldi corr(renti) par marc banco.

```
marc    soldi     marcs  sch. pf.     lire  soldi
 1   :   48   ::   901   15   4   :   2164   14
16                  16
--                -----
16               14431
12                  12
---              ------
192              173176
                     48
              -----------2,0
      192)8312448(43294
          768         -----
          ---         2164 lire 14 soldi.
          632 etc.
```

HAMBOURG SUR MILAN.

Réduire 2164 lire 14 soldi courans en monnaie de Hambourg; le change étant à 48 soldi courans par marc banco.

```
soldi   marc     lire  soldi     marcs  sch. pf.
 48   :   1   ::  2164   14   :   901   15   4
                    20
              48)43294(901 marcs 15 sch. 4 pf.
                 432
                 ---
                   94
                   48
                   --
                   46
```

Le reste × 16 × 12 etc.

MILAN SUR LIVOURNE.

Réduire 1233 pezze 11 soldi 8 denari en monnaie de Milan; le change étant à 135 soldi de Milan par pezza de 8 réaux.

```
pezza   soldi     pezze  sol. den.    lire  soldi d.
  1  :   135  ::   1233   11   8   :   8326   13   9
          12         20
        ----      -----
        1620      24671
                     12
                 ------
                 296060
                   1620
          ---------------12
   24,0)47961720,0(1998405
        24             --------
        --       2,0)16653,3   9
        239 etc.     --------
                     8326 lire 13 sol. 9 den.
```

LIVOURNE SUR MILAN.

Réduire 8326 lire 13 soldi 9 denari de Milan en monnaie de Livourne; le change étant à 135 soldi par pezza de 8 réaux.

```
soldi  pezza     lire  soldi den.     pezze  sol. den.
 135  :  1   ::  8326   13    9   :   1233   11    8
  12               20
----            ------
1620            166533
                    12
         162,0)199840,5(1233 pezze 11 sol. 8 d.
               162
               ---
               378 etc.
```

MILAN SUR LONDRES.

Réduire £ 143 8 s. 2 d. sterling en monnaie de Milan ; le change étant à 31 lire 10 soldi courans par £ sterling.

£		lire	soldi		£	s.	d.		lire	soldi	d.
1	:	31	10	::	143	8	2	:	4517	7	3

20 — 20
20 — 2868
12 — 12
240 — 34418
31 ½

240)1084167(4517 lire 7 soldi 3 d.
960
1241 etc.

LONDRES SUR MILAN.

Réduire 4517 lire 7 soldi 3 denari courans de Milan en sterling ; le change étant à 31 lire 10 soldi par £ sterling.

lire	soldi		£		lire	soldi	d.		£	s.	d.
31	10	:	1	::	4517	7	3	:	143	8	2

20 — 20
630 — 90347
12 — 12
7560 — 756,0)108416,7(£ 143 8 s. 2 d.
756
3281 etc.

Le reste × 20 × 12 etc.

MILAN SUR ROME.

Réduire 2007 scudi 31 ¼ bajocchi en monnaie de Milan ; le change étant à 136 soldi de Milan par scudo.

scudo		soldi		scudi	baj.		lire	soldi	d.
1	:	136	::	2007	31,25	:	13649	14	6

136

2,0)27299,4,5000
13649 lire 14,5 soldi.

ROME SUR MILAN.

Réduire 13649 lire 14 soldi 6 denari en monnaie de Rome ; le change étant à 136 soldi de Milan par écu roman. ou couronne.

soldi		scudo		lire	soldi	d.		scudi	baj.
136	:	1	::	13649	14	6	:	2007	31 ¼

12 — 20
1632 — 272994
12

1632)3275934(2007 scudi 31,25 baj.
3264
11934 etc.

N. B. Milan, comme plusieurs autres places d'Italie, change accidentellement en livres italiennes. La proportion est de 27 lire de Milan pour 20,723 francs de France ou lire italiana.

NAPLES.

MONNAIES DE CHANGE.

Les Changes se calculent en ducats de 100 grains.

10 grani = 1 carlino, et 10 carlini = 1 ducato di regno.

COURS DU CHANGE, coté à Naples, janvier 1820.			EXPLICATION.					
Amsterdam....	51	25	Naples	donne	51	grains 25 centimes pour	1	florin.
Ancône.......	125	50	—	donne	125	..... 50	1	scudo.
Augsbourg....	61	35	—	donne	61	..... 35	1	florin cour.
Florence......	19	90	—	donne	19	..... 90	1	lira fiorentine.
France........	24	25	—	donne	24	..... 25	1	franc.
Idem.........	433		—	reçoit	433	centimes.........	1	ducat.
Gênes.........	19	90	—	donne	19	grains 90 centimes	1	lira fuori banco.
Idem.........	101 $\frac{1}{3}$		—	reçoit	101 $\frac{1}{3}$	soldi fuori banco..	1	ducat.
Hambourg	44	10	—	donne	44	grains 10 centimes	1	marc banco.
Livourne......	122	75	—	donne	122	..... 75	1	pezza de 8 réaux.
Lisbonne......	53	80	—	donne	53	..... 80	1	crusade de 400 reis.
Idem.........	670		—	reçoit	670	reis.............	1	ducat.
Londres.......	604		—	donne	604	grains...........	£ 1	sterling.
Milan.........	18	30	—	donne	18	grains 30 centimes	1	lira corrente.
Idem.........	113		—	reçoit	113	soldi correnti.....	1	ducat.
Palerme.......	120 $\frac{3}{4}$		—	donne	120	grains 75 centimes	1	scudo de 12 tari.
				ou	120 $\frac{3}{4}$	ducats...........	100	scudi siciliani.
Rome.........	127		—	donne	127	ducats...........	100	scudi romani.
Espagne.......	121		—	donne	121	grains...........	1	piastre de plate.
Trieste........	61	25	—	donne	61	grains 25 centimes	1	florin d'Augsbourg.
Venise........	22	90	—	donne	22	..... 90	1	livre italienne.
Vienne........	61	50	—	donne	61	..... 50	1	florin courant.

(Pour les usances et autres particularités relatives aux lettres de change, voyez *Naples*, Vol. I.)

NAPLES sur LONDRES, voyez page 28.
NAPLES sur FRANCE, voyez page 55.
NAPLES sur GÊNES, voyez page 66.
NAPLES sur LIVOURNE, voyez page 73.
NAPLES sur LISBONNE, voyez page 77.

NAPLES SUR PALERME.

Réduire 277 oncie 26 tari en monnaie de Naples; le change étant à 120 ¾ ducats par 100 écus de Sicile.

tari		ducats		oncie	tari		duc.	gr.
1200	:	120¾	::	277	26	:	838	81

30
8336
120¾
12,00)10065,72
838,81

Par la règle conjointe.

		277	oncie 26 tari.
1 oncia	=	30	tari.
12 tari	=	1	scudo.
100 scudi	=	120¾	ducati.

Même résultat que plus haut.

LONDRES sur NAPLES, voyez page 28.
FRANCE sur NAPLES, voyez page 55.
GÊNES sur NAPLES, voyez page 66.
LIVOURNE sur NAPLES, voyez page 73.
LISBONNE sur NAPLES, voyez page 77.

PALERME SUR NAPLES.

Réduire 838 ducats 81 grains en monnaie sicilienne; le change étant à 120¾ ducats par 100 scudi de 12 tari.

ducats		tari		ducats	gr.		oncie	tari
120¾	:	1200	::	838	81	:	277	26

100
12075

838,81
1200
3,0)
12075)100657200(833,6
96600
40572 etc.
277 on. 26 tari.

Par la règle conjointe.

		838	ducati 81 grani.
120¾ ducati	=	100	scudi.
1 scudo	=	12	tari.
30 tari	=	1	oncia.

Même résultat que plus haut.

NAPLES SUR ESPAGNE.

Réduire 3368 piastres 6 réaux 16 maravedis de plate en monnaie de Naples; le change étant à 312 maravedis de plate par ducato di regno.

marav.		ducat		piastres	réaux	mar.		ducats	grains
312	:	1	::	3368	6	16	:	2936	91

8
26950
34
312)916316(2936,91 ducats
624
2923 etc.

ESPAGNE SUR NAPLES.

Réduire 2936 ducats 91 grains en monnaie espagnole; le change étant à 312 maravedis de plate par ducato di regno.

duc.		mar.		ducats		piastres	réaux	mar.
1	:	312	::	2936,91	:	3368	6	16

312
(8
34)916315,92(26950 16
68
236 etc.
3368 piast. 6 r. 16 m.

PALERME.

MONNAIES DE CHANGE.

Les Changes se calculent en oncie, tari et grani, ainsi qu'en scudi, tari et grani.

20 grani ou grains = 1 tari ou tarin. 30 tari = 1 oncia.

12 tari = 1 scudo ou couronne de Sicile. 5 scudi = 2 oncie.

COURS DU CHANGE, d'après la cote de Palerme, janvier 1820.			EXPLICATION.			
Amsterdam....	5 ½	Palerme	donne	5 ½ tari........	pour	1 florin.
France........	47 ½	—	donne	47 ½ grani......		1 franc.
Gênes.........	39 ½	—	donne	39 ½ *idem*........		1 lira fuori di banco.
Hambourg	4 6	—	donne	4 tari 6 grani		1 marc banco.
Livourne......	12 ½	—	donne	12 ½ tari........		1 pezza.
Lisbonne......	6 ¼	—	donne	6 ¼ *idem*.......		1 vieille crusade.
Londres.......	60	—	donne	60 tari........		£ 1 sterling.
Naples........	121	—	reçoit	121 ducati......		100 couronnes de Sicile.
Rome.........	12 ¼	—	donne	12 ¼ tari........		1 écu romain.
Espagne......	8 ¾	—	donne	8 ¾ *idem*........		1 peso de plate.
Trieste.......	5 27	—	donne	5 tari 27 grani		1 florin courant.

(Pour les usances et autres particularités relatives aux lettres de change, voyez *Sicile*, Vol. I.)

PALERME sur LONDRES, voyez page 28.
PALERME sur GÊNES, voyez page 66.
PALERME sur LIVOURNE, voyez page 74.
PALERME sur LISBONNE, voyez page 77.
PALERME sur NAPLES, voyez page 84.

PALERME SUR AMSTERDAM.

Réduire 2564 florins 10 stivers en monnaie sicilienne; le change étant à $5\frac{1}{2}$ tari par florin.

```
florin   tari      florins stiv.     oncie tari gr.
  1   :  5½   ::   2564  10     :    470   4   15
 20                  20
 ——                ————
 20               51290
                     5½
                 ————————
           2,0)28209,5
           3,0)1410,4   15
               470 on. 4 tari 15 grani.
```

LONDRES sur PALERME, voyez page 28.
GÊNES sur PALERME, voyez page 66.
LIVOURNE sur PALERME, voyez page 74.
LISBONNE sur PALERME, voyez page 77.
NAPLES sur PALERME, voyez page 84.

AMSTERDAM SUR PALERME.

Réduire 470 oncie 4 tari 15 grani en monnaie de Hollande; le change étant à $5\frac{1}{2}$ tari par florin.

```
tari   florin    oncie tari gr.     florins stiv.
 5½  :   1   ::   470   4   15   :   2564   10
                   30
                 —————
                 14104
                   20
                 ——————2,0
        5,5)282095(5129,0
                   2564 flor. 10 stiv.
```

PALERME SUR ESPAGNE.

Réduire 4646 piastres 5 réaux 14 maravedis de plate en monnaie sicilienne; le change étant à $8\frac{1}{2}$ tari par piastre de plate.

```
piast.  tari     piastres réaux mar.     oncie tari gr.
  1   :  8½  ::   4646   5   14     :    1316  16  15
  8                  8
 ——               ——————
  8               37173
 34                  34
 ———              ———————
272               1263896
                      8½
                  ————————3,0
        272)10743116(3949,6   15
            816
            ———      1316 on. 16 tari 15 gr.
            2583 etc.
```

ESPAGNE SUR PALERME.

Réduire 1316 oncie 16 tari 15 grani en monnaie espagnole; le change étant à $8\frac{1}{2}$ tari par piastre de plate.

```
tari   piast.     oncie tari gr.      piastres réaux mar.
 8½  :   1   ::   1316  16   15   :    4646    5   14
 20                 30
 ———              ——————
170               39496
                     20
                  ——————
        17,0)78993,5(4646 p. 5 r. 14 m.
             68
             ———
             109 etc.

            Le reste × 8 × 34 etc.
```

PÉTERSBOURG.

MONNAIES DE CHANGE.

Les Changes se calculent en roubles et en copecks.

10 copecks = 1 grieve ou grievener.

10 grieves ou 100 copecks = 1 rouble.

COURS DU CHANGE, d'après la cote de Pétersbourg, janvier 1820.		EXPLICATION.				
Amsterdam....	$9\frac{31}{32}$	Pétersbourg	reçoit	$9\frac{31}{32}$	stivers........... pour	1 rouble.
Constantinople..	73	—	donne	73	copecks..........	1 piastre.
France........	104	—	reçoit	104	centimes..........	1 rouble.
Hambourg.....	$8\frac{31}{32}$	—	reçoit	$8\frac{31}{32}$	schillings lubs banco	1 *idem.*
Leipsic........	17	—	reçoit	17	groschen.........	1 *idem.*
Londres.......	$10\frac{1}{32}$	—	reçoit	$10\frac{1}{32}$	pence sterling.....	1 *idem.*
Vienne........	125	—	reçoit	125	creutzers.........	1 *idem.*

(Pour les usances et autres particularités relatives aux lettres de change, voyez *Russie,* Vol. I.)

PÉTERSBOURG SUR AMSTERDAM.

Réduire 2655 florins 13 stivers $2\frac{1}{2}$ pennings en monnaie russe; le change étant à $9\frac{5}{8}$ stiv. par rouble.

stiv.		rouble		flor.	stiv.	pen.		roubles	copecks
$9\frac{5}{8}$	:	1	::	2655	13	2,5	:	5518	25
16				20					
154				53103					
				16					

154)8498105(5518 roubles 25 cop.
770
798 etc.

AMSTERDAM SUR PÉTERSBOURG.

Réduire 5518 roubles 25 copecks en monnaie de Hollande; le change étant à $9\frac{5}{8}$ stivers par rouble.

rouble		stiv.		roubles	copecks		florins	stiv.	pen.
1	:	$9\frac{5}{8}$	::	5518	25	:	2655	13	$2\frac{1}{2}$

9,625
2,0)5311,315625
2655,6578125
20
13,1562500
16
2,5000000

PÉTERSBOURG SUR FRANCE.

Réduire 7077 francs 67 cent. en monnaie russe; le change étant à 1 fr. 10 cent. par rouble.

franc	cent.		rouble		francs	cent.		roubles	cop.
1	10	:	1	::	7077	67	:	6434	25

11,0)70776,7
6434,25

FRANCE SUR PÉTERSBOURG.

Réduire 6434 roubles 25 copecks en monnaie française; le change étant à 1 fr. 10 cent. par rouble.

rouble		franc	cent.		roubles	cop.		francs	cent.
1	:	1	10	::	6434	25	:	7077	67

1,10
7077,6750

PÉTERSBOURG SUR LONDRES.

Réduire £ 131 13 s. 1 d. sterl. en monnaie russe; le change étant à $9\frac{1}{8}$ d. par rouble.

d.		rouble		£	s.	d.		roubles	cop.
$9\frac{1}{8}$	:	1	::	131	1	1	:	3466	90
				20					
				2621					
				12					

9,125)31453(3446,90 roubles.

LONDRES SUR PÉTERSBOURG.

Réduire 3446 roubles 90 copecks en sterling; le change étant à $9\frac{1}{8}$ d. par rouble.

rouble		d.		roubles	cop.		£	s.	d.
1	:	$9\frac{1}{8}$	::	3446	90	:	131	1	1

3446,90
9,125
240)31452,96250(131,05401
240 — 20
745 etc. — 1,08020
12
0,96240

ROME.

MONNAIES DE CHANGE.

Les Changes se calculent en scudi moneta et bajocchi, ou en scudi di stampa, soldi et denari d'oro. Les quattrini et mezzi quattrini sont aussi quelquefois employés.

2 mezzi quattrini = 1 quattrino.
5 quattrini = 1 bajoccho.
10 bajocchi = 1 paolo; 10 paoli ou 100 bajocchi = 1 scudo moneta ou couronne romaine.
1523 mezzi quattrini ou 152 $\frac{3}{10}$ bajocchi = 1 scudo di stampa d'oro ou couronne d'or.
12 denari d'oro = 1 soldo d'oro; 20 soldi d'oro = 1 scudo di stampa d'oro.

COURS DU CHANGE, d'après la cote de Rome, janvier 1820.		EXPLICATION.					
Amsterdam....	44	Rome donne	44	bajocchi...........	pour	1	florin.
Ancône.......	98	— donne	98	scudi romani.......		100	scudi d'Ancône.
Bologne.......	102	— donne	102	*idem*.............		100	scudi de Bologne.
Florence......	104 $\frac{1}{4}$	— donne	104 $\frac{1}{4}$	scudi di stampa d'oro		100	scudi d'oro.
France........	105	— reçoit	105	sous en francs......		1	scudo.
Gênes........	128	— reçoit	128	soldi fuori banco....		1	*idem.*
Livourne......	96	— donne	96	bajocchi...........		1	pezza de 8 réaux.
Londres.......	47	— reçoit	47	pence sterling......		1	scudo.
Milan.........	139 $\frac{3}{4}$	— donne	139 $\frac{3}{4}$	scudi romani.......		100	scudi imperiali.
Naples........	127 $\frac{1}{2}$	— reçoit	127 $\frac{1}{2}$	ducati di regno......		100	scudi romani.
Venise........	557	— reçoit	557	centimes...........		1	scudo.

(Pour les usances, etc., des lettres de change, voyez *Rome,* Vol. I.)

ROME SUR FRANCE.

Réduire 26813 fr. 54 cent. en monnaie romaine; le change étant à 5 fr. 20 cent. par scudo moneta.

francs	cent.		scudo		francs	cent.		scudi	baj.
5	20	:	1	::	26813	54	:	5156	45

52,0(268135,4(5156,45
260
81 etc.

FRANCE SUR ROME.

Réduire 5156 scudi 45 bajocchi en monnaie française; le change étant à 5 fr. 20 cent. par scudo moneta. L'opération se fait mieux en décimales, ainsi :

scudo		francs		scudi		francs
1	:	5,20	::	5156,45	:	26813,54

5156,45
5,20
26813,5400

ROME SUR GÊNES.

Réduire 4017 lire 3 soldi 9 denari fuori banco en monnaie romaine; le change étant à 125 soldi fuori banco par scudo moneta.

soldi		scudo		lire	sol.	d.		scudi	baj.
125	:	1	::	4017	3	9	:	642	75

125 × 12 = 1500; 4017 × 20 × 12

15,00)9641,25
642,75

GÊNES SUR ROME.

Réduire 642 scudi 75 bajocchi en monnaie de Gênes; le change étant à 125 soldi fuori banco par scudo moneta.

scudo		soldi		scudi	baj.		lire	sol.	d.
1	:	125	::	642	75	:	4017	3	9

642,75
125
2,0)8034,375
4017 lire $3\frac{3}{4}$ soldi.

ROME SUR LONDRES.

Réduire £ 937 11 s. 5 d. sterling en monnaie romaine; le change étant à 52 d. sterling par scudo.

d.		scudo		£	s.	d.		scudi	baj.
52	:	1	::	937	11	5	:	4327	25

937 × 20 = 18751 × 12

52)225017(4327 scudi 25 baj.
208
170 etc.

LONDRES SUR ROME.

Réduire 4327 scudi 25 bajocchi en sterling; le change étant à 52 den. sterling par scudo.

scudo		d.		scudi	baj.		£	s.	d.
1	:	52	::	4327	25	:	937	11	5

4327,25
52
12)225017,00
2,0)1875,1 5
£ 937 11 s. 5 d.

ROME sur MILAN, voyez page 82.

MILAN sur ROME, voyez page 82.

ESPAGNE.

MONNAIES DE CHANGE.

Les changes se font généralement en plate, ce qu'on doit entendre de vieille plate, à moins qu'il ne soit expressément dit nouvelle plate.

Il y a trois dénominations principales de ces monnaies imaginaires en lesquelles se font généralement les changes : les piastres, les doublons et les ducats, qui se divisent en réaux et maravedis de plate, et quelquefois se convertissent en vellon et autres dénominations.

La piastre de change, qu'on appelle aussi *peso* ou *piastre de plate*, se divise en 8 réaux de 34 maravedis de plate chaque, et quelquefois en 16 quartos.

Le doublon de plate ou pistole de change vaut 4 piastres, et contient par conséquent 32 réaux ou 1088 maravedis de plate.

Le ducat de plate, aussi appelé *ducado de cambio*, contient 11 réaux 1 maravedi ou 375 maravedis de plate.

A Alicante, à Valence, et à Barcelone, les changes se font en livres de 20 sous ou 240 deniers.

La livre d'Alicante et de Valence est la piastre de plate. Elle se divise quelquefois en 10 réaux de nouvelle plate, qui égalent 8 réaux de vieille plate.

La livre de Barcelone, appelée communément livre catalane, vaut $5\frac{5}{7}$ réaux de plate. D'où il résulte que 7 de ces livres égalent 5 piastres de plate, et que 20 sous catalans valent 1 piastre.

La piastre forte de 20 réaux vellon est quelquefois employée dans les changes et se divise en 12 réaux de 16 quartos chaque. La piastre courante, qui est une monnaie imaginaire, évaluée aux $\frac{4}{5}$ de la piastre forte, se divise en 8 réaux et le réal en 16 quartos. Ces deux dernières sont celles qu'on emploie principalement dans les changes de Gibraltar.

COURS DU CHANGE, d'après la cote de Cadix, février 1820.		EXPLICATION.					
Amsterdam....	96	Cadix reçoit	96	grotes flamand...	pour	1	ducat de plate.
France........	14	— reçoit	14	francs...........		1	doublon de plate.
Gênes.........	125	— donne	125	piastres de plate..		100	pezze de $5\frac{3}{4}$ lire.
Hambourg	88	— reçoit	88	grotes flam. banco		1	ducat de change.
Livourne......	123	— donne	123	piastres de plate..		100	pezze de 8 réaux.
Lisbonne......	2700	— reçoit	2700	reis............		1	doublon de plate.
Londres.......	$35\frac{3}{8}$	— reçoit	$35\frac{3}{8}$	pence sterling....		1	piastre de plate.
Naples........	290	— donne	290	maravedis de plate		1	ducat de plate.

(Pour les usances et autres particularités relatives aux lettres de change, voyez *Espagne* ainsi qu'*Alicante*, *Barcelone*, *Bilbao*, *Cadix*, *Castille* et *Gibraltar*, Vol. I.)

ESPAGNE sur AMSTERDAM, voyez page 34.
ESPAGNE sur FRANCE, voyez page 56.
ESPAGNE sur GENÈVE, voyez page 63.
ESPAGNE sur GÊNES, voyez page 67.
ESPAGNE sur HAMBOURG, voyez page 70.
ESPAGNE sur LIVOURNE, voyez page 74.
ESPAGNE sur LISBONNE, voyez page 78.
ESPAGNE sur LONDRES, voyez page 29.
ESPAGNE sur NAPLES, voyez page 74.
ESPAGNE sur PALERME, voyez page 86.

AMSTERDAM sur ESPAGNE, voyez page 34.
FRANCE sur ESPAGNE, voyez page 56.
GENÈVE sur ESPAGNE, voyez page 63.
GÊNES sur ESPAGNE, voyez page 67.
HAMBOURG sur ESPAGNE, voyez page 70.
LIVOURNE sur ESPAGNE, voyez page 74.
LISBONNE sur ESPAGNE, voyez page 78.
LONDRES sur ESPAGNE, voyez page 29.
NAPLES sur ESPAGNE, voyez page 84.
PALERME sur ESPAGNE, voyez page 86.

Telles sont les principales places avec lesquelles change l'Espagne. De plus grands détails seraient inutiles, si les effets étaient tirés en plate, monnaie dans laquelle se cote le cours du change; mais comme ils sont souvent exprimés en autres dénominations telles que réaux de vellon, livres d'Alicante, de Valence, et de Barcelone, il faut indiquer comment ces monnaies courantes se convertissent en plate.

Nous avons dit que la plate se réduit en vellon en multipliant par 32 et divisant par 17 et réciproquement, mais, quand les effets sont tirés en piastres fortes, réaux, maravedis, vellon, comme cela se fait souvent à Bilbao et autres places adjacentes, l'opération devient plus complexe comme dans l'exemple qui suit :

BILBAO SUR LONDRES.

Réduire £ 800 4 s. 8 d. en piastres fortes, réaux et maravedis; le change étant à $52\frac{1}{2}$ d. par piastre forte. 34 marav. = 1 réal; 20 réaux = 1 piastre forte.

```
  d.     piast. f.           £    s.  d.     piastres réaux mar.
 52½   :   1      ::       800    4   7¾   :  2754     8    11
  4        8          × 20 × 12 × 4
 ---      ---          ---------
 210       8             768224
          34               8704
          ---         -----------
          272   210)6686621696
           32       ------------
          ---     17)31841055
         8704        --------
                   34)1873003
                     ---------
                   2,0)5508,8   11
                       ------
                       2754 piast. f.  8 r.  11 m.
```

LONDRES SUR BILBAO.

Réduire 2754 piastres fortes, 9 réaux, 11 marav. vellon en sterling; le change étant à $52\frac{1}{2}$ d. par piastre forte.

```
piast. f.    d.       piast. f. réaux mar.      £    s.  d.
   1    :   52½   ::   2754     8    11    :   800   4   7¾
   8                     20
  ---                 -------
   8                  55088
  34                     34
  ---                --------
  272                 1873003
   32                      17
  ---                --------
  8704               31841051
                          52½
            ----------------12
        8704)1671655177½(192055¾
             8704             ---------
             ----       2,0)1600,4   7
             60125 etc.     ------
                            £800 4 s. 7¾ d.
```

MONNAIE EFFECTIVE RÉDUITE EN PAPIER.

Quand les effets ne sont pas payables en *effectif*, ils sont soldés en papier monnaie appelé *vales reales*, qui souffre un fort escompte.

Les monnaies effectives se réduisent en papier comme suit : 100 moins l'escompte est à 100 comme la somme effective est à la somme en papier.

Réduire 743 réaux 10 maravedis effectifs en papier monnaie; l'escompte étant à 48 pour cent.

			réaux	mar.		réaux	mar.
52 :	100	::	743	10	:	1429	14

34
34)
52)2527200(48600(1429 r. 14 m.
208 34
447 etc. 146

PAPIER MONNAIE RÉDUIT EN EFFECTIF.

Le papier monnaie se réduit en effectif par une opération inverse, c'est-à-dire que 100 est à 100 moins l'escompte comme la somme en papier est à la somme en effectif.

Réduire 1429 réaux 14 maravedis papier en effectif, l'escompte étant à 48 pour cent.

			réaux	mar.		réaux	mar.
100 :	52	::	1429	14	:	743	10

34
48600
52
34)25272,00(743 r. 10 m.
238
147 etc.

LIVRES D'ALICANTE RÉDUITES EN RÉAUX DE PLATE.

Les livres d'Alicante et de Valence étant des piastres de plate, se réduisent en réaux en les multipliant par 8. Les sous doivent être multipliés par 8 et divisés par 20, attendu que 20 sous valent 8 réaux.

Réduire 314 liv. 11 s. 3 den. d'Alicante en réaux de plate.

libras 314 — suel. 11 din. 3
8 — 8
2512 réaux. — 2,0)9,1
4 réaux 17 mar. — $4\frac{1}{2}$ réaux.

Rep. 2516 réaux 17 mar.

RÉAUX DE PLATE RÉDUITS EN LIVRES D'ALICANTE.

Les réaux de plate se réduisent en livres d'Alicante et de Valence en les divisant par 8. Le reste s'il y en a doit être multiplié par 20 et divisé par 8 afin de le convertir en sous.

Réduire 2516 réaux 17 maravedis en livres d'Alicante.

réaux
8)$2516\frac{1}{2}$
314 libras $4\frac{1}{2}$ réaux.
20
8)90(11 sueld. 3 din.

Rep. 314 libras 11 sueldos 3 dineros.

LIVRES DE BARCELONE RÉDUITES EN RÉAUX DE PLATE.

Les livres catalanes se réduisent en réaux de plate en disant 7 liv. sont à 40 réaux comme le nombre donné de livres est au nombre pensé de réaux.

Réduire 463 liv. 6 s. 3 den. catalans en réaux de de plate.

libras		réaux		libras	suel.	din.		réaux	mar.
7	:	40	::	463	6	3	:	2647	17

40
18520
5 sueldos = $\frac{1}{4}$... 10
1 sueldo = $\frac{1}{5}$... 2
3 dineros = $\frac{1}{4}$... $\frac{1}{2}$
7)$18532\frac{1}{2}$

Rep. $2647\frac{1}{2}$ réaux de plate.

RÉAUX DE PLATE RÉDUITS EN LIVRES DE BARCELONE.

Les réaux de plate se réduisent en livres catalanes par une opération inverse, c'est-à-dire que 40 réaux sont à 7 liv. comme le nombre donné de réaux est au nombre pensé de livres.

Réduire 2647 réaux 17 maravedis de plate en liv. catalanes.

réaux		lib.		réaux	mar.		libras	suel.	din.
40	:	7	::	2647	17	:	463	6	3

7
18529
17 marav. = $\frac{1}{2}$... 3,5
4,0)1853,25
464,3125 = 463 lib. 6 s. 3 d.

STOCKHOLM.

MONNAIES DE CHANGE.

Les Changes se calculent en risdales d'espèce, skillings et fenings.

12 fenings ou oers = 1 skilling.

48 skillings = 1 risdale d'espèce.

COURS DU CHANGE, d'après la cote de Stockholm, janvier 1820.			EXPLICATION.					
Amsterdam....	128		Stockholm	donne 128	skillings.........	pour	1	risdale.
Copenhague....	86		—	donne 86	*idem*............		1	*idem.*
Dantzic.......	24		—	donne 24	*idem*............		1	florin.
Espagne.......	110		—	donne 110	*idem*............		1	ducat de plate.
France........	25		—	donne 25	*idem*............		1	franc.
Hambourg	135		—	donne 135	*idem*............		1	risdale banco.
Livourne......	114		—	donne 114	*idem*............		1	pezza.
Lisbonne......	51		—	donne 51	*idem*............		1	vieille crusade.
Londres.......	12	10	—	donne 12	risdales 10 skillings	£	1	sterling.
Pétersbourg ...	25 $\frac{1}{4}$		—	donne 25 $\frac{1}{4}$	skillings.........		1	rouble.

(Pour les usances et autres particularités relatives aux lettres de change, voyez *Suède*, Vol. I.)

STOKHOLM SUR AMSTERDAM.

Réduire 10845 florins 12 stivers 8 pennings en monnaie suédoise; le change étant à 44 skillings suédois par risdale de $2\frac{1}{2}$ florins.

flor. skill. florins stiv. pen. risdales sk.
$2\frac{1}{2}$: 44 :: 10845 12 8 : 3976 35
20   20
50   216912
16   16
800   3470600
44
8,00)1527064,00
48)190883(3976 risd. 35 skil.

AMSTERDAM SUR STOKHOLM.

Réduire 3976 risdales 35 skillings suédois en banco de Hollande; le change étant à 44 skillings par risdale banco.

skil. risd. flor. risd. sk. florins stiv. p.
44 : 1 ou $2\frac{1}{2}$ :: 3976 35 : 10845 12 8
48
190883
$2\frac{1}{2}$
44)477207 $\frac{1}{2}$(10845 fl. 12 st. 8 p.
44
37 etc.

STOKHOLM SUR HAMBOURG.

Réduire 1544 marcs banco en monnaie suédoise; le change étant à $46\frac{1}{2}$ skillings suédois par risdale banco.

marcs skil. marcs risd. skill.
3 : $46\frac{1}{2}$ :: 1544 : 498 28
$46\frac{1}{2}$
3)71796
48)23932(498 risd. 28 skil.
192
473 etc.

HAMBOURG SUR STOKHOLM.

Réduire 498 risdales 28 skillings suédois en monnaie d'Hambourg; le change étant à $46\frac{1}{2}$ skillings par risdale de 3 marcs banco.

skil. marcs risd. skil. marcs
$46\frac{1}{2}$: 3 :: 498 28 : 1544
2   48
93   23932
3
71796
2
93)143592(1544 marcs.
93 etc.

STOKHOLM SUR LONDRES.

Réduire £ 2009 3 s. 4 d. sterling en monnaie suédoise; le change étant à 4 risdales 30 skillings par £ sterling.

£ risd. sk. £ s. d. risd. sk.
1 : 4 30 : 2009 3 4 : 9292 19
48   20
222   40188
12
482200
222
48)
24,0)10704840,0(446035
96 etc.
9292 risd. 19 sk.

LONDRES SUR STOKHOLM.

Réduire 9292 risdales 19 skillings suédois en sterl.; le change étant à 4 risdales 30 skillings par £ sterling.

risd. sk. £ risd. sk. £ s. d.
4 30 : 1 :: 9292 19 : 2009 3 4
48   48
222   222)446035(£ 2009 3 s. 4 d.
444
20 etc.

TURIN.

MONNAIES DE CHANGE.

Les Changes se calculent en lire, soldi et denari.

12 denari = 1 soldo.

20 soldi = 1 lira.

COURS DU CHANGE, d'après la cote de Turin, janvier 1820.			EXPLICATION.				
Amsterdam....	35		Turin	donne	35 soldi......	pour	1 florin.
Augsbourg....	43 $\frac{1}{4}$		—	donne	43 $\frac{1}{4}$ *idem*......		1 florin courant.
Espagne......	63		—	donne	63 *idem*......		1 piastre de change.
France........	20	1	—	donne	20 lire 1 soldo		24 francs.
Genève........	82		—	donne	82 soldi......		3 livres courantes.
Gênes........	9	10	—	donne	9 lire 10 soldi		13 lire 10 soldi fuori banco.
Hambourg....	31 $\frac{1}{2}$		—	donne	31 $\frac{1}{2}$ soldi......		1 marc banco.
Livourne......	87 $\frac{1}{2}$		—	donne	87 $\frac{1}{2}$ *idem*......		1 pezza de 8 réaux.
Londres.......	21	5	—	donne	21 lire 5 soldi		£ 1 sterling.
Milan.........	97 $\frac{1}{2}$		—	donne	97 $\frac{1}{2}$ soldi......		1 filippo ou 7 $\frac{1}{2}$ lire correnti
Naples........	74		—	donne	74 *idem*......		1 ducat.
Rome..........	87		—	donne	87 *idem*......		1 scudo romano.
Venise........	94		—	donne	94 *idem*......		1 ducat courant.
Vienne........	43 $\frac{1}{4}$		—	donne	43 $\frac{1}{4}$ *idem*......		1 florin courant.

(Pour les usances et autres particularités relatives aux lettres de change, voyez *Turin*, Vol. I.)

TURIN SUR FRANCE.

Réduire 1728 francs 60 centimes en monnaie de Turin; le change étant à 20 lire 10 soldi par 24 fr.

francs		lire		francs		lire	soldi	den.
24	:	$20\frac{1}{2}$	::	1728,60	:	1476	10	3

```
          1728,60
              20½
          -------
          3457200
           864,30
          -------
24)35436,30(1476 lire 10 s. 3 d.
   24
   --
   114 etc.
```

FRANCE SUR TURIN.

Réduire 1476 lire 10 soldi 3 denari de Turin en monnaie de France; le change étant à 20 lire 10 soldi par 24 francs.

lire	soldi		francs		lire	sol.	den.		francs	cent.
20	10	:	24	::	1476	10	3	:	1728	60

```
 20                     20
---                  -----
410                  29530
 12                     12
---                 ------
4920                354363
                        24
             ---------------
         492,0)850471,2(1728,60 fr.
               492 etc.
```

TURIN SUR GÊNES.

Réduire 14239 lire 16 soldi fuori banco en monnaie de Turin; le change étant à 9 lire 5 soldi de Turin par sequin de $13\frac{1}{2}$ lire fuori banco.

lire	soldi		lire	soldi		lire	soldi		lire	soldi
13	10	:	9	5	::	14239	16	:	9756	18

```
 20          20            20
---         ---        ------
270         185        284796
                          185
                   ----------2,0
        27,0)5268726,0(19513,8
             27        -------
             --        9756 lire 18 sol.
             256 etc.
```

GÊNES SUR TURIN.

Réduire 9756 lire 18 soldi de Turin en monnaie de Gênes; le change étant à 9 lire 5 soldi par sequin de $13\frac{1}{2}$ lire fuori banco.

lire	sol.		lire	soldi		lire	soldi		lire	sol.
9	5	:	13	10	::	9756	18	:	14239	16

```
 20          20            20
---         ---        ------
185         270        195138
                          270
                   ----------2,0
          185)52687260(28479,6
              370      -------
              ---      14239 lire 16 sol.
              1568 etc.
```

TURIN SUR LONDRES.

Réduire £ 406 16 s. 2 d. sterling en monnaie de Turin; le change étant à 19 lire 10 soldi par £ sterl.

£		lire	soldi		£	s.	d.		lire	soldi	d.
1	:	19	10	::	406	16	2	:	7932	15	3

```
 20          20            20
---         ---          ----
 20         390          8136
 12                        12
---                     -----
240                     97634
                          390
                  ----------2,0)
      24,0)3807726,0(15865,5¼
           24        ---------
           --        7932 lire 15 sol. 3 d.
           140 etc.
```

LONDRES SUR TURIN.

Réduire 7932 lire 15 soldi 3 denari en sterling; le change étant à 19 lire 10 soldi par £ sterling.

lire	soldi		£		lire	soldi	d.		£	s.	d.
19	10	:	1	::	7932	15	3	:	406	16	2

```
 20                       20
---                   ------
390                   158655
 12                       12
---                   ------
4680        468,0)190386,3(£ 406 16 s. 2 d.
                  1872
                  ----
                  3186 etc.
```

VENISE.

MONNAIES DE CHANGE.

Les Changes se calculent en lire, soldi et denari moneta piccola, ainsi qu'en ducats; mais ils se calculent généralement en centimes de livres italiennes, qui sont équivalentes à celles de France.

12 denari = 1 soldo; 20 soldi = 1 lira; 6 lire 4 soldi piccoli = 1 ducat courant ou de compte.

8 lire piccoli = 1 ducat effectif.

100 centimes = 1 lira italiana.

40,000 lire piccoli = 30,467 lire italiane.

COURS DU CHANGE, d'après la cote de Venise, janvier 1820.		EXPLICATION.					
Amsterdam....	224	Venise	donne	224 centimes....	pour	1	florin.
Ancône.......	540	—	donne	540 *idem*.......		1	scudo.
Augsbourg....	260	—	donne	260 *idem*.......		1	florin courant.
Constantinople..	83	—	donne	83 *idem*.......		1	piastre.
France........	105	—	donne	105 *idem*.......		1	franc.
Gênes.........	86	—	donne	86 *idem*.......		1	lira fuori banco.
Hambourg.....	196	—	donne	196 *idem*.......		1	marc banco.
Livourne......	533	—	donne	533 *idem*.......		1	pezza.
Lisbonne......	66	—	reçoit	66 reis.........		1	lira.
Londres.......	26,30	—	donne	26,30 centimes....		£ 1	sterling.
Milan.........	102	—	donne	102 *idem*.......		100	centimes.
Naples........	433	—	donne	433 *idem*.......		1	ducato di regno.
Palerme.......	13	—	donne	13 lire.........		1	oncia.
Rome..........	550	—	donne	550 centimes....		1	scudo romano.
Vienne........	261	—	donne	261 *idem*.......		1	florin effectif.

(Pour les usances et autres particularités relatives aux lettres de change, voyez *Venise*, Vol. I.)

VENISE sur LONDRES, voyez page 29.
VENISE sur CONSTANTINOPLE, voyez page 46.
VENISE sur GÊNES, voyez page 67.
VENISE sur HAMBOURG, voyez page 71.
VENISE sur LISBONNE, voyez page 78.

VENISE SUR FRANCE.

Réduire 3372 fr. 30 cent. en monnaie vénitienne; le change étant à 2 lire 5 soldi piccoli par franc.

franc		lire	soldi		francs	cent.		lire	soldi	den.
1	:	2	5	::	3372	30	:	7587	13	6
		20				45				
		45			2,0)15175,35,0					
					7587	13	5			
							12			
							6,0			

Par la pratique.

		francs	cent.	
		3372	30	
		2 lire	5 sol.	
		6744		
5 soldi	= $\frac{1}{4}$...	843		
20 centimes	= $\frac{1}{5}$...	0	9	
10 centimes	= $\frac{1}{2}$...	0	4	6
	Rep.	7587	13	6

LONDRES sur VENISE, voyez page 29.
CONSTANTINOPLE sur VENISE, voyez page 46.
GÊNES sur VENISE, voyez page 67.
HAMBOURG sur VENISE, voyez page 71.
LISBONNE sur VENISE, voyez page 78.

FRANCE SUR VENISE.

Réduire 758 lire 13 soldi 6 denari piccoli en monnaie française; le change étant à 2 lire 5 soldi piccoli par franc.

lire	soldi		franc		lire	soldi	d.		francs	cent.
2	5	:	1	::	7587	13	6	:	3372	30
20						20				
45					151753					
12						12				
540					54,0)182104,2(3372,30 fr.					
					162					
					201 etc.					

Par décimales.

2 lire 5 soldi = 2,25.
7587 lire 13 soldi 6 d. = 7587,675.

2,25 : 1 :: 7587,675 : 3372,30.

Voilà la méthode de change qui était autrefois employée; mais, comme elle est en grande partie abandonnée, il est inutile d'entrer dans de plus grands détails.

VIENNE.

MONNAIES DE CHANGE.

Les Changes se calculent en florins et en creutzers, ou en risdales et en creutzers.

4 pfenings = 1 creutzer.

60 creutzers = 1 florin ou gulden.

1 ½ florin, ou 90 creutzers = 1 risdale de compte.

2 florins, ou 120 creutzers = 1 risdale d'espèce.

COURS DU CHANGE, d'après la cote de Vienne, janvier 1820.		EXPLICATION.				
Amsterdam....	140	Vienne	donne 140	risdales courantes.	pour	100 risdales.
Augsbourg	100	—	donne 100	*idem*...........		100 risdales courantes.
Constantinople,	112	—	donne 112	florins.........		100 piastres.
France........	119	—	reçoit 119	*idem*...........		100 écus de 3 francs.
Gênes.........	30 ½	—	reçoit 30 ½	soldi fuori banco..		1 florin courant.
Hambourg	148 ½	—	donne 148 ½	risdales courantes..		100 risdales banco.
Livourne......	57 ½	—	reçoit 57 ½	soldi moneta buona		1 florin.
Londres.......	9 52	—	donne 9	florins 52 creutzers		£ 1 sterling.
Milan.........	67 ¼	—	reçoit 67 ¼	soldi correnti.....		1 florin courant.
Prague........	99 ½	—	donne 99 ½	florins..........		100 *idem*.
Smyrne.......	112	—	donne 112	*idem*...........		100 piastres.
Venise........	184	—	donne 184	*idem*...........		500 lire piccole.

(Pour les usances et autres particularités relatives aux lettres de change, voyez *Vienne*, Vol. I.)

VIENNE sur CONSTANTINOPLE, voyez page 46.
VIENNE sur FRANCE, voyez page 56.
VIENNE sur HAMBOURG, voyez page 71.
VIENNE sur LONDRES, voyez page 30.

CONSTANTINOPLE sur VIENNE, voyez page 46.
FRANCE sur VIENNE, voyez page 56.
HAMBOURG sur VIENNE, voyez page 71.
LONDRES sur VIENNE, voyez page 30.

VIENNE SUR LIVOURNE.

Réduire 2233 pezze en monnaie autrichienne; le change étant à 42 soldi di lira, moneta buona, par florin d'Autriche.

($5\frac{3}{4}$ lire moneta buona = 1 pezza de 8 réaux.)

				pezze		lire	soldi di lira
4	:	23	::	2233	:	12839	15

2233
23
4)51359
12839 lire 15 soldi.

	soldi		florin		lire	soldi		florins	creutz.
D'où	42	:	1	::	12839	15	:	6114	10

12839
20
42)256795(6114 fl. 10 cr.
252
47 etc.

Le reste × 60 etc.

Par la règle conjointe.

2233 pezze.
1 pezza = 115 soldi di lira.
42 soldi = 1 florin.

Même résultat que plus haut.

LIVOURNE SUR VIENNE.

Réduire 6114 florins 10 creutzers d'Autriche en monnaie de Livourne; le change étant à 42 soldi di lira moneta buona, par florin.

flor.		soldi		florins	creutz.		lire	soldi
1	:	42	::	6114	10	:	12839	15

6114 10
60
366850
42
6,0)1540770,0
2,0)25679,5
12839 lire 15 soldi.

					lire	soldi di lira		pezze
D'où	23	:	4	::	12839	15	:	2233

12839
20
256795
4
20)
23)1027180(44660
92
2233
107 etc.

Par la règle conjointe.

6114 florins 10 creutzers.
1 florin = 42 soldi di lira.
115 soldi di lira = 1 pezza.

Même résultat que plus haut.

ÉTATS-UNIS D'AMÉRIQUE.

MONNAIES DE CHANGE.

Les Changes se calculent en piastres, dimes et cents; dans quelques places ils se calculent en livres, shillings et pence, monnaie courante.

10 cents = 1 dime; 10 dimes ou 100 cents = 1 piastre.
La piastre se divise aussi en 1000 parties, appelées mills.
Le pair de la piastre est fixé à 4 s. 6 d. sterling.
12 pence monnaie courante = 1 shilling; 20 shillings = 1 livre.

(Pour les monnaies courantes et valeurs de la piastre; voyez États-Unis, vol. I, et tableau des monnaies réelles, vol. II.)

COURS DU CHANGE D'APRÈS DIFFÉRENTES COTES.

New-Yorck, janvier 1821.

Amsterdam	42	cents par florin ou gilder.
Brême	78	cents par risdale.
Hambourg	35	cents par marc banco.
Londres, direct	£ 177 $\frac{1}{2}$	monnaie courante par £ 100 sterling.
Paris	5	francs 40 centimes par piastre.

Philadelphie.

Amsterdam	40	cents par florin ou gilder.
Hambourg	35	cents par marc banco.
Londres, 2 pour cent de prime	4 s. 6 d.	sterling par piastre.

Baltimore.

Amsterdam	40	cents par florin ou gilder.
Hambourg	33 $\frac{1}{3}$	cents par marc banco.
Londres à 60 jours de vue,	101	c'est-à-dire 100 cents pour 4 s. 6 d. sterl., avec 1 pour cent de prime.

(Pour les dommages sur les effets retournés et autres particularités sur les changes d'Amérique, voyez *États-Unis*, vol. II.)

LONDRES SUR AMÉRIQUE.

La monnaie américaine se réduit en sterling *au pair* en disant : 1 piastre est à 4 s. 6 d. sterling, comme la somme donnée est à la somme cherchée.

Réduire 1783 piastres 80 cents en sterling, au pair.

```
piast.   s. d.      piastr. cents      £   s. d.
1    :   4 6   ::   1783 80     :    401  7  1
        12             54             Ou en décimales :
        ——            ————                   1783,80
        54           7132                        4,5
                    8915                    ————————
80 cents = 4/5 ..      43                     891900
                    ————                     713520
              12)96325                    ——————————
                                        2,0)802,7,100
           2,0)802,7   1                          12
                                          ——————————
               £401  7 s. 1 d.              401,7,1,2
```

Si le change n'est pas au pair, il faut tenir compte de la différence avant de réduire en sterling.

Réduire 4282 piastres 50 cents en sterling; le change étant à 2 pour cent au-dessus du pair.

```
                          piastres cents      piastres cents
100    :   102     ::     4282    50     :    4368    15
piastre    s. d.          piastres cents      £    s.  d.
Et 1   :   4  6    ::     4368    15     :    982  16  8
```

Réduire 3546 piastres 50 cents en sterling; le change étant à 2 pour cent au-dessous du pair.

```
                          piastres cents      piastres
102    :   100     ::     3646    50     :    3575
piastre    s. d.          piastres            £    s. d.
Et 1   :   4  6    ::     3575           :    804  7  6
```

AMÉRIQUE SUR LONDRES.

Le sterling se réduit en monnaie américaine par l'opération inverse; c'est-à-dire que 4 s. 6 d. sont à 1 piastre, comme la somme donnée est à la somme cherchée.

Réduire £ 401 7 s. 1 d. sterling en monnaie américaine au pair.

```
s.  d.    piastre      £    s.  d.      piastres cents
4   6  :  1     ::   401    7   1   :   1783     80
12                    20
——                  ————
54                  8027
                      12
                54)96325(1783,796
                   54
                  ———
                  423 etc.
```

Si le change n'est pas au pair, il faut tenir compte de la différence, après avoir réduit le sterling en piastre.

Réduire £ 982 16 s. 8 d. en monnaie américaine le change étant à 2 pour cent au-dessus du pair.

```
s.  d.     piastre       £    s.  d.      piastres cents
4   6  :   1       ::   982   16  8   :   4368     15
                         piastres cents   piastres cents
Et 102 :   100     ::   4368     15   :   4282     50
```

Réduire £ 804 7 s. 6 d. en monnaie américaine; le change étant à 2 pour cent au-dessous du pair.

```
s.  d.     piastre       £    s.  d.      piastres
4   6  :   1       ::   804   7   6   :   3575
                         piastres         piastres cents
Et 100 :   102     ::   3575          :   3646     50
```

Quand l'escompte ou la prime est à un des taux suivans, l'opération peut se faire comme suit :

À $1\frac{1}{4}$	pour cent d'escompte, c.-à-d. au-dessous du pair, multipliez les piastres par	80	et divisez par 81.
2	....	50	.... 51.
$2\frac{1}{2}$	....	40	.... 41.
$3\frac{3}{4}$	....	80	.... 83.
4	....	25	.... 26.
5	....	20	.... 21.
6	....	50	.... 53.
$6\frac{1}{4}$	....	16	.... 17.
$7\frac{1}{2}$	....	40	.... 43.
8	....	25	.... 27.
$8\frac{3}{4}$	....	80	.... 87.
10	....	10	.... 11.

Si les changes sont à prime, c'est-à-dire au-dessus du pair, il faut renverser la règle.

Les piastres sont ensuite réduites en sterling comme plus haut.

AMSTERDAM SUR AMÉRIQUE.

La monnaie d'Amérique se réduit en hollandaise en disant : le taux du change est à 1 florin, comme la somme donnée est à la somme cherchée.

(Pour les monnaies de change hollandaises, voyez page 31.)

Réduire 4964 piastres 67 cents en monnaie hollandaise ; le change étant à 36 cents par florin.

cents		florin		piastre	cents		florins	stiv.
36	:	1	::	4964	67	:	13790	15

36)496467(13790 15

36

136 etc.

AMÉRIQUE SUR AMSTERDAM.

La monnaie de Hollande se réduit en monnaie américaine par une opération inverse ; c'est-à-dire que 1 florin est au taux du change, comme la somme donnée est à la somme cherchée.

Réduire 13790 florins 15 stivers en monnaie d'Amérique ; le change étant à 26 cents par florin.

florin		cents		florins	stir.		piastres	cents
1	:	36	::	13790	15	:	4964	67
20				20				
20				275815				
				36				

2,0)992934,0

Rep. 496467 cents.

HAMBOURG SUR AMÉRIQUE.

La monnaie d'Amérique se réduit en celle d'Hambourg comme suit : le taux du change est à 1 marc, comme la somme donnée est à la somme cherchée.

(Pour les monnaies de change de Hambourg, voyez page 68.)

Réduire 378 piastres 95 cents en monnaie d'Hambourg ; le change étant à 33 cents par marc banco.

cents		marc		piastres	cents		marcs	schil.	pf.
33	:	1	::	378	95	:	1148	5	4

33)37895(1148 5 4

33

48 etc.

AMÉRIQUE SUR HAMBOURG.

La monnaie d'Hambourg se réduit en monnaie d'Amérique par une opération inverse ; c'est-à-dire que 1 marc est au taux du change, comme la somme donnée est à la somme cherchée.

Réduire 1148 marcs 5 schillings 4 pfenings banco en monnaie d'Amérique ; le change étant à 33 cents par marc banco.

marc		cents		marcs	schil.	pf.		piastres	cents
1	:	33	::	1148	5	4	:	378	95
16				16					
16				18373					
12				12					
192				220480 × 33 : 192 = 378,95					

FRANCE SUR AMÉRIQUE.

La monnaie d'Amérique se réduit en monnaie française comme suit : 1 piastre est au taux du change comme la somme donnée est à la somme cherchée

(Pour les monnaies de change françaises, voyez page 52.

Réduire 1364 piastres 60 cents en monnaie française ; le change étant à 5 francs 30 centimes par piastre.

piastre		francs	cen.		piastres	cents		francs	cen.
1	:	5	30	::	1364	60	:	7232	38

AMÉRIQUE SUR FRANCE.

La monnaie de France se réduit en celle d'Amérique comme suit : le taux du change est à 1 piastre, comme la somme donnée est à la somme cherchée.

Réduire 7232 francs 38 centimes en monnaie d'Amérique ; le change étant à 5 francs 30 cent. par piastre.

francs	cen.		piastre		francs	cen.		piastres	cents
5	30	:	1	::	7232	38	:	1364	60

INDES OCCIDENTALES.

MONNAIES DE CHANGE.

12 pence = 1 shilling. 20 shillings = 1 liv. monnaie courante.

(Pour les courans et monnaies de diverses îles, voyez l'article *Indes occidentales*, vol. I.)

LONDRES SUR LES INDES OCCIDENTALES.

La monnaie courante des Indes occidentales se réduit en sterling comme suit : le taux du change est à 100, comme la somme donnée est à la somme cherchée.

Réduire £ 778 16 s. 4 d. monnaie courante en sterling ; le change étant à £ 166 monn. cour. pour £ 100 sterling.

```
                 monnaie courante        sterling.
166  :  100  ::  £ 778  16 s.  4 d.  :  £ 469  3 s.  4 d.
                   20
                 -----
                 15576
                   12
              ---------12
166)18691600(112600
    166          ------
    ---     2,0)938,3   4
    209 etc.      ---------
             £ 469  3 s.  4 d. sterling.
```

INDES OCCIDENTALES SUR LONDRES.

Le sterling se réduit en monnaie courante des Indes occidentales par une opération inverse ; c'est-à-dire que 100 est au taux du change, comme la somme donnée est à la somme cherchée.

Réduire £ 469 3 s. 4 d. sterling en monnaie courante des Indes occidentales ; le change étant à £ 166 courantes par £ 100 sterling.

```
                  sterling            monnaie courante
100  :  166  ::  £ 469  3 s.  4 d.  :  £ 778  16 s.  4 d.
                   20
                 -----
                  9383
                    12
                 ------
                 112600
                    166
                 -----------
              12)186916,00
             2,0)1557,6   4
                 -----------
         £ 778  16 s.  4 d. monnaie courante.
```

La monnaie courante, aux prix suivans, peut se réduire en sterling comme suit :

A		multipliés par	et divisés par
	50	2	3
	52½	40	61
	55	20	31
	57½	40	63
	60	5	8
	62½	8	13
	65	20	33
	67½	40	67
	70	10	17
	72½	40	69
	75	4	7
	77½	40	71
	80	5	9
	82½	40	73
	85	20	37
	87½	8	15
	90	10	19
	92½	40	77
	95	20	39
	97½	40	79

Le sterling, aux prix suivans, peut se réduire en courant comme suit :

A		multipliés par	et divisés par
	50	3	2
	52½	61	40
	55	31	20
	57½	63	40
	60	8	5
	62½	13	8
	65	33	20
	67½	67	40
	70	17	10
	72½	69	40
	75	7	4
	77½	71	40
	80	9	5
	82½	73	40
	85	37	20
	87½	15	8
	90	19	10
	92½	77	40
	95	39	20
	97½	79	40

(Pour les dommages sur les effets retournés et autres lois et coutumes relatives à la lettre de change, voyez *Indes occidentales*, vol. I.)

INDES ORIENTALES.

MONNAIES DE CHANGE.

Le change dans l'Inde se fait principalement entre les trois présidences de Bengale, de Madras et de Bombay, qui tirent l'une sur l'autre à diverses dates, et le plus souvent en dénominations de la monnaie de la place où l'effet doit être payé.

Londres tire sur Bengale en roupies courantes à 2 s., plus ou moins:

Ou en roupies sicca à 16 pour cent au-dessus des roupies courantes.

Sur Madras, en pagodes à 7 s. 6 d., plus ou moins.

Sur Bombay, en roupies à 2 s. 2 d., plus ou moins.

Ces sortes d'effets sont ordinairement à 60 ou 90 jours de vue, mais ceux qui se tirent de ces places sur Londres sont en général à 6, 9 ou 12 mois de vue; dans ce cas la roupie sicca est évaluée à 2 s. 6 d. : la roupie de Bombay à 2 s. 4 d.; et la pagode de Madras à 8 s., ou 8,89 francs, plus ou moins.

Ces monnaies de change se divisent comme suit:

BENGALE, CALCUTTA, etc.

12 pice = 1 anna; 16 annas = 1 roupie.
1 roupie sicca = 2 s. 6 d. sterling, ou 3,09 francs.

BOMBAY.

100 reis = 1 quarter; 4 quarters = 1 roupie.
1 roupie = 2 s. 4 d. sterling, ou 2,88 francs.

MADRAS.

80 cash = 1 fanam; 45 fanams = 1 pagode star ou à l'étoile.
1 pagode star = 8 s. sterling, ou 9,89 francs.

Réduire un nombre de roupies ou de pagodes en sterling à un taux de change donné, ou réciproquement, est une opération trop simple pour qu'il soit besoin d'en donner des exemples.

(Pour de plus amples détails, voyez *Indes orientales*, vol. I.)

PROFIT ET PERTE SUR LE CHANGE.

Le change ne donne pas seulement au commerce la facilité de payer des dettes dans des places éloignées, et de transmettre la propriété d'un lieu à un autre, il produit encore des bénéfices considérables par la vente, l'achat des billets, et la négociation qui s'en fait sur différentes places. — Dans ces sortes d'affaires, les vendeurs des effets sont en général les tireurs, et les acheteurs les remetteurs. On peut, pour simplifier la question, considérer une lettre de change comme un article ordinaire de commerce, à l'égard duquel l'avantage du tireur est naturellement de vendre au plus haut prix; et celui du remetteur d'acheter au plus bas.

Il y a trois manières de faire des profits ou des pertes sur une lettre de change savoir :

1 En vendant et achetant des billets sur une même place.

2 Par des remises et des retours faits directement entre deux places.

3 Par des négociations d'effets sur plus de deux places. C'est ce qu'on appelle l'arbitrage du change, le change indirect ou circulaire.

Le profit ou la perte, soit pour totalité ou pour cent sur les effets achetés ou vendus sur la même place, se détermine de la même manière que pour une marchandise ordinaire.

Ier Exemple. — Supposons que Londres achète un effet sur Hambourg de 3180 marcs banco, au change de 33 s. 4 d. flamands par £ sterling, et vende ce même effet à 33 s. $1\frac{1}{2}$ d. flamands, quel est le gain?

	s.	d. flam.		£ sterl.		marcs		£	s.		
	33	4	:	1	::	3180	:	254	8	prix d'achat.	Voyez page 26.
Et	33	$1\frac{1}{2}$	.	1	::	3180	:	256	0	prix de vente.	
								1	12	gain sur le tout.	

	£	s.		s.		s.			
Ou bien	254	8	:	32	::	100	:	$\frac{5}{8}$	gain pour cent.

	s.	d. flam.		d. flam.		marcs		marcs	
Ou encore,	33	$1\frac{1}{2}$	:	$2\frac{1}{2}$	::	3180	:	20	gain sur le tout = £ 1 12 s. sterling.
Et	33	$1\frac{1}{2}$	:	$2\frac{1}{2}$	::	100	:	$\frac{5}{8}$	gain pour cent.

IIe Exemple. — Supposons que Londres achète un effet sur Cadix, de 1000 piastres, à 36 d. sterling par piastre, et le vende pour 37 d. par piastre; le gain sur le tout est évidemment de 1000 d., ou £4 3s. 4 d., et le gain $2\frac{7}{9}$ pour cent, car :

	piastre		d.		piastres		£	s.	d.	
	1	:	1	::	1000	:	4	3	4	gain sur le tout.
Et	36 d.	:	1	::	100 d.	:			$2\frac{7}{9}$	gain pour cent.

On voit d'après le 1er exemple que l'intérêt de l'acheteur ou remetteur de Londres, est de payer le change le plus élevé pour un effet sur une place, qui donne à Londres le prix incertain, et que c'est le contraire pour le tireur ou vendeur. Le 2e prouve que l'intérêt de l'acheteur ou remetteur de Londres, est de payer le change le moins élevé pour un effet, sur une place à laquelle Londres donne le prix incertain, et que c'est l'inverse pour le vendeur ou acheteur. Nous déduirons de là les deux règles qui suivent :

1° Pour une place à laquelle Londres donne le *prix certain*, un effet doit se tirer au cours le plus bas et se remettre au change le plus élevé.

2° Pour une place à laquelle Londres donne le *prix incertain*, un effet doit se tirer au cours le plus haut et se remettre au plus bas.

Ces règles ne sont pas particulières à Londres, elles sont applicables à toutes les places.

REMISES ET RETOURS.

Les lettres de change s'achètent et se remettent quelquefois directement a la place sur laquelle elles sont tirées, avec ordre d'avoir des effets en retour, si les prix sont favorables; on doit observer que les cours réciproques entre deux places diffèrent toujours, de manière que la différence égale à peu près l'intérêt de l'argent et les frais de la remise. Ainsi le cours de Dublin différerait à peu près de celui de Londres d'environ 1 pour cent, afin de donner au remetteur de l'une des deux places un bénéfice régulier, pour les remises et retours sur les effets à 21 jours de vue, terme usuel.

Prenons un exemple. L de Londres achète un effet sur Dublin, à 21 jours de vue, de £ 112 irlandaises pour £ 100 anglaises qu'il remet à son agent à Dublin, avec ordre de faire des retours en effets sur Londres à 21 jours de vue; et supposons qu'on donne en retour un effet de £ 100 anglaises, qui ne coûte que £ 111 irlandaises. Il y a £ 1 irland. pour cent de gagnée par la transaction. Il en serait de même si la remise avait été faite de Dublin aux mêmes termes.

Supputons maintenant qu'elle doit être la différence : l'intérêt de 56 jours, terme usuel, pour opérer les retours, le courtage, les frais de port, etc., monteront à environ 1 pour cent. C'est la *différence régulière* dans le change entre Londres et Dublin sur les effets de la date ci-dessus.

On doit cependant observer que la différence n'est pas toujours égale à l'intérêt et aux frais, mais qu'elle flotte suivant les circonstances, et qu'elle donne quelquefois ouverture à des opérations profitables.

Voici un exemple d'un effet envoyé de Londres à Hambourg, pour avoir des retours sur Londres.

£ 842 12 s. 1 d. sterling sur Hambourg, à 3 usances, à 31 s. 8 d. flamands par £ sterling . . . . 10,000 marcs banco.

	marcs banco	sh.		
Commission, $\frac{1}{2}$ pour cent	50	0		
Double courtage, 2 pour mille	20	0		
Frais de poste	3	4		
Escompte, 82 jours, à 5 pour cent	112	4		
. . . . .			185	8
Net, en marcs banco			9814	8

Retours opérés de 3 billets, savoir :

£ 500	0	0	sterling, à 3 us., à 30 s. 10$\frac{1}{2}$ d.	5789	1
200	0	0	. . . . . à 2 us., à 30 s. 11 d.	2318	12
146	16	4	. . . . . à 2 us., à 31 s. 0 d.	1706	11
846	16	4	retours.	9814	8
842	2	1	remise.		
£ 1	14	3			

Gain qui n'égale pas tout à fait l'escompte et les frais de poste de retour. Mais si le cours de Hambourg sur Londres avait été de 30 s. 9 d., l'opération eût été avantageuse. Ainsi 10 d. flamands par £ sterling peuvent être regardés comme la différence exacte entre Londres et Hambourg à usance.

Quand les retours s'opèrent directement, les remises s'escomptent comme dessus, mais on doit remarquer que l'intérêt de l'argent sur le Continent n'est pas limité comme en Angleterre, qu'il flotte suivant l'abondance ou la rareté des espèces, ou le crédit du papier. Dans les opérations de change, il est généralement évalué à $\frac{1}{2}$ pour cent par mois.

ARBITRAGE DU CHANGE.

L'ARBITRAGE du change est une comparaison entre les cours du change de diverses places, faite dans la vue de connaître la méthode la plus avantageuse de tirer ou de remettre des billets. On le distingue en simple et en composé. Le premier comprend les changes de trois places, et le second celui de plus de trois places.

ARBITRAGE SIMPLE.

C'EST une comparaison des changes de deux places rapportés à celui d'une troisième, c'est-à-dire que c'est une méthode de trouver quel est le taux du change entre deux places, relativement au taux coté entre chacune d'elles et une troisième. Le change ainsi déterminé est ce qu'on appelle *prix arbitre*.

Si par exemple le cours entre Londres et Paris est de 24 fr. pour £ 1 sterling, et entre Paris et Amsterdam de 54 d. flamands pour 3 fr. (c'est-à-dire 36 s. flamands pour 24 fr.), le prix arbitré entre Londres et Amsterdam par Paris, est évidemment 36 s. flamands par £ 1 sterling; car 3 fr. : 54 d. flam. : : 24 fr. : 36 s. flamands.

Quand le prix actuel ou direct (donné par la cote ou indiqué de tout autre manière) se trouve différer du prix arbitré, il peut y avoir de l'avantage à tirer ou à remettre indirectement, c'est-a-dire à tirer par une place sur une autre, comme par Paris sur Amsterdam; ce qui peut se faire de trois manières différentes.

1° Londres peut tirer sur Paris, et ordonner à son correspondant de tirer sur Amsterdam.

2° Londres peut tirer sur Paris et ordonner à son correspondant d'Amsterdam de remettre la même somme à Paris.

3° Londres peut ordonner à son correspondant à Paris de tirer sur Amsterdam, et de remettre la valeur à Londres.

L'opération de remettre indirectement ou de remettre à une place par une autre, comme à Amsterdam par Paris peut aussi se faire de trois manières.

1° Londres peut remettre à Paris et ordonner à son correspondant, de cette place, de remettre la somme à Amsterdam.

2° Londres peut remettre à Paris, et ordonner à son correspondant d'Amsterdam de tirer sur Paris.

3° Londres peut prendre des effets sur Paris et les remettre à Amsterdam où ils sont négociés.

Dans les opérations qui précèdent, le profit et la perte se déterminent par une méthode que nous avons déjà donnée. Mais dans l'arbitrage on les connaît d'avance, et les divers résultats se comparent afin de déterminer la manière d'opérer qui est la plus avantageuse.

Pour le faire sentir par un exemple familier, supposons que le prix arbitré entre Londres et Amsterdam soit, comme nous l'avons admis, de 36 s. flamands par £ 1 sterling, et que le cours direct soit de 37 s. flamands. Dans ce cas Londres doit donner, quand elle tire directement sur Amsterdam, 37 s. flam. par £ 1 sterling; tandis qu'en tirant par Paris elle ne donnera que 36 s. flam. par £ 1 sterling. Ainsi l'intérêt de Londres est de tirer indirectement sur Amsterdam par Paris.

Au contraire si Londres remet directement à Amsterdam, il recevra 37 s. flam. par £ 1 sterling, tandis qu'en remettant par Paris il ne recevra que 36 s. flamands. Ainsi Londres a intérêt de remettre directement à Amsterdam.

Exemple II. — Supposons que le change de Londres et de Lisbonne soit à

68 d. par milreis; et celui de Lisbonne sur Madrid, de 500 reis par piastre; le prix arbitré entre Londres et Madrid est 34 d. sterling par piastre. Car 1000 reis : 68 d. : : 500 reis : 34 d. Mais si le change direct de Londres sur Madrid est de 35 d. sterling par piastre, Londres en remettant directement à Madrid doit payer 35 d. par chaque piastre, tandis qu'en remettant par Lisbonne elle n'en payera que 34. Il est donc de l'intérêt de Londres de remettre indirectement à Madrid par Lisbonne.

Au contraire si Londres tire directement sur Madrid, elle recevra 35 d. sterl., par piastre, tandis qu'en tirant indirectement par Lisbonne elle n'en recevra que 34. Il est donc de l'intérêt de Londres de tirer directement sur Madrid.

Il résulte de ces exemples et des principes posés page 108.

Ire Règle. — Quand Londres donne le *prix certain,* elle doit tirer sur la place où le prix arbitré est plus bas, et remettre par celle où il est le plus haut.

IIe Règle. — Quand Londres donne le *prix incertain,* elle doit tirer par la place où le prix arbitré est le plus haut, et remettre par celle où il est le plus bas.

Ce que nous disons de Londres s'applique à toute autre place.

Pour donner de nouveaux exemples des arbitrages simples, on a choisi les places suivantes comme étant celles qui ont les rapports les plus fréquens. C'est Londres qui est regardée comme le centre de ces opérations.

LONDRES ET AMSTERDAM.

CHANGE PROPORTIONEL.

	COTE DE LONDRES.		COTE D'AMSTERDAM.
Sur Amsterdam....	34	7	
Gênes........	47		.... 86.
Hambourg.....	34	2	.... 33 $\frac{1}{8}$.
Livourne......	51 $\frac{1}{2}$		.... 92 $\frac{3}{4}$.
Lisbonne......	68		.... 48.
Madrid.......	42		.... 96.
Paris.........	23	8	.... 53 $\frac{1}{2}$.

Le prix proportionnel ou arbitré du change entre Londres et Amsterdam avec les autres places, se trouve, soit par la règle de trois, soit par la règle conjointe, comme dans les exemples suivans, et de ces prix proportionnels comparés avec les prix directs ou actuels, tels qu'ils se trouvent dans les cotes, on déduit des règles et on donne des exemples pour tirer et remettre avec le plus d'avantages possibles.

LONDRES ET AMSTERDAM PAR GÊNES.

Si le change de Londres sur Gênes est de 47 den. sterl. par pezza de $5\frac{3}{4}$ lire, et celui d'Amsterdam sur Gênes de 86 grot. flam. par pezza, quel est le change proportionnel entre Londres et Amsterdam par Gênes? c'est-à-dire, combien faut-il de shillings et de grotes flam. pour £ 1 sterling?

47 d. donnent 1 pezza, et cette pezza, à Amsterdam, représente 46 grot. flam., ainsi

```
d.     grotes     £      sh. gr. fl.
47  :   86   ::   1  :   36   7
       240
   ——————12)
47)20640(439 7/47
   188   ——————
   ———— Rep. 36 sh. 7 grot. flam. pour £ 1 sterl.
    184 etc.
```

Par la règle conjointe.

		1 livre sterling.
1 livre sterling	=	240 pence.
47 pence	=	1 pezza.
1 pezza	=	86 grotes flam.
12 grotes	=	1 shilling. flam.

Il résulte de là que 1 liv. ou 240 pence, multipliées par 86 et divisées par 47 et par 12, donneront la réponse en shillings flam. comme dessus.

```
        86
       240
     ———————
564)20640(36,7
    1692
    ————
    3720
    3384
    ————
     336 = 7 gr.
```

LONDRES ET AMSTERDAM PAR HAMBOURG.

Si le change de Londres sur Hambourg est de 34 shillings 2 grotes flam. banco par £ sterling, et celui d'Amsterdam sur Hambourg $33\frac{3}{8}$ stivers par risdale de 2 marcs, quel est le change proportionnel entre Londres et Amsterdam par Hambourg?

£ 1 sterl. donne 34 shillings 2 grotes flam. à Hambourg, et 2 marcs représentent $33\frac{3}{8}$ stivers à Amsterdam. Ainsi en réduisant les marcs et les stivers en monnaie flam.

```
marcs   stivers      sh. gr. fl.     sh. gr. fl.
  2  :   33 3/8   ::  34   2    :    35   7 1/2
 16       2           12
 ——      ———         ———
 32      66 3/4      410
  2                   66 3/4
 ——                ———————12)
 64             64)27367 1/2(427 39/64
                   256      ———————
                 ————— Rep. 35 sh. 7 1/2 gr. pour £ 1 st.
                    176 etc.
```

Par la règle conjointe.

		1 liv. sterl.
1 livre sterl.	=	34 shill. 2 grotes de Hambourg.
8 shill. flam.	=	3 marcs.
2 marcs	=	$33\frac{3}{8}$ stivers.
6 stivers	=	1 shill. flam. d'Amsterdam.

Il résulte de là que 34 shillings 2 grotes flam. multipliées par 3 et par $33\frac{3}{8}$, et divisées par 6, par 2 et par 8, ou en supprimant les communs diviseurs, en multipliant par 267 et divisant par 256, donneront la réponse en shillings flam. comme dessus.

LONDRES ET AMSTERDAM PAR LIVOURNE.

Si le change de Londres sur Livourne est de $51\frac{1}{2}$ d. sterl. par pezza, et celui d'Amsterdam sur Gênes de $92\frac{3}{4}$ grotes flam. par pezza, quel est le change proportionnel entre Londres et Amsterdam par Livourne ?

$51\frac{1}{2}$ d. à Londres donnent 1 pezza, et cette pezza vaut à Amsterdam $92\frac{3}{4}$ grotes flam., ainsi

d.		grotes		d.		sh.	grotes
$51\frac{1}{2}$	:	$92\frac{3}{4}$	::	240	:	36	$0\frac{1}{4}$
2				$92\frac{3}{4}$			
103				22260			
				2			

12)
103)44520(432 $\frac{24}{103}$
412 etc.

Rep. 36 sh. $0\frac{1}{4}$ pour £ 1 sterling.

Par la règle conjointe.

			£ 1	sterling.
£ 1	sterling	=	240	pence.
$51\frac{1}{2}$	pence	=	1	pezza.
1	pezza	=	$92\frac{3}{4}$	grotes flam.
12	grotes	=	1	shilling flam.

Même résultat que plus haut.

LONDRES ET AMSTERDAM PAR LISBONNE.

Si le change de Londres sur Lisbonne est de 68 d. sterling par milrei, et celui d'Amsterdam sur Lisbonne de 48 grotes flam. par vieille crusade, quel est le change proportionnel entre Londres et Amsterdam par Lisbonne ?

68 d. à Londres donnent 1 milrei, et 1 vieille crusade ou 400 reis vaut à Amsterdam 48 grotes flam., ainsi

	reis		grotes		reis		grotes	
	400	:	48	::	1000	:	120	
	d.		grotes		d.		sh.	gr. fl.
Et	68	:	120	::	240	:	35	$3\frac{1}{2}$
					120			

12)
68)28800(423 $\frac{36}{68}$
272 etc.

Rep. 35 sh. $3\frac{1}{2}$ gr. pour £ 1 sterling.

Par la règle conjointe.

			£ 1	sterling.
£ 1	sterling	=	240	pence.
68	pence	=	1000	reis.
400	reis	=	48	grotes flam.
12	grotes	=	1	shilling flam.

Même résultat que plus haut.

LONDRES ET AMSTERDAM PAR MADRID.

Si le change de Londres sur Madrid est de 42 den. sterl. par piastre de plate, et celui d'Amsterdam sur Madrid de 96 grotes flam. par ducat de plate, quel est le change proportionnel entre Londres et Amsterdam par Madrid ?

42 d. à Londres donnent 1 piastre ou 272 marav., et 1 ducat ou 375 marav. représentent, à Amsterdam, 96 grotes, ainsi

	marav.		grotes		marav.		grotes	
	375	:	96	::	272	:	$69\frac{2}{3}$	
	d.		grotes		d.		sh.	gr. fl.
Et	42	:	$69\frac{2}{3}$	::	240	:	33	2
					$69\frac{2}{3}$			

12
42)16720(398
126 etc.

Rep. 33 sh. 2 gr. pour £ 1 st.

Par la règle conjointe.

			£ 1	sterling.
£ 1	sterling	=	240	pence.
42	pence	=	272	maravedis.
375	marav.	=	96	grotes flam.
12	grotes	=	1	shilling flam.

Même résultat que plus haut.

LONDRES ET AMSTERDAM PAR PARIS.

Si le change de Londres sur Paris est de 23 livres 8 sous par liv. sterl., et celui d'Amsterdam sur Paris de $53\frac{1}{2}$ grotes flam. par écu de 3 francs, quel est le change proportionnel entre Londres et Amsterdam par Paris ?

£ 1 sterl. donne 23 liv. 8 s. à Paris, et 3 fr. valent à Amsterdam $53\frac{1}{2}$ grotes flam., ainsi

					liv.	sous		francs	cent.
	81	:	80	::	23	8	:	23	11
	francs		grotes		francs			sh.	gr. fl.
Et	3	:	$53\frac{1}{2}$	::	23,11		:	34	$4\frac{1}{8}$
					$53\frac{1}{2}$				

12)
3)1236,38(412,12

Rep. 34 sh. $4\frac{1}{8}$ gr. pour £ 1 st.

Par la règle conjointe.

			£ 1	sterling.
£ 1	sterling	=	23	liv. 8 sous.
81	livres	=	80	francs.
3	francs	=	$53\frac{1}{2}$	grotes.
12	grotes	=	1	shilling flam.

Même résultat que plus haut.

RÉCAPITULATION.

LONDRES ET AMSTERDAM.

Récapitulation des changes proportionnels, tels qu'ils sont calculés dans les trois pages précédentes, avec des règles pour tirer et remettre avec le plus d'avantage possible.

		sh.	grotes		
Le prix arbitré par	Gênes........ est	36	7	flamand. Voyez page	112.
	Hambourg........	35	$7\frac{1}{2}$	....	112.
	Livourne........	36	$0\frac{1}{4}$	....	113.
	Lisbonne........	35	$3\frac{1}{2}$	....	113.
	Madrid........	33	2	....	113.
	Paris........	34	$4\frac{3}{8}$	....	113.
Et le cours direct de Londres sur	Amsterdam........	34	7	....	111.

Comme Londres donne le prix certain à Amsterdam, c'est-à-dire £ 1 sterling pour un nombre variable de shillings flam., la place la plus avantageuse à travers laquelle on puisse remettre est celle qui donne le plus haut prix, et celle au contraire à travers laquelle il est plus avantageux de tirer est celle qui donne le plus bas prix, suivant la règle 1, page 111.

Il résulte de ce qui précède, 1° que si Londres a à *remettre* à Amsterdam, les cours indirects par Hambourg, Gênes, Lisbonne et Livourne, sont plus avantageux que le cours direct, et que Gênes est la place la plus avantageuse pour remettre; 2° que si Londres a à *tirer* sur Amsterdam, les cours indirects par Madrid et Paris sont plus avantageux que le cours direct, et que Madrid est la place la plus avantageuse de celles par lesquelles on peut tirer.

On peut voir, par la règle suivante, les profits ou pertes qu'on fait en adoptant un mode d'opération au lieu d'un autre :

	shill.	grot.		shill.	grot.				
Ainsi, dans le cas de Gênes,	34	7	:	36	7	::	100	:	$105\frac{65}{83}$, ou $105\frac{3}{4}$ environ.

Il résulte de là qu'on gagne $5\frac{3}{4}$ pour cent en remettant à Amsterdam par Gênes au lieu de remettre directement à Amsterdam, et que le même profit s'obtient en tirant directement sur Amsterdam au lieu de tirer par Gênes; mais on doit faire entrer dans les calculs de cette espèce la bonification qu'exige la différence des changes entre les opérations directes et indirectes.

Les règles que nous venons de donner pour Amsterdam s'appliquent également à Hambourg, Paris, ou toute autre place à laquelle Londres donne le certain; mais quand elle donne l'incertain les règles doivent être renversées, comme dans les exemples de Gênes suivans.

LONDRES ET GÊNES.

CHANGE PROPORTIONEL.

	COTE DE LONDRES.		COTE DE GÊNES.
Sur Gênes	47		
Amsterdam	36	7	85.
Hambourg	34	2	$45 \frac{1}{3}$.
Livourne	$51 \frac{1}{2}$		$123 \frac{3}{4}$.
Lisbonne	68		718.
Madrid	42		617.
Paris	23	8	$94 \frac{1}{3}$.

On demande de trouver, au moyen de ces cotes, le change proportionnel entre Londres et Gênes, relativement à chacune des autres places, et de déterminer ensuite par quelle place il peut être plus avantageux pour Londres de remettre à, ou de tirer sur Gênes, et quel est le plus favorable du change direct ou indirect.

LONDRES ET GÊNES PAR AMSTERDAM.

Si le change de Londres sur Amsterdam est de 36 shillings 7 pence flam. par £ sterling, et celui de Gênes sur Amsterdam de 85 grotes flam. par pezza de $5\frac{3}{4}$ lire, quel est le change proportionnel entre Gênes et Londres par Amsterdam, c'est-à-dire, combien faut-il de pence sterl. pour 1 pezza?

£ 1 sterl. donne 36 shillings 7 grotes flam. à Amsterdam, et 85 grotes flam. valent 1 pezza à Gênes, ainsi

shill. grot.		pence		grot.		pence
36 7	:	240	::	85	:	$46\frac{1}{2}$
12		85				
439		439)20400(46 $\frac{206}{439}$				
		1756				
		2840 etc.				

Rep. $46\frac{1}{2}$ pence environ pour 1 pezza.

Par la règle conjointe.

		1 pezza.
1 pezza	=	85 grotes flam.
12 grotes	=	1 shilling flam.
36 shillings 7 grotes	=	240 pence sterling.

Ainsi 85 grotes multipliés par 240, et divisés par 12 et par 36 shill. 7 grotes, c'est-à-dire par 439, donneront la réponse en pence sterling comme cidessus.

LONDRES ET GÊNES PAR HAMBOURG.

Si le change de Londres sur Hambourg est de 34 shillings 2 grotes flam. par £ sterl., et celui de Gênes sur Hambourg de $45\frac{1}{3}$ soldi par marc banco, quel sera le change proportionnel entre Londres et Gênes par Hambourg?

£ 1 sterl. donne à Hambourg 34 shillings 2 grotes flam., et 1 marc ou 32 grotes vaut à Gênes 1 pezza.

shill. grot.		pence		grot.		pence
34 2	:	240	::	32	:	$18\frac{3}{4}$
12		32				
410		41,0)768,0(18 $\frac{30}{41}$				
		41				
		358 etc.				

	soldi		pence		pezza	soldi		pence
Et	$45\frac{1}{3}$	:	$18\frac{3}{4}$	::	1 ou	115	:	$47\frac{1}{2}$ envir.
	3					× $18\frac{3}{4}$ × 3		
	136				136)6468(47 $\frac{76}{136}$			
					544 etc.			

Rep. $47\frac{1}{2}$ pence pour 1 pezza.

Par la règle conjointe.

		1 pezza.
1 pezza	=	115 soldi.
$45\frac{1}{3}$ soldi	=	1 marc.
1 marc	=	32 grotes flam.
410 grotes	=	240 pence sterling.

Même résultat que plus haut.

LONDRES ET GÊNES PAR LIVOURNE.

Si le change de Londres sur Livourne est de $51\frac{1}{2}$ d. sterl. par pezza de 8 réaux, et celui de Gênes sur Livourne de $123\frac{3}{4}$ soldi fuori banco par pezza de 8 réaux, quel est le change proportionnel entre Londres et Gênes par Livourne?

$51\frac{1}{2}$ den. valent 1 pezza à Livourne, et la même pezza représente à Gênes $123\frac{3}{4}$ soldi, ainsi

soldi		pence		pez. de Gênes	soldi		pence
$123\frac{3}{4}$	:	$51\frac{1}{2}$	::	1 ou	115	:	$47\frac{5}{6}$
4		4			206		
495		206		495)23690(47 $\frac{65}{99}$			
				1980 etc.			

Rep. $47\frac{5}{6}$ d. environ.

Par la règle conjointe.

		1 pezza à Gênes.
1 pezza à Gênes	=	115 soldi.
$123\frac{3}{4}$ soldi	=	1 pezza à Liv.
1 pezza à Livourne	=	$51\frac{1}{2}$ d. sterling.

Même résultat que plus haut.

LONDRES ET GÊNES PAR LISBONNE.

Si le change de Londres sur Lisbonne est de 68 d. par milrei, et celui de Gênes sur Lisbonne de 718 reis par pezza de $5\frac{3}{4}$ lire, quel est le change proportionnel entre Londres et Gênes par Lisbonne?

1000 reis donnent à Londres 68 den., et 718 reis valent à Gênes 1 pezza, ainsi

reis		pence		reis		pence
1000	:	68	::	718	:	$48\frac{5}{6}$
				68		
		1,000)48,824				

Rep. $48\frac{5}{6}$ d. environ.

Par la règle conjointe.

		1 pezza.
1 pezza	=	718 reis.
1000 reis	=	68 pence.

Même résultat que plus haut.

LONDRES ET GÊNES PAR MADRID.

Si le change de Londres sur Madrid est de 42 d. sterling par piastre de plate, et celui de Gênes sur Madrid de 617 maravedis de plate par scudo d'oro, quel est le change proportionnel entre Londres et Gênes par Madrid?

42 den. sterling font 1 piastre ou 272 maravedis de plate, et 617 marav. valent à Gênes 1 scudo d'oro ou 10 lire 14 soldi fuori banco, ainsi

$$\underset{\text{maravedis}}{272} \quad : \quad \underset{\text{pence}}{42} \quad :: \quad \underset{\text{maravedis}}{617} \quad : \quad \underset{\text{pence}}{95\tfrac{1}{4}}$$
$$42$$

$$272)25914(95\tfrac{74}{272}, \text{ ou } 95\tfrac{1}{4} \text{ envir.}$$
$$2448$$
$$\overline{1434 \text{ etc.}}$$

$$\underset{\text{lire}}{\text{Et } 10} \quad \underset{\text{sol.}}{14} \quad : \quad \underset{\text{pence}}{95\tfrac{1}{4}} \quad :: \quad \underset{\text{pezza}}{1 \text{ ou } 5} \quad \underset{\text{lire sol.}}{15} \quad : \quad \underset{\text{pence}}{51\tfrac{1}{3}}$$
$$20 \qquad\qquad\qquad\qquad 20$$
$$\overline{214} \qquad\qquad\qquad\qquad \overline{115}$$
$$\qquad\qquad\qquad\qquad 95\tfrac{1}{4}$$

$$214)10953(51\tfrac{39}{214}$$
$$1070$$
$$\overline{253 \text{ etc.}}$$

Rep. $51\tfrac{1}{3}$ d. sterl. pour 1 pezza environ.

Par la règle conjointe.

1 pezza.
1 pezza   = 115 soldi.
214 soldi   = 617 maravedis.
272 maravedis = 1 piastre de plate.
1 piastre   = 42 pence.

Même résultat que plus haut.

LONDRES ET GÊNES PAR PARIS.

Si le change de Londres sur Paris est de 23 livres 8 sous par £ sterl., et celui de Gênes sur Paris $94\tfrac{1}{3}$ sous en francs par pezza de $5\tfrac{3}{4}$ lire, quel est le change proportionnel entre Londres et Gênes par Paris?

£ 1 sterling donne 23 liv. 8 sous, et $94\tfrac{1}{3}$ sous en francs donnent 1 pezza à Gênes, ainsi

$$81 \quad : \quad 80 \quad :: \quad \underset{\text{liv. sous}}{23 \; 8} \quad : \quad \underset{\text{sous en francs}}{462\tfrac{2}{9}}$$
$$20$$
$$\overline{468}$$
$$80$$
$$81)37440(462\tfrac{2}{9}$$
$$324$$
$$\overline{504 \text{ etc.}}$$

$$\underset{\text{sous}}{\text{Et } 462\tfrac{2}{9}} \quad : \quad \underset{\text{pence}}{240} \quad :: \quad \underset{\text{sous}}{94\tfrac{1}{3}} \quad : \quad \underset{\text{pence}}{49}$$
$$9 \qquad\qquad\qquad\qquad 94\tfrac{1}{3}$$
$$\overline{4160} \qquad\qquad\qquad \overline{22640}$$
$$\qquad\qquad\qquad\qquad 9$$
$$41\overline{6,0})2037\overline{6,0}(49$$
$$1664$$
$$\overline{3736}$$

Rep. 49 d. sterl. pour 1 pezza.

Par la règle conjointe.

1 pezza.
1 pezza   = $94\tfrac{1}{3}$ sous en francs.
80 sous en francs = 81 sous en livres.
468 sous en livres = 240 pence sterling.

Même résultat que plus haut.

RÉCAPITULATION.

LONDRES ET GÊNES.

Récapitulation des changes proportionnels, ou prix arbitrés, tels qu'ils sont calculés dans les deux pages précédentes, avec des règles pour tirer et remettre avec le plus d'avantage possible.

Le prix arbitré ou indirect par	Amsterdam est...	$46\frac{1}{2}$ pence.	Voyez page 116.
	Hambourg.......	$47\frac{1}{2}$	.... 116.
	Livourne........	$47\frac{5}{6}$	.... 116.
	Lisbonne........	$48\frac{5}{6}$	.... 116.
	Madrid.........	$51\frac{1}{5}$	.... 117.
	Paris...........	49	.... 117.
Le cours direct de Londres sur	Gênes..........	47	.... 115.

Comme Londres donne le prix incertain à Gênes, c'est-à-dire un nombre variable de pence pour 1 pezza, la place la plus avantageuse pour remettre est celle qui donne le plus bas prix, et la place la plus avantageuse pour tirer est au contraire celle qui donne le plus haut prix, conformément à la règle 2, page 111.

Il résulte de ce qui précède, 1° que si Londres a à *remettre* à Gênes, le cours indirect par Amsterdam est plus avantageux que le cours direct; 2° que si Londres a à *tirer* sur Gênes, les cours indirects par une des places ci-dessus, Amsterdam exceptée, sont plus avantageux que les cours directs, et que Madrid est la plus avantageuse de toutes celles par lesquelles on peut tirer.

Les profits ou pertes pour cent, causés par un mode d'opération adopté au lieu d'un autre, peuvent se trouver, ainsi que pour le cas de Madrid, comme suit :

$$47 : 51\tfrac{1}{5} :: 100 : 109.$$

Il résulte de là qu'on peut gagner 9 pour cent en tirant sur Gênes par Madrid, au lieu de tirer directement sur Gênes, et qu'on peut faire le même profit en remettant directement à Gênes au lieu de remettre par Madrid; mais on doit faire entrer dans les calculs de cette espèce, les bonifications pour la différence des frais qu'occasionent les changes directs et indirects.

ARBITRAGES SIMPLES.

Nouvelles règles et explications.

Il faut bien entendre les arbitrages simples, avant de passer à quelque règle plus difficile. Ces opérations servent de bases et de principes aux arbitrages composés, et sont par elles-mêmes d'une utilité plus réelle et d'une application plus générale, parce qu'il y a peu de spéculations dans les changes qui s'étendent à plus de trois places.

On a déjà vu que si le prix arbitré est au-dessus ou au-dessous du prix coté, il y a également à gagner, et que, plus la différence est grande, plus le bénéfice l'est aussi. Mais les cours du change sont sujets à des fluctuations continuelles, il faut donc se hâter de profiter des prix favorables qui se présentent; et, comme une opération est d'autant plus rapide qu'elle passe par moins de places, il est évident que les arbitrages simples sont le mode d'opérer le plus sûr et le plus aisé.

En nous arrêtant aussi long-temps sur la solution de ce problème, nous tomberons souvent dans des longueurs; mais elles sont plus excusables que les omissions. Dans un ouvrage étendu où l'on vise surtout à la clarté, les répétitions sont inévitables: l'auteur s'est principalement appliqué à rendre les arbitrages plus faciles et plus intelligibles, qu'ils ne l'ont paru jusqu'à présent en Angleterre, où les négocians sont, dit-on, moins avancés que leurs voisins du Continent dans cette branche de la science du commerce, quoiqu'ils ne leur cèdent dans aucune autre.

Un problème présente d'autant plus de difficultés qu'il est plus compliqué. Pour le simplifier, il faut le décomposer dans les diverses parties qu'il embrasse, et les considérer chacune séparément. La question dont nous nous occupons peut être décomposée de la manière suivante:

1° Trouver le prix arbitré du change.

2° Le comparer avec le prix coté.

3° Tirer ou remettre suivant le résultat de la comparaison.

Le prix arbitré se trouverait de suite sans calcul, si les monnaies de change étaient semblables. Car ce problème se résout par le premier axiome d'Euclide qui dit, « que des choses qui sont égales « chacune à une seule et même chose sont égales entre elles. »

Ainsi si le change de Londres sur Amsterdam est de 33 shillings flamands, et sur Hambourg de 34, ces deux quantités, conformément à l'axiome précité, sont égales entre elles comme étant égale chacune à une livre sterling. Donc le prix arbitré serait de 33 shillings flamands d'Amsterdam pour 34 shillings flamands de Hambourg; si ces deux places changeaient entre elles en shillings. Mais Amsterdam donne à Hambourg un nombre incertain de stivers pour un dollar de change, et alors le rapport de ces deux espèces différentes de monnaies, doit être déterminé par cette proportion, 33 s. d'Hambourg : 34 s. d'Amsterdam : : 1 dollar : $31\frac{1}{17}$ stivers. Ainsi le prix arbitré est de $31\frac{1}{17}$ stivers d'Hollande pour 2 marcs de Hambourg.

Voici un exemple qui renferme tous les cas qui peuvent se présenter.

Si le change de Londres sur Paris est de 25, et sur Cadix de 40, quel est le prix arbitré entre Paris et Cadix; c'est-à-dire combien de francs vaut la pistole de 4 piastres.

La livre sterling vaut 25 francs, et cette même livre égale 6 piastres; car 40 d. : 1 piastre : : 240 d. : 6 piastres. Par conséquent, d'après l'axiome d'Euclide, 6 piastres = 25 francs, et 4 piastres ou la pistole = $16\frac{2}{3}$ francs, prix arbitré : car 6 piastres : 25 francs : : 4 piastres : $16\frac{2}{3}$ francs.

Où par la règle conjointe :

		1 pistole de change.
1 pistole	=	4 piastres.
1 piastre	=	40 deniers sterling.
240 deniers	=	25 francs.

$$\text{D'où } \frac{4 \times 40 \times 25}{240} = {}_{3} = 16\tfrac{2}{3} \text{ francs.}$$

La seconde partie du problème, qui a pour objet de comparer les prix arbitrés et les prix cotés, se réduit à examiner quel est le prix le plus avantageux pour une place ou pour un individu.

Ainsi supposons que le prix arbitré entre Paris et Cadix soit comme ci-dessus de $16\frac{2}{3}$ francs pour une pistole, et que le prix avisé soit de 16 fr., ce dernier prix est évidemment plus favorable pour Paris, et le premier pour Cadix; car il est de l'intérêt de Paris d'acheter la pistole au plus bas prix, comme il est de l'intérêt de Cadix de la vendre au prix le plus élevé. Ceci compris, voici la règle qu'il faut observer.

RÈGLE GÉNÉRALE.

Tirez sur la place pour laquelle le prix arbitré est plus favorable que le prix avisé, et remettez à la place où ce prix est défavorable.

Ainsi dans le cas précédent Londres tirera sur Cadix où le prix arbitré est plus favorable que le prix avisé, et remettra à Paris où il est défavorable.

Supposons que le change de Londres sur Amsterdam soit à 34 10, et sur Hambourg à 33 5; et supposons que le cours avisé du change entre Amsterdam et Hambourg soit de 32 stivers pour 1 dollar, comment Londres doit-il tirer et remettre, et quel bénéfice résultera d'une traite de £ 100.

33 s. 5 d. : 34 s. 10 d. : : 2 marcs : $33\frac{243}{401}$ stivers, prix arbitré, lequel est plus favorable à Hambourg que le prix avisé. D'après cela conformément à la règle précédente, tirez sur Hambourg et remettez à Amsterdam. Ainsi votre traite, que vous vendez pour £ 100 à 33 5 montera à 1253 marcs 2 s. : cette somme, convertie en monnaie allemande à 32 stivers, produira 1002 florins 10 stivers, et un billet sur Amsterdam d'un montant égal, coûtera au cours de 34 10 £ 95 18 s. 8 d. seulement.

Car £ 1 sterling : 33 s. 5 d. :: £ 100 : 1253 marcs 2 s.
Et 2 marcs : 32 stivers :: 1253 marcs 2 sols : 1002 florins 10 stivers.
Enfin 34 s. 10 d. : £ 1 sterling :: 1002 florins 10 stiv. : £ 95 18 s. 8 d.

Ainsi le bénéfice que donne une traite de £ 100 sterling est £ 4 1 s. 4 d. L'argent que vous recevez pour votre traite paye votre remise et laisse l'excédant ci-dessus, et votre débit à Hambourg est couvert par votre crédit à Amsterdam.

Mais si au contraire le prix avisé eût été de $34\frac{1}{4}$, il aurait mieux valu pour Hambourg que le prix arbitré, et alors vous auriez dû tirer sur Amsterdam : de cette manière £ 100 à 34 10 = 1045 florins, lesquels à 34$\frac{1}{4}$ stivers = 1220 marcs 7 s. 6 f.; et un effet de ce montant vous coûtera seulement au change de 33 5, £ 97 7 s. 10 d. Le bénéfice sera de £ 2 12 s. 2 d. L'argent que vous recevrez pour votre traite paiera votre remise et votre bénéfice; et votre débit à Amsterdam sera compensé par votre crédit à Hambourg.

L'exemple suivant, résultant d'une opération réelle, présente tous les cas qui peuvent se rencontrer dans un problème de cette espèce.

En mars 1802, les changes étaient cotés à Loyd comme suit : Londres sur Amsterdam 10 16, et sur Cadix 37; et suivant la cote d'Amsterdam, le change de cette place sur Cadix était de 107.

Londres acheta 10000 piastres en lettres de change et les remit à Cadix, demandant en retour des effets sur Amsterdam; mais, quand les remises arrivèrent à Cadix, le change avec Amsterdam était tombé à 104.

Londres, d'un autre côté, tira sur Amsterdam pour une valeur égale, et l'opération eut ce résultat :

10,000 piastres à 37 d. = £ 1541 13 s. 4 d. Cette somme convertie en florins,

		flor. cour.	stiv.
à 10 florins 16 stivers par £ sterling . . . . =		16,650	0
10,000 piastres réduites en ducats de 375 marav. =	7,253$\frac{1}{3}$		
Commission, courtage et escompte . . . . =	217$\frac{1}{3}$		
	7,036		
7,036 ducats à 104, déduisant 3 pour cent d'escompte, donnent		17,734	15
Bénéfice. . . .		1,084	15

Ainsi le bénéfice sur cette opération fut d'environ 7 pour cent, et si le change s'était soutenu, c'est-à-dire si le ducat avait été négocié à 107, le gain aurait été de 10 pour cent. Ceci montre combien l'exécution doit être prompte dans les spéculations de ce genre.

Les motifs qui ont conduit à opérer de la sorte se déduisent de la règle générale, et le prix arbitré se détermine de la manière suivante :

D'abord cherchez combien le ducat vaut de pence sterling par les proportions

maravedis		pence sterl.		marav.		pence st.		£		florins	stiv.		pence st.		pence flam.
272	:	37	::	375	:	51. Et		1	:	10	16	::	51	:	91$\frac{4}{5}$

Ou par la règle conjointe :

		1	ducat.
1 ducat	=	375	maravedis.
272 maravedis	=	37	pence sterling.
240 pence sterling	=	432	pence flamands.
Le calcul donne		$91\frac{4}{5}$	deniers environ.

Ici le prix arbitré est $91\frac{4}{5}$ d. flamands pour 1 ducat; mais le prix réel est 104. Ainsi le premier est plus favorable pour Amsterdam, et d'après la règle de la page 121, Londres doit tirer sur Amsterdam et remettre à Cadix.

ARBITRAGES COMPOSÉS.

Ces arbitrages consistent à comparer les changes de plus de trois places pour trouver ce que coûtera dans la dernière une remise passant par toutes les autres; ou à trouver le prix arbitré entre la première place et la dernière, pour déterminer la manière la plus avantageuse de négocier des lettres de change.

Ainsi un arbitrage composé est la répétition d'un arbitrage simple, et peut se résoudre par une suite de proportions comme dans l'exemple suivant :

Supposons que le change entre Londres et Amsterdam soit de 35 s. flamands pour £ 1 sterling; entre Amsterdam et Lisbonne, de 42 d. flamands pour 1 vieille crusade; et entre Lisbonne et Paris, de 480 reis pour 3 fr., quel est le prix arbitré entre Londres et Paris?

1° 35 s. flamands : £ 1 :: 42 den. flam., ou $3\frac{1}{2}$ s. flam. : 2 s. sterling = 1 vieille crusade.

2° 1 vieille crusade, ou 400 reis : 2 s. sterl. :: 480 reis : 2 s. $4\frac{4}{5}$ den. sterling = 3 francs.

3° 2 s. $4\frac{4}{5}$ d. sterl. : 3 francs :: £ 1 sterl. : 25 francs.

Par conséquent le prix arbitré est de 25 fr. pour £ 1 sterling.

Tous ces calculs se font plus aisément par la règle conjointe:

		1	livre sterling.
1 livre sterling	=	35	shillings flam.

$3\frac{1}{2}$ shillings flam.	=	1 vieille crusade.
1 vieille crusade	=	400 reis.
480 reis	=	3 francs.

Le terme cherché = 25 francs comme ci-dessus.

Supposons qu'un banquier de Londres ait une somme à recevoir de Cadix, le change étant à 38 d., au lieu de tirer directement sur cette place, il tire sur Amsterdam, et donne ordre dans cette ville de tirer sur Paris, et à Paris de tirer sur Cadix; le change de Londres et d'Amsterdam est de 35 s. flamands pour £ 1 sterling; celui d'Amsterdam et de Paris, de $53\frac{1}{2}$ d. de gros flamands pour 1 écu de 3 fr.; et celui de Paris et de Cadix, de 15 fr. 50 c. pour 1 pistole de change Quel est le prix arbitré entre Londres et Cadix?

		1 piastre de change.
4 piastres de change	=	1 pistole de change.
1 pistole	=	$15\frac{1}{2}$ francs.
3 francs	=	$53\frac{1}{2}$ deniers de gros.
12 deniers de gros	=	1 shilling flam.
35 shillings flam.	=	240 deniers sterling.

Le terme inconnu est de $39\frac{1}{2}$ den. sterling pour 1 piastre de change.

Cette opération serait donc très-avantageuse puisque Londres obtiendrait $39\frac{1}{2}$ deniers au lieu de 38 pour chaque piastre due par Cadix.

Londres ayant une somme à recevoir à Lisbonne, quand le change est à 64 d. sterling pour 1000 reis, tire sur Lisbonne, fait négocier sa traite à Hambourg, et demande que les retours lui soient faits en effets sur Livourne. Le change entre Hambourg et Lisbonne est de 45 d. de gros pour 1 vieille crusade; entre Hambourg et Livourne, de 85 d. de gros pour 1 piastre; et entre Londres et Livourne, de 52 d. sterling pour 1 piastre. Quel est le prix arbitré entre Londres et Lisbonne.

		1000 reis.
400 reis	=	1 vieille crusade.
1 vieille crusade	=	45 deniers de gros.
85 deniers de gros	=	1 piastre
1 piastre	=	52 deniers sterling.

L'inconnu égale $68\frac{14}{17}$ den. sterling pour 1000 reis.

Ce change est plus avantageux que le change direct de Londres sur Lisbonne, puisqu'il produit 68 $\frac{14}{17}$ d. sterling, au lieu de 64 d. pour 1000 reis.

Londres a une somme à payer à Saint-Pétersbourg et une autre à recevoir à Gênes; mais comme il n'y a pas de change régulier entre ces deux places, Londres tire sur Hambourg et remet sa traite à Petersbourg en chargeant Hambourg de tirer sur Gênes. Le change entre Londres et Gênes est de 46 $\frac{1}{2}$ d. sterling pour 1 piastre; entre Hambourg et Gênes de 81 d. de gros pour 1 piastre; et entre Petersbourg et Hambourg, de 23 s. lubs pour 1 rouble. Quel est le change entre Londres et Petersbourg résultant de cette opération, c'est-à-dire combien de d. sterlings Londres doit-il payer pour 1 rouble.

		1	rouble.
1 rouble	=	23	schillings lubs.
1 schilling lubs	=	2	deniers de gros.
81 deniers de gros	=	1	piastre.
1 piastre	=	46 $\frac{1}{2}$	deniers sterling.

Le terme cherché = 26 $\frac{11}{27}$ den. sterl. par rouble.

Londres a une somme à remettre à Paris, le change étant à 24 liv. 5 s. par liv. sterling. Mais au lieu d'acheter du papier sur Paris, Londres tire sur Hambourg et remet sa traite à Paris. Hambourg reçoit ordre de tirer sur Venise, et Venise de tirer sur Londres, le change entre Paris et Hambourg est de 190 fr. pour 100 marcs banco, entre Hambourg et Venise, de 4 lir. 5 s. piccoli par marc banco; et entre Venise et Londres de 55 lir. piccole par liv. sterling. Quel est le prix arbitré entre Londres et Paris.

		1	livre sterling.
1 livre sterling	=	55	lire piccole.
4 $\frac{1}{4}$ lire piccole	=	1	marc.
100 marcs	=	190	francs.
80 francs	=	81	livres.

Ce calcul donne 24 liv. 18 sols par liv. sterling.

Cette opération est plus avantageuse que le change direct, puisque Londres avec £ 1 sterling paye 24 livres 18 s. au lieu de 24 livres 5 sous.

Jusqu'à présent nous n'avons considéré qu'une seule des combinaisons que présentent les changes de plusieurs places. Dans l'exemple suivant nous allons considérer différentes combinaisons de ces mêmes changes, pour trouver la plus favorable, et ce que nous faisons ici pour 4 places, seulement, on peut le faire pour un plus grand nombre de la même manière, c'est-à-dire par des essais et des rapprochemens.

Supposons que les changes soient cotés comme suit:

Londres sur. .	Amsterdam . .	35	shillings flam. pour 1 £ sterling.
	Madrid	38	deniers sterl. pour 1 piastre de change.
	Paris	24	livres pour 1 £ sterling.
Amsterdam sur	Londres. . . .	34	shillings flam. pour 1 £ sterling.
	Paris.	53	deniers de gros pour 3 francs.
	Madrid	92	deniers de gros pour 1 ducat de change.
Paris sur. . . .	Londres. . . .	$23 \frac{1}{2}$	livres pour 1 £ sterling.
	Madrid	16	francs pour 1 pistole de change.
	Amsterdam . .	54	deniers de gros pour 3 francs.
Madrid sur. . .	Londres. . . .	39	deniers sterling pour 1 piastre de change.
	Amsterdam . .	94	deniers de gros pour 1 ducat de change.
	Paris.	$16 \frac{1}{2}$	francs pour 1 pistole de change.

Cela posé, si Londres a une somme à recevoir à Madrid, quelle sera la manière la plus avantageuse d'opérer?

En tirant directement sur Madrid, Londres recevra 38 d. sterling par piastre.

1° Londres tire sur Amsterdam, en donnant ordre à Amsterdam de tirer sur Paris, et à Madrid de remettre à Paris : l'opération se résoudra de la manière suivante :

		1	piastre de change.
4 piastres	=	1	pistole de change.
1 pistole	=	$16 \frac{1}{2}$	francs.
3 francs	=	54	deniers de gros.

12 deniers de gros	=	1 shilling flamand.
35 shill. flamands	=	240 deniers sterling.

Le calcul donne $42\frac{3}{7}$ den. sterl. pour 1 piastre de change.

2° Londres tire sur Paris, et donne ordre à Paris de tirer sur Amsterdam, et à Madrid de remettre à Amsterdam. Alors

		1 piastre de change.
1 piastre	=	272 maravedis.
375 maravedis	=	1 ducat de change.
1 ducat	=	94 deniers de gros flam.
53 deniers de gros	=	3 francs.
80 francs	=	81 livres.
24 livres	=	240 deniers sterling.

Le calcul donne $39\frac{1}{11}$ den. pour 1 piastre de change.

3° Londres tire sur Madrid, négocie à Paris la lettre de change, et se fait faire des retours en papier sur Amsterdam.

		1 piastre de change.
4 piastres	=	1 pistole de change.
1 pistole	=	16 francs.
3 francs	=	54 deniers de gros flam.
12 deniers de gros	=	1 shilling flamand.
35 shillings flam.	=	240 deniers sterling.

Le calcul donne $41\frac{1}{7}$ den. sterling pour 1 piastre de change.

4° Londres tire sur Madrid, fait négocier sa traite sur Amsterdam, et se fait faire des retours en effets sur Paris.

		1 piastre de change.
1 piastre	=	272 maravedis.
375 maravedis	=	1 ducat de change.
1 ducat	=	92 deniers de gros.
53 deniers de gros	=	3 francs.
80 francs	=	81 livres.
24 livres	=	240 deniers sterling.

Le calcul donne environ $38\frac{3}{4}$ den. sterling pour 1 piastre de change.

5° Londres tire sur Amsterdam, Amsterdam sur Paris, et Paris sur Madrid.

		1 piastre de change.
4 piastres	=	1 pistole de change.
1 pistole	=	16 francs.
3 francs	=	53 deniers de gros.
12 deniers de gros	=	1 shilling flamand.
35 shill. flamands	=	240 deniers sterling.

Le calcul donne $40\frac{8}{21}$ den. par piastre.

6° Madrid remet à Paris, Paris à Amsterdam, et Amsterdam à Londres. Alors

		1 piastre de change.
4 piastres	=	1 pistole.
1 pistole	=	$16\frac{1}{2}$ francs.
3 francs	=	54 deniers de gros.
12 deniers de gros	=	1 shilling flamand.
34 shill. flamands	=	240 deniers sterling.

L'opération donne 44 den. sterling pour 1 piastre environ.

On peut faire plusieurs autres combinaisons; celles qui précèdent suffisent pour l'explication que nous donnons.

En récapitulant les différentes combinaisons que nous avons présentées, nous trouvons que

La première donne	$42\frac{3}{7}$	deniers sterl. pour 1 piastre de change.
La seconde	$39\frac{1}{11}$	*idem.*
La troisième	$41\frac{1}{7}$	*idem.*
La quatrième	$38\frac{1}{4}$	*idem.*
La cinquième	$40\frac{8}{21}$	*idem.*
La sixième	44	*idem.*
Tandis que le cours direct donne	38	*idem.*

Il est évident, d'après la règle établie page 108 et 111, que la 6e opération sera la plus avantageuse pour Londres, puisqu'on y recevra plus de pence pour 1 piastre que par toute autre combinaison. Mais il faut observer que de cette manière le banquier de Londres attendra environ 6 mois ses remises de Madrid par Paris et Amsterdam; tandis qu'en tirant directement sur Madrid, il recevrait son argent de suite. Par conséquent il faut retrancher du bénéfice les intérêts indépendamment des commissions, frais de port, etc. Le bénéfice cependant est si considérable ici qu'il l'emporte de beaucoup sur ces frais extraordinaires.

Car nous avons 38 : 44 :: 100 : 115 $\frac{30}{38}$. Bénéfice, 15 $\frac{5}{6}$ pour cent environ.

Il est évident aussi que si le banquier de Londres était débiteur et avait à remettre à Madrid, il devrait choisir le cours le plus bas, qui est ici celui du change direct.

FRAIS DANS LES OPÉRATIONS DE CHANGE.

Dans les exemples précédens on ne tient point compte des frais qui sont à la charge des opérations de change, tels que la commission, le courtage, les intérêts, etc. Il est nécessaire d'avoir égard à ces frais; ce que l'on fait ordinairement en les évaluant à tant pour cent, et en les ajoutant aux sommes à payer, ou les déduisant des sommes à recevoir. Supposons que les frais soient de 1 pour cent; si c'est une traite, il faut compter 101 pour cent; si c'est une remise 99 pour cent.

Exemple Ier. — Supposons qu'un négociant de Liverpool ait 10000 marcs à payer à Hambourg, et qu'à cet effet, il donne ordre à Londres d'acheter ce papier à 34 s. 8 d.; si on lui compte en outre $\frac{1}{2}$ pour cent de commission et de courtage, combien payera-t-il en liv. sterlings?

	s.	d. flam.		£ sterl.		marcs		£	s.	d. sterl.
	34	8	:	1	::	10,000	:	769	4	7 $\frac{1}{2}$

				£	s.	d. sterl.		£	s.	d. sterl.
Et 100	:	100 $\frac{1}{2}$	::	769	4	7 $\frac{1}{2}$	:	773	1	6 $\frac{1}{2}$

Exemple II. — Un commerçant de Londres négocie une lettre de change sur Livourne, de 6592 pezze 10 soldi à 49 $\frac{1}{2}$ d. sterling par piastre, et il paye, comme d'usage, 1 pour 1000 de courtage, combien doit-il recevoir?

pezza		d. sterl.		pezze	soldi		£	s.	d. sterl.		
1	:	$49\frac{1}{2}$	::	6592	10	.	1359	14	$0\frac{3}{4}$		
				£	s.	d.		£	s.	d.	
Et 1000	:	999	::	1359	14	$0\frac{3}{4}$	:	1358	6	$10\frac{1}{2}$	

Quand le calcul se fait par la règle conjointe, les frais doivent être déduits du nombre 100, dernier conséquent, s'ils tendent à diminuer le résultat; mais s'ils doivent l'augmenter, le même reste doit être un antécédent.

Exemple III. — Londres ayant une somme à payer à Lisbonne, achète des effets sur Hambourg au change de 35 s. 4 d. et les remet à Lisbonne, où ils sont négociés à 43 d. de gros pour 1 vieille crusade. Les frais à Lisbonne pour le courtage, la commission et le port, sont de $\frac{3}{4}$ pour cent. Quel est le prix arbitré entre Londres et Lisbonne résultant de cette opération, c'est-à-dire combien de pence sterling faut-il donner pour le milrei.

		1000	reis.
400 reis	=	43	deniers de gros.
424 deniers de gros	=	240	pence sterling.
100 pence	=	$100\frac{3}{4}$	pence, frais ajoutés.

Réponse, $61\frac{3}{10}$ den. sterling par milrei.

Dans la question ci-dessus les frais sont ajoutés au dernier conséquent, parce qu'ils augmentent le prix du milrei; ce qui est ici le cas, les frais étant à la charge du payé.

Exemple IV. — Londres prend des effets sur Madrid à $33\frac{1}{2}$ d. par piastre de change, les remet à Amsterdam avec ordre de les négocier à $90\frac{1}{4}$ d. de gros par ducat de change, et de faire des retours en effets sur Paris à $51\frac{3}{8}$ d. de gros par écu de 3 fr. Ces effets sur Paris sont négociés à Londres à 25 liv. 18 s. par liv. sterling; et tous les frais, intérêts compris, montent à $\frac{1}{8}$ pour cent. Combien y a-t-il de gain ou de perte pour cent dans cette opération; c'est-à-dire combien produit-elle de den. sterling.

		100	pence sterling.
$33\frac{1}{2}$ pence	=	272	marav. ou 1 piastre de ch.

1 ducat de change, ou 375	maravedis	=	$90\frac{1}{4}$	deniers de gros.
$51\frac{3}{8}$	den. de gros.	=	3	francs.
80	francs	=	81	livres.
1	livre	=	20	sous.
518	sous	=	240	pence.
100	pence	=	$98\frac{7}{8}$	pence, frais déduits.

Le résultat est 105,85 den. Le bénéfice est donc 5,85, ou environ $5\frac{7}{8}$ pour cent.

Dans l'exemple précédent l'intérêt devait être déduit du bénéfice mais dans l'exemple que nous allons donner, l'intérêt doit y être ajouté parce qu'il bénéficie au tireur ; dans ce cas il faut l'ajouter à l'antécédent au lieu de l'en déduire.

Exemple V.—Londres tire sur Hambourg à 34 s. flamands par liv. sterling, et donne ordre à Hambourg de tirer pour son remboursement sur Livourne; ce qui a lieu au change de 86 d. de gros par piastre. Livourne tire de même sur Cadix à 140 piastres de plate pour 100 piastres de Livourne, et enfin Cadix tire sur Londres à 39 pence sterling par piastre. Quel est le bénéfice ou la perte de cette opération; en supposant que les frais sur chacune des trois places dénommées soient de $\frac{3}{4}$ pour cent (en tout $2\frac{1}{4}$ pour cent); mais que Londres en jouissant des fonds environ 8 mois gagne 3 pour cent d'intérêt ?

			100	pence sterling.
240	pence	=	34	shillings flamands.
1	shilling	=	12	deniers de gros.
86	deniers de gros	=	1	pezza.
100	pezze	=	140	piastres de plate.
1	piastre de plate	=	39	pence.
$97\frac{3}{4}$	pence, frais déduits	=	100	pence.
103	pence, avec intérêts	=	100	pence.

La réponse est 107,2 den. la perte est en conséquence de $7\frac{1}{5}$ pour cent environ.

L'exemple ci-dessus comprend tous les cas qui se présentent dans les questions de ce genre; nous allons en donner une autre solution par une suite de règles de trois, qui serviront à faire mieux comprendre la nature de l'opération, et à prouver l'exactitude de la règle conjointe. Ces éclaircissemens sont très-utiles dans tous les problèmes d'arbitrages.

Nous supposons que Londres reçoit 100 pence, ou tout autre somme, en tirant sur Hambourg à 34 s. flamands par livre sterling.

d.		s.		d.		grot. flam.
240	:	34	::	100	:	170

Hambourg doit tirer sur Livourne pour cette somme, donc :

grot.		pezza		grot.		pezza.
86	:	1	::	170	:	1,977

Livourne de la même manière se rembourse sur Cadix, d'où :

pezze		piast. de plate		pezza		piast. de plate
100	:	140	::	1,977	:	276,78

Enfin Cadix tire pour cette somme sur Londres, ce qui donne :

piastre		d.		piastres		d.
1	:	39	::	276,78	:	107,94 que le tireur doit payer.

Ajoutons les frais à la perte, nous aurons :

d.		d.		d.		d.
97,75	:	100	::	107,94	:	110,42

Déduisons les intérêts de la perte, nous trouverons définitivement :

d.		d.		d.		d.
103	:	100	::	110,42	:	107,2

Si dans l'opération précédente, le tireur ou vendeur avait été l'acheteur ou le remetteur, alors les frais et les intérêts auraient dû changer de place, soit dans la règle conjointe, soit dans la règle de trois.

LOGARITHMES DANS LE CHANGE.

Les opérations de change peuvent souvent se simplifier à l'aide des logarithmes; ainsi, dans le calcul d'un arbitrage, si on retranche la somme des logarithmes des antécédens de la somme des logarithmes des conséquens, le reste sera le logarithme du terme cherché.

Appliquons cette règle à l'exemple IV page 130, et prenons les nombres mêmes qui y sont portés : il est inutile de les réduire à une plus simple expression; puisqu'il est aussi aisé de trouver le logarithme d'un grand nombre que celui d'un petit.

Antécédens	Logarithmes	Conséquens	Logarithmes
33,5	1,525045	272	2,434569
125	2,096910	90,25	1,955447
51,375	1,710752	3	0,477121
518	2,714330	81	1,908484
		20	1,301030
	8,047037	98,875	1,995086
		Somme des log. des conséq.	10,071737
		Somme des log. des antecéd.	8,047037
		Réponse, 105,85 =	2,024700

Pour se rendre compte de l'opération ci-dessus, il suffit de se rappeler que la multiplication et la division des nombres s'opèrent par l'addition et la soustraction de leurs logarithmes. Avec leur secours des calculs pénibles deviennent aisés, et leur application aux opérations de change est si simple, qu'il est inutile de s'y arrêter plus long-temps.

NOMBRES FIXES DANS LE CHANGE.

Dans un long calcul de change, on rencontre des nombres fixes et des nombres variables : ces derniers sont généralement les prix des changes, et les agios ou valeurs de certaines sortes de monnaies, ainsi que le montant des frais, etc. Les nombres fixes sont les rapports permanens des diverses espèces de monnaies; comme le nombre de pence contenus dans une livre sterling, etc. Quand des opérations entre les mêmes places se répètent souvent; et à des époques assez éloignées pour que les nombres variables aient éprouvé des changemens; on abrège beaucoup le travail en réduisant tous les termes invariables en nombres fixes, qu'on peut employer ensuite comme facteurs dans toutes les questions semblables.

Ainsi dans l'exemple III, page 130, parmi les antécédens, 400 qui exprime le nombre de reis contenus dans une vieille crusade, et 100, qui est employé pour trouver un taux pour cent dans l'opération, sont tous deux des nombres fixes; et parmi les conséquens 1000, nombre de reis contenus dans un milrei; et 240, nombre de pence de la livre sterling, sont également des nombres fixes. Les nombres variables sont les changes entre Londres et Hambourg, ceux entre Hambourg et Lisbonne, et le montant des frais. Prenons les nombres fixes de cette manière:

400	1000
100	240

En effaçant les zéros et divisant de part et d'autre par 4, le résultat ou nombre fixe sera 6 dans toutes les questions de la même espèce. Il faudra ensuite multiplier ce nombre constant 6 par le cours du change d'Hambourg sur Lisbonne, et par 100 plus les frais, et diviser par le cours du change de Londres sur Hambourg, exprimé en den. de gros, ou en se servant des logarithmes; on ajoutera au logarithme de 6 ceux des deux premières quantités variables, et on en retranchera le logarithme de la dernière; de cette manière

Logarithme de	6	0,778151
	43	1,633468
	100,75	2,003245
		4,414864
Logarithme de	424	2,627366
		1,787498 log. de 61,3 prix arbitré. Voy. pag. 130.

Supposons maintenant que le change de Londres sur Hambourg soit de 34 s. 8 d., ou 416 d. de gros par livre sterling, et que celui de Hambourg sur Lisbonne soit de 44 d. de gros par crusade; supposons encore que les frais montent à $\frac{1}{2}$ pour cent.

Logarithme fixe		0,778151
Logarithme de	44 . . .	1,643453
	100,5 . .	2,002166
		4,423770 Reporté ci-contre.

Logarithme de 416 . . . 2,619093

1,804677 Log. de 63,78, ou $63\frac{3}{4}$ environ.

Dans l'exemple IV, page 130, les nombres fixes sont 375 et 80 d'une part, et de l'autre 272, 3, 81, 240 (indépendamment du nombre 100 qu'on peut effacer de part et d'autre), on peut réduire comme précédemment à

$$\left.\begin{array}{r} 125 \;\ldots\; 172 \\ 3 \\ 81 \\ 20 \end{array}\right\} \text{donne } \frac{1321920}{125} = 10575,4 \text{ nombre fixe.}$$

Le logarithme fixe se détermine comme suit :

Logarithme de 272	. . .	2,434569
3	. . .	0,477121
81	. . .	1,908484
20	. . .	1,301030
		6,121204
Logarithme de 125	. . .	2,096910
Logarithme fixe	. . . . .	4,024294 = 10575,4 nombre fixe.

Ces résultats peuvent s'appliquer aux questions page 130, de la manière suivante :

Antécédens	Logarithmes	Conséquens	Logarithmes
33,5	. . . 1,525045	90,25 . . .	1,955447
51,375	. . . 1,710754	98,875 . . .	1,995086
518,	. . . 2,714330	Logarithme fixe	4,024294
	5,950127	Somme des log. des conséq.	7,974827
		Somme des log. des antécéd.	5,950127
		Réponse, log. 105,85 . . .	2,024700 comme plus haut.

ARBITRAGE D'ESPÈCE ET DE BILLON.

L'ÉTAT du change entre deux pays est quelquefois tel qu'au lieu de tirer ou de remettre des effets, on trouve plus d'avantages à importer ou à exporter des espèces ou du billon. Le profit ou la perte sur des opérations de cette espèce, peut se déterminer par des calculs analogues à ceux dont nous avons fait usage dans l'arbitrage du change.

On détermine aussi, par le moyen de cette règle, le cours du change d'après le prix du billon, et *vice versâ*.

Ier Exemple. — Londres a à toucher une somme à Lisbonne, le change étant à 62, mais au lieu de tirer sur Lisbonne elle se fait expédier une quantité de portugaises, l'escompte sur le papier monnaie en Portugal étant, au moment de l'envoi, à 12 pour cent. Les portugaises se vendent à Londres £ 4 sterling l'once, les frais de commission, de fret, d'assurance, montent à $2\frac{1}{2}$ pour cent. — Quel est le change entre Londres et Lisbonne qui résulte de l'opération; c'est-à-dire combien doit-on donner de pence sterling par milrei, monnaie légale?

		1000	reis.
100	reis monnaie légale	= 94	reis effectifs.
6400	reis effectifs	= 1	portugaise.
1	portugaise	= 220 $\frac{1}{2}$	grains.
480	grains en portug.	= 4	livres sterling.
1	livre	= 240	pence sterling.
100	pence	= 97 $\frac{1}{2}$	pence, frais déduits.

Ce qui donne 63,15 par milrei.

L'opération circulaire doit par conséquent être plus avantageuse au tireur de Londres.

IIe Exemple. — On importe de Cadix une quantité de piastres pour lesquelles on tire sur Londres des billets au change de $38\frac{3}{4}$ et les frais montent à 3 pour cent. — Combien ces piastres coûteront-elles l'once à Londres, en supposant que 1000 piastres pèsent 866 onces troy.

			1	once de piastre.
866	onces	=	1000	piastres.
1	piastre	=	$10\frac{5}{8}$	réaux de plate.
8	réaux de plate	=	1	piastre de change.
1	piastre de change	=	$38\frac{3}{4}$	pence sterling.
100	pence	=	103	pence avec charges.

Réponse, 61,21 d. ou $61\frac{1}{4}$ d. par once environ.

IIIe Exemple.—Londres a une somme à payer à Hambourg, le change étant à 34; mais au lieu de remettre des effets elle achète une quantité de piastres espagnoles à $60\frac{1}{2}$ d. sterling par once, qui sont expédiées à Hambourg, et s'y vendent 28 marcs banco par marc fin; les frais montent à $1\frac{1}{2}$ par cent.—Quel est le prix arbitré ou cours de change entre Londres et Hambourg, les piastres étant de 10 onces 15 den. de fin, et 60 marcs à Hambourg valent 451 onces troy?

			1	livre sterling.
1	livre sterling	=	240	pence.
$60\frac{1}{2}$	pence	=	1	once en piastres.
120	onces en piastres	=	107	onces de fin.
451	onces	=	60	marcs poids de Hambourg.
1	marc de fin	=	28	marcs banco.
3	marcs banco	=	8	shillings flam. banco.
100	shillings flam.	=	$98\frac{1}{2}$	shillings, les frais déduits.

Réponse, 34 s. $7\frac{1}{4}$ d. flam. pour 1 liv. sterling.

L'opération serait donc préférable au cours du change; car, avec £ 1 sterling, Londres paye ici 34 s. $7\frac{1}{2}$ d. flamands; tandis qu'en remettant des billets à Hambourg, elle ne payerait avec £ 1 sterling que 34 schilling flamands.

IVe Exemple. — De l'or en barres est acheté à Hambourg à 98 shillings lubs par ducat d'or (67 de ces ducats font un marc de Cologne de $23\frac{1}{2}$ carats de fin) : cet or est amené en Angleterre, et Hambourg tire sur Londres pour sa valeur à 34 s. 6 d. flamands par liv. sterling; les frais montent à $1\frac{1}{4}$ pour cent. — Combien cet or coûtera-t-il à Londres l'once étalon?

			1	once étalon.
47	onces étalons	=	44	onces, $23\frac{1}{2}$ carats de fin.
451	onces	=	60	marcs de Cologne.
1	marc de Cologne	=	67	ducats.
1	ducat	=	98	shillings lubs.
6	shillings lubs	=	1	shilling flam.
$34\frac{1}{2}$	shillings flam.	=	1	liv. sterling.
100	livres	=	$101\frac{1}{4}$	liv. avec les frais.

Réponse, £ 4 sterling par once, environ.

Ve Exemple.—De l'argent en barres est acheté à Cadix à 105 réaux de plate par marc espagnol d'argent fin, cet argent est expédié en Angleterre et vendu à 5 s. 4 d. sterling l'once étalon; les frais montent à 2 pour cent. — Quel est le prix arbitré entre Londres et Cadix, en admettant que 12 marcs d'Espagne représentent 89 onces troy, ou quel est le cours de change résultant de cette opération?

			1	piastre de plate.
1	piastre de plate	=	8	réaux de plate.
105	réaux de plate	=	1	marc d'argent de fin.
222	marcs de fin	=	240	marcs d'argent étalon.
12	marcs	=	89	onces troy.
1	once étalon	=	64	pence sterling.
100	pence	=	102	pence avec les frais.

Réponse, $39\frac{3}{4}$ d. par piastre de change, à peu près.

VIe Exemple. — De l'or en barres est acheté à Lisbonne à 1700 rees, monnaie légale, par outava d'or de 22 carats de fin; cet or est vendu à Londres £ 4 l'once. Les frais montent à $1\frac{1}{2}$ pour cent. — Quel est le prix arbitré entre Londres et Lisbonne, en supposant qu'il faut 400 onces de Portugal pour faire 369 onces troy, c'est-à-dire quel est le cours qui résulte de cette question?

			1000	reis.
1700	reis	=	1	outava d'or étalon.

8 outavas	=	1	once de Portugal.
400 onces de Portugal	=	369	onces troy.
1 once troy	=	4	livres sterlings.
1 livre sterling	=	240	pence.
100 pence	=	101 $\frac{1}{2}$	pence avec les frais.

Réponse, 66 d. $\frac{9}{100}$ pour 1 milrei.

ARBITRAGE DE MARCHANDISES.

L'ARBITRAGE de marchandises a surtout pour objet, quand le prix d'une marchandise est connu pour une place, de déterminer à combien il reviendra sur une autre, et par conséquent ce qu'il faudrait la vendre pour obtenir un certain bénéfice.

En général il y a des frais et dépenses à porter en compte; on les évalue ordinairement à tant pour cent; quelquefois aussi on alloue tant pour cent sur le poids ou la mesure. On n'exige pas une exactitude rigoureuse dans ces calculs; il suffit d'une approximation qui mette le négociant à même de juger s'il peut importer ou exporter avec avantage telle ou telle espèce de marchandises.

Ier Exemple. — Supposons qu'une certaine espèce de tissus de laine se vende à Londres 16 $\frac{1}{2}$ s. le yard; le change de Londres sur Hambourg étant à 34 s. 2 $\frac{1}{2}$ d. flamands banco par £ sterling, et l'agio sur la banque 21 $\frac{1}{2}$ pour cent. — Quel sera le prix de ce tissu en monnaie courante de Hambourg par aune de Brabant, dont 49 égalent 37 yards anglais?

		1	aune de Brabant.
49 aunes de Brabant	=	37	yards anglais.
1 yard	=	16 $\frac{1}{2}$	shillings sterling.
20 shillings sterling	=	410 $\frac{1}{2}$	grotes flam. banco.
32 grotes flam.	=	1	marc.
100 marcs banco	=	121 $\frac{1}{2}$	marcs courans.

Réponse, 9 marcs 11 shillings 4 pfenings courans par aune.

IIe Exemple. — Supposons que le quintal de café coûte, à Londres,

65 shillings, pris à bord, et que le change sur Hambourg soit de 34 s. 8 d., la commission 2 et l'assurance de 1 pour cent. — Que vaudra la livre de ce café en banco de Hambourg, en évaluant le fret, le courtage et autres frais à 4$\frac{1}{2}$ pfenings banco par livre; 112 livres avoirdupoids étant admises pour 105 livres de Hambourg?

		1	livre de Hambourg.
105	livres de Hambourg	= 1	cent, poids avoirdupoids.
1	cent, poids	= 65	shillings sterling.
20	shillings sterling	= 416	grotes flam. banco.
2	grotes flam.	= 1	schilling lubs.
100	schillings	= 102	schillings avec commission.
100	schillings	= 101	schillings avec assurance.

Réponse, 6 schillings 7$\frac{1}{2}$ pfenings banco, environ.
Add. . . . . 4$\frac{1}{2}$ pfenings pour frais sur Hambourg.

Rép., 7 schillings pour 1 livre.

IIIe Exemple. — Le beurre d'Irlande vaut, à Cork, 50 shillings irlandais le cent. Le change de Cork sur Londres est 9$\frac{1}{4}$, et celui de Londres sur Hambourg 35. — Quel sera le prix de la barique de 224 livres en monnaie courante de Hambourg, en portant la commission et l'assurance à 3$\frac{1}{2}$ pour cent, les frais à Hambourg à 5 marcs courans par barique, et l'agio sur la banque à 22 pour cent?

		224	livres de Hambourg.
105	liv. de Hambourg	= 1	cent, poids avoirdupoids.
1	cent, poids	= 50	shillings d'Irlande.
109$\frac{1}{4}$	shillings d'Irlande	= 100	shillings sterling.
20	shillings sterling	= 35	shillings flam. banco.
8	shillings flam.	= 3	marcs.
100	marcs banco	= 122	marcs courans.
100	marcs courans	= 103$\frac{1}{2}$	marcs courans, avec commission et assurance.

Réponse. . . . . 80 marcs 14$\frac{1}{2}$ schillings courans, environ.
Frais à Hambourg. . 5 marcs.

85 marcs 14$\frac{1}{2}$ schillings par barrique.

IVe Exemple. — Du poivre s'achète, à Londres, à $11\frac{1}{2}$ d. par livre poids net, ce qui revient avec les bonifications pour la réfraction et la tare, à $10\frac{3}{4}$ d. par livre grand poids. Ce poivre s'exporte à Amsterdam, le change étant à 36 shillings flam. banco par livre sterling; on alloue à Amsterdam $1\frac{1}{3}$ pour cent de tare; le fret, l'assurance et autres frais, montent à $6\frac{1}{2}$ pour cent, et il se vend 28 grotes flam. la livre; mais on passe 2 pour cent de rabais sur le prix. — Quel est le profit ou la perte de l'opération? — 56 livres d'Amsterdam égalent 61 livres avoirdupoids.

		1	liv. avoirdupoids.
61	liv. avoirdupoids	= 56	liv. d'Amsterdam.
$101\frac{1}{3}$	livres, gros poids	= 100	liv., poids net sur Amsterdam.
1	liv., poids net	= 28	grotes flam.
102	grotes	= 100	grotes avec rabais.
$106\frac{1}{2}$	grotes	= 100	grotes avec frais.
12	grotes	= 1	shilling flam.
36	shillings flam.	= 240	pence sterling.

	s.	d.	
Ce qui, réduit, donne	12	9	sterling pour 1 liv.
Coût primitif.	11	5	
Bénéfice . . .	1	4	pour 1 liv., ou $12\frac{4}{23}$ pour cent.

Ve Exemple. — Le last de froment coûte, à Dantzic, 620 florins, et on calcule qu'on le vendrait à Londres 90 shillings le quarter. Dantzic peut tirer sur Hambourg pour le montant à 166 groschen par risdale banco, et le change de Hambourg sur Londres est 34 s. 6 den. — Quel serait le profit ou la perte que présenterait l'importation de ce blé, en admettant que le last de Dantzic égale $10\frac{3}{4}$ quarters anglais, que les frais à Dantzic monteraient à $12\frac{1}{2}$ pour cent, et que le fret, l'assurance et tous les frais qui doivent être payés à Londres (la commission du correspondant de Hambourg comprise), s'élèveront à 20 pour cent?

		1	quarter anglais.
$10\frac{3}{4}$	quarters	= 1	last de Dantzic.
1	last de Dantzic	= 620	florins.

100	florins	=	$112\frac{1}{2}$	florins, avec frais à Dantzic.
1	florin	=	30	groschen.
166	groschen	=	1	risdale de Hambourg banco.
1	risdale	=	8	shillings flam.
$34\frac{1}{2}$	shillings flamands	=	1	livre sterling.
100	livres	=	120	livres avec les frais.
1	livre	=	20	shillings.

Réponse, $65\frac{1}{4}$ shillings par quarter.

Si ce blé peut se vendre 90 s., le bénéfice sera de $24\frac{3}{4}$ s. par quarter, ou environ 38 pour cent.

La question suivante indiquera comment entre deux ou plusieurs places on peut trouver quelle est l'opération la plus avantageuse.

VIe Exemple. — On a acheté à Bilbao une certaine quantité de laine d'Espagne, à 325 réaux de veillon par arroba de 25 livres, dans l'intention de les expédier à Londres ou à Amsterdam. Le prix de cette laine, à Londres, est de 4 shillings par livre à 6 mois de terme ; et à Amsterdam de 58 stivers par livre avec 21 mois de rabais, c'est-à-dire 14 pour cent, et 1 pour cent pour prompt paiement. Le change de Bilbao sur Londres est de 37 d. par piastre, et sur Amsterdam de 87 deniers de gros par ducat. — Quelle est, de ces deux places, celle où il est plus avantageux d'expédier ?

En recourant au Ier volume, on trouve que 100 livres de Bilbao sont équivalentes à 108 livres avoirdupoids, ce qui répond à $99\frac{1}{6}$ livres d'Amsterdam ; et que la bonification sur la laine d'Espagne à Londres est de 22 livres par balle de 2 quintaux. Supposons que la bonification à Amsterdam soit de 20 pour cent.

Pour simplifier la question, nous admettrons que les frais à Londres sont les mêmes qu'à Amsterdam, en sorte qu'on n'ait pas besoin d'en tenir compte.

Commençons par Londres, nous dirons :

			1	livre avoirdupoids.
202	liv. poids net	=	224	liv. grand poids.
108	liv. avoirdupoids	=	100	liv. de Bilbao.

25 liv. de Bilbao	=	325	réaux vellon.
32 réaux vellon	=	17	réaux de plate.
8 réaux de plate	=	1	piastre de change.
1 piastre de change	=	37	pence sterling.

Réduits, donnent 2 s. $8\frac{3}{4}$ d. sterling par livre.

Ces laines reviendront par conséquent à 2 s. $8\frac{3}{4}$ d. par livre à Londres, où elles sont vendues à 4 s. par livre, d'où il faut déduire, toutefois, 6 mois d'escompte, ce qui donne

100 : $97\frac{1}{2}$ :: 4 s. : 3 s. $10\frac{3}{4}$ d., le prix réel.

Et 2 s. $8\frac{3}{4}$ d. : 3 s. $10\frac{3}{4}$ d. :: 100 : $142\frac{98}{131}$ d.

Le bénéfice de l'opération réalisée à Londres est donc de $42\frac{98}{131}$ d., ou environ $42\frac{2}{3}$ pour cent.

Supposons les laines expédiées à Amsterdam, nous trouverons

			1	liv. d'Amsterdam.
100	liv. poids net	=	120	liv. grand poids.
$99\frac{1}{6}$	liv. d'Amsterdam	=	100	liv. de Bilbao.
25	liv. de Bilbao	=	325	réaux vellon.
1	réal	=	34	maravédis.
32	marav. vellon	=	17	marav. de plate.
375	marav. de plate	=	1	ducat de change.
1	ducat de change	=	97	grotes flam.
2	grotes flam.	=	1	stiver.

Réduits, donnent 32,96 stivers par livre.

Ces laines reviendront par conséquent à 32,96 stivers la livre à Amsterdam, où elles se vendent à 58 stivers la livre; mais il faut en déduire 15 pour cent pour le rabais et le prompt paiement :

100 : 85 :: 58 stivers : 49,3 stivers, le prix réel.

Et 32,96 : 49,30 :: 100 : $149\frac{237}{412}$.

Le bénéfice sur l'opération à Amsterdam est de $49\frac{327}{412}$, ce qui fait 7 pour cent environ de plus qu'à Londres. En supposant, comme nous l'avons fait, que le fret, l'assurance, le droit d'entrée et les autres frais montent à la même somme sur les deux places, il sera plus avantageux d'exporter à Amsterdam qu'à Londres.

Dans les exemples précédens on a vu les avantages que les négocians retirent de la connaissance des arbitrages en marchandises, en lingots ou en changes. L'exemple suivant démontrera également l'utilité et l'importance de cette science quand on l'applique sur une plus grande échelle, aux relations politiques et de peuple à peuple.

CIRCULATION DE CHANGE.

Les circulations de change sont une espèce d'arbitrage où le banquier négocie ses effets sur son correspondant dans une place étrangère, en lui donnant ordre de tirer sur un tiers pour se rembourser; et en continuant l'opération sur le même plan, d'une place à l'autre, jusqu'à ce que le dernier correspondant se rembourse en tirant sur le premier négociateur ou tireur.

Ainsi cette opération entre plusieurs personnes est basée sur le même principe que celle entre deux correspondans qui tirent et retirent, c'est-à-dire dont l'un tire sur l'autre en lui donnant ordre de fournir sur lui à son tour pour son remboursement; chacun d'eux vendant sa traite pour de l'argent comptant.

Ces circulations de change ont l'avantage de procurer des fonds de suite, et de donner des bénéfices considérables, quand elles sont dirigées adroitement. Pour conduire avec succès des affaires de ce genre, il faut que le tireur primitif jouisse d'un crédit suffisant sur toutes les places où les effets sont négociés, et qu'il ait à sa disposition les fonds nécessaires pour payer à la fin tous ses engagemens.

Les circulations de change peuvent se diviser en deux espèces :

1° Opérations à l'aide desquelles des individus ou des maisons, possédant des capitaux bornés, entreprennent de grandes négociations, et se procurent, par leur crédit, des fonds et des bénéfices.

2° Opérations auxquelles les gouvernemens et les établissemens publics ont quelquefois recours, pour remettre des subsides ou pour produire une baisse ou une hausse dans les changes.

La première espèce de circulation a déjà été exposée à l'article des arbitrages composés. L'exemple 5, page 128, l'a particulièrement expliquée.

La seconde espèce de circulation repose précisément sur les mêmes principes; mais, comme ce sujet est d'une haute importance en économie politique aussi bien qu'en spéculation commerciale, nous allons l'éclaircir par un exemple :

En 1804, l'Espagne avait à payer à la France des subsides considérables. Pour effectuer ces paiemens, trois moyens se présentaient :

1° D'envoyer des piastres à Paris par terre.

2° De remettre directement des lettres de change à Paris.

3° D'autoriser Paris à tirer directement sur l'Espagne.

Le premier moyen fut essayé, mais il parut trop long et trop dispendieux; les deux autres devaient rendre le change défavorable à l'Espagne. On adopta la méthode suivante, fondée sur la circulation du change :

Un négociant ou banquier de Paris fut chargé de diriger l'opération; voici comment il s'y prit : Il choisit les places de Londres, Amsterdam, Hambourg, Cadix, Madrid et Paris pour les pivots de son opération; et il engagea ses correspondans dans chacune de ces villes, à entretenir la circulation. Madrid et Cadix étaient les places qui devaient fournir les remises, et les piastres étaient envoyées dans les villes où le cours leur était le plus favorable; là on achetait des lettres de change sur Paris ou sur toute autre place qui offrait plus d'avantages.

Les bases ayant été ainsi fixées, il ne restait plus qu'à limiter l'opération de manière à ne pas émettre trop de papier sur l'Espagne, et à entretenir, autant que possible, la circulation par des affaires réelles. Dans cette vue, Londres fut choisie pour le centre principal de l'opération. Le prix des piastres était alors élevé en Angleterre, circonstance qui rendait le change proportionel favorable à l'Espagne. L'affaire fut commencée à Paris, où la négociation de traites sur Hambourg et Amsterdam servit à satisfaire les premiers besoins de l'état. Des ordres furent transmis à ces places pour qu'elles eussent à se rembourser sur Londres, Madrid ou

Cadix, suivant le cours du change. Toutes les négociations furent conduites avec sagesse et obtinrent le succès le plus complet.

Au commencement de l'opération, le change de Cadix sur Londres était de 36 den., mais par le plan suivi, l'Espagne obtint $39\frac{1}{4}$ den., comme on peut le voir par le calcul suivant.

Les divers frais, occasionés par l'expédition des piastres de Cadix à Londres, montaient à 11 pour cent, et elles y étaient vendues à 5 s. 7 d. par once, d'où

			1	piastre de change.
85	piastres de change	=	64	piastres fortes.
1000	piastres fortes	=	866	onces (par estimation commune).
1	once	=	67	pence.
111	pence	=	100	pence avec frais.

Ce qui, réduit, donne le change $39\frac{1}{4}$ d.

Ainsi l'Espagne, au lieu d'avoir 36 den. par piastre de change, reçut $39\frac{1}{4}$ den., et gagna environ 8 pour cent par la remise des piastres à Londres. La circulation des lettres de change sur les diverses places du continent fut généralement utile au commerce. On gagna du temps pour le paiement des subsides, et le cours du change, au lieu de tourner contre l'Espagne, comme cela serait arrivé par des remises directes, se maintint en sa faveur par ce revirement d'opérations.

PAIR DE CHANGE.

Le pair du change a déjà été considéré sous ses divers points de vue; il ne nous reste qu'à indiquer comment on calcule le pair intrinsèque; ce qu'on rendra plus sensible par des exemples. Nous mettrons Londres en parallèle avec les principales places commerciales de l'Europe, en comparant l'or avec l'or et l'argent avec l'argent, soit au moyen des règlemens des Monnaies de chaque place, soit au moyen des essais contenus dans les tableaux des monnaies d'or et d'argent, rapportés dans ce volume.

En calculant le pair du change par la règle conjointe, la monnaie certaine doit être le premier conséquent, et la monnaie incertaine le terme de demande ou le dernier conséquent, comme dans les exemples suivans :

LONDRES ET AMSTERDAM.

Quel est le pair du change entre Londres et Amsterdam pour la nouvelle pièce de 10 florins, pesant 6,729 grammes $\frac{9}{10}$ de fin, et le souverain anglais ou pièce de 20 shillings? La dernière est la monnaie certaine et la première la monnaie incertaine.

			1	livre sterling.
1	livre sterling	=	240	pence.
934 $\frac{1}{2}$	pence	=	1	once étalon.
12	onces étalon	=	11	onces d'or fin.
1	once	=	480	grains.
15434	grains	=	1000	grammes.
6,729	grammes $\times \frac{9}{10}$	=	10	florins.

Résultat, 12 flor. 9 cents pour £ 1 sterling, ou 40 shillings 3 pence flam.

Le pair du change peut se trouver plus facilement au moyen des tables de monnaies réelles. Ainsi on peut voir dans la table suivante des monnaies d'or, que la pièce de 10 florins contient 93,46 grains, et le souverain 113 grains d'or fin, ainsi

gr.		flor.		gr.		fl.	cent.	
93,46	:	1	: :	113	:	12	09	comme ci-dessus.

LONDRES ET AMSTERDAM. — Argent.

Quel est le pair du change entre Londres et Amsterdam, qu'on déduit de la comparaison du nouveau florin d'argent et de la livre sterling?

On voit dans la table des monnaies réelles, que le florin contient 148,38 grains d'argent fin, et la livre 1718,7 grains, d'où

gr.		flor.		gr.		flor.
148,38	:	1	: :	1718,7	:	11,58

Ainsi le pair en argent est 11 florins 58 cents pour la livre sterl.;

il diffère d'environ $4\frac{1}{2}$ pour cent du pair d'or. Ils pourraient cependant coïncider en évaluant l'argent anglais à 5 s. $3\frac{1}{2}$ den. par once au lieu de 5 s. 2 d.

LONDRES ET HAMBOURG. — Or.

Quel est le pair du change qui résulte de la comparaison du ducat de Hambourg, contenant 53 grains anglais d'or pur, et du souverain contenant 113 grains, dans la supposition que le ducat égale 6 marcs banco ou 16 shillings flamands.

$$\overset{gr.}{53} : \overset{sh.}{16} :: \overset{gr.}{113} : \overset{sh.}{34}\ \overset{d.}{1{,}35}$$

Ainsi le pair de l'or est 34 shillings 1,35 pence flam. par £ 1 sterling; mais d'après la valeur flottante du ducat, le pair ne peut être considéré comme permanent. En prenant le prix moyen du ducat des quatre dernières années, qui est $6\frac{1}{4}$ marcs, le pair sera de 35 shillings 6 pence flam. par liv. sterling.

LONDRES ET HAMBOURG. — Argent.

Le marc de Cologne d'argent fin vaut généralement $27\frac{5}{8}$ marcs banco, et 60 marcs, poids de Cologne, égalent 451 onces troy. — Quel est le pair entre Londres et le banco de Hambourg en argent?

			1	livre sterling.
1	liv. sterling	=	240	pence.
62	pence	=	1	once étalon.
40	onces étalon	=	37	onces d'argent fin.
451	onces	=	60	marcs de Cologne.
1	marc de Cologne fin	=	$27\frac{5}{8}$	marcs banco.
3	marcs banco	=	8	shillings flam. banco.

Ce qui, réduit, donne 35 s. 1 d. flam. banco par £ sterling.

Mais eu égard à la fluctuation du prix du ducat et du marc d'argent fin, on ne peut pas assigner de pair constant entre Londres et Hambourg.

LONDRES ET PARIS. — Or.

Quel est le pair du change entre Londres et Paris, d'après les règlemens de la Monnaie, que nous avons rapportés aux articles Londres et Paris, vol. I.

		1	livre sterling.
1 livre sterling	=	240	pence.
934 $\frac{1}{2}$ pence	=	1	once étalon.
12 onces étalon	=	11	onces d'or fin.
1 once	=	480	grains.
15434 grains	=	1	kilogramme.
1 kilogramme	=	3444	francs 44 centimes, 444.

Ce qui, réduction faite, porte la liv. sterl. à 25 fr. 22 cent.

Le pair déduit de la table des essais est de 4 centimes plus fort.

gr. 89,5 : fr. 20 : : gr. 113 : fr. 25 cent. 26

Voyez table des monnaies d'or.

LONDRES ET PARIS. — Argent.

Quel est le pair du change entre Londres et Paris, d'après les règlemens de la Monnaie.

		1	livre sterling.
1 livre sterling	=	240	pence.
62 pence	=	1	once étalon.
40 onces étalon	=	37	onces fin.
1 once fin	=	480	grains.
15434 grains	=	1	kilogramme.
1 kilogramme	=	222	francs 222 cent. 222.

Ce qui, réduction faite, porte la liv. sterl. à 24 fr. 75 cent.

Si l'argent anglais était évalué à 63 $\frac{1}{8}$, les pairs des deux métaux seraient les mêmes.

Le pair de l'argent, d'après la table des essais, est 24,91.

LONDRES ET GÊNES. — Or.

La nouvelle genovina d'or contient 357,7 grains anglais d'or fin, et passe pour 96 lire fuori banco. — Quel est le pair en or entre Londres et Gênes?

		1	pezza.
1 pezza	=	$5\frac{3}{4}$	lire.
96 lire	=	1	genovina.
1 genovina	=	357,7	grains d'or fin.
480 grains	=	1	once.
11 onces d'or fin	=	12	onces étalon.
1 once étalon	=	$934\frac{1}{2}$	pence sterling.

Ce qui, réduction faite, donne $45\frac{1}{2}$ d. sterl. par pezza.

LONDRES ET GÊNES. — Argent.

Le scudo d'argent contient $457\frac{1}{2}$ grains anglais d'argent fin, et passe pour 8 lire fuori banco. — Quel est le pair en argent entre Londres et Gênes?

		1	pezza.
1 pezza	=	$5\frac{3}{4}$	lire.
8 lire	=	$457\frac{1}{2}$	grains d'argent fin.
480 grains	=	1	once.
37 onces d'argent fin	=	40	onces étalon.
1 once	=	62	pence sterling.

Ce qui, réduction faite, donne 45,92 d. sterling par pezza.

LONDRES ET LIVOURNE. — Or.

Le sequin contient 53,6 grains anglais d'or fin, et passe pour $13\frac{1}{3}$ lire moneta buona. — Quel est le pair en or entre Londres et Livourne?

		1	pezza.
1 pezza	=	$5\frac{3}{4}$	lire moneta buona.
$13\frac{1}{3}$ lire moneta buona	=	1	sequin.
1 sequin	=	53,6	grains d'or fin.
480 grains	=	1	once.
11 onces d'or fin	=	12	onces étalon.
1 once étalon	=	$934\frac{1}{2}$	pence sterling.

Ce qui, réduction faite, donne 49,09 d. sterl. par pezza.

LONDRES ET LIVOURNE. — ARGENT.

L'écu d'argent, ou leopoldone, contient 384 grains anglais d'argent fin, et passe pour $6\frac{1}{3}$ lire moneta buona. — Quel est le pair en argent entre Londres et Livourne ?

			1	pezza.
1	pezza	=	$5\frac{3}{4}$	lire moneta buona.
$6\frac{1}{3}$	lire moneta buona	=	1	scudo.
1	scudo	=	384	grains d'argent fin.
480	grains	=	1	once.
37	onces d'argent fin	=	40	onces étalon.
1	once étalon	=	62	pence sterling.

Ce qui, réduction faite, donne $46\frac{1}{4}$ d. sterl. par pezza.

LONDRES ET ESPAGNE. — OR.

Le quadruple de 1772 contient 372 grains anglais d'or fin, et passe pour 320 réaux vellon. — Quel est le pair en or entre Londres et l'Espagne ?

			1	piastre de plate.
1	piastre de plate	=	8	réaux de plate.
17	réaux de plate	=	32	réaux vellon.
320	réaux vellon	=	1	quadruple.
1	quadruple	=	372	grains d'or fin.
480	grains	=	1	once.
11	onces d'or fin	=	12	onces étalon.
1	once étalon	=	$934\frac{1}{2}$	pence sterling.

Ce qui, réduction faite, donne 37,16 d. sterl. par piastre de plate.

LONDRES ET ESPAGNE. — ARGENT.

La piastre contient 371 grains anglais d'argent fin, et passe pour 20 réaux vellon. — Quel est le pair en argent entre Londres et l'Espagne ?

			1	piastre de plate.
1	piastre de plate	=	8	réaux de plate.
17	réaux de plate	=	32	réaux vellon.

20	réaux vellon	=	1	piastre forte.
1	piastre forte	=	371	grains d'argent fin.
480	grains	=	1	once.
37	onces d'argent fin	=	40	onces étalon.
1	once étalon	=	62	pence sterling.

Ce qui, réduction faite, donne 39 d. sterl. par piastre de plate.

LONDRES ET LISBONNE. — OR.

La pièce de 6400 reis contient 203 grains anglais d'or fin. — Quel est le pair en or entre Londres et Lisbonne?

			1000	reis.
6400	reis	=	203	grains d'or fin.
480	grains	=	1	once.
11	onces d'or fin	=	12	onces d'or étalon.
1	once étalon	=	$934\frac{1}{2}$	pence sterling.

Ce qui, réduction faite, donne 67,36 d. sterl. par milrei.

Les autres pairs, contenus dans le tableau suivant, ont été calculés par les méthodes qui précèdent; nous supprimons le détail de ces opérations, ce sera un sujet d'exercice pour le lecteur.

Nous avons vu, page 147, que, quand la quantité de métal pur contenue dans les monnaies de change est connue, le pair se trouve par la division. Il se déduit aussi par une opération semblable des tables des monnaies de compte (page 149), quand celles de change sont de même dénomination. Ainsi, pour trouver le pair entre la France et l'Angleterre, le franc vaut 9,7 pence en argent et 9,52 pence en or. 240, divisés par ces sommes respectives, donneront les pairs en or et en argent, comme plus haut.

Supposons qu'on demande de trouver le pair entre la France et l'Espagne, c'est-à-dire combien on doit donner de francs pour le doublon ou pistole de change de 4 piastres? La valeur du doublon, d'après le tableau III, est de 156 pence. Ce nombre, divisé par 9,7 pence, valeur sterling du franc, donnera 16 francs 19 centimes pour le pair argent entre les deux pays. On trouverait de même que le pair or est 15 fr. 60 centimes.

Ainsi les monnaies de change peuvent se trouver dans les cotes précédentes, page 19 à 103. Leurs valeurs sont contenues dans les tableaux suivans, au moyen de quoi les pairs peuvent toujours se déterminer avec une suffisante exactitude par une simple opération, comme ci-dessus.

TABLE I.

Table du pair du change entre l'Angleterre et les principales places contenues dans la liste de Loyd; calculé d'après la valeur intrinsèque de leurs monnaies réelles, en comparant l'or à l'or et l'argent à l'argent, d'après les règlemens de leurs Monnaies et les essais faits aux Monnaies de Londres et de Paris, évaluées en or anglais à £ 3 17 s. 10½ d. par once étalon, et en argent anglais à 5 s. 2 d. par once étalon.

	OR.		ARGENT.		EXPLICATION.
	Règlemens de la Monnaie.	Essais.	Règlemens de la Monnaie.	Essais.	
Amsterdam, en flam.	40 3	——	38,6	——	shillings et pence flam. par £ 1 sterling.
— en florins........	12 09	——	11,58	——	florins et cents par £ 1 sterling.
Hambourg..........	34 3,5	34 1,5	35 1	35 1,3	shillings et pence flam. par £ 1 sterling.
Paris.............	25 22	25 26	24 75	24 91	francs et centimes par £ 1 sterling.
Madrid............	37,3	37,2	39,2	39 0	pence sterling par piastre.
Lisbonne..........	67,4	67,5	——	——	pence sterling par milrei.
Livourne..........	49,1	49,0	46,46	46,5	pence sterling par pezza.
Gênes.............	45,5	45,5	45,92	45,92	pence sterling par pezza fuori banco.
Naples............	41,2	——	41,2	——	pence sterling par ducat.
— autrement.......	582	——	582	——	grains par £ 1 sterling.
Venise............	46,3	46,0	47,5	49,0	lire piccole par £ 1 sterling.
— autrement.......	23,44	23	24,30	25,07	livres italiennes par £ 1 sterling.

Ces tables (I et II) furent calculées en 1810 par ordre du comité de billon de la chambre des communes, et imprimées dans le supplément de son rapport.

Elles furent aussi insérées dans celui de la chambre des pairs, en 1819, avec les modifications que les altérations faites dans les monnaies de Hollande et de Naples avaient rendues nécessaires.

Une révision plus rigoureuse a été faite dans le pair du change entre la France et l'Angleterre, par suite de la découverte de l'erreur faite dans le rapport des poids des deux pays.

Cette correction est de 2 centimes par livre sterling en faveur de l'Angleterre.

TABLE II.

Valeur relative de l'or et de l'argent dans les principales places de commerce; calculée d'après la quantité proportionnelle de métal pur contenu dans les principales monnaies réelles et le prix courant ou légal de ces monnaies.

	RÈGLEMENS DE LA MONNAIE.	ESSAIS.	NOMS DES MONNAIES DONT ON A PRIS LES PROPORTIONS.
Angleterre, Par l'ancien monnayage...	15,2096 à 1	trouvé exact par les épreuves du ciboire.	par guinée et vieux shilling.
Par le nouveau monnayage	14,2878 à 1		par souverain et nouveau shilling.
Amsterdam..............	15,8735 à 1	———	par pièce de 10 guilder, décrétée en 1816, et florin d'argent de même date.
Hambourg..............	15 à 1 environ	14,83 à 1	par ducato évalué à 6 marcs banco et risdale.
Paris....................	15,5 à 1	15,5 à 1	par pièce de 20 francs et pièce de 5 francs.
Madrid..................	16 à 1	15,85 à 1 16,46 à 1	par doublon et piastre de différens monnayages.
Lisbonne................	13,56 à 1	13,33 à 1	par joannese et nouvelle crusade d'argent.
Livourne................	14,65 à 1	14,32 à 1	par ruspono et francescone.
Gênes....................	15,34 à 1	15,35 à 1	par genovina et scudo.
Naples...................	15,21 à 1	———	par oncetta et ducato (monnayage de 1818).
Venise...................	15 à 1 environ	14,35 à 1	par sequin et ducat.
Pétersbourg.............	15 à 1 environ	15,25 à 1	par ducat et rouble.
États-Unis...............	15 à 1	15,94 à 1	par aigle et piastre.
Bengale..................	14,857 à 1	14,827 à 1	par mohur d'or et roupie sicca.
Madras...................	13,872 à 1	13,857 à 1	par pagode star et roupie courante.
Bombay..................	15 à 1	15 à 1	par roupie d'or et roupie d'argent.
Chine.....................	14,25 à 1	———	par tale d'or, et le prix moyen des piastres d'Espagne.

La table précédente peut se calculer par la règle conjointe de la manière qui suit :

Quelle est la proportion relative entre l'or et l'argent dans les monnaies anglaises, d'après les règlemens de la Monnaie, soit dans l'ancien, soit dans le nouveau système ?

Il s'agit de comparer la valeur d'une certaine quantité, d'une once, par exemple, d'or pur avec une once d'argent pur, au prix de la Monnaie.

Ancien système.

		1	once d'or pur.
11 onces pur	=	12	onces étalon.
1 once étalon	=	$934\frac{1}{2}$	pence.
62 pence	=	1	once d'argent étalon.
40 onces étalon	=	37	onces pur.

Réduit, donne $15\frac{2859}{13640}$. Ainsi l'or, exprimé en décimales, est à l'argent comme 15,2096 est à 1.

Nouveau système.

		1	once d'or pur.
11 onces pur	=	12	onces étalon.
1 once étalon	=	$934\frac{1}{2}$	pence.
66 pence	=	1	once d'argent étalon.
40 onces étalon	=	37	onces pur.

Réduit, donne $14\frac{1393}{4840}$. Ainsi l'or, exprimé en décimales, est à l'argent comme 14,2878 est à 1.

L'opération est plus simple, quand le titre des deux métaux est exprimé de la même manière. Ainsi, dans le monnayage de France, la pièce de 20 francs en or pèse 6,4516 gram. en or pur, et 20 francs en argent pèsent 100 gram.; il résulte de là, que si on divise ces deux nombres l'un par l'autre, on obtiendra 15,5 comme dans la table.

Quand le titre est diversement exprimé, on peut comparer la quantité d'or pur et d'argent pur contenus dans une somme déterminée et connue, soit par des essais, soit au moyen des règlemens des Monnaies. Ainsi le souverain anglais contient 113 grains d'or fin; et 20 shillings, nouveau monnayage, 1614,54 grains d'argent fin; le dernier divisé par le premier, donne à peu de chose près le rapport ci-dessus.

MONNAIES DE COMPTE.

Il faut observer que dans la table des monnaies de compte qui suit, quelques-unes de ces monnaies sont réelles, et qu'on peut en supputer la valeur d'après les règlemens des Monnaies ou d'après les essais. Mais, quand les monnaies sont imaginaires, ce qui est généralement le cas, leur valeur peut se déduire de leurs rapports avec les monnaies réelles.

TABLE DES MONNAIES DE COMPTE.

TABLE III.

Contenant la valeur des monnaies de compte de différentes places, exprimée en pence sterling et décimales de pence, d'après le prix de la Monnaie, soit d'or, soit d'argent d'Angleterre, c'est-à-dire de £ 3 17 s. 10½ d. l'once étalon d'or, et de 5 s. 2 d. l'once étalon d'argent.

NOMS DES LIEUX.	NOMS DES MONNAIES.	VALEUR EN ARGENT.	VALEUR EN OR.
		den.	den.
Aix-la-Chapelle	risdale courante	31, 40	31, 43
Alicante	libra ou peso	39, 40	37, 38
Amsterdam	risdale	52, 54	variable*
	florin (vieux)	21,	*idem.*
	florin (nouveau)	20, 72	*idem.*
	livre flamande	124, 32	*idem.*
Anvers	livre flamande (monnaie de change)	123, 25	123, 87
	florin (monnaie de change)	20, 54	20, 64
	livre flamande courante	105, 65	106, 18
	florin courant	17, 60	17, 70
Arragon	libra jaquesa	49, 25	46, 75
Augsbourg	florin giro ou monnaie de change	32,	31, 83
	florin courant	25, 20	25, 07
Barcelonne	livre catalane	28, 14	26, 70
Bale	risdale ou écu de change	47, 27	47,
	risdale courante	42, 45	42, 20
Bergame	scudo de 7 lire	35, 67	36, 50
Berlin	livre banco	47, 25	variable.
	risdale courante	36,	*idem.*
	risdale en frédérics	—— **	39, 68
Berne	écu de 3 livres	42, 64	42, 90
	couronne de 25 batzen	35, 53	35, 75
Bologne	lira corrente	10, 86	10, 62
	lira monnaie de change	11, 12	10, 89
Bolsano	florin giro ou monnaie de change	33, 26	33, 08
	florin moneta lunga ou courant	25, 20	25, 06
Brême	risdale courante	37, 80	variable.
	risdale en charles d'or	——	39, 68
Canaries (Iles)	réal courant	3, 95	3, 66
Cassel	risdale courante	37, 80	variable.
Cologne	risdale d'espèce de 80 albuses	31, 38	*idem.*
	risdale courante de 78 albuses	30, 60	*idem.*

* Dans les places marquées *variables* le prix des monnaies réelles n'est pas fixé, et par conséquent la valeur intrinsèque en or des monnaies de compte ne peut être déterminée pour un long espace de temps.

** Le trait, ajouté à quelques colonnes, signifie qu'il n'y a pas de monnaie réelle en métal de cette colonne, au moyen de laquelle les monnaies de compte peuvent se calculer.

NOMS DES LIEUX.	NOMS DES MONNAIES.	VALEUR EN ARGENT.	VALEUR EN OR.
		den.	den.
CONSTANTINOPLE.....	piastre ou dollar, 1819..................	9, 45	incertain.
DANTZIC............	gulden ou florin........................	9,	9,
DANNEMARK.........	risdale d'espèce..........................	54, 72	——
	risdale d'espèce du Sund...................	53, 21	——
	risdale monnaie couronne.................	48, 37	——
	risdale danoise courante..................	44, 27	44, 88
	risdale courante d'Holstein................	43, 78	44, 16
ANGLETERRE	livre sterling...........................	240,	240,
FLORENCE...........	lira.....................................	8, 12	8, 53
	ducat ou couronne courante................	56, 84	59, 71
	scudo d'oro ou couronne d'or..............	——	63, 97
FRANCE.............	livre tournois...........................	9, 58	9, 40
	franc (nouveau système)..................	9, 70	9, 52
FRANCFORT..........	risdale monnaie convention...............	37, 80	37, 65
	risdale müntze, ou en petite monnaie réelle..	31, 50	——
GENÈVE.............	livre courante...........................	16, 13	16, 93
	florin...................................	4, 60	4, 84
GÊNES..............	lira fuori banco.........................	7, 99	7, 83
	pezza ou piastre de change................	45, 92	45, 50
	scudo di cambio, ou couronne de change.....	36, 75	36, 02
	scudo d'oro marche.......................	85, 49	83, 77
ALLEMAGNE.........	risdale courante.........................	37, 80	variable.
	risdale d'espèce.........................	50, 40	*idem.*
	florin d'empire..........................	25, 20	*idem.*
	risdale müntze...........................	31, 50	*idem.*
	florin müntze............................	21,	*idem.*
HAMBOURG..........	marc banco (milieu)......................	18, 22	*idem.*
	livre flam. banco........................	186, 65	*idem.*
	marc courant.............................	14, 82	*idem.*
	livre flam. courante.....................	111, 15	*idem.*
HANOVRE............	risdale en argent........................	42,	42, 26
	risdale, valeur en or....................	39,	39, 24
IRLANDE............	livre d'Irlande..........................	221, 54	221, 54
KOENIGSBERG........	gulden ou florin.........................	12,	variable.
LIVOURNE...........	pezza de 8 réaux.........................	46, 25	49, 16
	lira moneta buona........................	8, 13	8, 55
	lira moneta lunga........................	7, 79	8, 19
LEIPSIC............	risdale monnaie convention...............	37, 80	variable.
	risdale en louis d'or ou frédérics.........	——	39, 68
LUCQUES............	lira.....................................	7, 40	7, 77
	scudo d'oro..............................	55, 50	58, 27
	scudo corrente...........................	51, 80	54, 39
MALTE..............	scudo ou couronne........................	21, 32	23, 34
MILAN..............	lira imperiale...........................	10, 41	10, 58
	lira corrente............................	7, 45	7, 30
	scudo imperiale..........................	60, 90	61, 60
	scudo corrente...........................	42, 32	42, 78
MODÈNE.............	lira.....................................	3, 72	33, 15
MUNICH.............	gulden ou florin.........................	21,	21, 28
NANCY..............	livre (monnaie de Lorraine)...............	7, 38	7, 26
NAPLES.............	ducato di regno..........................	41, 20	incertain.
NAVARRE............	réal.....................................	4, 90	4, 67
	libra....................................	8, 20	7, 79

NOMS DES LIEUX.	NOMS DES MONNAIES.	VALEUR EN ARGENT.	VALEUR EN OR.
		den.	den.
NEUFCHATEL	livre tournois	13, 63	13, 40
	livre faible	5, 45	5, 36
NOVI	scudo d'oro marche	85, 49	83, 77
PARME	lira	2, 35	2, 30
PERSE	toman de 100 mamoodis	287, 60	———
POLOGNE	gulden ou florin	6, 03	6, 27
PORTUGAL	milrei	incertain.	67, 34
	vieille crusade	*idem.*	26, 94
PRAGUE	(voyez *Vienne*)		
RIGA	risdale alberts	52, 54	variable.
	risdale courante (agio à 40 pour cent)	37, 53	*idem.*
ROME	scudo ou couronne	52, 05	51, 63
	scudo di stampa d'oro	79, 37	78, 73
RUSSIE	rouble	variable.	
SAINT-GALL	florin, monnaie de change	27, 44	variable.
	florin courant	22, 76	*idem.*
SAINT-REMI	lira	8, 46	8, 90
SARDAIGNE	lira	18, 21	18, 82
SICILE	once	123, 54	124, 80
	scudo ou couronne	49, 02	49, 92
ESPAGNE	réal de vieille plate	4, 88	4, 57
	réal de nouvelle plate	5, 18	4, 86
	réal de plate mexicaine	6, 48	6, 07
	réal vellon	2, 59	2, 43
	piastre de vieille plate ou de change	39,	37, 30
STRALSUND	risdale de compte	28, 35	variable.
	gulden de Poméranie	14, 18	*idem.*
STRASBOURG	livre et franc (voyez *France*)		
	florin	19, 08	18, 76
SUÈDE	risdale	55, 41	56, 43
SUISSE	franc (nouveau système)	22, 14	———
TRIESTE	florin courant d'Autriche	25, 20	25, 05
	lira courante de Trieste	4, 76	4, 73
	lira di piazza	4, 65	4, 63
TURIN	lira	11, 28	11, 23
VALENCE	libra	39, 45	36, 59
VENISE	lira piccola (en vieille monnaie réelle)	5, 07	variable.
	lira piccola (en mon. réel. introduite par l'Autr.)	4, 25	*idem.*
VIENNE	florin	25, 20	25, 05
ZANTE	lira	4, 06	variable.
ZURICH	florin, monnaie de change	25, 85	*idem.*
	florin courant	23, 50	*idem.*

TABLE DES MONNAIES RÉELLES D'APRÈS LES ESSAIS.

La première des tables qui suivent fut calculée sous la direction de Newton, en 1717, lorsque ce savant était directeur de la Monnaie. Elle a longtemps servi de règle à ceux qui spéculent sur le billon et le change; mais avec quelque exactitude que ce travail ait été fait dans le principe, il a bientôt cessé d'être rigoureux, attendu que plusieurs monnaies réelles ont cessé d'être en circulation, et que d'autres ont subi des altérations considérables. De plus, l'art de l'essayeur et même celui de peser exactement les métaux, a fait de grands progrès depuis cette époque.

Quoique ces essais ne méritent plus de faire autorité, il a paru convenable de les insérer dans cet ouvrage comme une espèce d'introduction aux nouvelles tables, qu'on peut considérer comme une correction et une suite des anciennes.

N. B. Dans les colonnes d'essais des tables qui suivent, M. signifie meilleur, et Mo. moindre que l'étalon anglais. Ainsi, dans la table d'or, M. 1 2 signifie 1 carat 2 grains meilleur ou au-dessus de l'étalon anglais, c'est-à-dire 23 carats 2 grains de fin; et Mo. 0 $1\frac{1}{2}$ signifie $1\frac{1}{2}$ grain moindre que l'étalon anglais, c'est-à-dire 21 carats $2\frac{1}{2}$ grains de fin.

De même, dans la table d'argent, M. 7 den. signifie 11 onces 9 den. de fin, et Mo. 3 den. veut dire 10 onces 19 den. de fin. Pour les étalons anglais, voyez vol. I.

TABLE IV.

Essais, poids et valeurs de la plupart des monnaies d'or et d'argent étrangères, faits à la Monnaie de Londres par ordre du conseil privé, avant 1717, *par Newton; publiés pour la première fois en* 1719, *et reproduits par l'autorité en* 1740.

MONNAIES ÉTRANGÈRES D'ARGENT.	ESSAIS.	POIDS.		POIDS ÉTALONS.			VALEUR
	den.	den.	gr.	den.	gr.	mi.	den.
La piastre d'Espagne, ou pièce de Séville de 8 réaux, maintenant réduite à 10	Mo. 1	17	12	17	10	2	54
La nouvelle pièce de huit de Séville	Mo. $1\frac{1}{2}$	14		13	21	15	43,11
La pièce de huit du Mexique	Mo. 1	17	$10\frac{5}{9}$	17	8	14	53,83
La pièce de huit de Pillar	Étalon.	17	9	17	9		53,87
La pièce de huit du Pérou, plus forte, mais d'un aloi incertain.							
Le vieux écu de France, ou pièce de 60 sous tournois	Mo. 1	17	12	17	10	2	54
Le nouvel écu, ou pièce de 5 livres ou 100 sous	Mo. $1\frac{1}{2}$	19	$14\frac{1}{2}$	19	11	12	60,39
La crusade de Portugal, ou ducat valant 400 reis, marquée et tarifée maintenant à 480	Mo. 2	11	4	11	1	13	34,31
Le patacks, ou patagon de Portugal, valant 500 reis, marqué et tarifé maintenant à 600.							
Le ducaton de Flandres, ou pièce de 60 sous ou patars	M. $4\frac{1}{2}$	20	22	21	8	2	66,15
Le patagon de Flandres, ou pièce de 48 patars	Mo. 12	18	1	17	1	13	52,91
Le ducaton de Hollande, ou pièce de 63 stivers	M. 3	20	21	21	3	15	65,59
Le patagon legdollar, ou risdale de Hollande, ou pièce de 50 stiv.	Mo. 14	18		16	20	17	52,28
La pièce de trois guilders de Hollande, ou pièce de 60 stivers	Mo. 2	20	8	20	3	12	62,46
Le guilder, florin, ou pièce de 20 stivers	Mo. 2	6	$18\frac{1}{2}$	6	17	1	20,08
La pièce de dix shillings de Zélande, ou pièce de 60 stivers	Mo. 2	20	6	20	1	13	62,21
La piastre au lion de Hollande, ou $\frac{3}{4}$ de ducat	Mo. 44	17	14	14	2	7	43,07
Le ducaton de Cologne	M. 3	20	18	21	—	15	65,02
La risdale, ou patagon de Cologne	Mo. 13	18		16	22	14	52,53
La risdale, ou patagon de l'évêque de Liége	Mo. 12	17	$22\frac{1}{2}$	16	22	5	55,48
La risdale de Mentz	Mo. $6\frac{1}{2}$	18	8	17	19	18	55,27
La risdale de Francfort	Mo. 9	18	8	17	14	4	54,53
La risdale de l'électeur palatin du Rhin et Bavière, avant 1620	——	18	5				
La risdale de Nuremberg	Mo. 6	18	10	17	22	1	55,55
La vieille risdale de Lunembourg	Mo. 10	18	11	17	15	2	54,65
La vieille risdale de Hanovre	Mo. 8	18	12	17	20	2	55,03
Le double gulden de l'électeur de Hanovre	Mo. 7	18	18	18	3	16	56,29
Le gulden de l'électeur de Hanovre, ou pièce de $\frac{2}{3}$	M. $17\frac{1}{2}$	8	10	9	1	18	28,14
Le demi-gulden de l'électeur de Hanovre, ou pièce de $\frac{1}{3}$	M. $17\frac{1}{2}$	4	5	4	12	19	14,07
Le gulden du duc de Zell, ou pièce de 16 gut groshen	Mo. 43	11	2	8	22	10	27,07
Le gulden de l'évêque de Hildesheim, ou pièce de 24 mariengrosh, qui s'élève maintenant à 26	Mo. $40\frac{1}{2}$	11	22	9	17	17	30,21
La risdale de Magdebourg	Mo. 10	18	12	17	16	1	54,27
Le gulden ou guilder de Magdebourg	Mo. 44	11	14	9	6		28,67
La vieille risdale de l'électeur de Brandebourg	Mo. 9	18	13	17	19	1	55,17
Le vieux gulden de Brandebourg, qui s'élève maintenant de 24 à 26 mariengrosh	Mo. 43	12	4	9	19	9	30,41
Le gulden de Brandebourg, ou pièce de $\frac{2}{3}$	Mo. 43	11	3	8	23	6	27,81
Le demi-gulden de Brandebourg, ou pièce de $\frac{1}{3}$	Mo. 43	5	13	4	11	14	13,09
Le gulden de l'électeur de Saxe, ou pièce de $\frac{2}{3}$	Mo. 41	11	3	9	1	14	28,12

MONNAIES ÉTRANGÈRES D'ARGENT.	ESSAIS.		POIDS.		POIDS ÉTALONS.			VALEUR
		den.	den.	gr.	den.	gr.	mi.	den.
La vieille piastre de banque de Hambourg	Mo.	8	18	9	17	17	4	54,92
La vieille risdale de Lubec	Mo.	$8\frac{1}{2}$	18	16	17	22	17	55,54
La pièce de quatre marcs de Danemark, de mauvais aloi	Mo.	61	14	8	10	9	10	32,23
La pièce de quatre marcs de Danemark, de fin aloi	Mo.	21	11	$13\frac{1}{2}$	10	11	5	32,45
La pièce de huit marcs de Suède	Étalon.		20		20			62
La pièce de quatre marcs de Suède	Mo.	58	13	12	9	23	7	30,92
La pièce de deux marcs de Suède	Mo.		6	19				
La vieille piastre de Dantzic	Mo.	$10\frac{1}{2}$	18	9	17	12	4	54,27
La vieille risdale de Thorn près Dantzic	Mo.	12	18	$8\frac{1}{2}$	17	8	15	53,85
La risdale de Sigismond III et de Ladislas IV, rois de Pologne	Mo.	10	18	9	17	13	14	54,04
La risdale du dernier empereur Léopold	Mo.	$10\frac{1}{2}$	18	9	17	12	4	54,27
La risdale de son prédécesseur, Ferdinand III	Mo.	$10\frac{1}{2}$	18	9	17	12	4	54,27
La risdale de Ferdinand, archiduc d'Autriche	Mo.	$10\frac{1}{2}$	18	5	17	8	7	53,78
La risdale de Bâle	Mo.	$7\frac{1}{2}$	18	$18\frac{1}{2}$	18	3	6	56,24
La risdale de Zune	Mo.	13	18	1	16	23	13	52,65
Le vieux ducat de Venise, qui porte le nom de *ducat vénitien*, pièce de 6 livres anciennes, évalué depuis, je crois, à 6 livres 4 sols de piccoli	Mo.	$23\frac{1}{2}$	14	15	13	1	17	40,50
Le demi-ducat	Mo.	$23\frac{1}{2}$	7	$7\frac{1}{2}$	6	12	8	20,25
Le nouveau ducat, avec le numéro 124, qui signifie 124 sols, ou 6 livres 4 sols de piccoli	——		18	2				
Le demi-nouveau ducat	——		9	1				
La crusade, crosáid, ou Saint-Marc de Venise, avec le numéro 140, qui signifie 140 sols ou 7 livres de piccoli	——		20	6				
La demi-crusade de même forme	——		10	3				
Le quart de crusade de même forme	——		5	1				
Autre monnaie réelle de Venise	Mo.	46	17	10	13	19	8	42,08
La pièce de deux Jules	M.	6	3	15	3	17	7	11,05
Le ducat banco de Naples, ou pièce de 5 tarins, ou 10 carlins, ou 100 grains	Mo.	3	14	$0\frac{3}{4}$	13	1		40,43
Le demi-ducat	Mo.	3	7	$0\frac{1}{8}$	6	12	10	20,21
Le tarin, ou cinquième partie du ducat	Mo.	3	2	$19\frac{1}{4}$	2	14	12	8,09
Le carlin, ou dixième partie du ducat	Mo.	3	1	$9\frac{1}{2}$	1	7	6	4,04
L'escudi, écu, ou couronne de Rome, ou pièce de 10 julios, ou 100 bayoches	——		20	$14\frac{1}{2}$				
Le teston de Rome, ou pièce de 3 julios	Mo.	1	5	$21\frac{1}{2}$	5	20	17	18,32
Le ducat de Florence et Livourne, ou pièce de 7 lire, ou $10\frac{1}{2}$ julios	M.	8	20	3	20	20	6	64,62
Le julio de Rome			2	5				
La piastre écu, ou couronne de Ferdinand II, duc de Toscane	Mo.	1	17	12	17	10	2	54
La piastre écu, ou couronne de Come III, duc régnant de Toscane, dont les monnaies sont d'environ 4 pour cent plus légères que celles de son père : cette pièce est de $8\frac{1}{2}$ julios	Mo.	1	16	18	16	16	4	51,69
Le croisat de Gênes, ou pièce de $7\frac{1}{2}$ lire	M.	7	24	15	25	9	11	78,74
L'écu d'argent de Gênes, ou pièce de 7 lire 12 sols								
La piastre écu, ou couronne de Milan	——		17	21				
Le philippe de Milan, ou pièce de 7 livres	——		20	20				
La livre, ou 20 sols, pièce de Savoie	——		3	22				
Les 10 sols, pièce de Savoie	——		1	23				
Roupie	M.	$16\frac{1}{2}$	7	10	7	23	4	24,07
Gout gulden, ou florin d'or, monnaie réelle holland. de 28 stivers	Mo.	75	12	19	8	11	5	26,26
Autre gont gulden	Mo.	48	11	00	8	14	18	26,72
Autre	Mo.	48	12		9	9	15	29,15

MONNAIES D'OR.	ESSAIS.			POIDS.		POIDS ÉTALON.			VALEUR.	
		car.	gr.	den.	gr.	den.	gr.	mi.	s.	d.
Le vieux louis d'or	Mo.	0	$0\frac{1}{2}$	4	8	4	7	8	16	9,3
Le demi et quart en proportion	Mo.	0	$0\frac{1}{2}$	2	4	2	3	14	8	5
Le nouveau louis d'or	Mo.	0	$1\frac{1}{2}$	5	$5\frac{2}{5}$	5	3	18	20	0,6
Le demi et quart en proportion	Mo.	0	$1\frac{1}{2}$	2	$14\frac{7}{10}$	2	13	19	10	0,3
Le vieux double doublon d'Espagne	Mo.	0	$0\frac{1}{2}$	17	8	17	5	12	67	1,4
La vieille double pistole d'Espagne	Mo.	0	$0\frac{1}{2}$	8	16	8	14	16	83	6,7
La vieille pistole d'Espagne	Mo.	0	$0\frac{1}{2}$	4	8	4	7	8	16	9,3
La nouvelle double pistole de Séville	Mo.	0		8	$16\frac{1}{3}$					
La nouvelle pistole de Séville				4	$8\frac{1}{6}$					
Le demi et quart en proportion										
La doppie moeda, ou double moeda de Portugal, frappée nouvellement	Mo.	0	$0\frac{1}{4}$	6	22	6	21	12	26	10,4
Les doppie moeda comme elles circulent en Angleterre	Mo.	0	$0\frac{1}{4}$	6	$21\frac{3}{4}$	6	21	7	26	9,9
La moeda de Portugal	Mo.	0	$0\frac{1}{4}$	3	11	3	10	16	13	5,1
La demi-moeda	Mo.	0	$0\frac{1}{4}$	1	$17\frac{1}{2}$	1	17	8	6	8,5
Le ducat de Hongrie	M.	1	2	2	$5\frac{2}{3}$	2	9	7	9	3,6
Le ducat de Hollande, frappé à legem imperii	M.	1	2	2	$5\frac{1}{2}$	2	9	3	9	3,2
Le ducat de Campen en Hollande	M.	1	2	2	$5\frac{1}{2}$	2	9	3	9	3,2
Le ducat de l'évêque de Bamberg	M.	1	2	2	$5\frac{1}{2}$	2	9	3	9	3,2
Le double ducat du duc de Hanovre	M.	1	2	4	$10\frac{1}{2}$	4	17	9	18	4,8
Le ducat du duc de Hanovre	M.	1	2	2	$5\frac{1}{4}$	2	8	18	9	2,7
Le ducat de Brandebourg	M.	1	2	2	$5\frac{1}{2}$	2	9	3	9	3,2
Le ducat de Suède	M.	1	2	2	$5\frac{1}{2}$	2	9	3	9	3,2
Le ducat de Danemark	M.	1	2	2	$5\frac{1}{2}$	2	9	3	9	3,2
Le ducat de Pologne	M.	1	2	2	5	2	8	12	9	2,1
Le ducat de Transilvanie	M.	1	$1\frac{1}{2}$	2	$4\frac{3}{4}$	2	7	6	8	11,6
Le sequin, chequin, ou zacheçn de Venise	M.	1	$3\frac{1}{2}$	2	$5\frac{3}{4}$	2	10	7	9	5,7
La vieille pistole italienne	Mo.	0	$0\frac{1}{4}$	4	$6\frac{3}{4}$	4	6	11	16	7,6
La double pistole du pape Urbain, 1634	—			8	$14\frac{1}{2}$					
La demi-pistole d'Innocent II, 1685	—			2	4					
Double pistole de Plaisance	—			8	10					
Double pistole de Gênes, 1621	—			8	16					
Double pistole de Milan	—			8	$13\frac{1}{2}$					
Simple pistole de Milan	—			4	$6\frac{3}{4}$					
Pistole de Savoie, 1675	—			4	$8\frac{1}{2}$					
Doubles ducats de Castille, Gênes, Portugal, Florence, Hongrie et Venise	M.	1	$2\frac{1}{2}$	4	11	4	18	18	18	7,7
Simples ducats des mêmes places	M.	1	$2\frac{1}{2}$	2	$5\frac{1}{2}$	2	9	9	9	3,8
Doubles ducats de plusieurs formes en Allemagne	M.	1	1	4	11	4	17	1	18	4
Simples ducats des mêmes places	M.	1	1	2	$5\frac{1}{2}$	2	8	$5\frac{1}{2}$	9	2
Double ducat de Gênes	M.	1	2	4	11	4	18	6	18	6,5
Simples ducats de Gênes, Besançon et Zurich	M.	1	2	2	$5\frac{1}{2}$	2	9	3	9	3,2
Pistole de Rome, Milan, Venise, Florence, Savoie, Gênes, Orange, Trèves, Besançon	Mo.	0	$0\frac{1}{4}$	4	6	4	5	17	16	6,7
Ducat de Barbarie, avec des lettres arabes sur les deux côtés en tablettes carrées, sans effigie ou écusson	Mo.	2	$1\frac{1}{2}$	2	$16\frac{1}{4}$	2	9	6	9	3,5

NOUVELLE TABLE DES MONNAIES D'OR.

TABLE V.

Contenant les essais, poids et valeurs des principales monnaies réelles de toutes les contrées, calculées d'après le prix de l'or de la monnaie en Angleterre, et d'après les essais faits soit à Londres, soit à Paris; essais qui se sont trouvés se vérifier l'un l'autre.

Les essais ont été exécutés à Londres par Robert Bingley, essayeur de la Monnaie, et ceux de Paris par Pierre Frédéric Bonneville, essayeur du commerce. Ceux-ci ont été publiés dans l'excellent ouvrage des Monnaies d'or et d'argent de toutes les nations.

LIEUX.	MONNAIES.	ESSAIS.	POIDS.		POIDS ÉTALONS.			OR PUR.	VALEUR EN STERLING.	
		car. gr.	den.	gr.	den.	gr.	mi.	grains.	s.	d.
AMÉRIQUE	(Voyez *Portugal*, *Espagne* et *États-Unis*.)									
AUGSBOURG	ducat	M. 1 $1\frac{3}{4}$	2	$5\frac{1}{4}$	2	8	8	52,1	9	2,64
AUTRICHE	souverain	Mo. 0 $0\frac{1}{4}$	3	14	3	13	15	78,6	13	10,92
	double ducat	M. 1 $2\frac{3}{4}$	4	12	4	20	5	106,4	18	9,97
	ducat	M. 1 $2\frac{3}{4}$	2	6	2	10	2	53,2	9	4,98
	ducat kremnitz ou hongrois	M. 1 3	2	$5\frac{3}{4}$	2	10	3	53,3	9	5,91
BADE	ducat	M. 1 $2\frac{3}{4}$	1	$23\frac{1}{2}$	2	3	2	46,9	8	3,60
BALE	ducat	Étalon.	2	$4\frac{1}{2}$	2	4	10	48,1	8	6,14
	pistole	Mo. 0 $2\frac{1}{2}$	4	22	4	18	13	105,1	18	7,20
BAVIÈRE	carolin	Mo. 3 2	6	$5\frac{1}{4}$	5	5	10	115,	20	4,23
	max d'or, ou maximilien	Mo. 3 $2\frac{1}{4}$	4	4	3	14	0	77,	13	7,44
	ducat	M. 1 $2\frac{1}{4}$	2	$5\frac{3}{4}$	2	19	11	52,8	9	4,12
	pistole (voy. *Manheim*).									
BERNE	ducat (double, etc., en proportion)	M. 1 $1\frac{3}{4}$	1	23	2	2	1	45,9	8	1,48
	pistole	Mo. 0 $1\frac{1}{2}$	4	21	4	19	0	105,5	18	7,86
BOLOGNE	(voy. *Rome*.)									
BRUNSWICK	pistole (double en proportion)	Mo. 0 $1\frac{1}{2}$	4	$21\frac{1}{4}$	4	19	5	105,7	18	8,48
	charles d'or, avant 1802 (double en proportion)	Mo. 0 $1\frac{1}{2}$	4	$6\frac{1}{2}$	4	4	15	92,5	16	4,44
	charles d'or, depuis 1802 (double en proportion)	Mo. 0 $2\frac{1}{2}$	4	$6\frac{1}{2}$	4	3	11	92,	16	3,38
	ducat	M. 1 $0\frac{1}{2}$	2	$5\frac{3}{4}$	2	8	9	51,8	9	2,
COLOGNE	ducat	M. 1 2	2	$5\frac{3}{4}$	2	9	8	52,6	9	3,70
CONSTANTINOPLE	(voy. *Turquie*.)									
DANEMARK	ducat courant	Mo. 0 $3\frac{1}{4}$	2	0	1	21	19	42,2	7	5,62
	ducat d'espèce	M. 1 2	2	$5\frac{3}{4}$	2	9	8	52,6	9	3,70
	christian d'or	Mo. 0 1	4	7	4	5	16	93,3	16	6,14
INDES ORIENTALES	(voy. page 168.)									
ANGLETERRE	guinée	Étalon.	5	$9\frac{1}{2}$	5	9	10	118,7	21	0,
	demi-guinée	Étalon.	2	$16\frac{3}{4}$	2	16	15	59,3	10	6,
	pièce de sept shillings	Étalon.	1	19	1	19	0	39,6	7	0,

LIEUX.	MONNAIES.	ESSAIS.	POIDS.		POIDS ÉTALONS.			OR PUR.	VALEUR EN STERLING.	
		car. gr.	den.	gr.	den.	gr.	mi.	grains.	s.	d.
ANGLETERRE	souverain	Étalon.	5	3¼	5	3	5	113,1	20	0,
FLANDRES	(voy. *Autriche.*)									
FLORENCE	(voy. *Toscane.*)									
FRANCE	double louis (frappé avant 1786)	Mo. 0 2	10	11	10	5	6	224,9	39	9,64
	louis	Mo. 0 2	5	5½	5	2	12	112,4	19	10,71
	demi-louis	Mo. 0 2	2	14¾	2	13	6	56,2	9	11,38
	double louis (frappé depuis 1786)	Mo. 0 1½	9	20	9	15	19	212,6	37	7,53
	louis	Mo. 0 1½	4	22	4	19	19	106,3	18	9,75
	double napoléon, ou pièce de 40 francs	Mo. 0 1¾	8	7	8	3	0	179,	31	8,36
	napoléon, ou pièce de 20 francs	Mo. 0 1¾	4	3½	4	1	10	89,7	15	10,5
	nouveau louis (double, etc.), le même que le napoléon									
FRANCF.-SUR-LE-MEIN.	ducat	M. 1 2½	2	5¾	2	9	14	52,9	9	4,34
GENÈVE	vieille pistole	Mo. 0 2	4	7¼	4	4	18	92,5	16	4,45
	nouvelle pistole	Mo. 0 0½	3	15¾	3	15	4	80,	14	1,9
GÊNES	doppia, ou pistole (pièces de 2, 4, etc., en proportion)	Mo. 0 1½	4	7½	4	5	14	93,4	16	6,36
	sequin	M. 1 3½	2	5¾	2	10	6	53,4	9	5,41
	genovina de 100 lire (½, etc., en proportion)	Mo. 0 1	18	3	17	22	0	394,2	69	9,20
	nouvelle genovina de 96 lire, ou 4 pistoles, pièce de la république Ligurienne	Mo. 0 0½	16	4	16	1	15	357,7	63	3,68
	idem, de 48 lire (pièces de 24 et 12 en proportion)	Mo. 0 0½	8	2	8	0	18	178,9	31	7,95
HAMBOURG	ducat (double en proportion)	M. 1 2½	2	5¾	2	9	14	52,9	9	4,35
HANOVRE	george d'or	Mo. 0 1¼	4	6½	4	5	3	92,6	16	4,66
	ducat	M. 1 3¼	2	5¾	2	10	3	53,3	9	5,19
	florin d'or (double en proportion)	Mo. 3 0½	2	2	1	18	6	39,	6	10,83
HESSE-CASSEL	pistole	Mo. 0 2½	4	7¼	4	4	8	92,	16	3,39
	guillaume d'or de 1815	Mo. 0 1¾	4	6½	4	4	9	92,1	16	3,6
HESSE-DARMSTADT	carolin	Mo. 3 2	3	3	2	15	0	58,	10	3,18
	ducat	M. 1 3	2	5¾	2	10	0	53,2	9	4,98
HOLLANDE	double ryder	Étalon.	12	21	12	21	0	283,2	50	1,46
	ryder	Étalon.	6	9	6	9	0	140,2	24	9,75
	demi-ryder	Étalon.	3	4½	3	4	10	70,1	12	4,87
	ducat	M. 1 2¼	2	5¾	2	9	12	52,8	9	4,13
HONGRIE	(voyez *Autriche.*)									
JAPON	(voyez *Indes orientales*, page 168.)									
LIVOURNE	(voyez *Toscane.*)									
LEIPSIC	(voyez *Saxe.*)									
LIÉGE	ducat	M. 1 1½	2	5½	2	8	16	52,3	9	3,07
LORRAINE	léopold	Mo. 0 1	7	5¾	7	3	15	157,4	27	10,28
	françois	Mo. 0 1	4	7¼	4	6	1	93,6	16	6,78
LUCQUES	pistole	Mo. 0 0¼	3	13¼	3	13	0	77,9	13	9,44
MALTE	double louis	Mo. 1 3¼	10	16	9	18	18	215,3	38	1,25
	louis	Mo. 1 3	5	8	4	21	16	108,	19	1,37
	demi-louis	Mo. 1 2¼	2	16	2	11	3	54,5	9	7,75
MANHEIM	carolin (½ et ¼ en proportion)	Mo. 3 2	6	4½	5	4	16	114,4	20	2,96

LIEUX.	MONNAIES.	ESSAIS.			POIDS.		POIDS ÉTALONS.			OR PUR.	VALEUR EN STERLING.	
			car.	gr.	den.	gr.	den.	gr.	mi.	grains.	s.	d.
MANHEIM	pistole	Mo.	0	$1\frac{1}{2}$	4	$6\frac{1}{2}$	4	4	16	92,3	16	4,02
	ducat	M.	1	$2\frac{1}{4}$	2	$5\frac{3}{4}$	2	9	10	52,8	9	4,13
METZ	ducat	M.	1	$2\frac{1}{2}$	2	$5\frac{3}{4}$	2	9	12	52,9	9	4,34
MILAN	sequin	M.	1	3	2	$5\frac{3}{4}$	2	10	0	53,2	9	4,98
	doppia, ou pistole	Mo.	0	1	4	$1\frac{1}{2}$	4	0	8	88,4	15	7,74
	pièce de 40 lire de 1808	Mo.	0	$1\frac{3}{4}$	8	8	8	4	0	179,7	31	9,64
NAPLES	pièce de 6 ducats de 1752	Mo.	1	$0\frac{1}{4}$	5	16	5	9	8	118,7	21	0,09
	pièce de 6 ducats de 1767 et 1772	Mo.	1	$2\frac{3}{4}$	5	18	5	7	14	116,8	20	8,06
	pièce de 6 ducats de 1783	Mo.	0	$2\frac{1}{4}$	5	16	5	12	18	121,9	21	6,89
	pièce de 4 ducats, ou pistole, de 1752	Mo.	1	$0\frac{1}{4}$	3	$18\frac{3}{4}$	3	14	6	79,2	14	0,20
	pièce de 4 ducats de 1767 et 1770	Mo.	1	$2\frac{3}{4}$	3	$18\frac{3}{4}$	3	11	6	76,8	13	7,10
	pièce de 2 ducats, ou sequin, de 1762	Mo.	1	$2\frac{3}{4}$	1	$20\frac{1}{4}$	1	16	6	37,4	6	7,42
	pièce de 3 ducats, ou oncetta, de 1818	M.	1	$3\frac{1}{2}$	2	$10\frac{1}{4}$	2	15	1	58,1	10	3,40
BELGIQUE	souverain (voy. *Autriche*)											
	lion d'or, ou pièce de 14 florins	Étalon.			5	$7\frac{3}{4}$	5	7	16	117,1	20	8,69
	pièce de 10 florins (1820)	Mo.	0	$1\frac{3}{4}$	4	$7\frac{3}{4}$	4	5	15	93,2	16	5,93
NUREMBERG	ducat (double, etc., en proportion)	M.	1	2	2	$5\frac{3}{4}$	2	9	8	52,6	9	3,71
PARME	quadruple pistole (double en proportion)	Mo.	1	0	18	9	17	12	18	386,	68	3,78
	pistole ou doppia de 1787	Mo.	0	3	4	14	4	10	4	97,4	17	2,85
	idem, de 1796	Mo.	1	$0\frac{1}{4}$	4	14	4	8	14	95,9	16	11,67
	Marie-Thérèse (1818)	Mo.	0	$1\frac{3}{4}$	4	$3\frac{1}{2}$	4	1	10	89,7	15	10,5
PERSE	(voyez *Indes orientales*, page 168.)											
PIÉMONT	pistole ou doppia (1741 à 1785)	Mo.	0	$1\frac{1}{4}$	6	$4\frac{1}{2}$	6	2	8	134,2	23	9,01
	pistole frappée depuis 1785 ($\frac{1}{2}$, etc., en proportion)	Mo.	0	$1\frac{1}{4}$	5	20	5	17	0	125,6	22	2,75
	sequin ($\frac{1}{2}$ en proportion)	M.	1	$2\frac{1}{2}$	2	$5\frac{3}{4}$	2	9	12	52,9	9	4,34
	carlino frappé avant 1785	Mo.	0	$1\frac{1}{2}$	31	$0\frac{1}{2}$	30	11	14	670,8	118	8,64
	carlino frappé depuis 1785 ($\frac{1}{2}$, etc., en proportion)	Mo.	0	$1\frac{1}{4}$	29	6	28	20	0	634,4	112	3,33
	pièce de 20 francs, appelée *Marengo*	Mo.	2	0	4	$3\frac{1}{4}$	3	18	4	82,7	14	7,63
POLOGNE	ducat	M.	1	$2\frac{1}{2}$	2	$5\frac{3}{4}$	2	9	12	52,9	9	4,34
PORTUGAL	dobraon de 24,000 reis	Étalon.			34	12	34	12	0	759,	134	3,96
	meio dobraon de 12,000 reis	Étalon.			17	6	17	6	0	379,5	67	1,98
	dobra de 12,800 reis	Étalon.			18	6	18	6	0	401,5	71	0,70
	johanèse de 6400 reis	Mo.	0	$0\frac{1}{4}$	9	$6\frac{1}{2}$	9	5	16	203,4	35	11,98
	demi-johanèse de 3200 reis	Mo.	0	$0\frac{1}{4}$	4	15	4	14	12	101,5	17	11,56
	moidore ou lisbonnine ($\frac{1}{2}$, etc., en proportion)	Étalon.			6	22	6	22	0	152,2	26	11,24
	pièce de 16 testoons, ou 1600 reis	Mo.	0	$0\frac{3}{8}$	2	6	2	5	14	49,3	8	8,70
	pièce de 12 testoons, ou 1200 reis	Mo.	0	$0\frac{3}{8}$	1	$16\frac{1}{4}$	1	16	0	36,7	6	5,94
	pièce de 8 testoons	Mo.	0	$0\frac{3}{8}$	1	$4\frac{1}{2}$	1	4	6	26,	4	7,21
	vieille crusade de 400 reis	Mo.	0	$0\frac{1}{2}$	0	15	0	14	18	13,6	2	4,88

LIEUX.	MONNAIES.	ESSAIS.	POIDS.	POIDS ÉTALONS.	OR PUR.	VALEUR EN STERLING.	
		car. gr.	den. gr.	den. gr. mi.	grains.	s.	d.
PORTUGAL	nouvelle crusade de 480 reis	Mo. 0 $0\frac{5}{8}$	0 $16\frac{1}{4}$	0 16 2	14,8	2	7,43
	milrei (frappée pour les colonies d'Afrique, 1755	Étalon.	0 $19\frac{3}{4}$	0 19 15	18,1	3	2,44
PRUSSE	ducat de 1748	M. 1 $2\frac{1}{2}$	2 $5\frac{3}{4}$	2 9 14	52,9	9	4,34
	ducat de 1787	M. 1 2	2 $5\frac{3}{4}$	2 9 6	52,6	9	3,71
	frédéric (double) de 1769	Mo. 0 $1\frac{3}{4}$	8 14	8 9 18	185,	32	8,90
	frédéric (simple) de 1778	Mo. 0 $1\frac{1}{2}$	4 7	4 5 4	92,8	16	5,08
	frédéric (double) de 1800	Mo. 0 2	8 14	8 9 6	184,5	32	7,84
	frédéric (simple) de 1800	Mo. 0 2	4 7	4 4 13	92,2	16	3,42
RATISBONNE	pièce de 4 ducats	M. 1 2	8 21	9 11 0	77,2	36	10,81
ROME	doppia, ou pistole, de Pie VI	Mo. 0 $0\frac{3}{4}$	3 13	3 12 5	77,2	13	7,59
	idem, de Pie VII, 1802 ($\frac{1}{2}$, etc., en proportion	Mo. 0 $1\frac{1}{2}$	3 13	3 11 12	76,6	13	6,68
	zecchino, ou sequin (frappé avant 1760)	M. 1 2	2 $4\frac{1}{2}$	2 8 0	51,4	9	1,16
	sequin (frappé depuis 1760)	M. 1 $3\frac{1}{2}$	2 $4\frac{1}{2}$	2 9 0	52,2	9	2,86
	scudo de la république	Mo. 0 $1\frac{3}{4}$	17 $0\frac{1}{4}$	16 16 6	367,	64	11,43
RUSSIE	ducat de 1751	M. 1 $1\frac{1}{4}$	2 5	2 8 4	51,5	9	1,37
	double ducat de Saint-André, de 1756	M. 1 $2\frac{1}{2}$	4 10	4 17 16	104,4	18	5,72
	ducat de 1796	M. 1 $2\frac{1}{2}$	2 6	2 10 0	53,2	9	4,98
	ducat de 1763	M. 1 2	2 $5\frac{3}{4}$	2 9 8	52,6	9	3,71
	demi-ducat de 1785	Mo. 0 $0\frac{1}{2}$	1 $14\frac{1}{2}$	1 14 6	35,1	6	2,54
	rouble d'or de 1756	Étalon.	1 $0\frac{1}{2}$	1 0 10	22,5	3	11,78
	idem, de 1799	Mo. 0 $0\frac{1}{4}$	0 $18\frac{3}{4}$	0 18 14	17,1	3	0,31
	poltin d'or de 1777	Étalon.	9	0 9 0	8,2	1	5,41
	impérial (frappé avant 1763)	Étalon.	10 16	10 16 0	234,7	41	6,45
	idem, de 1763	Étalon.	8 $9\frac{1}{2}$	8 9 10	184,7	32	8,06
	idem, de 1772	Mo. 0 $0\frac{1}{4}$	8 11	8 10 8	185,5	32	9,96
	demi-impérial de 1780	Mo. 0 $0\frac{1}{4}$	4 $2\frac{1}{2}$	4 2 4	90,	15	11,14
	impérial de 1801	M. 1 $2\frac{1}{4}$	7 $17\frac{1}{4}$	8 6 8	181,9	32	2,31
	demi-impérial de 1801	M. 1 $2\frac{1}{4}$	3 $20\frac{1}{2}$	4 3 4	90,9	16	1,05
	idem, de 1818	M. 0 $0\frac{1}{8}$	4 $3\frac{1}{2}$	4 3 12	91,3	16	1,98
SAINT-GALL	ducat	M. 0 3	21 $20\frac{1}{2}$	22 15 2	497,9	88	1,44
SALTZBOURG	ducat	M. 1 2	2 $5\frac{3}{4}$	2 9 8	52,6	9	3,71
SARDAIGNE	carlino ($\frac{1}{2}$ en proportion)	Mo. 0 $2\frac{3}{4}$	10 $7\frac{1}{2}$	9 23 16	219,8	38	10,
	doppietta	Mo. 0 $2\frac{3}{4}$	2 $1\frac{1}{4}$	1 23 13	43,7	7	8,81
SAXE	ducat de 1784	M. 1 2	2 $5\frac{3}{4}$	2 9 8	52,6	9	3,71
	idem, de 1797	M. 1 $2\frac{1}{2}$	2 $5\frac{3}{4}$	2 9 14	52,9	9	4,34
	auguste de 1754	Mo. 0 $2\frac{5}{8}$	4 $6\frac{1}{2}$	4 3 8	91,2	16	1,69
	auguste de 1784	Mo. 0 $1\frac{3}{4}$	4 $6\frac{1}{2}$	4 4 12	92.2	16	3,81
SICILE *	once de 1734	Mo. 0 $2\frac{1}{4}$	2 $20\frac{1}{2}$	2 18 14	61,2	10	9,97
	idem, de 1741	Mo. 0 3	2 $20\frac{1}{2}$	2 18 4	60,7	10	8,91
	idem, de 1751	Mo. 1 $2\frac{1}{2}$	2 $20\frac{1}{2}$	2 15 8	58,2	10	3,60
	double once de 1758	Mo. 1 2	5 17	5 7 14	117,	20	8,48
ESPAGNE	quadruple pistole, ou doublon (frappé avant 1772)	Mo. 0 $1\frac{1}{2}$	17 $8\frac{1}{2}$	17 1 8	375,3	66	5,06
	double pistole (avant 1772, simple et demi en proport.)	Mo. 0 $1\frac{1}{2}$	8 $16\frac{1}{4}$	8 12 14	187,7	33	2,63
	quart de pistole, ou piastre d'or (avant 1772)	Mo. 0 2	1 3	1 2 8	24,2	4	3,39

* On trouve beaucoup de variation dans la finesse des monnaies d'or de Sicile.

LIEUX.	MONNAIES.	ESSAIS.			POIDS.		POIDS ÉTALONS.			OR PUR.	VALEUR EN STERLING.	
			car.	gr.	den.	gr.	den.	gr.	mi.	grains.	s.	d.
ESPAGNE	doublon de 1772 (double et simple en proportion)	Mo.	0	2¼	17	8½	16	21	16	372,	65	10,05
	demi-pistole de 1772	Mo.	0	2½	2	4	2	2	10	46,3	8	2,33
	quart de pistole de 1772	Mo.	0	3	1	3	1	2	2	23,9	4	2,75
	quadruple pistole de 1801	Mo.	1	1	17	9	16	9	6	360,5	63	9,62
	double pistole de 1801	Mo.	1	1	8	16½	8	4	13	180,3	31	10,92
	pistole de 1801	Mo.	1	1	4	8¼	4	2	6	90,1	15	11,35
	coronilla, piastre d'or, ou vintem de 1801	Mo.	1	2½	1	3	1	0	18	22,8	4	0,42
SUÈDE	ducat	M.	1	2	2	5	2	8	12	51,9	9	2,22
SUISSE	ducat de Lucerne	M.	1	2	2	5¾	2	9	8	52,6	9	3,71
	double ducat de Lucerne	Mo.	1	0	4	11½	4	6	12	94,1	16	7,84
	pièce de 5 ducats de Lucerne.	Mo.	0	1	11	3	10	23	18	241,9	42	9,74
	ducat de Schwitz	M.	0	2	2	5	2	6	4	49,7	8	9,55
	idem, de Saint-Gall	M.	0	3	2	5¾	2	7	12	51,	9	0,31
	idem, de Uri	M.	1	1	2	5	2	8	0	51,4	9	1,16
	pistole de Lucerne	Mo.	0	1½	4	21½	4	19	9	105,9	18	8,91
	idem, de Soleure	Mo.	0	1¾	4	22	4	19	12	106,	18	9,12
	idem, de la république helvétique, de 1800	Mo.	0	1½	4	21½	4	19	9	105,9	18	8,91
	(Voyez aussi *Bâle, Berne, Genève, Saint-Gall* et *Zurich.*)											
TRÈVES	ducat	M.	1	2	2	5¾	2	9	8	52,6	9	3,71
TURQUIE	sequin fonducli de Constantinople, de 1773	Mo.	2	2½	2	5¾	1	23	6	43,3	7	7,94
	idem, de 1789	Mo.	2	3¼	2	5¾	1	22	16	42,9	7	7,11
	double sequin mahbub de 1773.	M.	1	0	3	4¼	3	7	14	73,1	12	11,26
	sequin mahbub de 1789	Mo.	2	3	1	12	1	7	10	28,9	5	1,37
	idem, du Caire, de 1773	Mo.	3	0½	1	15¼	1	9	16	31,	5	5,83
	idem, du Caire, de 1789	Mo.	5	2½	1	15¼	1	5	6	26,9	4	9,13
	demi-misseir (1818)	Mo.	5	3½	0	18¼	0	13	5	12,16	2	1,82
	sequin fonducli	Mo.	2	3	2	5	1	22	7	42,5	7	6,26
	rubieh	Mo.	2	3¼	0	12½	0	10	18	9,9	1	9,
	Yermecbeshlek	M.	0	3½	3	1⅜	3	4	13	70,3	12	5,30
TOSCANE	ruspone	M.	1	3¾	6	17¼	7	7	8	160,8	28	5,50
	zecchino, ou sequin	M.	1	3¾	2	5¾	2	10	14	53,6	9	5,83
	ruspone du royaume d'Étrurie	M.	1	3⅞	6	17¼	7	7	13	161,	28	5,93
ÉTATS-UNIS	* aigle (½ et ¼ en proportion)	Mo.	0	0½	11	6	11	4	8	246,1	43	6,66
VENISE	zecchino, ou sequin (½ et ¼ en proportion)	M.	1	3¼	2	6	2	10	10	53,6	9	5,83
	doppia, ou pistole	Mo.	0	1	4	8	4	7	0	94,4	16	8,48
	scudo d'oro, ou couronne d'or	M.	1	3½	26	23	29	6	2	643,6	113	10,87
	ducato d'oro, ou ducat d'or	M.	1	3½	1	9½	1	12	6	33,3	5	10,72
	osella d'oro	M.	1	3½	8	23½	9	17	18	214,5	37	11,55
INDES OCCIDENTALES	(voyez volume I.)											
WIRTEMBERG	carolin	Mo.	3	2	6	3½	5	4	0	113,7	20	1,47
	ducat	M.	1	2	2	5	2	8	12	51,9	9	2,22
WURTZBOURG	ducat	M.	1	2	2	5¾	2	9	8	52,6	9	3,71
ZURICH	ducat (double et ½ en proport.)	M.	1	2	2	5¾	2	9	8	52,6	9	3,71

* Cette valeur de l'aigle d'Amérique est calculée d'apres le terme moyen d'estimation des monnaies réelles de deux années.

INDES ORIENTALES.

LIEUX.	MONNAIES.	ESSAIS.			POIDS.		POIDS ÉTALONS.			OR PUR.	VALEUR EN STERLING.	
			car.	gr.	den.	gr.	den.	gr.	mi.	grains.	s.	d.
INDES ORIENTALES...	mohur du Shah Allum (1770).	M.	1	$2\frac{1}{4}$	7	$22\frac{1}{4}$	8	11	15	186,8	33	0,72
	idem	M.	1	$2\frac{3}{4}$	7	23	8	13	13	188,5	33	4,33
	demi-mohur (1787), $\frac{1}{4}$ en proportion................	M.	1	$2\frac{1}{2}$	3	$23\frac{1}{2}$	4	6	10	94,	16	7,64
	mohur sicca de Bengale, daté 19e sun................	M.	1	$3\frac{3}{8}$	7	23	8	15	0	189,8	33	7,09
	idem, de Bombay, vieux, encore en circulation........	M.	0	$3\frac{1}{2}$	7	$10\frac{1}{3}$	7	17	8	170,	30	1,04
	idem, de la Compagnie hollandaise des Indes orientales (1783)................	Mo.	3	$3\frac{1}{4}$	10	2	8	8	0	183,4	32	5,50
	idem (1797)................	Mo.	4	1	9	20	7	22	8	174,5	30	10,60
	idem, demi, *idem* (1801)....	Mo.	3	$1\frac{1}{4}$	5	$3\frac{1}{2}$	4	18	18	96,2	17	0,30
	roupie, de Tippoo..........	Mo.	1	2	8	$20\frac{1}{2}$	8	6	0	181,5	32	1,46
	* *idem*, zodiaque............	M.	1	$3\frac{3}{4}$	7	0	7	14	16	167,6	29	7,9
	idem, Bombay (1818).......	M.	0	$0\frac{1}{2}$	7	11	7	11	13	164,7	29	1,78
	idem, Madras (1818)........	Étalon.			7	12	7	12	0	165,	29	2,42
	pagode, star...............	Mo.	3	0	2	$4\frac{3}{4}$	1	21	11	41,8	7	4,77
	idem, avec un croissant et trois figures................	Mo.	1	$3\frac{1}{4}$	2	$5\frac{1}{4}$	2	0	18	44,8	7	11,14
	idem, avec un croissant et une figure.................	Mo.	2	$1\frac{3}{4}$	2	4	1	22	5	42,4	7	6,04
	idem, Arcot, vieille.........	Mo.	3	2	2	$4\frac{1}{2}$	1	20	4	40,5	7	2,01
	idem, Arcot, nouvelle.......	Mo.	7	1	2	$4\frac{1}{2}$	1	11	4	32,4	5	8,59
	idem, Onore	Mo.	1	$3\frac{1}{4}$	2	$4\frac{1}{2}$	2	0	4	44,2	7	9,87
	idem, Mangalore............	Mo.	1	$2\frac{1}{2}$	2	$4\frac{1}{2}$	2	0	12	44,6	7	10,72
	idem, Pondichéry	Mo.	5	0	2	$4\frac{1}{2}$	1	16	6	37,2	6	7,
	idem, Hyderee Hoon..........	Mo.	2	$1\frac{1}{4}$	2	$4\frac{3}{4}$	1	23	4	43,3	7	7,96
	idem, Sultanee Hoon........	Mo.	0	$3\frac{1}{4}$	2	$4\frac{3}{4}$	2	2	16	46,6	8	2,97
	Saik Sai, monnaie réelle Mahratte..................	Mo.	1	$3\frac{3}{4}$	6	$22\frac{1}{2}$	6	7	16	139,2	24	7,63
	Faruki de Tippoo	Mo.	1	2	2	$4\frac{1}{2}$	2	0	18	44,8	7	11,14
	copang du Japon, vieux.....	Mo.	1	2	11	9	10	14	8	233,2	41	3,27
	idem, nouveau.............	Mo.	6	0	8	$9\frac{3}{4}$	6	2	14	134,5	23	9,65

* Ces roupies sont estampées du signe du zodiaque : elles sont maintenant très-rares, et on les conserve comme des objets de curiosité.

NOUVELLE TABLE DES MONNAIES D'ARGENT.

TABLE VI.

Contenant les essais, poids et valeurs des principales monnaies d'argent de tous les pays, calculées au taux de 5 s. 2 d. par once étalon, d'après les essais faits aux Monnaies de Londres et de Paris.

LIEUX.	MONNAIES.	ESSAIS.			POIDS.		POIDS ÉTALONS.			ARGENT PUR.	VALEUR EN STERLING.	
			onc.	den.	den.	gr.	den.	gr.	mi.	grains.	s.	d.
Aix-la-Chapelle..	rathsprœsentger............	Mo.	4	2	4	$1\frac{1}{2}$	2	13	9	56, 9	0	7,94
	idem, double.............	Mo.	2	15	6	$23\frac{1}{4}$	5	5	16	116, 3	1	4,24
Amérique.........	(voy. *Portugal*, *Espagne*, et *États-Unis*.											
Autriche.........	risdale, constitution, avant 1753.	Mo.	0	11	18	$11\frac{1}{2}$	17	13	10	390,	4	6,45
	risdale, convention, frappée depuis 1753.............	Mo.	1	6	18	1	15	22	4	353, 7	4	1,39
	idem, de François II, 1800.	Mo.	1	5	18	1	16	0	4	355, 5	4	1,64
	risdale du royaume de Hongrie	Mo.	1	2	18	1	16	6	1	360,9	4	2,39
	demi-risdale, ou florin, convention................	Mo.	1	3	9	$0\frac{1}{2}$	8	2	1	179,6	2	1,07
	copfstuck, ou pièce de 20 creutzers..................	Mo.	4	3	4	$6\frac{1}{2}$	2	16	3	59, 4	0	8,29
	pièce de 17 creutzers........	Mo.	4	8	4	0	2	9	18	53, 5	0	7,47
	demi-copf, ou pièce de 10 creutzers..................	Mo.	5	5	2	11	1	7	1	28, 8	0	4,01
Bade.............	risdale....................	Mo.	1	4	18	2	16	3	1	358, 1	4	2,
Bale.............	vieux patagon, ou écu.......	Mo.	0	14	18	4	17	0	10	377, 9	4	4,76
	thaler, ou risdale de 1763.....	Mo.	1	2	14	22	13	10	10	298, 4	3	5,66
	patagon, ou écu de 1795 (double, etc., en proportion)....	Mo.	1	$0\frac{1}{2}$	16	14	15	1	5	334, 3	3	10,68
	pièce de 10 batzen..........	Mo.	2	2	5	$13\frac{1}{2}$	4	12	4	100, 1	1	1,97
Bavière..........	risdale convention de 1780....	Mo.	1	6	18	1	15	22	4	358, 7	4	1,39
	risdale de 1800 ($\frac{1}{2}$ en proportion)	Mo.	1	$4\frac{1}{2}$	17	12	15	13	13	345, 6	4	0,25
	copstuck...................	Mo.	4	3	4	$6\frac{1}{2}$	2	16	3	59, 4	0	8,29
Berne............	patagon, ou couronne ($\frac{1}{2}$ en proportion)...............	Mo.	0	7	18	22	18	7	14	406, 7	4	8,79
	pièce de 10 batzen..........	Mo.	1	2	5	3	4	14	17	102, 5	1	2,31
	pièce de 5 batzen...........	Mo.	2	2	2	15	2	3	2	47, 2	0	6,59
Bologne..........	(voy. *Rome*)											
Brandebourg......	(voy. *Prusse*)											
Brême............	pièce de 48 grotes..........	Mo.	2	2	11	0	8	22	1	198,	2	3,64
Brunswick........	risdale, convention..........	Mo.	1	3	18	1	16	4	4	359, 2	4	2,15
	demi-risdale...............	Mo.	1	3	9	$0\frac{1}{2}$	8	2	2	179, 6	2	1,07
	gulden, ou pièce de $\frac{2}{3}$ fin, de 1764..................	M.	0	16	8	$10\frac{1}{2}$	9	1	1	200, 8	2	4,03
	gulden commun de 1764......	Mo.	1	2	9	0	8	2	10	180,	2	1,13
	idem, de 1795.............	Mo.	2	2	11	$1\frac{1}{2}$	8	23	7	199, 1	2	3,80
	demi-gulden, ou pièce de $\frac{1}{3}$, de 1764..................	Mo.	1	2	4	12	4	1	5	90,	1	0,56
Cassel...........	(voy. *Hesse-Cassel*)											

LIEUX.	MONNAIES.	ESSAIS.			POIDS.		POIDS ÉTALONS.			ARGENT PUR.	VALEUR EN STERLING.	
			onc.	den.	den.	gr.	den.	gr.	mi.	grains.	s.	d.
COLOGNE..........	vieille risdale..............	Mo.	0	15½	18	1	16	18	15	372, 5	4	4,01
	risdale, constitution.........	Mo.	0	7	18	19	18	4	14	404,	4	8,41
	risdale, convention..........	Mo.	1	6	18	1	15	22	4	353, 7	4	1,39
CONSTANTINOPLE....	(voy. *Turquie*)											
DANEMARK........	ryksdaler, vieux, de 6 marcs danois..................	Mo.	1	2	17	5¼	15	12	5	344, 4	4	0,92
	crone, ou vieille pièce de 4 marcs..................	Mo.	3	1	14	1	10	4	7	226,	2	7,55
	crone, ou couronne, de 1747..	Mo.	1	2	11	15½	10	10	16	232, 9	2	8,52
	ryksdaler, espèce, de 1798....	Mo.	0	13	18	14	17	11	17	388, 4	4	6,23
	nouvelle pièce de 4 marcs.....	Mo.	0	12	12	9	11	16	14	259, 8	3	0,27
	demi-ryksdaler.............	Mo.	0	13	9	7	8	17	8	194, 2	2	3,11
	marc, espèce, ou ⅙ ryksdaler...	Mo.	3	1	4	0	2	21	12	64, 4	0	7,59
	risdale, espèce, de Sleswig et Holstein (pièces de ⅔ et ⅓ en proportion..............	Mo.	0	12	18	13	17	12	6	389, 4	4	6,37
	pièce de 24 skillings.........	Mo.	4	7	5	2½	3	2	10	68, 9	0	9,62
INDES ORIENTALES...	(voy. pag. 177.)											
ANGLETERRE.......	couronne (vieille)...........	Étalon.			19	8½	19	8	10	429, 7	5	0,
	demi-couronne............	Étalon.			9	16¼	9	16	5	214, 8	2	6,
	shilling..................	Étalon.			3	21	3	21	0	85, 9	1	0,
	sixpence..................	Étalon.			1	22½	1	22	10	42, 9	0	6,
	couronne (nouvelle).........	Étalon.			18	4¼	18	4	7	403, 6	4	8,36
	demi-couronne............	Étalon.			9	2	9	2	4	201, 8	2	4,18
	shilling..................	Etalon.			3	15¼	3	15	6	80, 7	0	11,27
	sixpence..................	Étalon.			1	19¾	1	19	14	40, 3	0	5,63
FLORENCE..........	(voy. *Toscane.*)											
FRANCE............	écu de 6 livres.............	Mo.	0	7	18	18	18	7	16	403, 1	4	8,28
	demi-écu.................	Mo.	0	7	9	9	9	1	18	201, 5	2	4,13
	pièce de 24 sous (divisions en proportion)..............	Mo.	0	7	3	20	3	16	19	83, 4	0	11,64
	pièce de 30 s. (½ en proportion).	Mo.	3	8	6	12	4	12	4	100, 2	1	1,99
	pièce de 5 fr. de la convention.	Mo.	0	10½	16	0	15	5	14	338, 3	3	11,24
	pièce de 5 fr. (Napoléon) de 1808..................	Mo.	0	7	16	1	15	12	4	344, 9	4	0,16
	pièce de 2 fr. de 1808........	Mo.	0	7	6	11	6	6	2	138, 8	1	7,38
	franc de 1809.............	Mo.	0	7	3	5½	3	3	1	69, 4	0	9,69
	demi-franc................	Mo.	0	8½	1	15	4	13	6	34, 7	0	4,84
	franc (Louis) de 1818, le même que le franc de 1809.											
FRANCF.-SUR-LE-MEIN.	risdale, convention de 1772...	Mo.	1	0½	18	1	16	8	16	363, 5	4	2,75
	idem, de 1796..............	Mo.	1	2	18	1	16	6	0	360, 8	4	2,38
GENÈVE............	patagon..................	Mo.	1	0	17	9	15	19	8	351,	4	1,03
	pièce de 21 sous...........	Mo.	2	3½	3	1¾	2	11	5	54, 8	0	7,65
	pièce de 12 florins 9 sous, appelée genevoise, ou gros écu, (1794)..................	Mo.	0	13	19	8	18	4	16	404,	4	8,40
	idem, de 1796 (½ en proportion)	Mo.	0	14	19	15	18	9	6	408, 2	4	9,
	pièce de 15 sous de 1794.....	Mo.	2	6	2	1¼	1	15	1	36, 1	0	5,04
GÊNES.............	scudo della croce...........	M.	0	7	24	16¾	25	11	8	565, 5	6	6,96
	scudo di S. Giambatista, de 5 lire	Mo.	0	2	13	8½	13	5	12	293, 8	3	5,02
	double madonnina (simple et demi en proportion........	Mo.	1	2	5	19½	5	5	12	116, 2	1	4,22

LIEUX.	MONNAIES.	ESSAIS.			POIDS.		POIDS ÉTALONS.			ARGENT FUR.	VALEUR EN STERLING.	
			onc.	den.	den.	gr.	den.	gr.	mi.	grains.	s.	d.
Gênes	scudo, de 8 lire de 1796 ($\frac{1}{2}$, $\frac{1}{4}$, etc., en proportion)	Mo.	0	8	21	9	20	14	10	457, 4	5	3,87
	scudo de la république ligurienne	Mo.	0	$9\frac{1}{2}$	21	9	20	11	2	454, 3	5	3,43
Hambourg	risdale espèce	Mo.	0	10	18	18	17	21	12	397, 5	4	7,49
	double marc, ou pièce de 32 schillings (simple en proport.)	Mo.	2	3	11	18	9	11	8	210, 3	2	5,36
	pièce de 8 schillings	Mo.	3	12	3	$8\frac{1}{4}$	2	6	4	50, 1	0	6,99
	pièce de 4 schillings	Mo.	4	6	2	2	1	6	12	28, 3	0	3,95
Hanovre	risdale, constitution	Mo.	0	9	18	19	18	0	14	400, 3	4	7,89
	florin, ou pièce de $\frac{2}{3}$ fin	M.	0	16	8	10	9	0	10	200, 3	2	3,96
	demi-florin, ou pièce de $\frac{1}{3}$, *id.*	M.	0	16	4	4	4	11	4	99, 2	1	1,85
	quarter, ou pièce de 6 goodgroschen, *idem*	M.	0	16	2	1	2	4	10	48, 6	0	6,78
	florin, ou pièce de $\frac{2}{3}$, bas	Mo.	2	1	11	$0\frac{3}{4}$	8	23	15	199, 6	2	3,87
Hesse Cassel	risdale, convention	Mo.	1	6	18	1	15	22	6	353,	4	1,39
	florin, ou pièce de $\frac{2}{3}$ ($\frac{1}{2}$ en proportion	Mo.	1	6	9	$0\frac{1}{2}$	7	23	3	176, 8	2	0,68
	thaler, ou risdale de compte de 1778	Mo.	2	3	15	$2\frac{1}{2}$	12	4	3	270, 3	3	1,74
	thaler de 1789	Mo.	0	$10\frac{1}{2}$	12	$7\frac{1}{4}$	11	17	5	259, 7	3	0,26
	écu, convention, 1815	Mo.	1	6	17	$23\frac{3}{4}$	15	21	2	349, 3	4	0,77
	six bon gros	Mo.	4	10	8	0	2	23	0	65, 1	0	9,80
	bon gros	Mo.	6	14	1	4	0	11	5	10, 3	0	1,43
Hollande	ducaton	M.	0	3	20	22	21	4	15	471, 6	5	5,85
	pièce de 3 florins	Mo.	0	2	20	7	20	2	12	446, 4	5	2,33
	pièce de 3 florins de Batavia	Mo.	0	$5\frac{1}{2}$	20	3	19	15	0	435, 7	5	0,84
	risdale (les essais varient)	Mo.	0	16	18	6	16	20	8	375, 9	4	4,99
	daalder, ou pièce de 30 stiver	Mo.	0	10	10	6	9	18	18	217, 3	2	6,34
	demi-risdale	Mo.	0	16	9	0	8	8	8	185, 4	2	1,89
	florin, ou guilder ($\frac{1}{2}$ en proportion	Mo.	0	$4\frac{1}{2}$	6	18	6	14	14	146, 8	1	8,49
	pièce de 12 stiver	Mo.	0	$16\frac{1}{2}$	4	12	4	3	18	92, 4	1	0,90
	sesthalf, ou pièce de $5\frac{1}{2}$ stiver	Mo.	4	15	3	0	1	17	4	38, 1	0	5,32
	pièce de 8 stiver	Mo.	0	17	3	0	2	18	8	61, 5	0	8,58
	florin de Batavia	Mo.	0	$5\frac{1}{2}$	6	13	6	9	2	141, 6	1	7,77
	risdale, ou pièce de 50 stivers du royaume de Hollande	Mo.	0	$5\frac{1}{2}$	17	0	16	13	18	367, 9	4	3,37
Hongrie	(voy. *Autriche.*)											
Japon	(voy. *Indes orientales.*)											
Livourne	(voy. *Toscane.*)											
Leipsic	(voy. *Saxe.*)											
Liége	ducaton de 1671	M.	0	2	20	$18\frac{1}{2}$	20	22	18	465, 3	5	4,97
	vieux patagon	Mo.	0	14	17	$20\frac{3}{4}$	16	17	14	371, 6	4	3,89
	patagon de 1792	Mo.	0	17	17	15	16	6	11	361, 3	4	2,45
	escalin de 1771	Mo.	3	17	3	$3\frac{1}{2}$	2	1	6	45, 6	0	6,36
	escalin de 1792	Mo.	4	2	3	1	1	22	0	42, 6	0	5,94
Lorraine	écu appelée Leopold (1704)	Mo.	0	3	17	11	17	5	6	382, 3	4	5,38
	écu (1710)	Mo.	0	4	19	$14\frac{1}{2}$	19	5	10	426, 9	4	11,61
Lubec	risdale d'espèce	Mo.	0	13	18	18	17	15	12	391, 9	4	6,72
	double marc	Mo.	2	3	11	18	9	11	8	210, 3	2	5,36
	marc	Mo.	2	3	5	21	4	17	14	105, 1	1	2,67
Lucques	scudo	Mo.	0	3	17	0	16	18	10	372, 3	4	3,98

LIEUX.	MONNAIES.	ESSAIS.			POIDS.		POIDS ÉTALONS.			ARGENT PUR.	VALEUR EN STERLING.	
			onc.	den.	den.	gr.	den.	gr.	mi.	grains.	s.	d.
LUCQUES..........	mezzo, ou $\frac{1}{2}$ scudo..........	Mo.	0	3	8	3	8	0	7	177, 9	2	0,84
	terzo, ou $\frac{1}{3}$ scudo..........	Mo.	0	3	5	19	5	17	2	126, 8	1	5,70
	quinto, ou $\frac{1}{5}$ scudo..........	Mo.	0	3	3	5	3	3	19	70, 3	0	9,81
	barbone..................	Mo.	3	3	1	$20\frac{1}{4}$	1	7	14	29, 3	0	4,09
LUNEBOURG........	(voy. *Hanovre*.).											
MALTE............	once de 30 tari d'Emmanuel Pinto................	Mo.	2	5	19	$1\frac{1}{2}$	15	4	14	337, 4	3	11,11
	once d'Emmanuel de Rohan ($\frac{1}{2}$ en proportion)..........	Mo.	1	3	19	$1\frac{1}{2}$	17	2	2	379, 3	4	4,96
	scudo du même (double en proportion)................	Mo.	2	5	7	19	6	5	0	137, 9	1	7,25
	once de Ferdinand Hompesch..	Mo.	1	2	19	$1\frac{1}{2}$	17	4	3	381, 3	4	5,24
	pièce de 2 tari.............	Mo.	2	19	1	2	0	19	2	17, 7	0	2,47
MANHEIM..........	risdale, fin...............	M.	0	16	16	16	17	20	6	396, 7	4	7,39
	florin, ou pièce de $\frac{2}{3}$, fin.....	M.	0	16	8	8	8	22	8	198, 3	2	3,69
	risdale, convention..........	Mo.	1	3	18	1	16	4	3	359, 0	4	2,13
MECKLENBOURG.....	florin, ou pièce de $\frac{2}{3}$..........	Mo.	2	2	11	$1\frac{1}{2}$	8	23	5	199, 1	2	3,80
MAYENCE..........	risdale....................	Mo.	1	2	18	1	16	6	0	360, 8	4	2,38
	copstuck..................	Mo.	4	2	4	$6\frac{1}{2}$	2	16	13	59, 8	0	8,35
MILAN............	scudo de 6 lire ($\frac{1}{2}$ en proportion)	Mo.	0	7	14	$20\frac{3}{4}$	14	9	10	319, 6	3	8,62
	lira nouvelle...............	Mo.	4	10	4	0	2	9	0	52, 8	0	7,37
	lira vieille.................	Mo.	0	3	2	10	2	9	4	52, 9	0	7,38
	pièce de 30 soldi, François II..	Mo.	2	18	4	17	3	11	8	77, 2	0	10,78
	scudo de la république cisalpine.	Mo.	0	7	14	$21\frac{1}{2}$	14	10	4	320, 2	3	8,71
	pièce de 30 soldi, *idem*.......	Mo.	2	18	4	17	3	11	8	77, 2	0	10,78
MODÈNE...........	scudo de 15 lire, 1739 (double, en proportion)...........	Mo.	0	14	18	$12\frac{1}{2}$	17	8	9	385, 2	4	5,78
	scudo de 5 lire de 1782.......	Mo.	0	3	5	19	5	17	2	126, 8	1	5,70
	scudo de 1796...............	Mo.	3	3	18	$1\frac{3}{4}$	12	22	12	287, 4	3	4,13
NAPLES...........	ducat vieux ($\frac{1}{2}$ en proportion)..	Mo.	0	4	14	0	13	17	18	305, 2	3	6,61
	pièce de 12 carlini (avant 1784).	Mo.	0	7	16	7	15	18	12	350, 3	4	0,91
	ducat nouveau ($\frac{1}{2}$ en proportion).	Mo.	1	0	14	15	13	7	8	295, 4	3	5,24
	pièce de 12 carlini de 1791.....	Mo.	1	0	17	15	16	0	18	356,	4	1,71
	idem, de 1796...............	Mo.	1	2	17	$16\frac{3}{4}$	15	22	12	353, 9	4	1,41
	idem, de la république de Naples (1799)................	Mo.	1	2	17	$16\frac{3}{4}$	15	22	12	353, 9	4	1,41
	idem, de 1805 ($\frac{1}{2}$ en proportion).	Mo.	1	2	17	$18\frac{1}{4}$	15	23	18	355, 2	4	1,60
	idem, de 10 carlini (1818)....	Mo.	1	2	14	18	13	7	0	295, 1	3	5,20
BELGIQUE.........	ducaton vieux..............	M.	0	4	21	0	21	9	0	474, 6	5	6,27
	ducaton de Marie Thérèse.....	Mo.	0	14	21	10	20	1	12	445, 5	5	2,20
	couronne ($\frac{1}{2}$, etc., en proportion)	Mo.	0	14	19	0	17	19	4	395, 2	4	7,18
	escalin (double en proportion).	Mo.	4	4	3	$4\frac{1}{4}$	1	23	8	43, 8	0	6,11
	plaquette..................	Mo.	5	8	1	18	0	21	12	20,	0	2,79
	pièce de 5 stivers...........	Mo.	6	3	3	4	1	9	18	31, 3	0	4,37
	lion d'or de 1790...........	Mo.	8	13	21	3	19	21	6	441, 5	5	1,65
	florin de 1790..............	Mo.	0	14	5	$23\frac{1}{2}$	5	14	9	124, 3	1	5,35
	pièce de 10 stivers de 1790....	Mo.	0	16	3	0	2	18	6	61, 8	0	8,62
	florin de 1816..............	Mo.	0	$7\frac{1}{2}$	6	22	6	16	6	148, 4	1	8,72
	demi-florin (avec divisions en proportion).............	Mo.	4	$5\frac{1}{2}$	5	11	3	9	2	75,	0	10,46
NEUFCHATEL.......	pièce de 21 batzen..........	Mo.	1	11	9	20	8	11	0	187, 8	2	2,22
	pièce de $10\frac{1}{2}$ batzen.........	Mo.	1	11	4	22	4	5	10	93, 9	1	1,11
NUREMBERG........	risdale, constitution.........	Mo.	0	8	18	19	18	2	15	402, 2	4	8,16

LIEUX.	MONNAIES.	ESSAIS.			POIDS.		POIDS ÉTALONS.			ARGENT PUR.	VALEUR EN STERLING.	
			onc.	den.	den.	gr.	den.	gr.	mi.	grains.	s.	d.
Nuremberg	risdale, convention	Mo.	1	3	18	1	16	4	2	359, 0	4	2,13
	copstuck	Mo.	4	2	4	$6\frac{1}{2}$	2	16	13	59, 8	0	8,35
Parme	ducat de 1784	Mo.	0	9	16	11	15	18	18	350, 6	4	0,95
	idem, de 1796 ($\frac{1}{2}$ en proportion)	Mo.	0	$5\frac{1}{2}$	16	$12\frac{3}{4}$	16	2	18	357, 9	4	1,97
	pièce de 3 lire	Mo.	1	4	4	14	4	2	2	90, 7	1	0,66
Perse	(voy. *Indes orientales.*)											
Piémont	scudo (1690)	Mo.	0	3	17	$9\frac{1}{4}$	17	3	12	380, 7	4	5,16
	idem (1733)	Mo.	0	3	19	3	18	20	16	418, 8	4	10,48
	idem (1755), $\frac{1}{2}$, etc., en proportion	Mo.	0	$5\frac{1}{2}$	22	14	22	0	10	488, 9	5	8,26
	idem (1770), $\frac{1}{2}$ et $\frac{1}{4}$ en proportion	Mo.	0	5	22	14	22	1	16	490, 0	5	8,42
	pièce de 2 lire (1714)	Mo.	0	$4\frac{1}{2}$	7	$20\frac{1}{2}$	7	16	13	170, 8	1	11,85
	pièce de 5 francs (1801)	Mo.	0	8	16	$1\frac{1}{2}$	15	11	12	343, 7	3	11,99
Pologne	risdale vieille	Mo.	1	2	18	1	16	6	0	360, 8	4	2,38
	risdale nouvelle (1794)	Mo.	2	17	15	$10\frac{1}{2}$	11	11	6	254, 3	2	11,51
	florin, ou gulden	Mo.	4	2	6	0	3	18	16	84,	0	11,72
Portugal	nouvelle crusade (1690)	Mo.	0	4	11	0	10	19	0	239, 2	2	9,40
	idem (1718)	Mo.	0	$6\frac{1}{2}$	9	8	9	1	0	200, 2	2	3,95
	idem (1795)	Mo.	0	7	9	9	9	1	18	201, 6	2	4,15
	doze vintems, ou pièce de 240 reis (1799)	Mo.	0	7	4	16	4	12	10	100, 4	1	2,01
	teston (1799)	Mo.	0	7	2	$0\frac{1}{2}$	1	22	18	43, 4	0	6,06
	nouvelle crusade (1802)	Mo.	0	9	9	9	8	23	16	199, 7	2	3,88
	idem (1809)	Mo.	0	4	9	3	8	23	0	198, 2	2	4,67
	seis vintems, ou pièce de 120 reis (1802)	Mo.	0	9	2	$4\frac{1}{2}$	2	2	8	46, 6	0	6,50
	teston (1802)	Mo.	0	9	2	0	1	22	0	42, 5	0	5,93
	tres vintems, ou pièce de 60 reis (1802)	Mo.	0	9	1	$2\frac{1}{4}$	1	1	4	23, 3	0	3,25
	demi-teston (1802)	Mo.	0	9	0	23	0	22	0	20, 4	0	2,84
Colonies Portugais.	pataca de Brésil vieille de 640 reis	Mo.	0	2	12	$4\frac{3}{4}$	12	2	2	268, 3	3	1,46
	idem, de 600 reis (1755)	Mo.	0	4	11	$7\frac{1}{2}$	11	2	12	246, 6	2	10,43
	idem, de 640 reis (1768)	Mo.	0	$4\frac{1}{2}$	11	$9\frac{3}{4}$	11	8	14	252, 3	2	11,23
	idem, de 640 reis (1801) $\frac{1}{2}$ et $\frac{1}{4}$ en proportion	Mo.	0	7	12	$4\frac{3}{4}$	11	19	10	262, 2	3	0,61
	pièce de 12 macutas, de l'Afrique Portugaise	Mo.	0	7	11	$7\frac{1}{2}$	10	22	18	243, 2	2	9,96
	idem, de 8	Mo.	0	9	7	12	7	4	14	159, 8	1	10,31
	idem, de 6	Mo.	0	9	5	13	5	7	12	118,	1	4,47
	idem, de 4	Mo.	0	9	3	16	3	12	8	78, 1	0	10,90
Prusse	florin vieux de l'Electeur de Brandebourg	Mo.	2	2	11	$9\frac{1}{4}$	9	5	11	204, 9	2	4,61
	* risdale courante de Prusse ($\frac{1}{2}$ en proportion)	Mo.	2	5	14	$6\frac{1}{2}$	11	9	0	252, 6	2	11,27
	risdale, convention	Mo.	1	3	18	1	16	4	2	359,	4	2,13
	florin, ou pièce de $\frac{2}{3}$	Mo.	2	3	11	2	8	22	8	198, 4	2	3,70
	florin de Silésie	Mo.	2	2	9	11	7	16	0	170, 3	1	11,78
	drittel, ou pièce de 8 goodgroschen	Mo.	3	3	5	$8\frac{3}{4}$	3	20	4	85, 3	0	11,91

* On trouve beaucoup de variation dans la finesse des monnaies d'or de Sicile.

LIEUX.	MONNAIES.	ESSAIS.		POIDS.		POIDS ÉTALONS.			ARGENT PUR.	VALEUR EN STERLING.	
		onc.	den.	den.	gr.	den.	gr.	mi.	grains.	s.	d.
PRUSSE	pièce de 4 groschen	Mo. 5	0	3	9	1	20	10	41, 2	0	5,75
	pièce de 6 groschen	Mo. 2	8	3	14	2	19	6	62, 3	0	8,69
	risdale vieille de Bareuth	Mo. 2	4	12	13	10	1	6	223, 3	2	7,18
	pièce de $\frac{2}{3}$, *idem*	Mo. 2	4	7	$15\frac{1}{4}$	6	2	18	135, 9	1	6,97
	pièce de 30 creutzers, *idem*	Mo. 2	2	4	$2\frac{1}{2}$	3	7	16	73, 8	0	10,30
	risdale vieille d'Anspach	Mo. 2	3	14	0	11	6	18	250, 6	2	10,99
	pièce de $\frac{2}{3}$,	Mo. 2	4	8	21	7	2	14	158,	1	10,06
	risdale d'Anspach et Bareuth, convention	Mo. 1	3	18	1	16	4	2	359,	4	2,22
RAGUSE	tallaro, ou ragusine (1759)	Mo. 4	2	18	$7\frac{1}{2}$	11	13	2	256, 4	2	11,80
	idem (1774)	Mo. 4	4	18	$8\frac{1}{2}$	11	9	16	253, 3	2	11,37
	idem (1794)	Mo. 3	19	18	$17\frac{1}{4}$	12	1	6	267, 7	3	1,38
	ducat (1797)	Mo. 5	11	8	$17\frac{3}{4}$	4	8	16	97,	1	1,54
RATISBONNE	risdale d'espèce ($\frac{1}{2}$, etc., en proportion)	Mo. 1	3	18	1	16	4	2	359, 2	4	1,58
ROME	scudo, ou couronne (avant 1753)	Mo. 0	4	20	11	20	2	2	446,	5	2,27
	testone vieux	Mo. 0	$4\frac{1}{2}$	5	21	5	18	2	127, 8	1	5,84
	paolo vieux	Mo. 0	$4\frac{1}{2}$	1	$22\frac{3}{4}$	1	21	16	42, 4	0	5,92
	scudo, ou couronne (frappé depuis 1753)	Mo. 0	4	17	1	16	17	13	371, 5	4	3,87
	mezzo scudo, ou demi-couronne	Mo. 0	4	8	$12\frac{1}{2}$	8	8	16	185, 7	2	1,93
	testone (1770)	Mo. 0	$3\frac{1}{2}$	5	2	5	0	0	111, 1	1	3,51
	idem (1785)	Mo. 0	5	5	2	4	23	4	110, 3	1	3,40
	paolo (1785)	Mo. 0	4	1	17	1	16	4	37, 2	0	5,19
	grosso, ou demi-paolo (1785)	Mo. 0	5	0	$20\frac{1}{2}$	0	20	0	18, 5	0	2,58
	papetto (1775)	Mo. 0	$4\frac{1}{2}$	3	$8\frac{1}{4}$	3	6	12	72, 7	0	10,15
	scudo de la république romaine (1799)	Mo. 0	6	17	1	16	13	18	368, 1	4	3,40
	scudo de Bologne (Pie VI)	Mo. 0	3	17	1	16	19	8	373, 2	4	4,11
	testone, *idem*	Mo. 0	3	5	2	5	0	6	111, 5	1	3,56
	scudo de la ville de Bologne	Mo. 1	0	19	0	17	6	18	383, 9	4	5,60
	idem, de Pie VII (1800)	Mo. 0	1	17	$0\frac{1}{4}$	16	21	4	371, 5	4	3,78
RUSSIE	rouble de Pierre le Grand	Mo. 2	7	18	1	14	1	8	312, 1	3	7,58
	idem, de Catherine I (1725)	Mo. 2	$4\frac{1}{2}$	17	11	13	23	0	309, 9	3	7,27
	idem, de Pierre II (1727)	Mo. 2	12	18	$5\frac{3}{4}$	13	23	4	310,	3	7,28
	idem, d'Anne (1734)	Mo. 1	11	16	$14\frac{1}{2}$	14	6	16	317, 2	3	8,29
	idem, d'Elizabeth (1750)	Mo. 1	7	16	12	14	11	16	321, 8	3	8,93
	idem, de Pierre III (1762)	Mo. 2	2	15	10	12	12	0	277, 5	3	2,75
	idem, de Catherine II (1780)	Mo. 2	4	15	12	12	10	6	275, 5	3	2,52
	idem, de Paul (1799)	Mo. 0	14	13	12	12	15	10	280, 8	3	3,21
	idem, d'Alexandre (1802)	Mo. 0	13	13	$1\frac{1}{2}$	17	7	2	273,	3	2,12
	idem (1805)	Mo. 0	16	13	12	12	12	12	278, 1	3	2,83
	poltin, ou $\frac{1}{2}$ rouble d'Anne	Mo. 1	10	7	21	6	19	8	151, 2	1	9,11
	idem, d'Elisabeth	Mo. 1	8	8	2	7	1	10	156, 8	1	9,89
	idem, de Catherine II	Mo. 2	4	7	18	6	5	2	137, 9	1	7,25
	idem, de Paul	Mo. 0	15	6	18	6	7	2	139, 7	1	7,50
	idem, d'Alexandre (1804)	Mo. 0	14	6	$13\frac{1}{2}$	6	3	10	136, 5	1	7,06
	vieux polpoltin, ou $\frac{1}{4}$ de rouble	Mo. 2	6	4	1	3	4	18	71, 1	0	9,92
	idem, de Paul	Mo. 0	$18\frac{1}{2}$	3	7	3	0	8	67,	0	9,35
	idem, d'Alexandre (1802)	Mo. 0	$13\frac{1}{2}$	3	$9\frac{1}{2}$	3	4	10	70, 8	0	9,88
	pièce de 20 copeck (1767)	Mo. 2	2	3	$10\frac{3}{4}$	2	19	0	52,6	0	8,74
	idem (1784)	Mo. 2	2	3	3	2	12	18	56, 2	0	7,84
	pièce de 15 copeck (1778)	Mo. 2	2	2	6	1	19	18	40, 5	0	5,65

LIEUX.	MONNAIES.	ESSAIS.		POIDS.		POIDS ÉTALONS.			ARGENT PUR.	VALEUR EN STERLING.	
		onc.	den.	den.	gr.	den.	gr.	mi.	grains.	s.	d.
RUSSIE	pièce de 10 copeck	Mo. 2	6	2	1	1	14	16	35, 9	0	5,11
	idem (1798)	Mo. 0	$14\frac{1}{2}$	1	9	1	6	16	28, 5	0	3,97
	idem (1802)	Mo. 0	13	1	$8\frac{1}{2}$	1	6	11	28, 3	0	3,95
	pièce de 5 copeck (1801)	Mo. 0	$13\frac{1}{2}$	0	$16\frac{1}{2}$	0	15	10	15, 3	0	2,13
SAINT-GALL	risdale ($\frac{1}{2}$ en proportion)	Mo. 1	4	18	1	16	2	4	357, 3	4	1,98
	pièce de 24 creutzers	Mo. 4	2	4	$7\frac{1}{4}$	2	17	2	60, 2	0	8,40
SALTZBOURG	risdale, convention	Mo. 1	2	18	1	16	6	0	360, 8	4	2,38
	pièce de 24 creutzers	Mo. 4	3	4	$6\frac{1}{2}$	2	16	4	59, 4	0	8,29
SARDAIGNE	scudo, ou couronne ($\frac{1}{2}$ et $\frac{1}{4}$ en proportion)	Mo. 0	7	15	$2\frac{1}{2}$	14	15	0	324, 7	3	9,34
SAXE	risdale, convention ($\frac{1}{2}$ et $\frac{1}{4}$ en pr.	Mo. 1	3	18	0	16	3	4	358, 2	4	2,01
	vieille risdale de Dresde	Mo. 0	$9\frac{1}{2}$	18	19	17	23	14	399, 3	4	7,75
	idem, Leipsic	Mo. 2	0	18	19	15	9	16	342,	3	11,75
	pièce de 16 groschen de Leipsic.	Mo. 2	2	9	$9\frac{1}{2}$	7	14	16	169, 1	1	11,61
	pièce de 8 groschen	Mo. 2	5	4	20	3	20	8	85, 6	0	11,95
	risdale courante de Saxe Gotha.	Mo. 4	$4\frac{1}{2}$	18	1	11	4	2	248, 1	2	10,64
	$\frac{1}{6}$ thaler de 1804	Mo. 4	11	3	11	2	0	19	45, 3	0	6,32
	idem, de 1808	Mo. 4	$11\frac{1}{2}$	3	$5\frac{1}{2}$	1	21	8	42, 1	0	5,87
	idem, de Jérôme Buonaparte de 1809	Mo. 5	4	3	17	1	23	6	43, 7	0	6,10
	scudo ($\frac{1}{2}$ en proportion)	Mo. 1	4	17	14	15	16	6	348, 2	4	0,62
SICILE	pièce de 40 grains	Mo. 1	2	5	21	5	7	2	117, 5	1	4,40
	idem, de 20 grains	Mo. 1	5	3	0	2	15	18	59, 1	0	8,25
COMPAGNIE DE SIERRA-LEONE	pièce de 10 macutas	Mo. 1	6	16	21	14	21	12	330, 8	3	10,19
	idem, de 5	Mo. 1	6	8	13	7	12	18	167, 4	1	11,37
	idem, de 2	Mo. 1	6	3	$7\frac{1}{2}$	2	22	6	65,	0	9,07
	idem, de 1 macuta	Mo. 1	6	1	16	1	11	8	32, 5	0	4,53
ESPAGNE	piastre vieille du Mexique, carrée (1747)	Mo. 0	$4\frac{1}{2}$	17	7	16	22	10	376, 1	4	4,51
	demie, *idem*	Mo. 0	$4\frac{1}{2}$	8	$15\frac{1}{2}$	8	11	5	188,	2	1,25
	piastre vieille appelée sevillan. (1731)	Mo. 0	$4\frac{1}{2}$	17	7	16	22	10	376, 1	4	4,51
	piécète vieille de Mexique de 2 réaux de Mexique (1736)	Mo. 0	$4\frac{1}{2}$	4	$7\frac{3}{4}$	4	5	2	93, 6	1	1,07
	réal de plate mexicaine (1746)	Mo. 0	$4\frac{1}{2}$	2	$3\frac{1}{2}$	2	2	11	46, 8	0	6,53
	piastre mexicaine avec globes et pillars (1765)	Mo. 0	$4\frac{1}{2}$	17	$8\frac{1}{2}$	17	0	0	377, 4	4	4,79
	piécète de 2 réaux de plate (1721)	Mo. 1	7	3	$16\frac{1}{2}$	3	5	14	71, 9	0	10,04
	réal de plate (1721)	Mo. 1	7	1	$20\frac{3}{4}$	1	14	19	35, 9	0	5,01
	piastre* du dernier monnayage.	Mo. 0	8	17	8	16	17	0	370, 9	4	3,79
	demi-piastre, *idem*	Mo. 0	8	8	16	8	8	10	185, 4	2	1,88
	piécète mexicaine (1774)	Mo. 0	8	4	$7\frac{1}{2}$	4	3	16	92, 3	1	0,88
	réal de plate mexicaine (1775)	Mo. 0	8	2	$3\frac{3}{4}$	2	1	20	46, 1	0	6,43
	piécète provinciale de 2 réaux de nouvelle plate (1775)	Mo. 1	$9\frac{1}{2}$	3	18	3	6	0	72, 2	0	10,08
	réal de nouvelle plate (1795)	Mo. 1	$9\frac{1}{2}$	1	21	1	15	0	36, 1	0	5,04
SUÈDE	risdale (1762)	Mo. 0	12	18	20	17	19	10	395, 5	4	7,22
	risdale du dernier monnayage.	Mo. 0	$14\frac{1}{3}$	18	17	17	12	0	388, 5	4	6,28
	double plott, ou pièce de $\frac{2}{3}$	Mo. 0	$14\frac{2}{3}$	12	12	11	16	12	259, 6	3	0,25
	simple plott, ou pièce de $\frac{1}{3}$	Mo. 0	$14\frac{1}{3}$	6	6	5	20	6	129, 8	1	6,12
	pièce de 8 skillings	Mo. 2	18	3	$21\frac{1}{2}$	2	21	2	63, 8	0	8,90

* Cette piastre est la monnaie réelle qui circule généralement sous le nom de piastre d'Espagne.

LIEUX.	MONNAIES.	ESSAIS.			POIDS.		POIDS ÉTALONS.			ARGENT PUR.	VALEUR EN STERLING.	
			onc.	den.	den.	gr.	den.	gr.	mi.	grains.	s.	d.
SUÈDE	*idem*, de 4 skillings	Mo.	5	2	2	15	1	14	0	31, 5	0	4,95
SUISSE	écu, ou risdale de Lucerne, $\frac{1}{2}$, etc. en proportion (1715)	Mo.	0	$14\frac{1}{2}$	17	$8\frac{1}{2}$	16	5	8	360, 1	4	2,28
	vieux gulden, ou florin de Lucerne (1714)	Mo.	1	19	8	$14\frac{1}{2}$	7	2	8	157, 5	1	9,99
	écu de quarante batzen de Lucerne (1796)	Mo.	0	5	19	0	18	13	14	412, 3	4	9,57
	demi, *idem*	Mo.	1	2	9	20	8	20	12	196, 7	2	3,46
	florin, ou pièce de 40 schillings de Lucerne (1793)	Mo.	1	5	4	22	4	8	14	96, 8	1	1,51
	demi-florin de Lucerne	Mo.	2	2	2	15	2	3	0	47, 3	0	6,60
	pièce de 10 batzen (1782)	Mo.	1	12	4	$20\frac{1}{2}$	4	3	14	92, 2	1	0,68
	quart de risdale de Fribourg	Mo.	2	19	6	$20\frac{3}{4}$	5	0	18	111, 9	1	3,62
	pièce de $\frac{1}{8}$ risdale, *idem*	Mo.	3	0	3	$7\frac{1}{2}$	2	10	0	53, 6	0	7,48
	pièce de 20 batzen de Soleure	Mo.	1	2	9	20	8	20	12	196, 7	2	3,46
	idem, de 10 batzen	Mo.	1	2	5	1	4	13	0	101, 5	1	2,17
	écu de 40 batzen de la république helvétique (1798) $\frac{1}{2}$ en proportion	Mo.	0	6	18	23	18	10	14	409, 5	4	9,18
	pièce de 10 batzen	Mo.	1	4	5	3	4	13	17	100, 5	1	2,03
	idem, de 5 batzen	Mo.	3	2	3	2	2	5	8	49, 3	0	6,88
	écu de 4 franken (1801)	Mo.	0	7	18	23	18	8	12	407, 6	4	9,18
	(voy. aussi *Bâle*, *Bern*, *Genève*, *Neufchâtel*, *Saint-Gall*, et *Zurich*.)											
TRÈVES	risdale d'espèce	Mo.	1	3	18	1	16	4	2	359,	4	2,13
TURQUIE	altmichlic de 60 paras (1757)	Mo.	4	2	18	12	11	16	0	259,	3	0,16
	piastre de Mustapha III (1757)	Mo.	4	11	12	7	7	6	0	161,	1	10,48
	altmichlic de 1773	Mo.	4	$9\frac{1}{2}$	17	$5\frac{1}{4}$	10	6	12	228, 1	2	7,85
	piastre d'Abdul-Hamed (1773)	Mo.	5	2	12	7	6	15	8	147, 5	1	8,59
	autre de la même époque	Mo.	4	9	12	0	7	4	10	159, 6	1	10,28
	pièce de 100 paras de Sélim (1789)	Mo.	5	9	20	$7\frac{3}{4}$	10	8	4	229, 7	2	8,07
	double piastre, *idem*	Mo.	5	12	16	$22\frac{3}{4}$	8	9	10	186, 4	2	2,03
	piastre de Sélim de 1801	Mo.	5	6	8	6	4	7	8	95, 7	1	1,36
	demi-piastre	Mo.	6	13	4	1	1	14	16	35, 9	0	5,01
	piastre de la Tartarie Crimée (1778)	Mo.	6	13	10	5	4	2	4	90, 9	1	0,69
	piastre de Tunis (1787)	Mo.	6	$5\frac{1}{2}$	10	0	4	8	6	96, 5	1	1,47
	piastre (1818)	Mo.	5	14	6	$6\frac{1}{2}$	3	1	4	67, 7	0	9,45
	beshlie	Mo.	2	6	15	$16\frac{1}{2}$	12	10	8	276,	0	2,54
	pièce de dix parahs	Mo.	5	14	0	$16\frac{3}{4}$	8	14	0	7, 5	0	1,04
TOSCANE	ducaton (1676)	M.	0	7	20	2	20	17	4	460,	5	4,23
	livornina (1723)	Mo.	0	3	17	$10\frac{1}{4}$	17	4	13	381, 7	4	5,30
	pezza della rosa (1726)	Mo.	0	2	16	$17\frac{3}{4}$	16	14	2	368, 2	4	3,41
	francescone (1738) $\frac{1}{2}$ en proportion	Mo.	0	2	17	$13\frac{1}{2}$	17	9	14	386, 4	4	5,95
	leopoldone (1790)	Mo.	0	4	17	15	17	7	8	384, 3	4	5,66
	pièce de 10 paoli du royaume d'Etrurie (1801)	Mo.	0	4	17	$13\frac{1}{2}$	17	5	18	382, 9	4	5,46
	scudo Pisa, *idem* (4803)	Mo.	0	2	17	12	17	8	4	385, 0	4	5,76
	pièce de 10 lire, *idem* (1803)	M.	0	7	25	$6\frac{1}{2}$	26	1	12	578, 7	6	8,80
	idem, de 5 lire (1803)	M.	0	7	12	$15\frac{1}{4}$	13	0	18	289, 4	3	4,41

LIEUX.	MONNAIES.	ESSAIS.			POIDS.		POIDS ÉTALONS.			ARGENT FIN.	VALEUR EN STERLING.	
			onc.	den.	den.	gr.	den.	gr.	mi.	grains.	s.	d.
Toscane	lira (1803)	M.	0	7	2	8	2	9	16	53, 4	0	7,45
États-Unis	* dollar (1795) ½, etc., en proportion	Mo.	0	6½	17	8	16	19	16	373, 5	4	4,15
	dollar (1798)	Mo.	0	7	17	10½	16	21	6	374, 9	4	4,35
	dollar (1802)	Mo.	0	10½	17	10	16	14	0	368, 3	4	3,42
	dollar, terme moyen de 8 années	Mo.	0	8½	17	8	16	16	0	370, 1	4	3,68
	dime, ou ⅒ de piastre (1796)	Mo.	0	4	1	19½	1	18	14	39, 5	0	5,71
	demi-dime (1796)	Mo.	0	7	0	21¾	0	21	0	19, 5	0	2,72
Venise	scudo della croce	M.	0	5	20	4½	20	15	8	458, 2	5	3,98
	giustina, ou ducaton	M.	0	5½	17	12	17	22	8	398, 1	4	6,47
	ducato **	Mo.	1	5	14	6	12	15	8	280, 8	3	3,21
	lirazza, ou pièce de 30 soldi	Mo.	6	8	4	18¾	2	0	10	44, 9	0	6,26
	tallaro (½, etc., en proportion)	Mo.	1	3	18	10¾	16	12	16	367, 1	4	3,26
	osella	M.	0	4½	6	6¾	6	9	16	142, 3	1	7,87
	scudo de 10 lire (1797)	Mo.	1	4	18	10¾	16	10	16	365, 2	4	2,99
	pièce de 2 lire, ou 24 creutzers (1800)	Mo.	8	4½	5	19½	1	12	2	33, 4	0	4,66
	idem, de 1 lira	Mo.	8	3	2	21	0	18	7	16, 9	0	2,35
	idem, de 2 lire, appelée moneta provinciale (1808)	Mo.	8	3	5	13½	1	11	8	32, 8	0	4,58
	idem, de 1 lira	Mo.	8	5	3	1¾	0	18	8	17, 5	0	2,44
	idem, de 2 lire (1802) ½ et ¼ en proportion	Mo.	8	4	5	6¼	1	8	19	30, 5	0	4,25
Indes occidentales	(voy. vol. I.)											
Wirtemberg	risdale d'espèce	Mo.	1	3	18	1	16	14	2	359, 1	4	2,14
	copstuck	Mo.	4	2	5	6½	2	16	12	59, 8	0	8,35
Wurtzbourg	risdale d'espèce	Mo.	1	3	18	1¾	16	4	16	359, 7	4	2,22
	copstuck	Mo.	4	3	4	6½	2	16	6	59, 3	0	8,28
Zurich	risdale, ou écu (1753)	Mo.	0	14½	18	1¾	16	21	8	375,	4	4,36
	demi-risdale (1753)	Mo.	0	19½	8	23½	8	4	12	181, 8	2	1,38
	écu (1761)	Mo.	1	5	17	23¼	15	22	14	354,	4	1,43
	demi-écu (1761)	Mo.	1	5	8	21¼	7	21	4	175,	2	0,43
	écu (1773)	Mo.	0	19	17	2	15	14	18	346, 8	4	0,42
	demi-écu (1773)	Mo.	0	19	8	13	7	19	9	173, 4	2	0.21
	écu (1794)	Mo.	0	19½	16	6¼	14	19	18	329, 3	3	9 98
	demi-écu (1786)	Mo.	1	0½	8	4¾	7	10	10	165, 2	1	11,06
	pièce de 20 schillings (1798)	Mo.	3	9½	3	18¾	2	14	6	57, 6	0	8,04

INDES ORIENTALES.

Indes orientales	roupie du Shah Mohammed	M.	0	6½	7	9¼	7	14	9	168, 7	1	11,55
	du Shah Ahmed	M.	0	12	7	9¼	7	18	16	172, 8	2	0,12
	de Allum-Ghir (1759	M.	0	13	7	11½	7	22	0	175, 8	2	0,54
	du Shah Allum (1772)	M.	0	14	7	10	7	21	4	175,	2	0,43
	idem (Benares 1774)	M.	0	8	7	6¾	7	13	0	167, 5	1	11,38
	idem (1779)	M.	0	14½	7	11½	7	23	8	176, 8	2	0,68
	Benares (1818)	M.	0	1½	7	7	7	14	5	168, 9	1	11,58

* Les dollars d'Amérique et les pièces de bas argent du dernier monnayage, varient en finesse de Mo. 4 d. à Mo. 9½ d.

** Les ducats d'argent de Venise varient, en poids, de Mo. 13 den. 18 gr. à 14 den. 19 gr.; quelques-uns (de 1763) ne pèsent que 13 den. 10 gr. : leur finesse varie aussi de Mo. 1 once 6 den. à Mo. 1 once 3¾ den.

LIEUX.	MONNAIES.	ESSAIS.	POIDS.	POIDS ÉTALONS.	ARGENT PUR.	VALEUR EN STERLING.
		onc. den.	den. gr.	den. gr. mi.	grains.	s. d.
INDES ORIENTALES...	roupie sicca, monnayée par la compagnie des Indes orientales à Calcutta.	M. 0 13	7 11½	7 22 0	175,8	2 0,54
	Calcutta (1818)......	Étalon.	8 0	8 0 0	175, 9	2 0,56
	Arcot (1759).........	M. 0 7	7 9¼	7 14 16	169, 1	1 11,61
	idem (1782).........	M. 0 8	7 6	7 12 4	166, 8	1 11,29
	idem (1788).........	Mo. 0 8	7 9¼	7 15 12	169, 8	1 11,71
	idem, des derniers monnayages........	M. 0 4½	7 8½	7 12 2	166, 5	1 11,25
	Bombay, vieille.......	M. 0 13	7 10⅓	7 21 4	174, 9	2 0,42
	Bombay, nouvelle, ou Surate (1818).......	Mo. 0 0¼	7 11	7 10 4	164, 7	1 11,01
	Lucknow...........	M. 0 8¾	7 5¼	7 12 2	166, 5	1 11,25
	Sultan.............	M. 0 3½	7 9	7 12 0	166, 3	1 11,22
	Madepoor, ou Nowsee..	Mo. 0 5	7 5¾	7 1 16	157, 1	1 9,93
	Mâdras Rajapoor......	M. 0 4	7 7	7 10 4	164, 8	1 11,01
	Jeypoor............	M. 0 12	7 7	7 16 8	170, 6	1 11,82
	Furruckabad (1818)....	M. 0 1¼	7 5	7 10 14	165, 3	1 11,07
	Chanderry..........	Mo. 0 0¾	7 5	7 4 8	159, 5	1 10,27
	Oukery............	Mo. 1 0½	7 7	6 14 0	146, 9	1 8,51
	Shree Sicca de Poona..	Mo. 0 1½	7 4½	7 3 6	158, 5	1 10,13
	Halee Sicca..........	M. 0 12½	7 7¼	7 17 2	171, 2	1 11,90
	Ougein............	M. 0 5	7 6¼	7 10 4	164, 8	1 11,01
	Maisore, ou nouvelle Holkar...........	M. 0 7	7 5	7 10 8	165, 1	1 11,05
	Indore Holkar........	M. 0 4¼	7 5	7 8 6	163, 1	1 10,77
	Chinsouree..........	M. 0 2	7 4¾	7 6 6	161, 2	1 10,50
	Broach, vieille.......	Mo. 0 0½	7 10	7 0 10	164, 3	1 10,94
	Broach, nouvelle......	Mo. 0 10	7 10	7 1 18	157, 2	1 9,95
	Brodera, vieille......	Mo. 0 4½	7 10½	7 6 17	161, 8	1 10,59
	Brodera, nouvelle.....	Mo. 0 10¼	7 10½	7 2 2	157, 3	1 9,96
	Ana Sai, frappée au Caire	Mo. 0 10¾	7 8¼	6 23 14	155, 1	1 9,65
	Ana Sai, frappée à Pitlad..............	Mo. 0 17½	7 9¼	6 19 4	151,	1 9,08
	Amedabad Sicca......	Mo. 0 7½	7 10	7 3 18	159, 1	1 10,21
	Mungull Sai..........	Mo. 0 10¼	7 10½	7 2 4	157, 4	1 9,97
	Mumo Sai...........	Mo. 0 8¾	7 9¾	7 2 14	157, 9	1 10,04
	Seea Sai............	Mo. 0 9½	7 7¾	7 0 4	155, 6	1 9,72
	Cambay............	Mo. 0 18½	7 10	6 19 2	150, 9	1 9,07
	Perse (1745).........	Mo. 0 13	7 9¼	7 19 10	173, 5	2 0,22
	idem (1789).........	Mo. 0 12½	7 10	7 20 0	173, 9	2 0,20
	Madras (1818)........	Or étalon.	7 12	7 12 0	165,	1 11,04
	fanam, Cananore...........	Mo. 0 1¼	1 11¾	1 11 10	32, 9	0 4,5
	Bombay, vieux.......	M. 0 13	1 11¾	1 13 16	35,	0 4,88
	Pondicherry..........	M. 0 5½	1 0½	1 1 2	22, 8	0 3,18
	idem, double........	Mo. 0 3	1 18¾	1 18 2	39,	0 5,44
	larin......................	Mo. 0 10½	3 2½	3 6 0	72, 1	0 10,06
	croix de Bassora...........	Mo. 6 0¾	11 16	5 7 14	118, 1	1 4,49
	gulden de la compagnie hollandaise des Indes orientales (1820)................	Mo. 0 7½	6 22	6 16 6	148, 4	1 8,72

ÉVALUATION DES MONNAIES.

Afin de faire bien comprendre les principes qui ont servi à construire les tables qui précèdent, nous allons expliquer la manière dont on détermine la valeur d'une monnaie, quand on en connaît le titre et le poids. On cherche d'abord la quantité d'or et d'argent étalon qu'elle contient, et on conclut sa valeur sterling, d'après le prix de la Monnaie pour une once étalon.

MONNAIES D'OR.

Quelle est la valeur sterling d'un double louis d'or français; le rapport (d'après la table, page 164) étant comme suit : — poids 9 den. 20 gr. Essai Mo. $1\frac{1}{2}$ gr., c'est-à-dire 0 car. $1\frac{1}{2}$ gr. de moins que l'étalon anglais?

	carats	grain	
De	22	0	de titre de l'or étalon,
Soustrayez	0	$1\frac{1}{2}$	
	21	$2\frac{1}{2}$	

carats : carats gr. :: den. gr. : den. gr.

22 : 21 $2\frac{1}{2}$ :: 9 20 : 9 16 l'or étalon contenu dans la pièce.

4   4   24

88   $86\frac{1}{2}$ 236

86,5

88)20414,0(232 grains environ.

176   216(24

281 etc.   9 den. 16 gr.

once £ s. d. :: den. gr. : £ s. d.

Ou 1 : 3 17 $10\frac{1}{2}$ :: 9 16 : 1 17 $7\frac{1}{2}$ valeur de la pièce en sterling.

20   20   24

20   77   232

24   12 $934\frac{1}{2}$

480   $934\frac{1}{2}$ 48,0)21680,4(451,6 (12

192

2,0)37 $7\frac{1}{2}$

248 etc.

4   £1 17s. $7\frac{1}{2}$d.

etc.

Ces calculs peuvent s'abréger beaucoup en employant un nombre décimal constant pour multiplicateur. Voici une règle générale pour les monnaies d'or.

Multiplier les grains carats en titre par les grains troy en poids, et multiplier de nouveau le produit par 92182; couper par une virgule neuf décimales, qui donneront la solution cherchée en livres et en décimales de livre sterling.

Ainsi dans la question précédente du louis d'or,

$$86{,}5 \times 236 = 20414$$

```
86,5 × 236 = 20414
               92182
         -----------
         1,881803348
                20
         -----------
            17,636
                12
            ------
              etc.
```

Rép. £ 1 17 s. $7\frac{1}{2}$ d.

Trouver l'or pur contenu dans la pièce ci-dessus,

car.		car.	gr.		den.	gr.		gr.
24	:	21	$2\frac{1}{2}$	::	9	20	:	212,6

Les substances alliées à l'or peuvent se trouver en multipliant le poids étalon par 11 et divisant par 12; l'or étalon peut se réduire en or pur par une opération inverse.

MONNAIES D'ARGENT.

Quelle est la valeur d'une piastre espagnole; le rapport (d'après la table, page 171) étant : — poids 17 den. 8 gr. Essai Mo. 8 den., c'est-à-dire 0 onc. 8 den. au-dessous de l'étalon anglais?

```
            onces den.
         De  11   2  titre de l'argent étalon,
 Soustrayez   0   8
            -------
             10  14
```

```
onces d.     onces d.      d.  gr.      d.  gr.
 11   2  :   10   14  ::   17   8  :   16  17 argent étalon contenu dans la piastre.
 20          20            24
---          ---           ---
222          214           416
                           214
                        ------(24
               222)89024(401
                   888   ------------
                  -----    16 d. 17 gr.
                   224 etc.
```

```
once    gr.     s.  d.      den. gr.     s.  d.
 1  ou  480  :  5   2  ::   16   17  :   4   3 3/4 valeur de la piastre en sterling.
                12          24
                --          ---
                62          401
                             62
                        ------(12
               48,0)2486,2(51,8
                    2400  ------
                    ----   4 s. 3 3/4 d.
                     86 etc.
```

L'opération précédente peut se simplifier ainsi.

Règle pour les monnaies d'argent. — *Multipliez les grains carats du titre par les grains troy du poids, et multipliez encore ce produit par* 5818; *coupez sept décimales; elles donneront la réponse en pence et décimales de penny sterling.*

Ainsi dans l'opération précédente de la piastre d'Espagne,

$$\begin{array}{r} 214 \times 416 = 89024 \\ 5818 \\ \hline 51,7941632 \\ 4 \\ \hline 3,1766528 \end{array}$$

Rép. 4 s. $3\frac{1}{4}$ d.

Trouver la proportion d'argent pur dans la piastre.

onces		onces	den.		den.	gr.		gr.
12	:	10	14	::	17	8	:	370,9

La proportion d'argent pur peut se trouver en multipliant l'étalon en poids par 37, et divisant par 40; et en multipliant au contraire la proportion d'argent pur par 40, et divisant par 37, on aura le poids étalon.

RÈGLES POUR ÉVALUER LES MONNAIES ET LE BILLON.

Les métaux précieux se vendent et s'achètent communément en Angleterre tant l'once étalon. Il est donc nécessaire de déterminer le poids étalon, et ce poids se calcule d'après le poids et le titre donnés par l'essayeur.

Il n'est peut-être pas inutile d'indiquer d'abord les caractères généralement employés pour ces indications en Angleterre.

MARQUES DES ESSAYEURS.

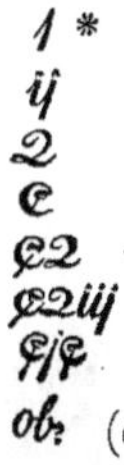

*	signifie	1 den.
	—	2
	—	5
	—	10
	—	15
	—	18
	—	19
(*obulus*)	—	$\frac{1}{2}$

La méthode ordinaire de trouver la valeur de petites quantités d'or et d'argent consiste à allouer, d'après le rapport de l'essayeur, au taux de 4 s. par carat, en plus ou en moins, dans chaque once d'or; et au taux de 6 den. par once, en plus ou en moins, dans chaque once d'argent. Quand ce dernier métal est au-dessous de 10 den. en poids, on passe une bonification de 2 den. par once pour l'affinage.

* Cette marque indique aussi quelquefois 1 once ou 1 penny poids.

ÉCHELLES DE BONIFICATION.

ÉCHELLE POUR OR.	ÉCHELLE POUR ARGENT.
1 car. (4 s.	1 once (6 d.
1 gr. (1 s.	15 den. (4½ d.
½ gr. (6 d.	10 den. (3 d.
¼ gr. (3 d.	5 den. (1½ d.
	2½ den. (¾ d.

Trouver la valeur de 2 onces d'or M. 1 carat 1 gr. à £ 4 par once. — A £ 8 (pour 2 onces), ajoutez 10 s. pour mieux, vous aurez la valeur de £ 8 10 s. — Trouver la valeur de 12 onces d'argent Mo. 10 deniers à 5 s. 6 deniers par once. De £ 3 6 s. (pour 12 onces), soustrayez 3 s. pour Mo., vous aurez £ 3 3 s.

RÈGLES POUR ÉVALUER L'OR.

22 carats sont à l'essai ou rapport de titre, comme le poids brut est à la quantité qui doit être ajoutée ou soustraite de ce poids brut, suivant que le rapport est en *plus* ou en *moins*.

Exemple. — Combien d'or étalon doit contenir un lingot d'après le rapport qui suit, M. 1 car. 3½ gr. Poids, 67 onces, 15 den. 8 gr.?

		onces den. gr.
22 :	1 3½ ::	67 15 8
4	4	20
88	7	1355
4	4	24
352	30	32528 × 30 ÷ 352 = 2772 gr. = 5 onces 15 den. 12 gr.

Ou, 22 : 23 3½ :: 67 onces 15 d. 8 gr. : 73 onc. 10 d. 20 gr.

	onces	d.	gr.	
A	67	15	8	poids brut.
Ajoutez	5	15	12	excès.
	73	10	20	étalon.

On peut généralement employer avec succès la méthode suivante :

	onces	den.	gr.	
	67	15	8	poids brut M. ou Mo. 1 car. 3½ gr.
2 gr. = ½	33	17	16	
1 = ½	16	18	20	
½ = ½	8	9	10	
2)	127	1	6	divisé par 22.
11)	63	10	15	
	5	15	12	excès ou déficit, comme dessus.

RÈGLES POUR ÉVALUER L'ARGENT.

11 onces 2 den. sont à l'essai, comme le poids brut est à la quantité qui doit être ajoutée ou soustraite suivant que le rapport est en plus ou en moins.

Exemple. — En 287 onces d'argent, Mo. $12\frac{1}{2}$ den. combien y a-t-il d'argent étalon?

onces	d.		d.		onces
11	2	:	$12\frac{1}{2}$	::	287
20					20
222					2840
					$12\frac{1}{2}$

Ou comme suit, 11 onc. 2 d. : 10 $9\frac{1}{2}$ :: 287 : 270 onc. 16 d. 20 gr.

222)71750(323 den. 4 gr. = 16 onces 3 den. 4 gr.

	onces	d.	gr.	
De	287	0	0	poids brut.
Soustrayez	16	3	4	déficit.
	270	16	20	étalon.

On peut déduire de ce dernier exemple la règle qui suit.

Multipliez la moitié du poids en onces par l'essai en penny poids, et divisez par 111, *le quotient sera l'excès ou le déficit en onces.*

Exemple. — Combien y a-t-il d'argent étalon dans 160 onces de Mo. $18\frac{1}{2}$ den.?

Demi-poids 80
$18\frac{1}{2}$

111)1480(13 onc. 6 d. 16 gr.
111
370 etc.

	onces	d.	gr.	
A	160	0	0	brut.
Ajoutez	13	6	16	excès.
	173	6	16	étalon.

RÈGLES POUR LA CONVERSION DES MONNAIES PRÉCÉDENTES EN DÉNOMINATIONS FRANÇAISES.

Réduire l'or étalon anglais en francs, et réciproquement.

Règle. — *Multipliez le nombre de pence par* 0,105, *et le nombre de francs par* 9,525.

Exemple. — Combien de francs sont contenus dans un souverain?

240 d. × ,105 = 25 francs 20 centimes.
Ou 25 francs 20 centimes × 9,525 = 240 pence.

Réduire l'argent étalon anglais en francs, et réciproquement.

Règle. — *multipliez le nombre de pence par* 0,103, *et le nombre de francs par* 9,709.

Exemple. — Combien de francs en 240 pence, argent.

240 × ,103 = 24 francs 72 centimes.
Et ce nombre × 9,709 = 240 pence.

Les résultats précédens sont les pairs, à très-peu de chose près, en valeur d'or et d'argent. Voyez page 149.

Convertir les grains anglais en grammes, et réciproquement.

RÈGLE. — *Multipliez le nombre de grains par* 0,064792, *et le nombre de grammes par* 15,434.

EXEMPLE. — Combien de grammes dans un souverain du poids de 113,1 grains anglais d'or pur?

RÉPONSE. — 7 grammes 328 décigrammes environ. Ce nombre multiplié par 15,434 donne 113,1 grains.

Au moyen de ces règles, on peut convertir en dénominations françaises les tables précédentes de monnaies. La première colonne fait seule exception, elle doit être réduite comme suit.

POUR LES MONNAIES D'OR.

RÈGLE. — *Divisez le nombre de l'essai par* 24, *et poussez le quotient jusqu'à trois décimales.*

EXEMPLE. — Convertir l'or étalon anglais en millièmes.

$\frac{22}{24} = 916$ millièmes. Si l'or est de 1 carat 2 gr. au-dessous de l'étalon.

$$\begin{array}{lrr}
 & \text{car.} & \text{gr.} \\
 & 22 & 0 \\
 & 1 & 2 \\
\hline
 & 20 & 2 \\
 & 4 & \\
\text{Grains carats} & 82 &
\end{array}
\qquad
\begin{array}{r}
24 \\
4 \\
\hline
96
\end{array}
\quad \frac{82}{96} = 854 \text{ millièmes.}$$

Les millièmes se réduisent en carats en multipliant par 24 et coupant trois décimales.

POUR LES MONNAIES D'ARGENT.

Réduire les rapports d'essai d'argent anglais en rapports français, ou millièmes.

RÈGLE. — *Prendre le nombre donné par l'essai pour numérateur, et* 240 *pour dénominateur, réduite en décimales de trois figures elle donnera des millièmes.*

EXEMPLE. — Réduire l'argent étalon anglais en millièmes.

$$\begin{array}{rr}
\text{den.} & \text{gr.} \\
11 & 2 \\
20 & \\
\hline
222 &
\end{array}
\qquad \frac{222}{240} = \frac{37}{40} = 925 \text{ millièmes.}$$

Réduire les millièmes en expressions d'essais anglais d'argent.

RÈGLE. — *Multipliez par* 240, *et coupez trois figures.* Ainsi 891 millièmes $\times$ 240 = 214 = 10 deniers 14 gr. Ce nombre soustrait de 11 den. 2 gr. d'argent, donne 8 den. au-dessous de l'étalon anglais.

EXPLICATION

DES MONNAIES RÉELLES MODERNES,

Ou description des devises et autres empreintes des principales monnaies réelles contenues dans les tables précédentes, avec la traduction de leurs inscriptions et légendes [1].

AIX-LA-CHAPELLE.

MONNAIES D'ARGENT.

Le RATHSPRÆSENTGER porte sur la face un aigle entouré d'un cercle, avec le nombre 16 sur la poitrine (32 sur les doubles pièces), et dans un autre cercle la légende

REGVM CVRIA PRINCIPALIS PRIMA.

Première et principale cour du roi.

et sur le bord,

VRBS ARQVENSIS. VRBS REGALIS. REGNI SEDES.

Cité d'Aix, cité royale, siége du gouvernement.

Sur le revers, un autel avec deux épées surmontées d'une couronne pour la double pièce; pour la simple, une couronne et la date dans un cercle; la légende sur chaque est

LOCVS CORONATIONIS CÆSAREÆ.

Lieu du couronnement de César.

César est un titre que prennent les empereurs.

AUGSBOURG.

MONNAIES D'OR.

Le DUCAT : — tête du prince régnant, avec nom et titre : ainsi,

FRANCISCVS I. D.G. ROM. IMP. S.A.

François Ier, par la grâce de Dieu, empereur de Rome, toujours auguste.

Revers : armes de la ville; légende,

AVGVSTA VINDELICORVM,

(ancien nom de la place et du peuple).

ÉTATS AUTRICHIENS.

MONNAIES D'OR.

Le SOUVERAIN : — tête de l'empereur régnant, avec nom et titre; ainsi

FRANCISC. II. D. G. R. IMP. S. A. GE. HIE. HV. BO. REX.

c'est-à-dire,

Franciscus secundus, Dei gratia, Romanus Imperator, semper augustus, Germaniæ, Hierosolymæ, Hungariæ, Bohemiæ, Rex.

François II, par la grâce de Dieu, empereur romain, toujours auguste; roi de Germanie, de Jérusalem, de Hongrie et de Bohême.

Revers : les armes d'Autriche sur une croix de Saint-André, avec la date et la légende,

ARCH. AVS. DVX. BVRG. LOTH. BRAB. COM. FLAN.

c'est-à-dire,

Archidux Austriæ, Dux Burgundiæ, Lotharingiæ, Brabantiæ, Comes Flandriæ.

Archiduc d'Autriche, duc de Bourgogne, de Lorraine, de Brabant, comte de Flandre.

Le double souverain porte la même inscription.

Le DUCAT : — tête du souverain régnant. Revers :

---

[1] Les mots ou initiales écrits sur les monnaies réelles, se distinguent généralement comme suit : quand ils occupent le champ et qu'ils sont écrits en croix sur la pièce, ils prennent le nom d'*inscription*; quand ils sont écrits autour, sur le bord ou sur le côté de la figure, ils sont dits *légende*. Ils portent la même dénomination quand ils sont sur l'*exergue* ou fond de la pièce, communément séparé du champ par une ligne.

On doit observer que le côté d'une pièce sur laquelle se trouve le portrait s'appelle généralement *face*, et le côté opposé *revers*.

Comme l'inscription est toujours du côté de la face, la fréquente répétion de ce mot devient inutile.

armes d'Autriche avec l'aigle à deux têtes. Les légendes sont les mêmes que pour le souverain, si ce n'est que parmi les titres ne sont pas ceux de comte de Flandre et duc de Brabant, et qu'ils sont remplacés par les lettres D. H. ou D. HETR.; c'est-à-dire, *dux Etruriæ*, duc de Toscane. Mais sur la face des ducats de Hongrie, appelés *kremnitz*, est empreinte la figure entière de l'empereur, avec les noms et titres ci-dessus; et sur le revers sont la Vierge et l'enfant, avec cette légende,

S. MARIA MATER DEI PATRONA HVNG.

Sainte-Marie, mère de Dieu, patrone de la Hongrie.

MONNAIES D'ARGENT.

La RISDALE (*constitution*) : — tête de l'empereur régnant, avec nom et titre; ainsi

CAR. VI. D. G. R. I. S. A. G. HI. H. BOH. REX.

c'est-à-dire,

Carolus sextus, Dei gratia, Romanus Imperator, etc.

comme le souverain. Revers : un aigle à deux têtes, couronné, portant sur sa poitrine les armes de l'Autriche, et dans ses serres une épée et un sceptre; légende,

ARCHID. AUST. DUX. BU. M. MOR. COM. TYROL.

Archiduc d'Autriche, duc de Bourgogne, marquis de Moravie, comte du Tyrol.

avec la date; et sur les bords de la pièce,

CONSTANTER CONTINET ORBEM.

Il conduit le monde d'une main toujours ferme.

La RISDALE (*convention*) : — tête du souverain régnant, avec nom et titre; ainsi

M. THERESIA, D. GR. IMP. GE. HU. BO. REG.

Marie Thérèse, par la grâce de Dieu, impératrice d'Allemagne, reine de Hongrie et de Bohême.

Revers : comme sur la risdale constitution. La légende autour de la pièce de François Ier est

PRO DEO ET IMPERIO.

Pour Dieu et l'empire.

Autour de celle de Marie Thérèse,

JUSTITIA ET CLEMENTIA.

Justice et clémence.

Autour de celle de Joseph II,

VIRTUTE ET EXEMPLO.

Par la vertu et l'exemple.

La RISDALE de Hongrie : — tête, nom, titre et légende comme plus haut. Revers : la Vierge, l'enfant et les lettres K. B.; légende comme sur le ducat de Hongrie.

Le FLORIN ou demi-risdale, porte les mêmes empreintes que la risdale; il en est de même du demi-florin.

Le COPSTUCK ou COPSTICK (pièce de 20 creutzers), porte les mêmes empreintes que la risdale, excepté qu'il n'a pas de légende autour du bord, et qu'il a le nombre 20 sur le revers; le demi-copstuck porte le nombre 10.

BADE.

MONNAIES D'OR.

Le DUCAT : — une figure de femme devant un autel; légende,

OBSEQUIUM JURARE PARATA.

Prête à jurer obéissance.

et la date. Revers : les armes de Bade.

MONNAIES D'ARGENT.

La RISDALE : — tête du prince régnant, avec nom et titre; ainsi,

CAROLUS. FRID. D. G. MARCHIO BAD. ET H.

Charles Frédéric, par la grâce de Dieu, marquis de Bade, etc.

Revers : armes de Bade; légende,

AD NORMAM CONVENTIONIS.

Conformément à la convention.

et sur l'exergue, la date; et

X EINE F MARCK.

Dix pièces par marc de fin.

BALE.

MONNAIES D'OR.

Le DUCAT : — griffon supportant les armes de la république; légende,

DOMINE CONSERVA NOS IN PACE.

Seigneur conserve-nous en paix.

Revers :

DUCATUS REIPUBL. BASILEENSIS.

Ducat de la république de Bâle.

La PISTOLE : — armes de la cité; légende,

RESPVBLICA BASILIENSIS.

Revers : un trépied, avec la légende sur le ducat.

MONNAIES D'ARGENT.

Le PATAGON ou ÉCU : — une vue de la ville sur laquelle est le nom

BASILEA.

Revers : griffon supportant les armes de la ville, avec légende comme sur le ducat. Mais les écus de 1795, etc., portent les armes de la ville, et la légende

RESPVBLICA BASILIENSIS.

et sur le revers, une guirlande de chêne entourant la légende comme sur le ducat.

Le THALER ou RISDALE : — griffon, armes et légende comme sur le revers du patagon. Revers : couronne de laurier, avec la légende

MONETA REIPUB. BASILEENSIS.

Monnaie de la république de Bâle.

BAVIÈRE.

MONNAIES D'OR.

Le CAROLIN : — tête du souverain régnant; légende,

CA. D. G. V. B. ET P. S. D. C. PR. S. R. I. A. ELL.

c'est-à-dire,

Carolus, Dei gratia, utriusque Bavariæ et Palatinatus dux, Princeps sancti Romani Imperii, Archidux et Elector.

Charles, par la grâce de Dieu, duc des deux Bavières et du Palatinat, prince, archiduc et électeur du Saint-Empire romain.

Revers : la Vierge et l'enfant supportant les armes de Bavière; légende,

CLYPEVS OMNIBVS IN TE SPERANTIBVS.

Bouclier pour tous ceux qui espèrent en toi.

et la date. Les demis et quarts carolins ont les mêmes empreintes.

Les MAX d'or ont les mêmes empreintes que les carolins, si ce n'est que le nom est

MAX. JOS.

Maximilien Joseph.

Le DUCAT : — tête du prince régnant, avec le nom et titres; ainsi,

CAR. THEOD. D. G. C. P. R. VTR. BAV. DVX.

Revers : les armes de Bavière; légende,

S. R. I. ARCHID. ET EL. DVX. I. CL. ET M.

Les initiales signifient :

Charles Théodore, par la grâce de Dieu, comte palatin, duc des deux Bavières, etc.

comme sur les carolins. Les lettres DVX. I. CL. ET M. signifient

Duc de Juliers, Clèves et Munster.

Mais les ducats frappés depuis 1800, portent avec la tête tous les titres plus haut, et la légende sur le revers est

PRO DEO ET POPULO.

Pour Dieu et le peuple.

MONNAIES D'ARGENT.

La RISDALE : — tête du prince régnant, avec nom et titres comme pour les monnaies d'or. Revers : armes de Bavière et la date; et sur les autres pièces la Vierge et l'enfant, avec la légende

PATRONA BAVARIÆ.

Patrone de la Bavière.

mais la nouvelle risdale, frappée en 1800, porte sur le revers les armes de Bavière, et la légende

PRO DEO ET POPULO.

Le COPSTUCK porte les mêmes empreintes que la risdale.

BERNE.

MONNAIES D'OR.

Le DUCAT : — armes de la cité; légende,

REIPUBLICA BERNENSIS.

République de Berne.

Revers :

BENEDICTUS SIT JEHOVA DEUS.

Béni soit le Dieu Jehova.

La PISTOLE : — armes de la république; légende,

RESPUBLICA BERNENSIS.

Revers : une guirlande renfermant ces mots,

DEUS PROVIDEBIT.

Dieu pourvoira.

D'autres pistoles portent sur le revers un homme armé d'une hache d'armes et reposant, avec la même légende.

MONNAIES D'ARGENT.

Le PATAGON ou ÉCU : — un homme se reposant sur son épée; légende comme pour la pistole. Revers : armes de la cité; légende,

RESPUBLICA BERNENSIS.

Les pièces de 10, de 5 et $2\frac{1}{2}$ BATZEN : — armes de la cité, avec

RESPUBLICA BERNENSIS.

Revers : croix formée par huit B's et quatre couronnes; légende comme sur l'écu.

BRÊME.

MONNAIES D'ARGENT.

La pièce de $\frac{2}{3}$ ou de 48 GROTES : — un aigle à deux têtes et une couronne, avec le nom de l'empereur régnant; ainsi,

FRANCISCUS D. G. ROM. IMP. S. AUG.

François, par la grâce de Dieu, empereur de Rome, toujours auguste.

Revers : armes de la cité; avec la légende

MONETA NOVA REIPUBL. BREMENSIS.

Nouvelle monnaie de la république de Brême.

BRUNSWICK.

MONNAIES D'OR.

Le CARL d'or : — tête du prince régnant; légende,

CAROLUS D. G. DVX. BRVNS. ET LVN.

Charles, par la grâce de Dieu, duc de Brunswick et de Lunebourg.

Revers : cheval lâché; légende,

NVNQVAM RETRORSVM.

Jamais en arrière.

Ceux qui ont été frappés en 1796 n'ont pas de tête, mais seulement les armes de Brunswick, avec

CAROLVS GVLIELMVS FERDINANDVS.

Et sur le revers,

X THALER, ou V THALER.

avec la date; et la légende comme sur le carl d'or.

Le DUCAT porte les mêmes empreintes que le carl d'or.

MONNAIES D'ARGENT.

La RISDALE (vieille) : — tête, nom et titre du prince régnant, comme sur les monnaies d'or. Revers : le cheval et la légende comme sur le carl d'or; mais sur l'exergue sont les mots

X EINE FEINE MARK CONVEN. M.

Dix pièces au marc fin, monnaie de convention.

La RISDALE de 1795 : — sur la face les mots

1 SPECIES THALER.

et la date; légende,

X EINE FEINE MARCK, etc.

comme dessus. Revers : armes de Brunswick, avec nom et titre du prince régnant.

La pièce de $\frac{2}{3}$ (fin) : — homme soutenant un arbre, avec le nombre 24, et la légende

NVNQVAM RETRORSVM.

comme sur le carl d'or. Revers : un cercle renfermant les mots

24 MARIENGROSCH. FEIN SILBER.

24 mariengroschen, argent fin.

légende ; le nom et les titres du prince régnant.

La pièce de $\frac{2}{3}$ (bas argent) : — tête du prince régnant, avec nom et titre. Revers : chevaux et légende comme dessus, et aussi les mots

XX EINE FEINE MARCK, etc.

comme sur la risdale et la pièce de $\frac{2}{3}$ fin. Les pièces de 1791 ne portent pas de tête, mais les mots

XVI GVTE GROSCH. et XX EINE, etc.

Revers : armes de Brunswick, avec les nom et titres du prince régnant. Les pièces de 1795 portent les mots

XXIIII MARIENGROSCH.

légende,

NACH DEM LEIPZIGER FVS.

Conformément à la taille de Leipsic.

Revers : un cheval, le nom et le titre du prince, et le marc $\frac{2}{3}$.

COLOGNE.

MONNAIES D'OR.

Le DUCAT : — tête du souverain régnant, avec nom et titre; ainsi

CLEM. AUG. ARCHIEP. ET EL. COLON.

c'est-à-dire,

Clemens Augustus Archiepiscopus et Elector Coloniensis.

Clément Auguste, archevêque et électeur de Cologne.

Revers : un cercle de rayons renfermant la légende

NON MIHI SED POPULO.

Non pour moi mais pour le peuple.

Les ducats frappés par la ville de Cologne portent la tête du souverain régnant, avec son nom et ses titres; et sur le revers, les armes de la ville, avec

DUCAT. CIVIT. COLON.

Ducat de la ville de Cologne.

MONNAIES D'ARGENT.

La RISDALE : — tête du souverain régnant, avec son nom et titres. Revers : armes de la cité; légende,

MONETA NOVA LIB. ET IMPER. CIVIT. COLON.

c'est-à-dire,

Moneta nova liberæ et imperialis civitatis Coloniensis.

Nouvelle monnaie de la ville libre et impériale de Cologne.

avec la date; et sur quelques risdales,

MON. NOVA LIB. REIPUB. COLONIENSIS.

Nouvelle monnaie de la république libre de Cologne.

DANEMARK.

MONNAIES D'OR.

Le DUCAT COURANT : — tête du roi régnant, avec nom et titre, ainsi :

CHRISTIANVS VII. D. G. REX DAN. NORVEG.

Christian VII, par la grâce de Dieu, roi de Danemark et de Norwège.

Revers : valeur de la monnaie surmontée d'une couronne; légende,

GLORIA EX AMORE PATRIÆ.

Gloire vient de l'amour de la patrie.

Le DUCAT ESPÈCE de 1791 : — homme appuyé sur une massue et portant un bouclier; légende

MONETA AUREA DANICA.

Monnaie d'or de Danemark.

Revers :

1 SPECIES DUCAT. 23$\frac{1}{2}$ KARAT. 67 STYKKER. 1 MARK BRUTO.

1 ducat espèce, 23$\frac{1}{2}$ carats fin, 67 pièces au marc brut.

Les ducats de date plus ancienne portent sur la face la tête, le nom et le titre du roi régnant; et sur le revers, les armes de Danemark, et la légende

PRUDENTIA ET CONSTANTIA.

Prudence et constance.

Quelques-uns portent sur le revers un vaisseau, et la légende

DUCE PRUDENTIA, CONSTANTIA COMITE.

La prudence guide, la constance accompagne.

Le CHRISTIAN d'or : — tête, noms et titres du prince régnant, comme plus haut. Revers : un soleil et trois couronnes, avec la légende comme le ducat courant.

MONNAIES D'ARGENT.

Le RYKSDALER (ancien, monnayé pour la Norwége) : — tête du roi régnant, avec nom et titre; ainsi :

FRIDERICVS V. D. D. REX DAN. NOR. V. G. OU D. G. DAN. NORV. VAND. GOTH. REX.

Frédéric V, par la grâce de Dieu, roi de Danemark, Norwège, des Vandales et des Goths.

Revers : un lion et une hache d'armes, la valeur de la

pièce et la légende suivante, en langue norwégienne, dans deux cercles concentriques,

MOD TROSKAB DAPPERHED: OGHVAD DER ÆRE GIVER DEN HEELE VERDENRAND BLANT NORSKE KLIPPER LAERE.

Esprit, loyauté, valeur, et tout ce qui est honorable, se trouve dans les rochers de la Norwège.

Sur la même monnaie, de date récente, la légende est

TROÉ LOVE MOD OGHVAD DAN KONGENS GUNST KAND VINDE, MENS NORGE KLIPPE HAR MAND SKAL HOS NORMAND FINDE.

Tant que la Norwège aura des rochers, quel que soit le dévouement que l'on puisse porter au monarque danois, on trouvera parmi les Norwégiens un véritable cœur de lion.

Le RYKSDALER de 1777 : — le chiffre du roi et une couronne; légende,

D. G. DAN. NORV. VAND. GOTH. REX.

comme plus haut. Revers : armes de Danemark; légende,

GLORIA EX AMORE PATRIÆ.

Gloire vient de l'amour de la patrie.

Le RYKSDALER de 1795 : — tête, nom et titre du roi régnant. Revers : armes de Danemark et valeur de la pièce.

Pièce de 4 MARCS : — un homme à cheval, avec nom et titre du roi, et valeur de la pièce. Revers : armes du roi; légende,

DOMINUS MIHI ADJUTOR.

Le Seigneur est mon aide.

La COURONNE : — tête du roi régnant, avec nom, et

DEI GRATIA.

Revers : une couronne et l'inscription

PRUDENTIA ET CONSTANTIA.

Prudence et persévérance.

légende : les titres du roi, comme plus haut.

Le RYKSDALER du Holstein : — tête, nom et titres comme plus haut. Revers : armes du Danemark, avec

60 SCHILLING. SCHLESW. HOLST. COURANT.

60 schillings courans de Sleswig et du Holstein.

La pièce de 24 SCHILLINGS danois : — le chiffre du roi, avec une couronne et les titres comme plus haut. Revers : armes de Danemark, et au-dessus

24 SCHILLING DANSKE.

ANGLETERRE.

VIEILLES MONNAIES D'OR.

La GUINÉE : — tête du souverain ; légende,

GEORGIUS III. DEI GRATIA.

George III, par la grâce de Dieu.

Revers : les armes du royaume; légende,

M. B. F. ET H. REX, F. D. B. ET L. D. S. R. I. AT. ET E.

c'est-à-dire,

Magnæ Britanniæ, Franciæ, et Hiberniæ, Rex, Fidei Defensor, Brunswickensis et Luneburgensis Dux, Sancti Romani Imperii Archithesaurarius et Elector.

Roi de la Grande-Bretagne, de France et d'Irlande, défenseur de la foi, duc de Brunswick et Lunebourg, archi-trésorier et électeur du Saint-Empire romain.

Mais les monnaies frappées depuis l'union avec l'Irlande (1801), ont cette légende

BRITANNIARUM REX, FIDEI DEFENSOR.

Roi des Iles Britanniques, défenseur de la foi.

et autour du bouclier, la devise de la jarretière,

HONNI SOIT QUI MAL Y PENSE.

La DEMI-GUINÉE a les mêmes effigies que la Guinée.

La pièce de 7 SHILLING : — tête et nom du souverain, comme ci-dessus. Revers : une couronne, avec la légende

MAG. BRI. FR. ET HIB. REX.

Et sur les pièces frappées depuis sa réunion avec l'Irlande,

BRITANNIARUM REX FIDEI DEFENSOR.

NOUVELLES MONNAIES D'OR.

Le SOUVERAIN : — tête du souverain, avec la légende

GEORGIUS III. D. G. BRITANNIAR. REX, F. D.

et la date. Revers : le portrait de saint George armé, monté sur un cheval et combattant le dragon avec une lance ; ladite devise est placée dans la jarretière, portant la même effigie que ci-dessus, avec une nouvelle gravure sur le bord de la pièce.

VIEILLES MONNAIES D'ARGENT.

La COURONNE : — tête du souverain, avec

GEORGIUS II. DEI GRATIA.

Revers : quatre boucliers couronnés, savoir : celui d'Angleterre, de France, d'Écosse et d'Irlande, avec une étoile au milieu ; légende,

MAG. BR. FR. ET HIB. REX.

à laquelle on a ajouté (depuis l'avénement de la maison de Hanovre) les titres du roi, comme sur la guinée. Les couronnes de Charles II ont dans les angles, entre les boucliers, quatre doubles C's joints ensemble. Celles de Guillaume et de Marie ont quatre W's et M's entrelacés. Quelques-unes des couronnes de la reine Anne ont deux roses sur deux des angles, et le prince de Galles un panache de plumes sur les autres. Les couronnes de George Ier ont quatre sceptres. On peut aussi observer que les couronnes du roi Guillaume ont, au lieu de l'étoile, les armes de Nassau au milieu ; et qu'autour du bord des pièces frappées par le roi Guillaume et par la reine Anne, il y a la légende suivante,

DECUS ET TUTAMEN, ANNO REGNI, etc.

Ornement et sûreté, an du règne, etc.

La DEMI-COURONNE porte les mêmes effigies que la couronne.

Le SHILLING porte les mêmes effigies que la couronne, mais ceux de George II ont quatre roses dans les angles, sur le revers ; et ceux de Georges III ont quatre couronnes qui sont placées dans les angles, au lieu de l'être sur les boucliers.

Il en est de même du SIXPENCE.

Le DOLLAR (mis en circulation par la banque en 1804) porte la tête du roi, avec la légende

GEORGIUS III. DEI GRATIA REX.

Revers : un ovale, avec une couronne de tours au-dessus, renfermant une figure de la Grande-Bretagne.

NOUVELLES MONNAIES D'ARGENT.

La COURONNE : — tête du souverain, avec la légende

GEORGIUS III. D. G. BRITANNIARUM REX, F. D.

et la date. Revers : le même que celui du souverain. Autour du bord de la pièce,

DECUS ET TUTAMEN. ANNO REGNI LX.

Ornement et sûreté, la 60e année du règne, etc.

La DEMI-COURONNE : — tête du souverain ; légende,

GEORGIUS III. DEI GRATIA.

et la date. Revers : les armes du royaume uni renfermées dans un bouclier entouré de la jarretière, portant sa devise ; légende,

BRITANNIARUM REX, FID. DEF.

avec une nouvelle gravure sur le bord.

Le SHILLING et SIXPENCE : — tête du souverain ; légende,

GEOR. III. D. G. BRITT. REX, F. D.

et la date. Revers : le même que celui de la demi-couronne, excepté qu'il n'y a point de légende.

La nouvelle DEMI-COURONNE de George IV porte l'effigie de Sa Majesté, avec l'inscription

GEORGIUS IIII. D. G. BRITANNIAR. REX, F. D.

Revers : les armoiries du royaume uni contenues dans un bouclier entouré de la couronne royale ; la rose, le chardon, sont placés autour du bouclier avec le mot ANNO et la date de l'année. Sur le bord il y a une nouvelle gravure.

Le nouveau SHILLING et SIXPENCE de George IV portent les mêmes inscriptions que la demi-couronne.

FRANCE.

MONNAIES D'OR.

Le LOUIS : — tête du prince régnant, avec nom et titres ; ainsi

LUD. XVI. D. G. FR. ET NAV. REX.

c'est-à-dire,

Ludovicus XVI, Dei gratia, Franciæ et Navarræ rex.

Louis XVI, par la grâce de Dieu, roi de France et de Navarre.

Revers : les armes de France et de Navarre, avec une couronne au-dessus. Sur les pièces frappées avant 1786, il y a deux boucliers distincts; et sur celles frappées depuis 1786, un double bouclier; légende,

CHRS. REGN. VINC. IMPER.

c'est-à-dire,

Christus regnat, vincit, imperat.

Le Christ règne, conquit, gouverne.

Sous les armes est une lettre qui indique dans quelle ville la pièce a été frappée. Le double et demi-louis portent les mêmes impressions.

Les pièces monnayées en 1791 ont d'un côté la tête du roi, avec le titre

LOUIS XVI. ROI DES FRANÇAIS.

et de l'autre, le génie de la France écrivant la constitution sur une table dressée contre un pilier, avec un coq d'un côté, et de l'autre les faisceaux et le bonnet de la liberté, avec la légende

RÈGNE DE LA LOI.

et plus bas,

L'AN 4 DE LA LIBERTÉ.

Les pièces de 1793 ont, au lieu de la tête, une couronne de feuilles de chêne, avec ces mots : 24 LIVRES; légende,

RÉPUBLIQUE FRANÇOISE L'AN II.

Revers : comme sur le louis de 1791, excepté que la date n'est qu'en figures.

La pièce de 40 FRANCS, 1802 : — tête de Bonaparte; légende,

BONAPARTE PREMIER CONSUL.

Revers : une guirlande de laurier, avec les mots 40 FRANCS; légende,

RÉPUBLIQUE FRANÇOISE AN XI.

et autour du bord de la pièce,

DIEU PROTÉGE LA FRANCE.

En 1804, lorsque Bonaparte fut nommé empereur, les mots qui entouraient la tête furent changés en ceux de NAPOLÉON EMPEREUR.

La pièce de 20 FRANCS porte les mêmes impressions, excepté les figures qui marquent sa valeur.

La pièce de 40 FRANCS, 1818 : — tête du roi, avec nom et titres; ainsi

LOUIS XVIII. ROI DE FRANCE.

Revers : armes de France, et 40 F. dans deux branches de laurier. Autour du bord de la pièce,

DOMINE SALVUM FAC REGEM.

Dieu conserve le roi.

MONNAIES D'ARGENT.

L'ÉCU DE 6 LIVRES : — tête du prince régnant, avec nom et titres, comme sur le louis. Revers : les armes de France entre deux branches de laurier; légende,

SIT NOMEN DOMINI BENEDICTUM.

Que le nom de Dieu soit béni.

et une lettre indiquant la place où la pièce a été frappée. Autour du bord sont les mots

DOMINE SALVUM FAC REGEM.

comme sur la pièce de 40 francs. L'écu de 3 livres, les pièces de 24, 12, et 6 sols, portent toutes les mêmes impressions, excepté que les trois dernières monnaies n'ont point de devise autour du bord.

L'écu de 1791 : — tête du roi; légende,

LOUIS XVI. ROI DES FRANÇOIS.

Revers : le génie de la France, etc., comme sur le louis de la même époque. Autour du bord,

LA NATION LA LOI ET LE ROI.

Les pièces de 15 et 30 sols, frappées à la même époque, portent les mêmes impressions, excepté qu'au lieu des faisceaux et du coq, leur valeur est marquée, et qu'il n'y a point de devise autour du bord.

La pièce de 6 LIVRES de la république : — le génie de France, etc., comme ci-dessus. Revers : une guirlande de chêne, avec les mots SIX LIVRES; légende,

RÉPUBLIQUE FRANÇOISE L'AN II.

et autour du cordon,

LIBERTÉ, ÉGALITÉ.

Pièce de 5 FRANCS de la république : — trois figures représentant Hercule et deux jeunes femmes se tenant par la main; légende,

UNION ET FORCE.

revers : une guirlande de laurier et de chêne; avec ces mots : 5 FRANCS L'AN 7; légende,

RÉPUBLIQUE FRANÇOISE.

et autour du cordon,

GARANTIE NATIONALE.

Pièce de 5 FRANCS, 1803 : — tête de Bonaparte; légende comme sur la pièce de 40 francs. Revers: une guirlande contenant la valeur, 5 FRANCS; légende,

RÉPUBLIQUE FRANÇOISE.

mais sur les pièces frappées en 1809,

EMPIRE FRANÇOIS.

autour du cordon les mots,

DIEU PROTÉGE LA FRANCE.

comme ci-dessus.

Le FRANC de Louis XVIII porte les mêmes empreintes que la pièce de 40 francs de la même époque, excepté la marque de la valeur.

FRANCFORT-SUR-LE-MEIN.

MONNAIES D'OR.

Le DUCAT : — un aigle, avec la légende,

TURRIS FORTISSIMA NOMEN DOMINI.

Le nom du Seigneur est la tour la plus forte.

Revers : une croix avec des ornemens; légende,

DUCATUS REIPUBLICÆ FRANCOFURTENSIS.

Ducat de la république de Francfort.

Le DUCAT de 1796 : vue de la cité. Revers : une guirlande de lauriers entourant les mots

AUS DEN GEFÆSEN DER KIRCHENUND BURGER DER STADT FRANCKFURT.

MONNAIES D'ARGENT.

La RISDALE : — les empreintes de cette monnaie ont beaucoup varié; la plupart portent un aigle; mais le revers et les légendes diffèrent beaucoup dans les monnaies de diverses dates : on peut aisément les distinguer par le mot

FRANCKFURT OU FRANCOFURT.

qui doit se trouver sur quelque partie de la pièce, comme aussi les mots :

AD NORMAM CONVENTIONIS.

D'après le taux de la convention.

et

X E. F. MARK, OU X EINE FEINE MARK.

10 au marc d'argent fin.

Ces derniers mots, qui sont dans un cercle ou une guirlande, forment le revers des pièces les plus modernes, et les monnaies de 1796 portent pareillement la légende allemande,

AUS DEN GEFÆSEN, etc.

comme sur le ducat; et sur l'autre côté, un aigle et la légende,

DER STADT FRANCKFURT.

De la ville de Francfort.

GENÈVE.

MONNAIES D'OR.

La PISTOLE : — sur les pistoles d'ancienne date, un aigle à deux têtes couronné; sur les nouvelles, un soleil avec les lettres I. H. S. au milieu; légende,

POST TENEBRAS LUX.

Après les ténèbres, la lumière.

Revers : les armes de la ville, avec un soleil au-dessus; légende,

RESPUBL. GENEVEN.

République de Genève.

MONNAIES D'ARGENT.

Le PATAGON OU ÉCU (vieux) porte les mêmes empreintes que la pistole.

La pièce de 21 sous : — l'inscription,

POST TENEBRAS LUX.

et au-dessous 21; le tout entouré de différens ornemens et surmonté d'un soleil : le revers est le même que celui de la pistole.

L'ÉCU de 1794 : — la tête d'une femme avec une couronne murale; légende,

RÉPUBLIQUE GENEVOISE.

et au-dessous,

ÉGALITÉ, LIBERTÉ, INDÉPENDANCE.

Revers : deux épis de blé et l'inscription,

PRIX DU TRAVAIL, L'AN III. DE L'ÉGALITÉ.

légende,

APRÈS LES TÉNÈBRES LA LUMIÈRE.

Mais les écus frappés depuis cette époque, portent d'un côté un soleil avec les lettres I. H. S. au milieu, légende,

POST TENEBRAS LUX.

comme ci-dessus avec

XII FLORINS IX SOLS.

Revers : les armes de Genève entourées d'une guirlande de chêne; légende,

GENÈVE RÉPUBLIQUE, L'AN V DE L'ÉGALITÉ.

Le DEMI-ÉCU porte les mêmes empreintes, excepté que dans le soleil il y a,

VI FLORIN IV S. VI D.

La pièce de 15 sous : — un soleil avec 15 sous au milieu; légende,

ÉGALITÉ, LIBERTÉ, INDÉPENDANCE.

Revers : un aigle dans une guirlande; légende,

POST TENEBRAS LUX.

La pièce de 6 sous : — une guirlande contenant les mots 6 sous; légende,

POST TENEBRAS LUX.

Revers : comme sur le nouvel écu.

GÊNES.

MONNAIES D'OR.

La DOPPIE : — la Vierge et l'enfant sur un nuage, avec un sceptre et une couronne d'étoiles; légende,

ET REGE EOS.

Et gouverne-les.

avec les initiales du nom du doge et la date. Revers : une croix avec 4 étoiles ou fleurs, et la légende,

DVX. ET GVB. REIP. GENV.

c'est-à-dire,

Dux et Gubernator Reipublicæ Genuensis.

Doge et gouverneur de la république de Gênes.

Les pièces de 2, 4 et 5 doppies portent les mêmes empreintes.

Le SEQUIN : — une figure de saint Jean-Baptiste; légende,

NON SVRREXIT MAJOR.

Il n'en a pas paru de plus grand.

Revers : les armes de Gênes avec une couronne; légende,

DVX. ET GVB. REIP. GENV.

comme ci-dessus.

Le GENOVINA : — la Vierge et l'enfant, comme sur la doppie, et la même légende. Revers : armes de Gênes avec une couronne et la légende, DUX, etc., comme ci-dessus. Les vieilles genovine de 100, 50 et 25 lire, et les nouvelles de 96, 48 et 24 lire, portent les mêmes empreintes.

La pièce de 4 PISTOLES de la république ligurienne : — une femme tenant une lance et appuyée sur un bouclier; légende,

REPUBLICA LIGURE, ANNO I, L. 96.

République Ligurienne, l'an I, 96 lire.

Revers : une guirlande de laurier avec les faisceaux et le bonnet de la liberté; légende,

NELL' UNIONE LA FORZA.

La force dans l'union.

et autour du cordon de la pièce,

PESO GRANI 550, BONTA CAR. 22.

550 grains de poids, 22 carats de fin.

MONNAIES D'ARGENT.

Le SCUDO DELLA CROCE : — mêmes empreintes que sur la doppie.

Le SCUDO DI S. GIAMBATISTA (vieux) de 5 lire : — portrait de saint Jean-Baptiste, avec la légende du sequin et les lettres initiales du nom du doge. Revers : armes de Gênes ; légende,

DUX, etc.

comme sur la doppie.

Le SCUDO de 8 lire porte les mêmes empreintes que le précédent, excepté qu'il est marqué L. 8 sur le revers, et ses divisions L. 4, L. 2, L. 1.

Le MADONINA : — le portrait en pied de la Vierge ; légende,

SVB TVVM PRESIDIVM.

Sous ta protection.

avec la date ; et autour de la figure,

NE DERELINQ. NOS.

Ne nous abandonne pas.

Le revers est le même que celui du scudo di S. Giambatista.

Le SCUDO de la république ligurienne : — deux figures représentant un soldat et une femme ; légende,

LIBERTA, EGUAGLIANZA.

Liberté, égalité.

et la date. Revers : armes de Gênes, entourées d'une palme et d'une branche de laurier, avec le bonnet de la liberté au-dessus ; légende,

REPUBBLICA LIGURE ANNO I, L. 8

autour du cordon,

PESO GRANI 726, BONTA ONCIE 10 16.

726 grains de poids, 10 onces, 16 deniers de finesse.

HAMBOURG.

MONNAIES D'OR.

Le DUCAT : — l'inscription,

MON. AVR. HAMBVRGENSIS AD LEGEM IMPERII.

Monnaie d'or de Hambourg, d'après la loi de l'empire.

et, à la partie supérieure, une porte de la ville avec trois tours. Les ducats de vieille date ont la porte au milieu, et autour la légende

MONETA AVREA HAMBVRGENSIS.

Revers de l'un et de l'autre : un aigle à deux têtes couronné, avec le nom de l'empereur d'Allemagne, régnant, comme :

JOSEPHVS II. D. G. ROM. IMP. SEMP. AVGVST.

Joseph II, par la grâce de Dieu, empereur de Rome, toujours auguste.

MONNAIES D'ARGENT.

La RISDALE (espèce, ou banco) : — armes de Hambourg ; légende,

MONETA NOVA HAMBVRGENSIS.

Monnaie nouvelle de Hambourg.

et au bas 48 SCHILL. SPEC. Le revers est celui du ducat.

La pièce de 2 MARCS : — les armes de la ville ; légende,

HAMBURGER CURRENTGELD.

Monnaie courante de Hambourg.

et 32 SCHILL., ou la légende est,

32 SCHILLING HAMBURGER COURANT.

le revers est comme sur le ducat. Les pièces de 1 marc et au-dessous sont marquées 16 SCHILLING, 8 SCHILLING, etc.

HANOVRE.

MONNAIES D'OR.

Le GEORGE d'or : — les armes du roi ; légende,

GEORG. II. D. G. M. B. F. ET H. REX. F. D.

Revers,

V THALER.

5 risdales de compte.

et la date ; légende,

BRUNS. ET LUN. DUX. S. R. I. A. T. H. ET ELECT.

comme sur les monnaies anglaises *Voyez* ces mots.

Le DUCAT : — les armes du roi avec son nom et

tous ses titres, comme sur la guinée. Revers : un cheval au galop; et sur l'exergue,

EX AVRO HERC.

De l'or des mines de Hartz.

et la date. Les ducats d'ancienne date portent un cheval courant sur un terrain difficile, et la légende,

NEC ASPERA TERRENT.

Les difficultés ne l'épouvantent pas.

d'autres ducats portent la tête, le nom, etc., du roi régnant; et sur le revers,

1 DUCAT. N. D. R. FUS.

c'est-à-dire,

Nach dem reichs fuss.

D'après le taux de l'empire.

et la légende,

BRUNS. ET LUN. DUX. etc.

Le FLORIN d'or, ou GULDEN d'or : — les armes et le titre du roi. Revers : l'inscription,

1 GOLD GULDEN 2 THALER.

et les lettres N. D. R. FU., comme sur le ducat, et les mêmes légendes.

MONNAIES D'ARGENT.

La RISDALE : — les armes du roi régnant avec ses nom et titres, comme sur les monnaies anglaises. Revers : un cheval courant sur un terrain difficile; légende,

NEC ASPERA, etc.

comme ci-dessus. Quelques risdales portent sur le revers un portrait de saint André sur une croix; légende, les titres allemands du roi.

La PIÈCE de $\frac{2}{3}$ (fin) : — quelques-unes portent la tête du roi régnant, les autres une femme tenant un arbre; d'autres, enfin, les mots

24 MARIEN GROSCH.

Revers : les armes du roi; légende, le nom et les titres du roi, comme sur la guinée; et sous les armes, $\frac{2}{3}$ dans un ovale, avec

FEIN SILVER.

Argent fin.

et quelquefois aussi N. D. REICHS F., comme sur le ducat. Les divisions de cette pièce sont marquées $\frac{1}{3}$ et $\frac{1}{6}$, et portent les mêmes empreintes.

La PIÈCE de $\frac{2}{3}$ (commune) : — tête, nom et titres du roi. Revers : $\frac{2}{3}$ en grand caractère; légende,

18 STUCK EINE MARK FEIN.

18 pièces au marc de fin.

HESSE CASSEL.

MONNAIES D'OR.

La PISTOLE : — tête du prince régnant avec son nom et ses titres, comme :

WILHELMUS IX. D. G. HASS. LANDG. HAN. COM.

Guillaume IX, par la grâce de Dieu, landgrave de Hesse, comte de Hanau.

Revers : une étoile, et au dedans la légende,

VIRTVTE ET FIDELITATE.

Par courage et fidélité.

avec un lion au milieu. Les autres pistoles, frappées en 1794, etc., portent sur le revers un lion en repos, avec des étendards et trophées militaires, et au-dessus 5 THALERS.

MONNAIES D'ARGENT.

La RISDALE (convention) : — tête du prince régnant avec nom et titres, comme sur la pistole. Revers : armes de Hesse Cassel; légende,

X. ST. EINE FEINE MARK.

10 pièces au marc de fin.

et au bas, le mot

IUSTIRT.

Ajusté, *ou* vérifié.

Sur les pièces d'une date plus récente (1796, etc.), ce dernier mot est supprimé, mais au-dessous de la légende ci-dessus, sont les mots

BIBERER SILBER.

Argent de la mine de Biber.

et sur quelques-unes des pièces de 1770, les mots

EX VISCERIBUS FODINÆ BIEBER.

Des entrailles de la mine de Biber.

La demi-risdale et quart sont marqués XX ST. etc., et 40 ST. etc., et au-dessous des armes, $\frac{2}{3}$ ou $\frac{1}{3}$.

Le THALER ou RISDALE de compte : — tête, nom et titres, comme ci-dessus. Revers : une étoile avec un lion au milieu, et les mots

VIRTVTE ET FIDELITATE.

comme ci-dessus, ou les armes de Hesse ; la légende de l'un et de l'autre est,

EIN THALER.

1 thaler.

et sur la demi-pièce,

EIN HALBER THALER.

HESSE DARMSTADT.

MONNAIES D'OR.

Le CAROLIN : — tête du prince régnant, avec nom et titres, comme :

ERNEST. LVD. D. G. HASS. LANDG. PR. HERSF.

Ernest Louis, par la grâce de Dieu, landgrave de Hesse, prince de Hirchsfeld.

Revers : une croix formée par quatre couronnes, et les lettres EL répétées 4 fois ; dans le milieu un X ou V, selon que la pièce est un carolin ou demi-carolin ; légende,

OCCULTA PATEBUNT.

Les secrets se découvriront.

Le DUCAT : — tête, nom et titres du prince régnant. Revers : armes de Hesse Darmstadt ; légende,

SINCERÈ ET CONSTANTER.

Sincèrement et constamment.

HOLLANDE.

MONNAIES D'OR.

Le RYDER : — un cavalier armé au-dessus des armes de la province ; légende,

MO. AUR. PRO. CONFOED. BELG. ZELAND.

c'est-à-dire,

Moneta aureæ provinciæ confœderationis Belgicæ Zelandiæ.

Monnaie d'or de Zélande, province de la confédération Belge.

Revers : armes des Provinces-Unies, avec

14 GL.

14 guilders, *ou* florins.

légende,

CONCORDIA RES PARVÆ CRESCUNT.

Les petites choses croissent par la concorde.

Le DUCAT : — un fantassin avec une épée nue et un carquois ; légende,

CONCOR. RES. PAR. CRES.

comme ci-dessus, et HOL. ou ZEL., etc., pour distinguer la province. Revers : l'inscription,

MO. ORD. PROVIN. FOEDER. BELG. AD LEG. IMP.

c'est-à-dire,

Moneta ordinarea provinciarum fœderatarum Belgicarum ad legem imperii.

Monnaie commune des Provinces-Unies de la Belgique, d'après la loi de l'empire.

MONNAIES D'ARGENT.

Le DUCATON porte les mêmes empreintes que le ryder, excepté que la légende, au lieu de MO. AUR., commence par les mots

MO. NO. ARG.

Moneta nova argentea.

Nouvelle monnaie d'argent.

et que la valeur est omise.

Le FLORIN ou GUILDER : — une femme appuyée sur un livre placé sur un autel, et tenant de l'autre main une lance et le bonnet de la liberté ; légende,

HANC TVEMVR, HAC NITIMVR.

Nous la défendons, et nous dépendons d'elle.

Revers : armes des Provinces Unies, avec I. G. ; légende,

MO. ARG. ORD. FOE. BELG.

c'est-à-dire,

Moneta argentea ordinum fœderationis Belgicæ.

Monnaie d'argent commune de la confédération Belge.

et le nom de la province particulière marqué ainsi : HOLL. pour Hollande; ZEL. pour Zélande; GEL. et C. Z. pour Gueldres et comté de Zutphen; WEST. F. pour la Frise occidentale; TRAJ. (*trajectus*) pour le guilder d'Utrecht; TRANSI pour Overyssel; GRON. pour Groningen.

La RISDALE : — un soldat avec une épée nue, tenant dans sa main gauche les armes de la province; légende,

MO. NO. ARG., etc.

comme sur le ducaton et le ryder. Revers : armes des Provinces Unies, avec la date; légende,

CONCORDIA RES, etc.

comme sur le ryder.

La RISDALE du royaume de Hollande : — tête du roi régnant avec nom et titres, comme :

NAP. LODEW. 1 KON. VAN HOLL.

c'est-à-dire,

Napoleon Lodewig I, konig van Holland.

Napoléon Louis I, roi de Hollande.

Revers : armes de Hollande, avec 50 Ss. (50 stivers); légende,

KONINGRIJK HOLLANDE.

Royaume de Hollande.

LIÉGE.

MONNAIES D'OR.

Le DUCAT : — tête de l'évêque régnant, avec son nom et quelques-uns de ses titres; et sur le revers ses armes; légende,

LEOD. EP. PR. FR. RAT.

Leodicensis episcopus princeps.

Prince évêque de Liége, etc.

les ducats frappés pendant un interrègne portent une tête mitrée, avec la légende,

S. LAMBERTUS PATRO. LEOD.

Saint Lambert, patron de Liége.

Revers : armes de Liége; légende,

DEC. ET CAPLI. LEOD. SEDE VACANTE.

Le doyen et le chapitre de Liége, le siége vacant.

MONNAIES D'ARGENT.

Les monnaies d'argent de Liége portent les mêmes effigies que les monnaies d'or. La légende des patagons frappés pendant un interrègne est :

MONETA NOVA CAPLI. LEOD. SEDE VACANTE.

comme ci-dessus.

L'ESCALIN porte sur le revers un lion supportant un petit écusson, avec la légende,

DEC. ET CAPLI, etc.

LORRAINE.

MONNAIES D'OR.

Le LEOPOLD : — tête du prince régnant, avec nom et titres, comme :

LEOP. I. D. G. D. LOT. BAR. REX. IER.

c'est-à-dire,

Leopoldus I. Dei gratiâ, dux Lotharingiæ et Barri, rex Ierosolymæ.

Léopold I, par la grâce de Dieu, duc de Lorraine et de Bar, roi de Jérusalem.

Revers : armes de Lorraine; légende,

TE DOMINE SPES MEA.

Seigneur, j'espère en vous.

MONNAIES D'ARGENT.

Le LEOPOLD OU ÉCU : — porte les mêmes effigies que le léopold d'or, excepté que le revers porte la légende,

IN TE DOMINE SPERAVI.

Seigneur, j'ai placé en vous mon espérance.

LUBEC.

MONNAIES D'ARGENT.

La RISDALE ou pièce de 3 MARCS : — un aigle à deux têtes couronné, avec 48 sur le côté; légende,

MON. NOVA IMP. CIVITAT. LUBECÆ.

Nouvelle monnaie de la ville impériale de Lubec.

Revers : les armes de la ville ; légende,

48 SCHILLING COURANT GELDT, ANNO etc.
48 schillings courans, l'an etc.

Les DOUBLES et SIMPLES MARCS diffèrent par le nombre 32 et 16 placé sur l'aigle ; et sur le revers, au-dessus des armes, il y a deux branches de palmier renfermant les mots 32 SCHILLING ou 16 SCHILLING ; légende,

COURANT GELD.

LUCQUES.

MONNAIES D'OR.

La DOPPIE : — tête de Jésus couronnée ; légende,

VULTVS SANCTVS.
Visage saint.

Revers : les armes de la république ; légende,

RESPUBLICA LUCENSIS.
République de Lucques.

MONNAIES D'ARGENT.

Le SCUDO : — un cavalier armé donnant son manteau à un pauvre ; légende,

SANCTUS MARTINUS.
Saint Martin.

Revers : armes de Lucques ; légende,

RESPUBLICA LUCENSIS.

Les divisions du scudo portent les mêmes effigies ; mais quelques pièces, au lieu de la figure de Saint-Martin, portent un crucifix, avec la légende,

VULTVS SANCTVS.

comme ci-dessus.

Le BARBONE : — tête de Jésus couronnée ; légende,

VULTVS SANCTVS.

Revers : une croix ; la légende est la même que celle du scudo.

MALTE.

MONNAIES D'OR.

Le LOUIS : — tête du grand-maître actuel, avec nom et titres, comme :

EMMANUEL DE ROHAN M. M.

c'est-à-dire,

Magister Magnus.
Grand-Maître.

Revers : les armes de l'ordre et du grand maître dans deux boucliers séparés et surmontés d'une couronne et de,

S. 10.
10 scudi, *ou* couronnes.

légende,

HOSPITALIS ET S. SEPUL. HIERUSA.

De l'ordre des Hospitaliers et du Saint-Sépulcre de Jérusalem.

MONNAIES D'ARGENT.

L'ONCE : — tête, nom et titres du grand-maître, comme sur le louis. Revers : les armes de l'ordre supportées ordinairement par un aigle, avec

T. 30.
30 tari.

la légende et la date comme sur les monnaies d'or. La demi-once est marquée T. XV. Mais quelques onces d'ancienne date portent une figure de saint Jean-Baptiste, avec la légende,

NON SVRREXIT MAJOR.

Il n'en a pas paru de plus grand.

et les lettres T. XXX. au bas. Revers : les armes de l'ordre avec le nom et les titres du grand-maître.

Le SCUDO porte les mêmes empreintes que l'once, excepté qu'il n'a point de légende sur le revers, mais les lettres S. I. au bas, et une guirlande de laurier autour des armes.

MANHEIM.

MONNAIES D'OR.

Le CAROLIN : — tête du prince régnant, avec nom et titres, comme :

CAR. PHILIP. D. G. ELEC. PALATINUS.

Charles Philippe, par la grâce de Dieu, électeur palatin.

Revers : les armes du prince avec 4 couronnes supportées par 4 C's entrelacés et 4 P's. Le tout formant une croix; légende,

MONETA NOVA AUREA PALATI.

Nouvelle monnaie d'or du Palatinat.

La PISTOLE : — tête du prince régnant, avec nom et titres, comme :

CAR. THE. C. P. S. R. I. A. T. ET EL.

c'est-à-dire,

Carolus Theodorus, comes Palatinus, sancti Romani Imperii Archithesaurarius et Elector.

Charles Théodore, comte Palatin, archi-trésorier et électeur du Saint-Empire Romain.

Revers : une couronne, formée par 4 couronnes et 4 chiffres des lettres C. T.; légende,

DOMINUS REGIT ME.

Dieu me gouverne.

Le DUCAT : — comme la pistole.

MONNAIES D'ARGENT.

La RISDALE (fine) : — tête, nom et titres comme sur la pistole. Revers : les armes du prince; légende,

EX VISCERIBUS FODINÆ WILDBERG.

Des entrailles de la mine de Wildberg.

et

FEIN SILB.

Argent fin.

La PIÈCE de $\frac{2}{3}$ porte les mêmes empreintes que la risdale, excepté qu'elle est marquée $\frac{2}{3}$ sous les armes. Quelques pièces d'ancienne date ne portent point de tête, mais $\frac{2}{3}$ en grand caractère, et au-dessous,

FEIN SILBER.

légende,

DEUS SERVET METALLI FODINAS MONTENSES.

Que Dieu nous conserve les mines de Wildberg.

les armes et titres sont sur le revers, autour des armes.

La RISDALE (*de convention*) : — tête, nom et titres comme sur la pistole. Revers : les armes du prince; légende,

AD NORMAM CONVENTIONIS.

D'après la règle de la convention.

ou,

10 EINE FEINE MARCK.

10 au marc de fin.

MECKLENBOURG.

MONNAIES D'ARGENT.

La PIÈCE de $\frac{2}{3}$: — armes du prince régnant avec nom et titre, comme :

FRIED. FRAN. ZV. G. G. HERZOG. ZV. MECKLENB. SCHWERIN.

Frédéric François, par la grâce de Dieu, duc de Mecklenbourg Schwerin.

Revers : $\frac{2}{3}$ en grand caractère; légende,

18 STUCK EINE MARCK FEIN.

18 pièces au marc de fin.

MAYENCE.

MONNAIES D'OR.

Le DUCAT : — tête du prince avec nom et titres, comme :

FRID. CAR. IOS. A. EP. ET EL. MOG. EP. W.

c'est-à-dire,

Fredericus Carolus Josephus, Archiepiscopus et Elector Moguntiæ, Episcopus Wormiæ.

Frédéric Charles Joseph, archevêque et électeur de Mayence, évêque de Worms.

Revers : armes de l'évêque avec la date; les autres ducats portent sur le revers une vue de la ville de Mayence, avec la légende,

AVREA MOGVNTIA.

Monnaie d'or de Mayence.

MONNAIES D'ARGENT.

La RISDALE : — tête du prince régnant, avec nom et titres; comme :

FRID. CAR. IOS. D. G. A. E. MOG. S. R. I. P. G. A. C. ET EL. E. W.

c'est-à-dire,

Fredericus Carolus Josephus, Dei gratiâ, Archiepis-

copus Moguntiæ, sancti Romani Imperii pro Germaniâ Archi Cancellarius et Elector, Episcopus Wormensis.

Frédéric Charles Joseph, par la grâce de Dieu, archevêque de Mayence, archi-chancelier, et électeur du Saint-Empire Romain pour l'Allemagne, évêque de Worms.

Mais les pièces de 1796, etc., ont leur légende en allemand, comme :

FRID. CAR. IOS. ERZB. V. KVRF. Z. MAINZ. B. Z. W.

c'est-à-dire,

Erzbischoff und Kurfurst zu Mainz, Bischoff zu Worms.

Archevêque et électeur de Mayence, évêque de Worms.

Revers : les armes de l'évêque ; légende,

X EINE FEINE MARCK.

Dix au marc fin.

Le COPSTUCK porte les mêmes empreintes que la risdale, excepté que le revers a pour légende,

60 AUF EINE FEINE MARK.

et qu'il est marqué 20 au bas.

MILAN.

MONNAIES D'ARGENT.

Le SEQUIN : — tête de l'empereur régnant d'Allemagne, avec nom et titre ; comme :

IOSEP. II. D. G. R. IMP. S. AUG. G. H. ET B. REX. A. A.

Joseph, par la grâce de Dieu, empereur de Rome, toujours auguste, roi d'Allemagne, de Hongrie et de Bohême, archiduc d'Autriche.

Revers : les armes de Milan ; légende,

MEDIOLANI ET MANT. DUX.

Duc de Milan et de Mantoue.

La DOPPIE OU PISTOLE : — comme sur le sequin.

La PIÈCE de 40 lire du nouveau royaume d'Italie : — tête de Bonaparte ; légende,

NAPOLEONE IMPERATORE E RE.

Napoléon, empereur et roi.

Revers : les armes de Milan ; légende,

REGNO D'ITALIA.

Royaume d'Italie.

et 40 lire. Autour de la tranche de la pièce,

DIO PROTEGGE L'ITALIA.

Dieu protége l'Italie.

MONNAIES D'ARGENT.

Le SCUDO : — les mêmes empreintes que sur le sequin, excepté qu'autour du cordon des pièces de Marie-Thérèse, on lit les mots

JUSTITIA ET CLEMENTIA.

Justice et clémence.

et autour de celles de Joseph II.

VIRTUTE ET EXEMPLO.

Par vertu et exemple.

La LIRA porte les mêmes empreintes que le sequin, excepté qu'elle est marquée UNA LIRA, au-dessous des armes : les pièces de 30 soldi de 1800, portent également la marque de leur valeur.

Le SCUDO de la république cisalpine : — une femme armée en repos, et une autre femme arrêtée devant elle ; légende,

ALLA NAZ. FRAN. LA REP. CISAL. RICONOSCENTE.

A la nation française, la république cisalpine reconnaissante.

Revers : une guirlande de chêne, renfermant

SCUDO DI LIRE SEI 27 APRILE ANNO VIII.

Scudo de 6 lire, le 27 avril, l'an 8.

et autour du cordon de la pièce,

UNIONE E VIRTU.

Union et courage.

Les PIÈCES de 30 soldi de la même république : — tête d'une femme ; légende,

REPUBLICA CISALPINE, SOLDI 30.

Revers :

PACE CELEBRATA ; FORO BONAPARTE FONDATO ANNO IX.

La paix proclamée, fondation du forum de Bonaparte, l'an 9.

MONNAIES D'ARGENT.

Le SCUDO : — tête du prince régnant, avec nom et titre, comme :

HERCVLES III. D. G. MVT. REG. MIR. EC. DVX.

Hercule III, par la grâce de Dieu, duc de Modène, Reggio, Mirandole, etc.

Revers : les armes de Modène; légende, sur les pièces de 1782,

PROXIMA SOLI.

Voisin du soleil.

et sur celles de 1796,

DEXTERA DOMINI EXALTAVIT ME.

La droite du Seigneur m'a élevé.

NAPLES.

MONNAIES D'OR.

La pièce de six DUCATS : — tête du roi régnant, avec nom et titres; comme :

FERDINAN. IV. D. G. SICILIAR. ET HIER. REX.

Ferdinand IV, par la grâce de Dieu, roi des deux Siciles et de Jérusalem.

Revers : les armes de Naples; légende,

INFANS HISPANIAR.

Infant d'Espagne.

Les pièces de 4 et 2 DUCATS portent les mêmes empreintes.

MONNAIES D'ARGENT.

La pièce de 12 CARLINI : — les mêmes empreintes que sur la pièce de six ducats, et la valeur marquée

G. 120.

120 grains.

Les pièces frappées depuis 1805 ont autour de la tête,

FERDINANDVS IV. D. G. REX.

et sur le revers,

VTR. SIC. HIER. HISP. INF.

c'est-à-dire,

Utriusque Siciliæ, etc.

Des deux Siciles, etc.

et autour du cordon,

PROVIDENTIA OPTIMI PRINCIPIS.

La prévoyance du meilleur des princes.

La pièce de 6 carlini est marquée

G. 60.

60 grains.

En 1791, on frappa deux pièces différentes portant les profils du roi et de la reine avec leurs noms,

FERDINANDVS IV. ET MARIA CAROLINA.

L'une de ces deux pièces porte sur le revers le soleil dans le zodiaque, avec le globe de la terre au bas, et la légende,

SOLI REDVCI.

Au retour du soleil.

Le revers de l'autre pièce représente un homme et une femme faisant un sacrifice sur un autel, derrière lequel est une vue du mont Vésuve; légende,

PRO FAVSTO PP. REDITV.

Pour l'heureux retour de nos souverains.

Le DUCAT porte les mêmes empreintes que cette dernière pièce, excepté que sur le revers on voit

DVCATO NAP. GRA. 100.

et autour du cordon,

PROPUGNACULA FIRMA ADVERSUS FRAUDATORES.

Défense assurée contre les fourbes.

Le demi-ducat est marqué

ME. D. NAP. G. 50.

La pièce de 12 CARLINI de la république de Naples : — une femme tenant une lance et le bonnet de la liberté d'une main, et supportant les faisceaux de l'autre; légende,

REPUBLICA NAPOLITANA.

Revers : une guirlande renfermant la valeur,

CARLINI DODICI.

12 carlini.

légende,

ANNO SETTIMO DELLA LIBERTA.

La septième année de la liberté.

NEUFCHATEL.

MONNAIES D'ARGENT.

La pièce de 21 BATZEN : — une croix avec un soleil

au centre; légende,

SUUM CUIQUE.

A chacun ce qui lui appartient.

Revers : les armes de Neufchatel; légende,

F. G. REX BOR. PR. SUP. NOVIC. ET VAL.

c'est-à-dire,

Fredericus Guglielmus, rex Borussorum, princeps supremus Novicastelli et Valangini.

Frédéric Guillaume, roi de Prusse, prince souverain de Neufchâtel et de Valangin.

et au bas 21 BZ. La demi-pièce est marquée $10\frac{1}{2}$ BZ. Les pièces de 1799, portent la tête du roi régnant de Prusse, avec son nom et titre. Revers : les armes de Neufchâtel; légende,

SUUM CUIQUE.

et 21 BZ. comme ci-dessus.

NUREMBERG.

MONNAIES D'OR.

Le DUCAT de 1700 — un agneau en repos sur le globe, et portant un étendard avec le mot

PAX.

Paix.

légende,

TEMPORA NOSTRA PATER DONATA PACE CORONA.

Notre père, bénissez notre siècle en nous donnant la paix.

Revers : trois écussons et une colombe sur le haut; légende,

RESP. NORIMBERGENSIS SECVLVM NOVVM CELEBRAT.

La république de Nuremberg célèbre le nouveau siècle.

Les doubles et demi-ducats portent les mêmes empreintes.

MONNAIES D'ARGENT.

La RISDALE (*constitution*) : — tête de l'empereur régnant avec nom et titre, comme :

CAROLVS VI. D. G. ROM. IMP. SEMP. AUG.

Charles VI, par la grâce de Dieu, empereur de Rome, toujours auguste.

Revers : une vue de la ville, avec un aigle volant au-dessus; légende,

AVGVSTO DOMINO TVTA ET SECVRA PARENTE EST.

Elle est en sûreté sous la garde de son auguste maître.

et sur l'exergue,

NORIMBERGA.

La RISDALE (*de convention*) : — les empreintes de ces monnaies varient; quelques-unes portent la tête, nom et titres de l'empereur régnant, et d'autres, une vue de la ville avec un soleil au-dessus. Revers : une aigle à deux têtes couronnées, portant les armes de la ville sur sa poitrine, ou une seule aigle avec deux écussons dans ses serres. Les pièces sont marquées de la lettre N, du mot NUREMBERG, ou de la légende,

MONETA NOVA REIPVBL. NORIMBERGENSIS.

Nouvelle monnaie de la république de Nuremberg.

et les mots

X EINE FEINE MARCK.

Dix au marc fin.

Le COPSTUCK : — armes de la ville avec 20 sur le piédestal; légende,

MONETA NOVA, etc.

comme au-dessus. Revers : une aigle à deux têtes et les armes de la ville, avec le nom et titre de l'empereur.

PARME.

MONNAIES D'OR.

La DOPPIE : — tête du prince régnant; avec nom et titres, comme :

FERDINANDVS I. HISPANIAR. INFANS.

Ferdinand I, infant d'Espagne.

et une étoile au bas. Revers : armes de Parme; légende,

D. G. PARMÆ PLAC. ET GVASTAL. DUX.

Par la grâce de Dieu, duc de Parme, de Plaisance et de Guastalla.

MONNAIES D'ARGENT.

Les DUCATS et DEMI-DUCATS portent les mêmes empreintes que la doppie. Les pièces de 1, 2 et 3 lire portent sur le revers une guirlande renfermant leur valeur, comme :

LIRE TRE DI PARMA.

Trois livres de Parme.

PAYS-BAS.

MONNAIES D'OR.

Le SOUVERAIN : — voyez *États autrichiens.*

Le LION D'OR frappé pendant l'insurrection des Pays-Bas (1790) : — un lion supportant un bouclier, avec le mot

LIBERTAS.

légende,

DOMINI EST REGNUM.

C'est le royaume du Seigneur.

Revers : un soleil avec onze écussons autour, et la légende,

ET IPSE DOMINABITUR GENTIUM.

Et il dominera sur les nations.

La pièce de 10 FLORINS et ses divisions (1818) : — tête du roi, avec la légende,

WILLEM KONING DER NEDERLANDEN, GROOT HERTOG VAN LUXEMBURG.

Guillaume, roi des Pays-Bas, grand duc de Luxembourg.

Revers : les armes du roi entre 10 FL. ; légende,

MUNT VAN. HET KONINGRYK DER NEDERLANDEN.

Monnaie du royaume des Pays-Bas.

et la date. Autour du cordon,

GOD ZY MET ONS.

Que Dieu soit avec nous.

MONNAIES D'ARGENT.

Le DUCATON porte les mêmes empreintes que le souverain.

La COURONNE de Marie Thérèse et ses divisions : — une croix et 4 couronnes dans les angles. Revers : une aigle à deux têtes couronnées, portant sur sa poitrine les armes d'Autriche ; les légendes portent le nom de l'impératrice et ses titres, comme sur le souverain ; et autour du cordon,

JUSTITIA ET CLEMENTIA.

Justice et clémence.

La COURONNE des empereurs Joseph, Léopold et François II : — tête de l'empereur régnant. Revers : une croix et trois couronnes, la toison d'or occupe la place de la quatrième ; les légendes sont les mêmes que celles du souverain. Autour du cordon des pièces de Joseph II, on lit les mots

VIRTUTE ET EXEMPLO.

Par la vertu et l'exemple.

autour de celles de Léopold,

PIETATE ET CONCORDIA.

Par piété et concorde.

et autour de celles de François II,

FIDE ET LEGE.

La fidélité et la loi.

Le LION D'ARGENT frappé pendant l'insurrection des Pays-Bas (1790), porte les mêmes empreintes que le lion d'or, excepté qu'autour du cordon on lit la légende

QUID FORTIUS LEONE.

Quoi de plus fort que le lion ?

Le FLORIN frappé à la même époque : — face, un lion. Revers : deux mains jointes ensemble et onze flèches avec la marque 1 FLOR. ; les légendes sont celles du lion d'argent. Quelques florins cependant portent la légende,

MON. NOV. ARG. PROV. FOED. BELG.

Nouvelle monnaie d'argent de la confédération des provinces Belges.

et sur le revers,

IN VNIONE SALVS.

C'est dans l'union qu'on trouve le salut.

Le FLORIN de 1816 porte les mêmes empreintes que la pièce de 10 florins.

Les pièces de 25, 10 et 5 CENTS, portent simplement un W couronné, et sur le revers les armes du roi entre 25 CT., 10 CT., etc.

PIÉMONT.

MONNAIES D'OR.

La DOPPIE ou PISTOLE (frappée avant 1785) : —

tête du prince régnant, avec nom et titre, comme :

VIC. AM. D. G. REX SAR. CYP. ET IER.

c'est-à-dire,

Victor Amadeus, Dei gratiâ, rex Sardiniæ, Cypri et Ierosolymæ.

Victor Amédée, par la grâce de Dieu, roi de Sardaigne, de Chypre et de Jérusalem.

Revers : armes de Piémont, Sardaigne, etc.; légende,

DVX SAB. ET MONTISF. PRINC. PED.

c'est-à-dire,

Dux Sabaudiæ et Montisferrati, princeps Pedemontanus.

Duc de Savoie et Monferrat, prince de Piémont.

La demi-doppie porte les mêmes empreintes.

La DEMI-DOPPIE (frappée depuis 1785) : — tête du prince régnant; légende,

VIC. AM. D. G. REX SARDINIÆ.

Revers : une aigle couronnée, avec un écusson sur sa poitrine, et au-dessous un sceptre et un bâton avec le collier d'un ordre; légende,

PRINC. PEDEM. DVX. SABAVD.

Mais celles frappées depuis 1797, portent sur la face, seulement la tête et le nom, comme :

CAROLUS EMMANUEL IV.

et sur le revers

D. G. REX SAR. CYP. ET IER.

avec une aigle couronnée.

Les CARLINO et demi-carlino portent les mêmes empreintes que la doppie.

Le SEQUIN : — une aigle comme ci-dessus; légende,

CAROLVS EMMANUEL D. G. SARDINIÆ REX.

Revers : l'annonciation de la sainte-Vierge.

Le MARENGO ou pièce de 20 francs (1801) : — tête d'une femme avec un casque; légende,

L'ITALIE DÉLIVRÉE A MARENGO.

Revers : une guirlande renfermant les mots,

20 FRANCS, L'AN 9.

légende,

LIBERTÉ ÉGALITÉ.

et ERIDANIA, nom que l'on donnait alors à ce pays.

MONNAIES D'ARGENT.

Le SCUDO et ses divisions portent les mêmes empreintes que la vieille doppie. Il faut observer cependant que les monnaies d'ancienne date (avant 1714) ne portent pas le titre de roi de Sardaigne, mais seulement ceux de duc de Savoie, prince de Piémont et roi de Chypre. Les monnaies de Charles Emmanuel IV ne portent que les titres de roi de Sardaigne, de Chypre et de Jérusalem.

Le MEZZO SCUDO de la république de Piémont : — un soldat avec les faisceaux et le bonnet de la liberté ; légende,

LIBERTA, VIRTU, EGUAGLIANZA.

Liberté, vertu, égalité.

Revers :

MEZZO SCUDO.

dans une guirlande de chêne; légende,

ANNO VII. REP. I DELLA LIBERTA PIEMONTESE.

L'an 7 de la république, le 1er de la liberté du Piémont.

La pièce de 5 FRANCS (1801) : — deux figures de femme : l'une tient une lance et le bonnet de la liberté; légende,

GAULE SUBALPINE.

Revers : une guirlande renfermant les mots

5 FRANCS, L'AN 9.

légende,

LIBERTÉ, ÉGALITÉ, ERIDANIA.

comme sur le marengo.

POLOGNE.

MONNAIES D'OR.

Le DUCAT (1772) : le portrait en pied du roi, avec nom et titre, comme :

STANISLAUS AUG. D. G. REX. POL. M. D. L.

c'est-à-dire,

Stanislaüs Augustus, Dei gratiâ, rex Poloniæ, magnus dux Lithuaniæ.

Stanislas Auguste, par la grâce de Dieu, roi de Pologne, grand duc de Lithuanie.

Revers :

MONETA AUREA POLONI. AD LEG. IMPER.

Monnaie d'or de Pologne, d'après la loi de l'empire.

Le DUCAT (1791) : — tête du roi, avec nom et titres; comme ci-dessus. Revers : une guirlande renfermant les mots,

AUREUS NUMMUS POLONIÆ ANNO, etc.

Monnaie d'or de Pologne, l'an, etc.

MONNAIES D'ARGENT.

La RISDALE : — tête du roi régnant, avec nom et titre, comme sur le ducat. Revers : les armes de Pologne ; légende,

X EX MARCA PURA COLONIEN.

Dix par marc fin, poids de Cologne.

et sur le cordon,

PIGNUS FIDEI PUBLICÆ.

Gage de la foi publique.

la demi-risdale porte

XX EX MARCA, etc.

et la nouvelle risdale,

14 $\frac{1}{12}$ EX MARCA, etc.

et au bas,

6 ZL.

6 zlotis, *ou* florins polonais.

PORTUGAL.

MONNAIES D'OR.

Le DOBRAON : — armes de Portugal, avec 20,000 sur un côté, et cinq fleurs sur l'autre; légende,

JOANNES V. D. G. PORT. ET ALG. REX.

Jean V, par la grâce de Dieu, roi de Portugal et des Algarves.

Revers : une croix avec quatre M's dans les angles; légende,

IN HOC SIGNO VINCES.

Tu vaincras par ce signe.

Le demi-dobraon porte les mêmes empreintes, excepté qu'il porte 10,000.

Le MOIDORE : — comme le dobraon, mais il est marqué de 4000, et de 4 B's dans les angles de la croix; quelques-uns cependant, d'ancienne date, portent sur le revers une croix entourée de quatre demi-cercles entrelacés et un cercle entier, avec la légende,

ET BRASILIÆ DOMINVS ANNO, etc.

Et souverain du Brésil, l'an, etc.

Le demi et le quart moidores sont marqués 2000 et 1000.

Le JOANNESE : — tête du prince régnant, avec son nom et ses titres, ainsi :

JOANNES V. D. G. PORT. ET ALG. REX.

ou,

MARIA I. D. G. PORT. ET ALG. REGINA.

Les pièces frappées par le prince régent depuis 1804, portent sa tête, avec

JOANNES D. G. PORT. ET ALG. P. REGENS.

Revers : armes de Portugal. Le dobra, ou double joannese, et ses subdivisions portent les mêmes empreintes.

Le QUARTINHO : — armes de Portugal avec 1000, et la légende,

MARIA, D. G. etc.

Revers : une croix avec quatre fleurs, et la légende

IN HOC SIGNO VINCES.

comme plus haut.

La VIEILLE CRUSADE : — tête du prince régnant. Revers : une couronne; légende,

JOAN. V. D. G. P. REX.

comme plus haut.

La NOUVELLE CRUSADE : — nom du souverain entre deux branches de palmier, surmontées d'une couronne, et au-dessous 400. Revers : la croix et la légende, comme sur le quartinho.

Le MILREI, frappé par les colonies d'Afrique : —

armes de Portugal, avec 1000 sur un côté, et les nom et titres comme ci-dessus. Revers : une croix, etc., comme sur le vieux moidore; légende,

ET DOMINUS AF. OR. ANNO, etc.

c'est-à-dire,

Dominus Africæ orientalis.

Souverain de l'Afrique orientale.

MONNAIES D'ARGENT.

La NOUVELLE CRUSADE (1795) : — les armes du Portugal, sur un côté desquelles est la date, et sur l'autre 400; légende,

MARIA I. D. G. PORT. ET ALG. REGINA.

comme sur le joannese. Revers : une croix avec quatre fleurs dans les angles; légende,

IN HOC SIGNO, etc.

comme ci-dessus.

La NOUVELLE CRUSADE (1802) : — mêmes empreintes que celle de 1795, excepté que la légende sur la face porte

JOHANNES D. G. PORT. ALG. P. REGENS.

comme sur le joannese.

Les divisions de la nouvelle crusade, c'est-à-dire les pièces de 240, 120 et 60 reis, portent les mêmes empreintes, excepté que le demi-crusado a la marque 200.

Le TESTON : — une couronne et au-dessous LXXX, avec le nom et les titres du prince régnant; le demi-teston est marqué XXX, et le vintem XX. Revers : une simple croix avec quatre fleurs dans les angles; légende,

IN HOC SIGNO VINCES.

comme plus haut.

MONNAIES D'ARGENT DES COLONIES PORTUGAISES.

Le PATACA du Brésil : — armes du Portugal avec 640 sur le côté, et la date sur le haut; légende, le nom et le titre du prince régnant, comme ci-dessus, avec l'addition de

BRAS. D.

c'est-à-dire,

Brasiliæ Dominus, ou *Domina.*

Souverain ou souveraine du Brésil.

Revers : une sphère armillaire placée sur une croix; légende,

SVBQ. SIGN. NATA STAB.

c'est-à-dire,

Subque signo nata stabili.

Et née sous des auspices heureux.

Il y a aussi un pataca de 600 reis, portant la lettre J. avec une couronne au-dessus, 600 sur le côté et la date à la partie inférieure. Revers : une sphère armillaire placée sur une croix, avec un R au milieu; légende,

SVB. SIGN. etc.

La pièce de 12 MACUTAS : — armes de Portugal; légende,

MARIA I. D. G. REGINA P. ET D. GUINEÆ.

Marie Ire, par la grâce de Dieu, reine de Portugal et souveraine de Guinée.

Revers : une guirlande de chêne, et au-dedans 12 macutas; légende,

AFRICA PORTUGUEZA.

Afrique portugaise.

PRUSSE.

MONNAIES D'OR.

Le FRÉDÉRIC : — tête du prince régnant, avec son nom et ses titres; comme,

FRIDERICVS BORVSSORVM REX.

Frédéric, roi de Prusse.

Mais les monnaies frappées depuis 1795, ont la légende allemande

FRIED. WILHELM III. KOENIG VON PREUSSEN.

Frédéric-Guillaume III, roi de Prusse.

Revers : une aigle avec une couronne et des trophées militaires.

Le DUCAT d'ancienne date porte les mêmes empreintes que le frédéric; mais ceux qui ont été frappés en 1787 portent les armes de Prusse, avec les noms et les titres du roi de Prusse, comme ci-dessus. Revers : 1 DUCAT entouré d'une guirlande et d'une chaîne, avec quatre couronnes dans les angles.

MONNAIES D'ARGENT.

La RISDALE (frappée avant 1791) : — tête du roi

régnant, avec son nom et ses titres, comme sur le frédéric. Revers : une aigle et des trophées militaires; légende,

EIN REICHS THALER.

1 risdale.

La demi-risdale porte les mêmes empreintes, et sa valeur est marquée ainsi :

2 EINEN R. THALER.

2 pour une risdale.

La RISDALE courante (frappée depuis 1791) : — tête du roi régnant, et la légende en allemand, comme ci-dessus. Revers : armes de Prusse, avec

EIN THALER.

Mais la risdale, monnaie de convention, porte sur le revers la légende

ZEHEN EINE FEINE MARK.

10 au mark fin.

Le FLORIN de Silésie : — mêmes empreintes que sur la risdale de 1791; mais sur le revers elle est marquée à

XXI EINE FEINE MARK.

La PIÈCE de $\frac{2}{3}$: — armes de Prusse; légende,

FRIED. WILH. KOENIC. V. PR. M. ZU BRAND. D. H. R. R. E. K. U. KURF.

c'est-à-dire,

Friederic Wilhem, Koenig von Preussen Markgraf zu Brandenburg, der Heiligen, Romischen Reichs Erzkammerherr und Kurfurst.

Frédéric-Guillaume roi de Prusse, marquis de Brandebourg, grand-chancelier, et électeur du Saint Empire Romain.

Revers : $\frac{2}{3}$ en grands caractères; légende,

18 STUCK EINE FEIN MARK.

18 pièces au mark fin.

La pièce de 8 GOODGROSCHEN : — tête, nom et titres du roi régnant, comme sur le frédéric. Revers : sur les pièces de 1756, un trophée militaire, et au-dessus

8 GUTE GROSCHEN.

Sur les pièces de 1773, une guirlande contenant les mots

8 EINEN REICHS THALER.

Sur celles de 1791, etc., les armes de Prusse; légende,

DREI, ou 3, EINEN R. THALER.

La pièce de 4 GOODGROSCHEN : — tête, nom et titres du roi régnant, comme sur le frédéric. Revers : sur les pièces de 1776,

6 EINEN REICHS THALER.

Sur celles de 1791, etc., les armes de Prusse, avec

4 GR.

légende,

84 EX MARCA PURA COLON.

84 pièces au marc fin, poids de Cologne.

La RISDALE d'Anspach et Bareuth : — tête du prince régnant, avec nom et titres, comme :

ALEXANDER D. G. MARCH. BRAND.

Alexandre, par la grâce de Dieu, marquis, *ou* margrave de Brandebourg.

Revers : armes d'Anspach, etc., avec

ZEHEN EINE FEINE MARK.

10 à un mark fin.

Mais celles d'une date plus récente (1790, etc.) portent les empreintes des monnaies de Prusse, la ville d'Anspach ayant été cédée, à cette époque, à la Prusse.

RAGUSE.

MONNAIES D'ARGENT.

Le TALLARO ou RAGUSINA : — tête du premier magistrat, appelé directeur; légende,

RECTOR REIP. RHACVSIN.

Directeur de la république de Raguse.

Revers : armes de la cité; légende,

DVCAT. ET SEM. REIP. RAC.

c'est-à-dire,

Ducatus et semis Reipublicæ Racusinæ.

Ducat et demi de la république de Raguse.

Les pièces de 1794 portent la tête d'une femme, avec

RESPVBL. RHAGVS.

République de Raguse.

Revers : un bouclier, avec le mot

LIBERTAS.

entouré de deux branches sous lesquelles est une couronne ; légende,

DVCE DEO FIDE ET IVST.

Sous la conduite de Dieu, fidélité et justice.

Le DUCAT : — le portrait d'un évêque en pied; légende,

AUSPICIIS TUIS A DEO.

De Dieu, sous tes auspices.

Revers : les armes de la ville ; légende,

DUCAT. REIP. RHAGUSINÆ.

RATISBONNE.

MONNAIES D'OR.

La pièce de 4 DUCATS : — l'aigle aux deux têtes couronné; légende,

CAROLVS VI. D. G. ROM. IMP. SEMP. AVG.

Charles VI, par la grâce de Dieu, empereur de Rome, toujours auguste.

Revers : deux clefs croisées; légende,

MONETA REIPUBLICÆ RATISBONENSIS.

Monnaie de la république de Ratisbonne.

MONNAIES D'ARGENT.

La RISDALE : — tête, nom et titres de l'empereur régnant, comme sur les monnaies de Hambourg et de Nuremberg. Revers : vue de la ville; légende,

MONETA REIP. RATISBON.

comme ci-dessus; et au bas,

X. ST. EINE F. C. M.

c'est-à-dire,

X Stuck eine feine Collnisch march.

10 pièces au marc fin, poids de Cologne.

Les demi et quart risdales sont marquées à

XX ST. EINE F. C. M.

et

XL ST. EINE F. C. M.

ROME.

MONNAIES D'OR.

Le SEQUIN : — une femme représentant l'Église, avec une auréole autour de sa tête, assise sur une pierre, et tenant dans une main, deux clefs, et un temple dans l'autre; légende,

SVPRA FIRMAM PETRAM.

Sur une pierre solide.

sur quelques-uns,

FIAT PAX IN VIRTVTE TVA.

et sur d'autres de date récente,

AUXILIVM DE SANCTO.

Le secours vient du sanctuaire.

Revers : armes du pape régnant, sur lesquelles on voit la croix, les clefs et la tiare. La légende est ordinairement le nom du pape régnant, comme :

PIVS SEXTVS PON. MA.

c'est-à-dire,

Pontifex maximus.

Pie VI, souverain pontife.

avec la date de son pontificat.

Les sequins frappés pendant un interrègne portent les mots

SEDE VACANTE.

Le siége vacant.

Les sequins d'ancienne date (comme avant 1759) ont sur le revers une colombe entourée de rayons, et leurs légendes varient : le nom du pape régnant est sur le revers, autour de la figure de l'Église.

Les empreintes sur les sequins de Bologne varient encore plus que sur ceux de Rome. Ceux qui ont été frappés en 1786, portent les armes du pape régnant, avec les clefs, la tiare et le nom, comme ci-dessus; et sur le revers est un évêque assis sur un nuage, supporté par deux petits écussons; légende,

S. PETRON. BON. PROT.

Saint Pétronnius, protecteur de Bologne.

Les doubles et demi-sequins portent les mêmes empreintes, et les pièces de 10 et 5 sequins sont marquées

ZECCH. 10.

et

ZECC. 5.

La DOPPIE OU PISTOLE : — saint Pierre prêchant; légende,

PRINCEPS APOSTOLORUM.

Chef des apôtres.

Revers : un lis; légende,

FLORET IN DOMO DOMINI.

Il fleurit dans la maison du Seigneur.

Mais les nouvelles pistoles (frappées depuis 1800) portent sur le revers les armes du pape, avec les clefs et la tiare, son nom et la date de son pontificat.

Les pistoles de Bologne portent deux écussons et la légende,

BONONIA DOCET.

Revers : un lis avec le nom du pape, etc., comme ci-dessus.

Le SCUDO de la république romaine : — un aigle, avec la légende,

REPUBLICA ROMANA.

sur l'exergue,

PERUGIA, A. VII.

Revers : le mot SCUDO entouré d'une guirlande de chêne.

MONNAIES D'ARGENT.

Les empreintes et les légendes des monnaies d'argent de Rome sont trop variées pour être rapportées.

Elles portent toutes, cependant, le nom du pape régnant et les mots

PONT. MAX.

comme ci-dessus; on les distingue principalement par la croix, les clefs et la tiare. Les pièces frappées durant un interrègne portent les mots

SEDE VACANTE.

Le siége vacant.

et ordinairement une colombe entourée de rayons.

Lorsque Rome prit la forme de gouvernement républicain, en 1798, les monnaies que l'on frappa furent appelées SCUDI ROMANI, et portoient sur la face une femme appuyée sur des faisceaux et tenant dans une main une lance, avec le bonnet de la liberté; légende,

REPUBLICA ROMANA.

et sur le revers,

SCUDO ROMANO.

entouré d'une guirlande.

Après la réinstallation du pape Pie VII, en 1800, on frappa des monnaies, portant sur la face l'emblème de l'Église, comme le sequin; et sur le revers, les armes du pape, avec ses noms, titres, et la date de son pontificat.

Les monnaies d'argent de Bologne ont éprouvé les mêmes variations que celles de Rome. Le mot

BONONIA.

est imprimé sur quelque partie de la pièce, et quelquefois on y lit

BONONIA DOCET.

Les pièces frappées par la cité de Bologne portent sur la face une vue de la ville, et au-dessus la Vierge et l'enfant sur un nuage; légende,

PRÆSIDIVM ET DECVS.

Protection et ornement.

Revers : armes de Bologne; légende,

POPVLVS ET SENATVS BONON.

Le peuple et le sénat de Bologne.

et sur l'exergue,

P. 10.

10 paoli.

avec la date.

RUSSIE.

MONNAIES D'OR.

Le DUCAT : — tête de l'empereur régnant ou de l'impératrice, avec nom et titres en caractères russes que l'on traduit ainsi : [1]

Pierre, par la grâce de Dieu, empereur, *ou* Élisabeth,

[1] Les inscriptions des monnaies russes sont en langue russe et sont traduites littéralement.

par la grâce de Dieu, impératrice, et souveraine de toutes les Russies.

Le revers varie : quelques ducats de Pierre-le-Grand et d'Élisabeth portent une figure de saint André sur la croix, sans légende, ou avec les mots

Monnaie nouvelle, deux roubles;

Ceux de l'impératrice Anne portent un aigle et un trophée militaire; légende,

Gloire de l'empire.

Mais la plupart des ducats de Pierre et d'Élisabeth, et même ceux de Catherine II, portent sur le revers un aigle à deux têtes, avec un écusson sur leur poitrine, et les mots

Souverain de toutes les Russies.

Le ROUBLE d'or, ainsi que le double et demi-rouble, portent les mêmes empreintes que ci-dessus; mais sur le revers on voit la marque de leur valeur,

Nouvelle monnaie, 2 roubles, *ou* 1 rouble.

et les demi-pièces portent sur le revers le chiffre de l'impératrice Élisabeth, avec le mot

Poltina.

qui veut dire demi-rouble. Ces monnaies aussi bien que les ducats ne sont presque plus maintenant en circulation.

L'IMPÉRIAL : — tête du souverain régnant, avec nom et titres comme ci-dessus, Revers : une croix formée par cinq écussons, avec les quatre figures de l'année du monnayage dans les angles; légende,

Monnaie impériale russe, valeur, 10 roubles.

et sur le demi-impérial,

Valeur, 5 roubles.

Mais les demi-impériaux de Paul I portent sur la face l'inscription

Non pour nous, non pour nous, mais pour ton nom.

Revers : une croix et quatre couronnes, avec un I capital au milieu, et la figure 5 dans les angles de la croix.

MONNAIES D'ARGENT.

Le ROUBLE : — tête du souverain régnant, avec nom et titres, comme sur les monnaies d'or. Revers : un aigle à deux têtes couronné, avec un écusson sur sa poitrine; légende,

Nouvelle monnaie, valeur, 1 rouble.

ou simplement,

Monnaie, 1 rouble.

et la date. Quelques roubles de Pierre I et de Catherine I, portent sur le revers une croix et quatre couronnes, avec quatre I's ou quatre II's dans les angles, et la date dans la croix.

Le rouble de Paul I (1799, etc.) porte les mêmes empreintes que le demi-impérial de la même époque, excepté que la légende sur le revers est,

Monnaie, valeur, 1 rouble.

et qu'on n'a pas mis les 5's sur les angles.

Le rouble d'Alexandre (1802) porte sur la face l'aigle et la légende comme ci-dessus; et sur le revers :

Monnaie de l'empire russe, rouble.

entouré d'une branche de laurier et de chêne, ayant une petite couronne dans le haut.

Le POLTINA ou DEMI-ROUBLE porte les mêmes empreintes que le rouble, selon l'époque à laquelle il a été frappé. L'inscription contient le mot

Poltina.

au lieu de rouble; et le quart de rouble est marqué

Polupoltinick.

La pièce de 20 COPECK : — tête, nom et titres du souverain régnant, comme ci-dessus. Revers : un aigle à deux têtes, avec le nombre 20 sur sa poitrine. La pièce de 15 copeck porte les mêmes empreintes, mais elle est marquée 15.

La pièce de 10 COPECK : — l'aigle à deux têtes. Revers :

10 copeck.

La pièce de 5 COPECK : — un P russe, avec une couronne au-dessus, et au-dessous un I. Revers :

5 copeck.

dans deux branches de laurier.

ST.-GALL.

MONNAIES D'OR.

Le DUCAT : — armes de l'abbé, avec ses nom et titres, comme :

BEDA D. G. S. R. I. P.

Bede, par la grâce de Dieu, prince du Saint Empire romain.

Revers : un ours supportant une petite poutre, entourée d'une branche de laurier et de palmier; légende,

AB. BS. G. E. S. I. A. V. E.

Abbé de St.-Gall.

avec les initiales de ses titres particuliers.

MONNAIES D'ARGENT.

La RISDALE a les mêmes empreintes que le ducat, ainsi que la demi-risdale et le cosptuck; mais cette dernière monnaie porte 20 sur le revers. Autour du cordon de la risdale et de ses divisions, frappées depuis 1780, on lit les mots

FORTITER ET CONSTANTER.

SALTZBOURG.

MONNAIES D'OR.

Le DUCAT : — tête du prince régnant, avec nom et titres, comme :

HIERONYMUS. D. G. A. ET P. S. A. S. L. N. G. PRIM.

c'est-à-dire,

Hieronymus, Dei gratiâ, archiepiscopus et princeps Salisburgensis, Germaniæ primas.

Jérôme, par la grâce de Dieu, archevêque et prince de Saltzbourg, primat d'Allemagne.

Revers : les armes du prince. Les vieux ducats portent sur la face le portrait en pied de l'évêque, avec la légende,

S. RVPERTVS EP. SALISBURG.

Saint Rupert, évêque de Saltzbourg.

Revers : les armes, nom et titres, comme ci-dessus.

MONNAIES D'ARGENT.

La RISDALE : — les empreintes, sur cette monnaie et ses divisions, sont les mêmes que sur le ducat; et le copstuck ou pièce de 20 creutzers, n'en diffère que parce qu'il porte la marque 20 sur le revers.

SARDAIGNE.

Les monnaies de Sardaigne, d'or et d'argent, portent les mêmes empreintes que celles de Piémont. Voyez *Piémont*.

SAXE.

MONNAIES D'OR.

Le DUCAT : — tête du prince régnant, avec nom et titres, comme :

FRID. AUGVST. D. G. DVX. SAX. ELECTOR.

Frédéric Auguste, par la grâce de Dieu, duc et électeur de Saxe.

Revers : les armes de Saxe. En 1808 le titre fut changé en celui de

FRID. AUGUST. REX SAXONIÆ.

Frédéric Auguste, roi de Saxe.

Les ducats d'Auguste III portent, sur la face, la légende,

AUGUSTUS III. REX POLONIARUM.

Auguste III, roi de Pologne.

et sur le revers,

SAC. ROM. IMP. ARCHIM. ET ELECT.

Grand-maréchal et électeur du Saint Empire romain.

L'AUGUSTE porte les mêmes empreintes que le ducat, si ce n'est qu'on lit sur le revers, au-dessous des armes,

5 THALER, ou 5 TH.

MONNAIES D'ARGENT.

La RISDALE (*convention*) : — tête, nom et titres du prince régnant, comme sur le ducat. Revers : les armes de Saxe, avec

X EINE FEINE MARCK.

10 au marc fin.

Le FLORIN, ou pièce de $\frac{2}{3}$, porte les mêmes empreintes que la risdale, mais sa légende sur le revers est,

XX EINE FEINE MARCK, $\frac{2}{3}$.

le demi-florin est marqué

XL EINE, $\frac{1}{3}$.

et le quart de florin,

LXXX. OU ACHZIG EINE, $\frac{1}{6}$.

La RISDALE de Saxe-Gotha : — tête, nom et titres du prince régnant, comme :

ERNESTVS D. G. GOTHAN. SAXONVM DVX.

Ernest, par la grâce de Dieu, duc de Saxe-Gotha.

Revers : les armes de Saxe-Gotha, avec

X EINE FEINE MARK.

comme ci-dessus.

SICILE.

MONNAIES D'OR.

L'ONCE : — tête du roi régnant, avec nom et titres, comme :

CAROLVS D. G. SIC. ET HIE. REX.

Charles, par la grâce de Dieu, roi de Sicile et de Jérusalem.

quelques pièces portent de plus

HIS. IN.

c'est-à-dire,

Hispaniarum infans.

Infant d'Espagne.

d'autres le mot

VNCIA.

Once.

Revers : un phœnix; légende,

RESVRGIT.

Il se relève.

MONNAIES D'ARGENT.

Le SCUDO OU COURONNE : — tête du roi régnant, avec nom et titres, comme sur l'once. Revers : une aigle portant un écusson sur sa poitrine; légende,

HISPANIARUM INFANS.

comme ci-dessus. Dans les pièces d'ancienne date, ce dernier titre est omis, et sur le revers se trouvent les titres comme ci-dessus. Les pièces de l'an 1785 portent la légende,

ANNO FAVSTO CORONATIONIS.

Dans l'année heureuse du couronnement.

Le DEMI-SCUDO : — tête du roi régnant. Revers : une croix; les légendes sont les mêmes que celles du scudo.

COMPAGNIE DE SIERRA-LEONE.

MONNAIES D'ARGENT.

Le DOLLAR, ou pièce de 10 MACUTAS : — sur la face, deux mains jointes, avec les nombres 100 au-dessus et au-dessous; légende,

ONE DOLLAR PIECE.

Revers : un lion; légende,

SIERRA LEONE COMPANY, AFRICA.

Le demi-dollar porte la marque 50; le $\frac{1}{5}$ dollar, 20; et le $\frac{1}{10}$ dollar, 10; avec les légendes,

HALF DOLLAR PIECE.

TWENTY CENT PIECE.

et

TEN CENT PIECE.

le reste comme sur le dollar.

ESPAGNE.

MONNAIES D'OR.

Le DOUBLON, ou PISTOLE : — tête du roi régnant, avec nom et titres, comme :

CAROL. III. D. G. HISP. ET IND. REX.

c'est-à-dire,

Carolus III, Dei gratiâ, Hispaniarum et Indiarum rex.

Charles III, par la grâce de Dieu, roi d'Espagne et des Indes.

Revers : les armes d'Espagne, avec le collier de la toison d'or; légende, en 1740,

INITIUM SAPIENTIÆ TIMOR DOMINI.

La crainte du Seigneur est le commencement de la sagesse.

en 1762,

NOMINA MAGNA SEQUOR.

Je suis les grands noms.

en 1763,

IN UTROQUE FELIX AUSPICE DEO.

Heureux dans l'un et l'autre, sous les auspices divins.

Il y a aussi, au bas, une lettre pour indiquer la ville où la pièce a été frappée, ainsi, M avec une couronne au-dessus, signifie Madrid; et M avec un o, Mexico.

Les doubles, quadruples et demi-pistoles, portent les mêmes empreintes; mais dans les pièces modernes, la demi-pistole porte la marque.

1 S.

1 scudo *ou* couronne d'or.

la simple pistole,

2 S.

et les autres en proportion. Les pièces frappées entre 1700 et 1723 ne portent pas la tête du roi, mais seulement ses armes et son nom, avec

DEI GRA.

Sur le revers, on voit une croix entourée de différens ornemens; légende,

HISPANIARUM REX.

Les monnaies frappées avant cette époque ne sont pas rondes, mais d'une forme irrégulière, et leurs empreintes sont très-imparfaites; on peut en dire autant des vieux dollars frappés en Amérique.

Le DOUBLON de 1809 et ses divisions : — tête de Joseph Bonaparte, avec la légende,

JOSEPH. NAP. D. GR. HISP. ET IND. R.

Revers : les armes d'Espagne, avec une couronne; légende,

IN UTROQUE FELIX DEO AUSPICE.

comme ci-dessus.

Le CORONILLA, DOLLAR D'OR, ou VINTEM, porte les mêmes empreintes que le doublon, excepté les légendes. Ceux d'ancienne date, cependant, portent sur la face la tête et le nom du roi, avec D. G., et sur le revers les armes d'Espagne, avec

HISPANIARUM REX.

tandis que ceux frappés en 1786, etc., portent la tête et les titres sur le même côté, et les armes d'Espagne sur le revers.

MONNAIES D'ARGENT.

La PIASTRE (frappée avant 1772) :— sur la face les armes d'Espagne, avec les initiales de la monnaie, etc., comme sur le doublon, et aussi

8 R.

8 réaux.

légende, le nom et titres du roi régnant. Revers : une couronne posée sur deux globes entre deux colonnes; légende,

VTRAQVE VNVM.

Les deux n'en font qu'un.

et les initiales de la monnaie; sur les colonnes

NEC PLUS ULTRA.

Rien au delà.

Les divisions de la piastre portent les mêmes empreintes; mais la demi-piastre est marquée

4 R.

4 réaux.

le quart de piastre ou peceta de Mexique,

2 R.

2 réaux.

et le réal de plate mexicaine,

1 R.

1 réal.

Les piastres et autres pièces, frappées avant 1740, portent sur la face les armes et le nom du roi, avec D. G. Revers : une espèce d'écusson irrégulier, divisé en quatre parties par une croix; légende,

HISPANIARUM REX.

La PIASRTE (frappée depuis 1772) : — tête du roi régnant, avec son nom et DEI GRATIA. Revers : les armes d'Espagne qui, sur les pièces frappées à Mexico, sont entre deux colonnes sur lesquelles sont les mots

NEC PLUS ULTRA.

comme ci-dessus; légende autour du cordon,

HISPAN. ET IND. REX.

avec un M pour Mexico;

8 R.

8 réaux.

et les lettres initiales du nom du monnayeur. Celles

qui ont été frappées en Europe n'ont pas de colonnes, la légende est seulement,

HISPANIARUM REX.

SUÈDE.

MONNAIES D'OR.

Le DUCAT : — tête du roi régnant, avec nom et titres, comme :

GUSTAVUS III. D. G. REX SVECIÆ.

Gustave III, par la grâce de Dieu, roi de Suède.

Mais sur les ducats frappés depuis 1800, le nom et les titres sont en suédois, comme :

GUSTAF IV. ADOLPH. SV. G. OCH. W. KONUNG.

Gustave Adolphe IV, roi de Suède, de Gothland et de l'Ermeland.

Revers : les armes de Suède ; légende, en 1746,

IN DEO SPES MEA.

Mon espérance est en Dieu.

en 1767,

SALUS PUBLICA SALUS MEA.

La félicité publique est la mienne.

en 1774,

FADERNES LANDET.

La terre de nos pères.

en 1800,

GUD OCH FOLKET.

Dieu et le peuple.

MONNAIES D'ARGENT.

La RISDALE (1752) : — tête du roi régnant, avec nom et titres en latin, comme sur le vieux ducat. Revers : les armes de Suède; légende,

SALUS PUBLICA SALUS MEA.

comme ci-dessus; et autour du cordon,

MANIBUS NE LÆDAR AVARIS.

Que je ne sois pas altéré par des avares.

La RISDALE (1779) : — tête, nom et titres, comme ci-dessus. Revers : les armes de Suède, avec 1 RD. égende,

FADERNES LANDET.

comme ci-dessus. Les divisions de la risdale portent les mêmes empreintes, mais avec la marque de leur valeur. La risdale et autres pièces frappées depuis 1795, portent des légendes, sur les deux côtés, en suédois, comme sur le nouveau ducat. Autour du cordon on lit

MANIBUS, etc.

comme sur la vieille risdale.

SUISSE.

MONNAIES D'OR.

Le DUCAT de Lucerne : — les armes du canton; Revers,

DUCATUS REIPUBLICÆ LUCERNENSIS.

Ducat de la république de Lucerne.

Les pièces de 2 et 5 ducats portent les mêmes empreintes.

Le DUCAT de Schwitz : — les armes du canton, supportées par un lion; Revers,

DUCATUS REIPUBLICÆ SUITENSIS.

Ducat de la république de Schwitz.

Le DUCAT d'Uri : — un cavalier donnant son manteau à un pauvre; légende,

SANCTVS MARTINVS.

Saint Martin.

Revers : les armes du canton; légende,

DVCATVS REIPVBLICÆ VRANIÆ.

Ducat de la république d'Uri.

La PISTOLE de Lucerne : — les armes du canton, avec la légende,

RESPVBLICA LVCERNENSIS.

Revers : une guirlande de laurier contenant

12 MZ. GL.

La PISTOLE de Soleure : — un guerrier portant un étendard; légende,

S. URSUS MARTYR.

Revers : les armes de la ville; légende,

RESPUBLICA SOLODORENSIS.

République de Soleure.

La double et la demi-pistole portent les mêmes empreintes.

La PISTOLE de la république helvétique (1800) : — un soldat portant un étendard ; légende,

HELVETISCHE REIPUBLIK.

République Hevétique.

Revers : une couronne de chêne, contenant

16 FRANKEN.

MONNAIES D'ARGENT.

L'ÉCU de Lucerne (1715) : — une figure d'évêque appuyée sur les armes du canton ; légende,

SANCTVS LEODEGARIVS.

Revers :

MONETA REIPVB. LVCERNENSIS.

Monnaie de la république de Lucerne.

le tout entouré d'une guirlande et d'autres ornemens. Les demi et quart d'écu portent les mêmes empreintes, et de plus la marque de $\frac{1}{2}$ et $\frac{1}{4}$ sur la face.

L'ÉCU de Lucerne (1796) : — les armes du canton ; légende,

RESPUBLICA LUCERNENSIS.

et

40 BAZ.

Revers : une croix formée par huit L's, et une petite guirlande au milieu ; légende,

DOMINUS SPES POPULI SUI.

Le Seigneur est l'espérance de son peuple.

Le demi-écu porte la marque

20 BAZ.

Le GULDEN OU FLORIN de Lucerne : — les armes du canton ; légende,

MONETA NOVA REIP. LVCERNENSIS.

Revers :

AVXILIO DEI PROSPERÈ.

Heureusement par le secours de Dieu.

Le florin (1793, etc.) et ses divisions portent les armes du canton, avec la légende,

MON. NOV. etc.

Le revers est le même que celui du nouvel écu, excepté qu'au milieu de la croix, le florin a la marque

40.

40 shillings.

le demi et quart de florin en proportion.

La RISDALE de Fribourg : — les armes du canton ; légende,

RESPÜBLICA FRIBURGENS.

Revers : une croix formée par huit F's et quatre couronnes ; légende,

AUXILIUM NOSTR. DEUS.

Le Seigneur est notre secours.

Le quart de risdale porte sur un carré, au milieu de la croix, les nombres 36, et ses divisions inférieures sont marquées 28, 14 et 7.

La pièce de 20 BATZEN de Soleure : — une croix avec un S au-dessus, et quelquefois encore un grand O ; légende,

CUNCTA PER DEUM.

Toutes choses par Dieu.

Revers : les armes du canton ; légende,

MONETA REIP. SOLODORENSIS, OU RESPUBLICA SOLODORENSIS, 20 BAZ.

L'ÉCU de la république helvétique (1798) : — un soldat portant un étendard ; légende,

HELVET. REPUBL., OU HELVETISCHE REPUBLIK.

Revers : une guirlande de chêne, renfermant les mots

40 BATZEN.

Mais les écus de 1799 et 1801 portent la marque

4 FRANKEN.

sur le revers. Les pièces de 20, 10 et 5 batzen ont la marque de leur valeur sur le revers, et portent, d'ailleurs, les mêmes empreintes que l'écu.

Pour les monnaies d'or et d'argent de BALE, BERNE, GENÈVE, NEUFCHATEL, ST.-GALL et ZURICH, voyez ces articles.

TRÈVES.

MONNAIES D'OR.

Le DUCAT : — tête du prince régnant, avec nom et

titres, comme :

CLEM. WENC. D. G. A. EP. TREV. S. R. I. A. C. ET EL.

c'est-à-dire,

Clemens Wenceslaus, Dei gratiâ, archiepiscopus Trevirensis, sancti Romani Imperii Archi Cancellarius et Elector.

Clément Wenceslas, par la grâce de Dieu, archevêque de Trèves, archi-chancelier et électeur du Saint Empire Romain.

Revers : les armes du prince; légende, comme sur les ducats de 1773,

EPISC. AUG. APP. COAD. ELEC.

Évêque d'Augsbourg, etc.

MONNAIES D'ARGENT.

La RISDALE porte les mêmes empreintes et légendes que les ducats, et en outre, sur le revers, les mots

X EINE MARC F. ou 10 EINE FEINE MARCK.

10 au mark fin.

TURQUIE

MONNAIES D'OR.

Comme les lois de Mahomet défendent les représentations d'hommes et d'animaux, les monnaies turques ne portent d'autres empreintes que les inscriptions qui indiquent les noms, titres, origines, etc., des sultans, avec la date de l'égire ou ère mahométane [1]. Elles sont en arabe; et les traductions des principales monnaies du sultan Sélim, peuvent servir de base, attendu qu'il n'y a que très-peu de variété dans la forme ou le style de ces compositions.

Le SEQUIN MAHBUB : — sur la face,

Sultan Sélim, fils de Mustapha Khan, puisse-t-il être victorieux et sa valeur bénie. Frappé à Slambul (Constantinople), l'an 1203.

et sur le revers,

Sultan des deux terres, et souverain des deux mers, sultan par héritage, fils de sultan.

Les mots *puisse-t-il être victorieux et sa valeur bénie*, sont ordinairement employés par les Turcs à la fin de leurs prières. Les *deux terres* signifient l'Europe et l'Asie; et les *deux mers*, la mer Noire et l'Archipel.

Le SEQUIN FONDUCLI : sur la face,

Sultan Sélim, fils de Mustapha Khan.

et sur le revers,

Frappé à Slambul, l'an 1203.

Les empreintes des sequins de différentes époques répondent la plupart à l'une des descriptions précédentes; mais les sequins frappés au Caire, sous le sultan Abdulhamid, en 1773, portent l'inscription suivante :

Sultan Abdulhamid, fils de Ahmed Khan; puisse sa valeur être bénie. Frappé en Égypte, l'an 1187.

et sur le revers, les titres comme sur le sequin Mahbub du sultan Sélim.

Les SEQUINS des états barbaresques sont frappés au nom du grand Seigneur, et on les distingue par les mots

Frappé à Tunis, Tripoli, etc.

Ils portent sur le revers les mêmes titres que le sequin Mahbub de Sélim.

MONNAIES D'ARGENT.

La PIASTRE et autres monnaies d'argent portent les mêmes empreintes que les monnaies d'or, et présentent les mêmes différences. Les empreintes sur la double, simple et demi-piastre de Sélim de 1789, sont les mêmes que celles du sequin fonducli de ce prince.

La PIASTRE de Tunis porte sur la face les mots

Sultan des deux terres, et souverain des deux mers, sultan Sélim Khan, béni par la victoire.

[1] L'égire a commencé le 16 juillet, l'an 622 de l'ère chrétienne; elle se compose d'années lunaires, qui sont d'environ 11 jours plus courtes que les solaires, ce qui fait une différence de près d'un an en 33. L'année 1225 de l'égire a, par conséquent, commencé le 5 février 1810 de l'ère chrétienne, et le

27	septembre	1821 commence l'an	1237
17		1822	1238
6		1823	1239

Pour de plus amples détails sur ces époques, avec les tables, voyez l'article *Égire*, dans l'*Encyclopédie* de Rees.

et sur le revers,

Frappé à Tunis, l'an etc.

TOSCANE.

MONNAIES D'OR.

La RUSPONE : — un lis, avec nom et titres du prince régnant, comme :

FERDINANDVS III. D. G. A. A. M. D. ETR.

c'est-à-dire,

Dei gratiâ, Archidux Austriæ, magnus dux Etruriæ.

Ferdinand III, par la grâce de Dieu, duc de Lorraine, archiduc d'Autriche, grand duc de Toscane.

Revers : une figure de saint Jean-Baptiste; légende,

S. JOANNES BAPTISTA.

Quelques pièces, frappées avant 1738, portent la tête du prince régnant; légende,

FRANC. III. D. G. LOTH. BAR. ET M. ETR. D. REX HIER.

François III, par la grâce de Dieu, duc de Lorraine et de Bar, grand duc de Toscane, roi de Jérusalem.

Revers : les armes du prince; légende,

IN TE DOMINE SPERAVI.

Seigneur, j'ai placé en toi mon espérance.

La NOUVELLE RUSPONE du royaume d'Étrurie porte les mêmes empreintes que ci-dessus; légende, sur celles frappées en 1803,

LUDOVICUS I. D. G. HISP. INF. REX ETRURIÆ.

Louis I, par la grâce de Dieu, infant d'Espagne, roi d'Étrurie.

et sur celles frappées en 1804,

CAROLVS I. D. G. REX ET M. ALOYSIA R. RECTRIX.

Charles I, par la grâce de Dieu, roi d'Étrurie, et Marie Louise, reine régente.

Le SEQUIN de Toscane porte les mêmes empreintes que la ruspone.

MONNAIES D'ARGENT.

Le DUCATON : — tête du prince régnant, avec nom et titres, comme :

COSMOS III. D. G. MA. DVX ETRVRI VI.

Côme III, par la grâce de Dieu, grand duc de Toscane, la sixième année de son règne.

Revers : saint Jean baptisant notre Sauveur; légende,

FILIVS MEVS DILECTVS.

Mon fils bien-aimé.

La LIVORNINA : — tête du prince régnant, avec nom et titres; comme :

JOAN. GASTO I. D. G. MAG. DVX ETRVRIÆ VII.

Jean Gaston, etc.

comme ci-dessus. Revers : la porte de la ville, avec une couronne au-dessus, et au-dessous le mot

FIDES.

Fidélité.

légende,

ET PATET ET FAVET.

Elle ouvre et favorise.

Les pièces d'ancienne date représentent une vue du port de Livourne, avec la même légende.

La PEZZA DELLA ROSA : — les armes de Toscane, avec nom et titres du prince régnant, comme sur la livornina. Revers : un rosier; légende,

VLTIO QUÆSITA GRATIA OBVIA.

Lorsqu'on cherche la vengeance, on trouve le pardon.

et sur l'exergue,

LIBVRNE.

Le FRANCESCONE : — les mêmes empreintes que sur la ruspone de 1738, auxquelles, sur les pièces frappées depuis 1740, on ajoute les initiales

R. I. S. A.

c'est-à-dire,

Romanus Imperator, semper augustus.

Empereur de Rome, toujours auguste.

Revers : les armes de Toscane, sur la poitrine d'une aigle à deux têtes; légende,

IN TE DOMINE SPERAVI.

comme sur la ruspone. Les pièces frappées à Pise portent la marque

PISIS.

Le LEOPOLDONE : — tête, nom et titres, etc., comme sur la ruspone de 1738, avec l'addition des initiales

P. R. H. ET B.

Prince royal de Hongrie et de Bohême.

Revers : les armes de Toscane, avec la croix de Malte et l'ordre de la toison d'or; légende,

DIRIGE DOMINE GRESSUS MEOS.

Seigneur, dirige mes pas.

Le SCUDO du royaume d'Étrurie (1801) : — tête du roi régnant, avec nom et titres, comme :

LVDOVICVS I. D. G. HISP. INF. REX ETRVRIÆ PAR. PLAC. ET PRIN.

Louis I, par la grâce de Dieu, infant d'Espagne, roi d'Étrurie, prince de Parme et de Plaisance.

Revers : les armes de Toscane, etc.; légende,

VIDEANT PAUPERES ET LOETENTUR.

Que le pauvre voie et se réjouisse.

Le scudo de 1803 porte les têtes de l'infant roi et de la reine-mère, avec leurs noms et titres, comme :

CAROLVS LVD. D. G. REX ETR. ET M. ALOYSIA R. RECTRIX I. I. H. H.

Charles Louis, par la grâce de Dieu, roi d'Étrurie, et Marie Louise, reine régente, infante d'Espagne.

Revers : les armes de Toscane, etc.; légende,

DOMINE SPES MEA A JUVENTUTE MEA.

Seigneur, mon espérance dès ma jeunesse.

avec

FLORENTIÆ.

autour du cordon sont les mots

DIECI LIRE.

10 lire.

La LIRA de 1803 : — les armes de Toscane etc.; légende, les noms et titres du roi et de la reine, comme sur le scudo. Revers :

UNA LIRA.

1 lira, *ou* livre.

entourée d'une guirlande.

ÉTATS-UNIS.

MONNAIES D'OR.

L'AIGLE : — tête d'une femme avec le bonnet de la liberté; légende,

LIBERTY.

avec 13 étoiles. Revers : une aigle, portant les armes des États-Unis sur sa poitrine, et une poignée de flèches et de branches d'olivier dans ses serres; au-dessus de sa tête sont 13 étoiles et un nuage, et autour du cou un collier avec cette légende,

E PLURIBUS UNUM.

légende,

UNITED STATES OF AMERICA.

Sur les pièces frappées en 1795, le revers porte une aigle avec une branche de palmier dans ses serres, et une guirlande de laurier dans son bec.

MONNAIES D'ARGENT.

Le DOLLAR et ses divisions ont les mêmes empreintes que l'aigle, excepté que la tête ne porte point de bonnet. Autour du cordon sont les mots

ONE DOLLAR OR UNIT HUNDRED CENTS.

Mais les monnaies d'une valeur moindre ne portent point de lettres sur le cordon. Sur le revers des pièces de 1795, etc., l'aigle est tout-à-fait entourée de branches de palmier et de laurier.

VENISE.

MONNAIES D'OR.

Le SEQUIN : — un homme tenant une croix et un autre à genou devant lui, avec le nom du doge, comme :

LVDO MANIN.

et les lettres

S. M. V. M. N. M. T.

l'une sur l'autre, près du cordon de la pièce;

c'est-à-dire,

Sanctus Marcus Venetus.

Saint Marc de Venise.

et les lettres

D. V. X.

c'est-à-dire,

Dux.

Duc *ou* doge.

placées de la même manière au-dessus de celui qui est à genoux. Revers : un portrait en pied de saint Marc, avec un livre et entouré d'étoiles; légende,

SIT T. XPE. DAT. Q. TV. REGIS ISTE DVCA.

Cette inscription du sequin de Venise est la même que celle du ducat de cette ville de 1820, que Muratori, explique ainsi dans ses *Antiquités sur l'ère moyenne italienne*, vol. II page 649.

Sit tibi, Christe, datum, quod (vel quia) tu regis, Iste ducatum.

Que cette monnaie, Christ, te soit donnée, parce que tu gouvernes l'univers. Il (saint Marc) gouverne le duché.

Cette interprétation est révoquée en doute par Muratori lui-même, qui suppose que *iste* peut avoir été originairement *ipse*. Néanmoins cette légende est curieuse comme vers hexamètre et comme rhymme monacale.

Le demi et quart sequins portent les mêmes empreintes, mais la légende sur le revers est

EGO SVM LVX MVN.

Je suis la lumière du monde.

La DOPPIE ou PISTOLE :— un lion ailé, tenant un livre, avec

S. 2.

et la légende,

SANCTVS MARCVS VENETUS.

comme sur le sequin. Revers : une croix et le nom du doge, comme :

FRANC. CONTARENO DVX VENET.

François Contareno, doge de Venise.

Le SCUDO D'ORO ou COURONNE D'OR porte les mêmes empreintes que la doppie, excepté qu'il est marqué 140, et le demi scudo d'oro, 70.

L'OSELLA D'ORO : — une femme en repos; légende,

PIETAS OPTIMI PRINCIPIS.

Piété du meilleur des princes.

mais les empreintes varient. Revers : une guirlande renfermant le nom du doge, comme :

PAULI RAINERI PRINC. MUNUS ANNO V.

Don du prince Paul Rainier, l'an V de son gouvernement.

Le DUCAT d'or : — un homme en repos et tenant un étendard, et un autre à genoux; légende,

S. M. VEN. LEON. DONAT.

Saint Marc de Venise donne un lion.

Revers : un lion ailé avec un livre ; légende,

DVCATVS REIPUB.

Ducat de la république.

MONNAIES D'ARGENT.

Le SCUDO DELLA CROCE porte les mêmes empreintes que le scudo d'oro et la doppie.

La GIUSTINA : — un lion ailé tenant un livre, et au-dessus une figure avec un étendard ; légende, le nom et titre du doge régnant. Revers : une femme tenant une branche de palmier, avec un cercle sur sa tête et une épée au côté gauche ; sur le derrière une vue de la mer avec des vaisseaux ; légende,

MEMOR ERO TVI JVSTINA VIRG.

Je me souviendrai de toi, chaste Justine.

et

124.

124 soldi.

Le DUCAT : — un lion ailé, comme ci-dessus, avec un livre; légende,

DVCATVS VENETVS.

Ducat de Venise.

Revers : une figure en repos et une autre tenant et recevant d'elle un étendard; légende,

S. M. V.

Saint Marc de Venise.

et le nom du doge, comme :

PAVL. RAINERIVS D.

Le demi et quart de ducat portent les mêmes empreintes ; mais leurs légendes sont

MEDI. DVCAT. VENET.

et

QVAR. DVCAT. VENET.

La LIRAZZA ou pièce de 30 soldi : — comme sur la face du sequin. Revers : une femme tenant une épée et des balances, avec un lion à ses côtés; légende,

JUSTITIAM DILIGITE.

Aimez la justice.

Le TALLARO et ses divisions : — tête d'une femme; légende,

RESPUBLICA VENETA.

République de Venise.

Revers : un lion ailé et un livre; légende, le nom du doge régnant, comme :

PAULO RAINERIO DUCE.

L'OSELLA : — les empreintes de cette monnaie ont subi dès changemens fréquens, et sont trop nombreuses pour être décrites : le revers porte ordinairement le nom du doge avec la date de son gouvernement et celle de l'ère chrétienne, ainsi

LUDOVICI MANIN PRINCIPIS MUNUS. AN. VIII. 1796.

comme sur l'osella d'oro.

La pièce de 10 LIRE de 1797 : — une femme tenant dans une main le bonnet de la liberté sur une lance, et l'autre appuyée sur les faisceaux; légende,

LIBERTA, EGUALIANZA.

Liberté, égalité.

et au bas,

Z. V. OU ZECCA V.

Revers : les mots

LIRE DIECI VENETE.

10 lire de Venise.

entourées d'une guirlande; légende,

ANNO I. DELLA LIBERTA ITALIANA.

L'an premier de la liberté italienne.

Les nouvelles monnaies introduites par les Autrichiens, savoir, les pièces de 2 lire ou 24 creutzers de 1800, ont sur la face une aigle à deux têtes couronnées, portant sur sa poitrine les armes d'Autriche; légende,

FRANZ. II. ROM. KAI. KON. ZU. HU. U. BO. ERZH ZU OEST.

c'est-à-dire,

Franz. II Römische Kaiser, König zu Hungarn und Böhmen, Erzherzog zu Oesterreich.

François II, empereur de Rome, roi de Hongrie et de Bohême, archiduc d'Autriche.

Revers : au-dessus d'une branche de palmier et de laurier,

24 KREUTZER ERBLAENDISCH.

24 creutzers des États héréditaires.

Les pièces de 1 lira et $\frac{1}{2}$ lira, ou 12 et 6 creutzers, portent les mêmes empreintes, excepté que la légende autour de l'aigle est

KAI. KON. ERBLANDISCH. SCHEID. MUNZ.

Petites monnaies des États héréditaires de l'empereur et roi.

et que la valeur est marquée sur le revers. Les pièces appelées *monnaie provinciale*, mises en circulation en 1801, portent sur la face l'aigle à deux têtes, avec les lettres

F. II.

François II.

dans un ovale sur sa poitrine; légende,

MONETA PROVINCIALE IMP. VENETA.

Monnaie impériale provinciale de Venise.

Revers : la valeur de la pièce, savoir

DUE LIRE VENETE, UNA LIRA VENETA, OU MEZZA LIRA VENETA.

2, 1, ou $\frac{1}{2}$ lira de Venise.

le tout entouré de branches de palmier et de laurier. Les monnaies de 1802 portent, sur la face, l'aigle et les armes d'Autriche, le nom de l'empereur François II et ses titres en latin, comme sur les monnaies d'Autriche, avec l'addition

D. VENET.

Duc de Venise.

Revers : la valeur de la pièce.

WURTEMBERG.

MONNAIES D'OR.

Le CAROLIN : — tête du prince régnant, avec nom et titres, comme :

CAROLVS ALEX. D. G. DUX. WUR. ET T.

Charles Alexandre, par la grâce de Dieu, duc de Wirtemberg, etc.

Revers : les armes de Wurtemberg; légende,

CUM DEO ET DIE.

Avec Dieu et le temps.

et sur quelques-uns

PER ARDUA VIRTUS.

On reconnaît la valeur par les obstacles.

Le DUCAT : — les mêmes empreintes que le carolin, excepté que la légende sur le revers est

PROVIDE ET CONSTANTER.

Prudemment et constamment.

MONNAIES D'ARGENT.

La RISDALE : — les empreintes sont les mêmes que celles du ducat, mais le revers porte, outre la légende, les mots

X EINE FEINE MARCK.

10 au marc fin.

Le COPSTUCK : — mêmes empreintes que sur le ducat, excepté que la tête et les armes sont enfermées l'une et l'autre dans un carré, et qu'au-dessous de la tête on lit le nombre 20.

WURTZBOURG.

MONNAIES D'OR.

Le DUCAT : — tête du prince régnant, avec nom et titres, comme :

FRANC. LUD. D. G. EP. BAM. ET WIR. S. R. I. P. F. O. DUX.

c'est-à-dire,

Franciscus Ludovicus, Dei gratiâ, Episcopus Bambergii et Wirtsburgii, sancti Romani Imperii princeps, Francorum Orientalium dux.

François Louis, par la grâce de Dieu, évêque de Bamberg et de Wurtzbourg, prince du Saint Empire Romain, duc de la Franconie orientale.

Revers : les armes de l'évêque; légende,

DUCATUS DUCIS FRANCORUM.

Ducat du duc de Franconie.

MONNAIES D'ARGENT.

La RISDALE (frappée avant 1795) porte les mêmes empreintes que le ducat, excepté la légende sur le revers.

10 EINE FEINE MARK.

10 au marc fin.

Mais la risdale de 1795, etc., porte sur la face la tête de l'évêque, avec nom et titres, comme sur le ducat, et sur le revers l'inscription

10 EINE FEINE MARK.

entourée de deux branches de laurier, et au-dessus la légende,

PRO PATRIA.

Pour la patrie.

Le COPSTUCK : — comme sur la risdale, selon l'époque à laquelle il a été frappé, excepté que les mots sur la face sont

LX EINE FEINE MARK.

et qu'il est marqué 20.

ZURICH.

MONNAIES D'OR.

Le DUCAT : — un lion avec une épée portant les armes de la ville; légende,

DUCATUS REIPVBLICÆ TIGURINÆ.

Ducat de la république de Zurich.

Revers :

DOMINE CONSERVA NOS IN PACE.

Seigneur, conservez-nous la paix.

Sur le ducat de 1775 la légende sur la face est

DUCATUS REIPUBLICA TURICENSIS.

Revers :

JUSTITIA ET CONCORDIA.

Justice et concorde.

Sur les doubles ducats, les armes sont supportées par deux lions, et sur quelques-uns des demi-ducats, on ne lit sur le revers que les mots

ANNO DOMINI.

MONNAIES D'ARGENT.

L'ÉCU ou RISDALE de 1753 : — vue de la ville; légende,

DOMINE CONSERVA NOS IN PACE.

comme sur le ducat. Revers : un lion portant les armes du canton; légende,

MONETA REIPVBLICÆ TIGVRINÆ.

Le demi-écu ne porte aucune légende sur la ville, mais seulement le mot

TIGURUM.

Zurich.

et est marqué $\frac{1}{2}$ sur le revers.

L'ÉCU de 1761 : — sur la face la légende.

DOMINE, etc.

et la date entourée de différens ornemens. Revers : un lion, etc., comme ci-dessus.

L'ÉCU de 1773 : — l'inscription

JUSTITIA ET CONCORDIA.

et la date; le tout entouré de différens ornemens. Revers : comme ci-dessus.

L'ÉCU de 1790 : — vue de la ville avec la légende,

DOMINE, etc.

Revers : armes du canton; légende,

MONETA, etc.

comme ci-dessus.

L'ÉCU de 1794 : — les armes du canton avec la légende,

MONETA, etc.

Revers : l'inscription

XI. AVF. 1. FEINE MARK.
11 au marc fin.

entourée d'une guirlande. Sur le demi-écu ou florin sont les mots

XXII. AVF. 1. FEINE MARK.

et sur les demi-florins

XX. SCHILLING.

INDES ORIENTALES.

MONNAIES D'OR.

Les monnaies des Indes orientales, comme celles de Turquie, n'ont en général d'autres empreintes que des inscriptions, qui indiquent les noms et titres des souverains, avec les dates et autres particularités qui sont écrites en persan.

Voici la traduction des principales monnaies des Indes, soit d'or, soit d'argent.

Le MOHUR ou ROUPIE d'or (frappée sous le règne de l'empereur Shah Allum, qui commence en 1770) porte sur un côté,

Celui qui est l'ombre de la faveur de Dieu, le protecteur de la religion de Mahomet, l'empereur Shah Allum, frappe monnaie pour sept climats.

avec la date de l'égire. Sur l'autre côté,

Frappé à —, l'an — de l'heureux avènement.

Quelques mohurs portent aussi sur un côté,

Monnaie de l'empereur Shah Allum.

avec la date de l'égire; et sur l'autre l'an du règne. Les monnaies frappées par la compagnie des Indes orientales portent le nom de l'empereur Mogol, et celles qui l'ont été dans les dernières années (comme il a été mentionné dans l'article des *Indes orientales*, vol. I) sont datées de la 19e année du règne de l'empereur, et l'on voit le nombre 19 sur quelque partie de la pièce.

Le MOHUR de Tippoo : — sur un côté,

La foi de Mahomet, la meilleure du monde, est soutenue par la splendeur des victoires de Hyder, Hyder très-juste! frappé à Seringapatam, l'an heureux par excellence.

avec la date de l'égire; sur l'autre,

Il est seul le sultan équitable; l'époque de son avènement fut une année d'heureux augure.

avec la date du règne. Quelques monnaies de Tippoo sont datées d'après l'ère indienne, qui se divise en sicles de 60 ans, dont 81, comme on le suppose, sont déjà écoulés.

Le FARUKI, ou quart de mohur de Tippoo, porte sur un côté,

Mahomet! Il est seul sultan de droit.

avec la date; et sur l'autre,

Faruki, frappé à Pattan (Seringapatam).

avec la date du règne de Tippoo, et un H persan, lettre initiale de Hyder.

La PAGODE : — ces pièces diffèrent par la forme de toutes les monnaies d'Europe; elles ont un côté convexe avec des points saillans, et un côté uni qui porte ordinairement une figure, et même jusqu'à trois dans quelques-unes, qui représentent les idoles de l'Inde.

La pagode étoilée est marquée sur le côté convexe d'une étoile; d'autres pagodes sont marquées d'un croissant ou d'une lettre initiale; les pagodes de Mazulipatam et de Pondichery n'ont sur le côté convexe que des points. Les pagodes de Tippoo n'ont point de figures sur le côté uni, mais une légende que l'on traduit ainsi :

Mahomet ! Il est le pouvoir de l'équité.

avec la date de l'égire ; sur le côté convexe, le nom de la place où elle a été frappée, et ordinairement l'initiale de Hyder.

Le MOHUR de la Compagnie hollandaise des Indes orientales : — sur un côté,

Monnaie de la Compagnie hollandaise.

au-dessus de laquelle est un coq, et au-dessous la légende, la date de l'ère chrétienne, sur l'autre côté les mots,

Dans la grande île de Java.

Le COPANG du Japon est une pièce unie oblongue, dont un côté est marqué de lignes transversales et de quelques caractères, et l'autre, porte au milieu, un cercle sur lequel est une marque de l'inspecteur-général de la monnaie, et dans d'autres parties, différentes marques gravées par ceux qui l'ont essayée.

Les ROUPIES ZODIACALES sont des pièces de 12 empreintes différentes, représentant les 12 signes du zodiaque. Elles ont été frappées en l'an 1616 et 1624 de l'ère chrétienne, par Jehangeer ; et sont depuis long-temps hors de circulation. Elles sont cependant très-recherchées et fort estimées comme objet de curiosité. Chaque signe ou figure est entouré de rayons qui représentent le soleil ; et sur le revers on lit l'inscription ci-après :

Cette monnaie, décorée à Agra, a trouvé sa face (a reçu son empreinte) l'an — du règne de Jehangeer, fils du roi Akber.

Les roupies zodiacales font exception à la loi de Mahomet qui défend de représenter des figures, mais on dit que Jehangeer eut peu de respect pour sa religion, et quelques écrivains prétendent que sa favorite, la reine Nour-Mahal, avait obtenu la permission de régner un jour (d'autres disent un an), et qu'elle fit frapper ces monnaies pour perpétuer la mémoire de la courte durée de son règne. Néanmoins on ne peut ajouter foi à ce compte, car les dates de ces roupies varient beaucoup.

MONNAIES D'ARGENT.

La ROUPIE SICCA : — les légendes de cette monnaie sont à peu près les mêmes que celles du mohur, et voici comme on peut les traduire :

Frappée dans sept climats (*date de l'égire*), par l'ombre de la faveur de Dieu, Shah Allum, roi, sectateur de Mahomet.

et sur l'autre côté,

Frappée à —, l'an dix-neuvième du règne auguste et glorieux de l'empereur, etc.

Quelques roupies ne portent pas la date de l'égire, mais seulement celle du règne de l'empereur ; et toutes les roupies frappées dans le Bengale ces dernières années, à la Monnaie de la Compagnie, ont été datées de la 19e année de son règne, comme il a été dit ci-dessus.

ROUPIE ARCOT : — sur un côté,

Monnaie bénie du roi conquérant (*le nom*).

sur l'autre,

Frappée à Arcot, l'an — du règne.

et la date de l'égire. Mais on peut observer que sur plusieurs autres roupies (excepté celles qui ont été frappées par la Compagnie des Indes orientales), les légendes sont souvent illisibles, le cordon étant rogné ou rongé, ou la pièce ayant été originairement trop petite pour recevoir l'empreinte.

La ROUPIE de la Compagnie hollandaise des Indes orientales : — sur la face,

Monnaie de la Compagnie hollandaise.

et la date de l'ère chrétienne. Revers :

Dans la grande île de Java.

Le GULDEN de la Compagnie hollandaise des Indes orientales : — les empreintes correspondent à celles du gulden des Pays-Bas (de 1818), excepté que la pièce de Java porte les lettres

N. O.

près de la loi sur un côté ; et sur l'autre,

MO. ARG. REG. TOT. BELG. JAV.

c'est-à-dire,

Moneta argentea regni totius Belgicæ Javæ.

Monnaie d'argent de tout le royaume Belgico-Java.

La ROUPIE SULTANINE de Tippoo porte les empreintes et les légendes du mohur de Tippoo.

La ROUPIE de Perse ou pièce de 10 mamoodis : — les légendes de ces monnaies varient : quelques-unes portent le nom du souverain, comme

Sultan Chahrokh.

et sur l'autre côté,

Que Dieu prolonge son règne, frappée à —.

le nom de la place et la date de l'égire. Sur les autres roupies, le roi de Perse se nomme lui-même

Le serviteur du monarque de l'empire.

c'est-à-dire d'Iman Riza, le chef de la religion, que les Perses considèrent comme le véritable souverain de leur empire, et les monnaies sont souvent frappées au nom de l'iman Riza, avec cette légende,

Par décret divin, la monnaie d'heureux augure a été frappée au nom d'Ali Risa, fils de Musa.

et sur l'autre côté,

Il n'y a de Dieu que Dieu. Mahomet est l'apôtre et Ali le favori de Dieu, frappée à —.

avec la date de l'égire.

Le FANAM d'argent de Pondicherry porte sur un côté plusieurs fleurs de lis, et une inscription sur l'autre.

Le LARIN : — c'est un fil d'argent, d'environ un pouce de long, redoublé et aplati sur le côté intérieur pour recevoir les empreintes de quelques caractères. Il fut d'abord fait en Arabie et est devenu rare; mais on l'emploie encore comme monnaie de compte.

N. B. Les traductions que nous venons de rapporter des inscriptions persanes et indiennes, et des légendes, sont presque toutes tirées du *traité des monnaies* de Bonneville, qui a suivi MM. de Sacy, Langlès, et Alexandre Hamilton de Calcutta. Les traductions des monnaies turques nous ont été fournies par M. Duc, ex-secrétaire de l'ambassadeur turc à Londres; et celles des monnaies russes, norwégiennes et suédoises nous ont été également fournies par des autorités respectables.

TABLES

CONTENANT UNE COMPARAISON DES POIDS ET MESURES

DE TOUTES LES CONTRÉES COMMERÇANTES;

D'après les expériences faites à la Monnaie de Londres, sur les étalons étrangers, envoyés en Angleterre en 1818 par les consuls anglais, et vérifiés, préalablement dans chaque contrée, par les autorités.

Les tables suivantes sont, pour ainsi dire, une récapitulation de tout ce que l'on a dit dans le premier volume de cet ouvrage; mais les places y sont plus nombreuses, et ces tables donnent un rapport plus satisfaisant et plus exact pour quelque sujet que l'on puisse les consulter.

Table I. — Contient le poids troy des différentes nations, c'est-à-dire le poids employé principalement pour les métaux précieux. Elle indique le poids de chaque marc, etc., en grains troy anglais et en grammes français, ainsi que le rapport que chaque marc, etc., a avec 100 livres troy anglaises.

Table II. — Contient les poids commerciaux des différentes contrées, comparés avec l'avoirdupoids anglais; ainsi que le poids de chaque livre étrangère, once, etc., en grains troy anglais et en grammes français.

Table III. — Contient les mesures de blé des différentes nations. Elle indique le contenu de chaque mesure en pouces cubes anglais, en boisseaux anglais, et en litres français; ainsi que le nombre des mesures de chaque place qui correspondent à un quarter anglais.

Table IV. — Contient les mesures liquides des différentes nations. Elle indique le contenu d'une simple mesure de chaque espèce en pouces cubes anglais, en gallons de vin anglais et en litres français, et combien il faut de gallons de chaque place, etc., pour égaler 100 gallons anglais.

Table V. — Est une comparaison des mesures d'étoffes des différentes nations.

Elle indique la longueur de chaque mesure en pouces anglais et en décimètres français; ainsi que le nombre d'aunes, etc., de chaque place, qui correspondent à 100 yards anglais.

TABLE VI. — Contient les mesures de longueur des différentes contrées. Elle indique la longueur de chaque mesure en pouces anglais et en décimètres français, et le nombre de pieds, etc., de chaque place, qui correspondent à 100 pieds anglais.

TABLE VII. — Indique le contenu des pieds carrés de différentes contrées en pouces carrés anglais et en décimètres carrés français.

TABLE VIII. — Indique le contenu du pied cube de différens pays en pouces cubes anglais et en décilitres français.

TABLE IX. — Contient les mesures de terre de différentes nations. Elle donne l'aire de chaque mesure en yards carrés anglais et en ares français, ainsi que le nombre d'acres, etc., de chaque place, qui égalent 10 acres anglais, mesure légale.

TABLE X. — Donne la longueur des mesures itinéraires de différens pays en yards anglais et en mètres français, ainsi que la proportion de la lieue étrangère, etc., avec 100 milles anglais.

TABLE XI. — Contient les nouveaux poids et mesures de France, avec leur proportion à ceux d'Angleterre.

TABLE XII. — Contient un rapport des anciens poids et mesures, avec leur proportion aux poids et mesures d'Angleterre.

On a aussi donné des règles et exemples pour trouver la proportion qu'ont entre eux les poids ou mesures de deux places ou plus contenues, dans les tables.

POIDS TROY.

TABLE I.

Contenant la comparaison du troy, ou poids d'or et d'argent de différentes contrées; et indiquant le poids d'une livre simple, marc, once, etc., en grains troy anglais et en grammes français; avec le nombre de livres, marcs, onces, etc., de chaque place, qui égalent 100 *livres troy anglaises.*

LIEUX.	POIDS.	POIDS d'une livre, marc, etc.		NOMBRE égal a 100 liv. troy angl.
		Grains angl.	Gramm. franç.	
Alep	metical	73	4,729	7890,410
Algers	metical	73	4,729	7890,410
Allemagne	marc de Cologne	3608	233,769	159,645
Angleterre	livre	5760	373,202	100,000
Augsbourg	marc	3643	236,037	158,111
Bassora	miscal	72	4,665	8000,000
Bengale	sicca	179,6	11,636	3207,126
Berlin	marc	3608	233,769	159,645
Berne	marc	3810,3	246,877	151,117
Bologne	libbra	5586	361,957	103,114
Bombay	tola	179	11,597	3217,877
Breslau	marc	3158	204,613	182,393
Caire	rottolo	6654	431,125	86,564
Calicut	miscal	69	4,470	8347,826
Chine	tale	579,8	37,566	993,446
Cologne	marc	3608	233,769	159,645
Constantinople	chequee	4957,	321,173	116,199
Cracovie	marc	3069	198,846	187,683
Chypre	occa	1957	126,797	294,327
Damas	once	460	29,804	1252,173
Danémark	marc	3633	235,389	158,546
Espagne	marc	3550,5	230,043	162,230
Florence	libbra	5240	339,510	109,923
France	poids de marc	3777,5	244,751	152,481
	kilogramme	15434	1000,000	37,320
Gamron	miscal	71,6	4,639	8044,692
Genève	marc	3785	245,231	152,179
Gènes	libbra	4891,5	316,963	117,755
Gottembourg	poids d'or	6854	444,084	84,038
	poids d'argent	6555,5	424,743	87,865
Hambourg Hanovre	marc de Cologne	3608	233,769	159,645
Hollande	marc, vieux poids	3798	246,080	151,658
	nouvelle livre, Pays-Bas	15434	1000,000	37,320
Koenisberg	marc	3023,5	195,898	190,507
Livourne	libbra	5240	339,510	109,923
Liége	livre	3797,2	246,028	151,691
Madère	marc	3538,2	229,250	162,794

LIEUX.	POIDS.	POIDS D'UNE LIVRE, MARC, etc. Grains angl.	POIDS D'UNE LIVRE, MARC, etc. Gramm. franç.	NOMBRE ÉGAL A 100 LIV. TROY ANGL.
Madras	pagode étoilée poids	52,5	3,401	10971,428
Malte	libbra	4886,6	316,617	117,873
Milan	marc	3627	235,033	158,808
Moca	vakia	478	30,970	1205,020
Munich	marc	3609,8	233,891	159,565
Naples	libbra	4950	320,760	116,363
Nuremberg	marc	3670	237,786	156,948
Pégu	tical	237,3	15,375	2427,307
Perse	derham	151,1	9,790	3812,297
Portugal	marc	3541,1	229,460	162,642
Prague	marc	3916	253,725	147,088
Prusse	marc	3609	233,834	159,600
	poids couronne	6630	429,592	86,877
Ratisbonne	poids ducat	3449	223,507	167,004
	poids d'argent	3697,2	246,028	151,691
Revel	marc	3326	215,498	173,180
Riga	marc	3226	209,018	178,548
Rome	libbra	5234	339,121	110,049
Russie	livre	6318,5	409,388	91,161
Smyrne	chequee	4957,5	321,206	116,187
Stockholm	marc	3250	210,574	177,230
Tripoli	metical	73,6	4,768	7826,086
Tunis	metical	60,7	3,932	9489,291
Turin	marc	3795,7	245,935	151,750
Valence	marc	3557,6	230,504	161,906
Venise	marc	3681,5	238,531	156,457
Vienne	marc	4333	280,743	132,933
Warsowie	marc	3113	201,697	185,030
Wilna	marc	3006	194,764	191,616
Zurich	marc	3616,9	234,346	159,252

POIDS AVOIRDUPOIDS.

TABLE II.

Contenant une comparaison des poids commerciaux des différentes places commerçantes : la première colonne indique le poids d'une livre, etc., en grains troy anglais; la seconde, le poids en grammes français; la troisième, le nombre de livres, etc., de chaque place qui égalent 100 livres avoirdupoids; et la quatrième, le nombre égal à cent en poids.

LIEUX.	POIDS.	POIDS D'UNE LIVRE, ROTTOLO, etc.		NOMBRE ÉGAL A 100 LIV. AVOIRDUP.	NOMBRE ÉGAL A 112 LIV. AVOIRDUP.
		Grains angl.	Gramm. franç.		
Abyssinie	rottolo	4800	311,001	145,833	163,333
Aix-la-Chapelle	livre	7234	468,705	96,765	108,377
Alep	rottolo de 720 drams	35190	2280,030	19,891	22,277
	— de 700	34212	2216,663	20,460	22,915
	— de 680	33235	2153,362	21,062	23,589
	— de 600	29325	1900,025	23,870	26,734
	oke de 400	19550	1266,683	35,805	40,102
Alexandrie	rottolo forfori	6542	423,869	107,000	119,840
	— zaydini	9345	605,481	74,906	83,865
	— zauri	14485	9385,121	48,325	54,124
	— mine	11682	7569,001	59 921	67,111
Alger	rottolo	8330	539,717	84,033	94,116
Alicante	livre pesante	7983,9	517,292	87,676	98,197
	livre légère	5322,9	344,881	131,509	147,290
Amsterdam	livre, vieux poids	7625	494,090	91,803	102,819
	livre flamande	15434	1000,000	45,354	50,796
Ancone	libbra	5093,9	330,043	137,419	153,909
Angleterre	livre	7000	453,544	100,000	112,000
Arragon	libbra	5398	349,799	129,677	145,238
Augsbourg	livre pesante	7580	491,112	92,348	103,429
	livre légère	7295	472,657	95,956	107,459
Barcelonne	libbra	6174	400,025	113,378	126,974
Bale	livre, poids de marc	7555	489,503	92,653	103,771
Bassora	vakia tary	8312,5	538,583	84,210	94,315
Bergame	libbra peso grosso	12588,8	8156,535	55,605	62,277
	— sottile	5035	326,227	139,026	155,709
Bergen	livre	7716	499,935	90,720	101,606
Berlin	livre	7231	468,510	96,805	108,421
Berne	livre	8060	522,223	86,848	97,269
Betelfagui	maund	14273	9247,762	49,043	54,928
Bilbao	livre pesante	11037	7151,093	63,423	71,033
	livre légère	7560	489,827	92,592	103,703
Bologne	libbra	5586	361,957	125,31	140,347
Bolsano	livre pesante	7731,5	500,939	90,538	101,402
	livre légère	5103	330,633	137,174	153,635
Brême	livre	7690	489,250	91,027	101,950
Breslau	livre	6255	405,273	111,910	125,339
Brunswick	livre	7206	466,891	97,141	108,798

LIEUX.	POIDS.	POIDS D'UNE LIVRE, ROTTOLO, etc. Grains angl.	Gramm. franç.	NOMBRE ÉGAL A 100 LIV. AVOIRDUP.	NOMBRE ÉGAL A 112 LIV. AVOIRDUP.
CAIRE	rottolo	6650	430,866	105,263	117,894
CANARIES (ILES)	libbra	7103,6	460,256	98,541	110,366
CANDIE	rottolo	8143	527,601	85,963	96,278
CASSEL	livre	7501	486,004	93,320	104,518
CHINE	catty	9333	604,703	75,002	84,002
COBOURG	livre	7869	509,841	89,956	99,630
COLOGNE	livre	7216	467,539	97,006	108,646
CONSTANCE	livre	7285	472,009	96,087	107,617
CONSTANTINOPLE	oke	19830	1284,825	35,300	39,536
COPENHAGUE	livre	7720	500,194	90,673	101,553
CORSE	livre	7565,6	490,190	92,524	103,626
CRÉMONE	libbra	5060	327,847	139,339	154,939
CHYPRE	rottolo	36708	2378,384	19,069	21,357
DAMAS	rottolo	27562,5	1785,829	25,396	28,443
DANTZIC	livre	7231	468,510	96,805	108,421
ÉCOSSE	livre, poids hollandais.	7600	492,419	92,105	103,157
ELSENEUR	livre	7720	500,194	90,673	101,553
EMBDEN	livre	7668	496,825	91,288	102,242
ERFURT	livre	7285	472,009	96,087	107,617
ESPAGNE	libbra	7101	460,088	98,577	110,406
FERRARE	libbra	5338	345,859	131,135	146,871
FIUM	poids funti	8623	558,701	81,178	90,919
FLORENCE	libbra	5240	339,510	133,587	149,609
FRANCE	livre, poids de marc	7555	489,503	92,653	103,771
	kilogramme	15434	1000,000	45,354	50,796
	livre usuelle	7717	500,000	90,708	101,593
FRANCFORT	livre	7210	467,150	97,087	108,737
GALICIE	libbra	8892,5	576,122	78,718	88,164
GENÈVE	livre forte	8498	550,602	82,372	92,256
	livre légère	7081,6	458,831	98,847	110,709
GÊNES	libbra peso grosso	5381	348,645	130,087	145,697
	— sottile	4892	316,962	143,090	160,261
HAMBOURG	livre	7476	484,384	93,633	104,868
HANOVRE	livre	7511	486,652	93,196	104,378
INDES ORIENTALES	(voy. vol. I.)				
JAPON	catty	9100	589,607	76,923	86,153
KOENIGSBERG	livre	7231	468,510	96,805	108,421
LIVOURNE	libbra	5240	339,510	133,587	149,609
LEIPSIC	livre	7206	466,891	97,141	108,798
LIBAU	livre	6449	417,843	108,543	121,568
LIÉGE	livre	7330	474,925	95,497	106,956
LUBEC	livre	7479,5	484,612	93,589	104,819
LUCQUES	libbra peso grosso	5763,8	373,448	121,447	136,020
	— sottile	5213	337,770	134,279	150,392
LUNEBOURG	livre	7540	488,531	92,838	103,978
LYON	livre, poids de soie	7087,5	459,213	98,765	110,617
	livre, poids de table	6615	428,599	105,820	118,518
MADÈRE	libbra	7076,5	458,500	98,919	110,789
MAJORQUE	rottolo	6174	400,026	113,378	126,983
MALTE	rottolo	12216	791,499	57,302	64,178
MANHEIM	livre	7638	494,881	91,647	102,644
MANTOUE	libbra	4871	315,602	143,707	160,952
MARSEILLE	livre, poids de table	6296	407,950	111,181	124,523

LIEUX.	POIDS.	POIDS d'une livre, rottolo, etc. Grains angl.	Gramm. franç.	NOMBRE égal a 100 liv. avoirdup.	NOMBRE égal a 112 liv. avoirdup.
Mecque	rottolo	7144	462,874	97,984	109,742
Mecklembourg	livre	7458	483,218	93,859	105,122
Milan	libbra, peso grosso	11774	762,861	59,453	66,587
	— sottile	5044	326,811	138,778	155,431
	libbra nuova	15434	1000,000	45,354	50,796
Modène	libbra	4931,5	319,521	141,944	158,977
Maroc	livre	8330	539,717	84,033	94,117
Munikh	livre	8656	560,839	80,868	90,572
Munster	livre	7353	476,415	95,199	106,623
Naples	cantaro grosso	13755	891,214	50,890	56,907
	cantaro piccolo	7420	480,756	94,339	105,660
Neufchatel	livre, poids de marc	7555	489,503	92,653	103,771
	livre, poids de fer	8029	520,215	87,184	97,646
Nice	livre	4809	311,584	145.560	163,027
Nuremberg	livre	7870	509,913	88,945	99,618
Oldembourg	livre	7476	484,384	94,633	104,868
Oran	rottolo	7775	503,758	90,032	100,835
Ormus	séer	4675	302,902	149,732	167,699
Osnabruck	livre	7625	494,039	91,803	102,819
Oviédo	libbra	10651	6990,996	65,721	73,607
Padoue	libbra, peso grosso	7388,5	478,715	94,742	106,111
	— sottile	5250	340,158	133,333	149,333
Parme	libbra	5038	326,422	138,944	155,617
Patras	livre	6168	399,637	113,488	127,106
Pays-Bas	nouvelle livre	15434	1000,000	45,354	50,796
Pernau	livre	6430	416,612	108,864	121,927
Perse	batman de Cherray	88771	5751,692	78,854	88,316
	batman de Tauris	44385,5	2875,846	157,709	176,634
Pologne	livre de Cracovie	6250	404,950	112,000	125,440
	livre de Warsowie	5832	377,866	120,027	134,430
	nouvelle livre	6236	404,043	112.251	125,721
Portugal	arratel	7083	458,921	98,828	110,687
Prague	livre	7940	514,448	88,161	98,740
Prusse	livre	7218	467,668	96 979	108,617
Raguse	oke	20671	1339,315	33.864	37,927
Ratisbonne	livre	8777	568,679	79,753	89,323
Ravenne	libbra	4623	299,533	151,417	169,587
Reggio	libbra	5092	329.921	137,470	153,966
Revel	livre	6652	430,996	105.231	117,858
Riga	livre	6452	418,038	108,493	121,512
Rome	libbra	5234	339,121	133,741	149,790
Rostock	livre	7852	508,746	89.149	99,846
Rotterdam	livre	7625	494,039	91,803	102,819
	livre légère	7243	469,288	96,645	108,242
Rouen	livre, poids de Vicomté	8241	533,957	84,941	95,134
Russie	livre	6318,5	409,388	110,785	124,079
Saint-Gall	livre forte	9016	584,164	77,640	86.956
	livre légère	7175	464.882	97,561	109,268
Saltzbourg	livre	8642	559,932	80,999	90,718
Sardaigne	libbra	6125	396,851	114,285	127,999
Saïd	rottolo de 600 drams	28742	1862,251	24,355	372,776
	rottolo d'Acre	33740	2186,082	20,746	23,236
Sicile	rottolo grosso	13475	8730,720	51,948	58,181

LIEUX.	POIDS.	POIDS D'UNE LIVRE, ROTTOLO, etc. Grains angl.	Gramm. franç.	NOMBRE ÉGAL A 100 LIV. AVOIRDUP.	NOMBRE ÉGAL A 112 LIV. AVOIRDUP.
SICILE	rottolo sottile	12250	7937,020	57,143	64,000
	libbra	4900	317,481	142,857	159,999
SIENNE	libbra	6904	447,324	101,390	113,556
SMYRNE	oke	19830	1284,825	35,300	39,536
STETTIN	livre	7219	467,733	96,966	108,602
STRALSUND	vieille livre	7460	483,348	93,833	105,092
STRASBOURG	livre	7266	470,778	96,339	107,899
SUÈDE	livre, poids Victualie	6563	425,229	106,658	119,456
	livre, poids de mineurs	5801	375,858	120,668	135,148
	livre Uppstads ou du pays, poids de ville	5526	358,040	126,673	141,874
	livre, poids de métal, ou staplestad	5250	340,158	133,333	149,333
TRIESTE	livre	8639	559,738	81,027	90,750
TRIPOLI EN SYRIE	oke	18691	211,127	37,451	41,945
TRIPOLI EN AFRIQUE	rottolo	7840	507,969	89,285	99,999
TUNIS	rotul	7773,5	503,660	90,049	100,855
TURIN	libbra	5692	368,796	122,979	137,736
ULM	livre	7234	468,705	96,765	108,377
VALENCE	livre forte	8226	532,978	85,096	95,307
	livre légère	5484	355,350	127,544	142,961
VENISE	libbra, peso grosso	7363	477,063	95,069	106,772
	libbra, peso sottile	4650	301,282	150,537	168,601
	libbra, nuova	15434	1000,000	45,354	50,796
VÉRONNE	libbra, peso grosso	7676	497,343	91,193	102,136
	libbra, peso sottile	5134	332,642	136,345	152,706
VIENNE	livre	8645	560,126	80 972	90,688
WIRTEMBERG	livre	7220	467,792	96,953	108,586
WISMAR	livre	7625	494,039	91,803	102,819
WURTZBOURG	livre	7362	476,998	95,083	106,492
ZANTE	(voyez *Venise*.)				
ZELL	livre	7511	486,652	93,196	104,378
ZURICH	livre forte	8138	527,277	86,016	96,337
	livre légère	7233	468,640	96,778	108,391

MESURES DE BLÉ.

TABLE III.

Contenant une comparaison des mesures de blé de différentes places; savoir, le contenu d'une simple mesure en pouces cubes, en boisseaux anglais, et en litres français; ainsi que le nombre de mesures de chaque place, qui correspondent à huit boisseaux anglais, ou un quarter, mesure de Winchester.

LIEUX.	MESURES.	CONTENU D'UNE MESURE DE CHAQUE ESPÈCE.			NOMBRE DE CHAQUE, ÉGAL À UN QUARTER ANGL.
		Pouces cubes.	Boisseaux.	Litres français.	
Aix-la-Chapelle	fass	1461	0,679	23,939	11,782
Alexandrie	rebebe	9587	4,458	157,092	1,794
Alger	tarrie	1219	0,567	19,974	14,109
Alicante	cahiz	15038	6,993	246,412	1,144
Amersfort	mudde	11457	5,327	187,744	1,502
Amsterdam	mudde	6788	3,157	111,256	2,534
Ancone	rubbio	17459	8,119	286,100	0,985
Angleterre	boisseau	2150,4	1,000	35,236	8,000
Anvers	hectolitre	6102	2,837	100,000	2,818
Arnheim	malder	8333	3,875	136,541	2,064
Arragon	cahiz	11021	5,125	180,486	1,561
Augsbourg	schaf	26812	12,467	439,341	0,641
Açores	alqueire	731	0,340	11,978	23,530
Barcelonne	quartera	4175	1,941	68,419	4,121
Bale	sack	7870	3,666	128,957	2,182
Bastia	stajo	9153	4,256	150,000	1,879
Bayonne	conque	2503	1,164	41,014	6,872
Bergame	soma	10020	4,659	164,187	1,720
Bergen	toende	8488	3,947	139,084	2,026
Berlin	scheffel	3180	1,479	52,107	5,409
Berne	mutt	10260	4,771	168,120	1,676
Bilbao	fanega	3668	1,706	60,104	4,689
Bologne	corba	4503	2,094	73,786	3,820
Bolsano	scheffel	6657	3,095	109,081	2,584
Boulogne	setier	10535	4,898	172,626	1,633
Bordeaux	boisseau	4682	2,177	76,708	3,674
Breda	viertel	5236	2,435	85,826	3,285
Brême	scheffel	4339	2,017	71,098	3,966
Breslau	scheffel	4266	1,983	69,903	4,034
Brest	tonneau	84200	39,153	1379,701	0,204
Bruges	hoed	10164	4,726	166,547	1,692
Brunswick	himten	1898	0,882	31,100	9,070
Cadix	fanega	3439	1,599	56,351	5,003
Calabre	tomolo	3119	1,450	51,108	5,517
Canada	minot	2339	1,088	38,327	7,353
Canaries (Iles)	fanega	3821	1,777	62,611	4,502
Candie	carga	9288	4,322	152,193	1,851

LIEUX.	MESURES.	CONTENU D'UNE MESURE DE CHAQUE ESPÈCE.			NOMBRE DE CHAQUE, ÉGAL A UN QUARTER ANGL.
		Pouces cubes.	Boisseaux.	Litres français.	
Cassel	viertel	8710	4,050	142,722	1,975
Clèves	malter	10954	5,093	179,492	1,571
Coblentz	malter	9742	4,530	159,632	1,766
Cobourg	simra	5353	2,489	87,727	3,214
Cologne	malter	9891	4,599	162,073	1,739
Constantinople	killow	2023	0,941	33,148	8,501
Copenhague	toende	8488	3,947	139,084	2,026
Corogne	ferrado	1022	0,475	16,746	16,842
Chypre	medimno	4583	2,131	75,097	3,754
Dantzic	scheffel	3337	1,552	54,680	5,155
Deventer	mudde	7049	3,278	115,535	2,440
Dieppe	mine	6243	2,903	102,297	2,755
Dordrecht	grand sac	7638	3,552	125,163	2,252
	petit sac	5728	2,664	93,872	3,003
Dresde	scheffel	6455	3,002	105,788	2,664
Dunkerque	rasière marine	9153	4,256	150,000	1,879
	rasière de terre	8136	3,783	133,316	2,114
Écosse	firlot de froment	2197,3	1,022	36,005	7,827
	firlot d'orge	3205,5	1,490	52,525	5,369
Elbing	scheffel	2965	1,378	48,584	5,805
Emden	tonne	11697	5,439	191,667	1,470
Erfurt	scheffel	3668	1,706	60,120	4,689
Espagne	fanega	3439	1,599	56,351	5,003
Faro	alqueire	982	0,456	16,091	17,543
Ferrare	stajo	1909	0,887	31,281	90,191
Ferrol	ferrado	1042	0,484	17,074	16,529
Fium	metze	3813	1,773	62,479	4,512
Florence	stajo	1486	0,691	24,369	11,577
France	setier	9519,9	4,427	156,000	1,807
	hectolitre	6102	2,837	100,000	2,819
	boisseau usuel	762,7	0,354	12,500	22,598
Francfort	malter	6590	3,064	107,984	2,611
Genève	coupe	4739	2,203	77,653	3,631
Gênes	mina	7367	3,426	120,716	2,335
Goes	sack	4888	2,273	80,106	3,519
Groningen	mudde	5554	2,583	91,028	3,097
Harlem	sack	4823	2,243	79,050	3,566
Hague	sack	6546	3,044	107,282	2,628
Hambourg	scheffel	6426	2,988	105,296	2,677
Hanau	malter	6868	3,194	112,539	2,501
Hanore	himtem	1898	0,882	31,100	9,070
Heidelberg	malter	6285	2,922	102,986	2,737
Hildesheim	scheffel	3164	1,471	51,845	5,438
Holstein	toende	8488	3,947	139,084	2,026
Koenigsberg	scheffel	3152	1,465	51,648	5,460
Livourne	sacco	4435	2,062	72,672	3,879
Leipsic	scheffel	8481	3,943	138,969	2,029
Lewarden	loop	5092	2,368	83,442	3,378
Leyde	sack	4165	1,937	68,271	4,130
Libau	lof	4190	1,948	68,657	4,106
Liége	setier	1827	0,849	29,937	9,422
Lisbonne	alqueire	824,8	0,384	13,515	20,833

LIEUX.	MESURES.	CONTENU D'UNE MESURE DE CHAQUE ESPÈCE.			NOMBRE DE CHAQUE, ÉGAL A UN QUARTER ANGL.
		Pouces cubes.	Boisseaux.	Litres français.	
Lubec	scheffel de froment	2041	0,949	33,444	8,429
	scheffel d'avoine	2395	1,113	39,244	7,187
Lucques	stajo	1472	0,684	24,120	11,695
Lunébourg	scheffel	3799	1,767	62,250	4,527
Lyon	asnée	11706	5,443	191,814	1,470
Magdebourg	scheffel	3152	1,465	51,648	5,460
Majorque	quartera	4301	1,999	70,476	4,002
Malaga	fanega	3439	1,599	56,351	5,003
Malte	salma	17678	8,221	289,672	0,973
Manheim	malter	6285	2,922	102,986	2,737
Mantoue	stajo	2146	0,998	35,164	8,016
Maranham	alqueire	2772	1,288	45,422	6,211
Marseille	charge	9763	4,540	160,000	1,762
Mecklembourg	scheffel	2591	1,205	42,456	6,639
Mayence	malter	5558	2,584	91,073	3,095
Middlebourg	sack	4417	2,054	72,387	3,895
Milan	stajo	1115	0,518	18,270	15,444
Minorque	quartera	4301	1,999	70,476	4,002
Modène	stajo	4301	1,999	70,476	4,002
Montpellier	setier	3232	1,503	52,959	5,322
Munich	scheffel	22130	10,290	362,622	0,777
Nancy	carte	2925	1,360	47,929	5,880
Nantes	setier	8739	4,063	143,197	1,968
Naples	tomolo	3122	1,451	51,157	5,513
Neda	ferrado	1144	0,532	18,745	15,037
Negrepont	killow	1849	0,859	30,297	9,313
Nice	charge	9763	4,540	160,000	1,762
Nimègue	scheffel	2546	1,184	41,721	6,756
Nuremberg	malter	10200	4,744	167,137	1,686
Oldembourg	tonne	9946	4,624	162,975	1,730
Osnabruck	scheffel	1753	0,815	28,724	9,815
Oviédo	fanega	4419	2,055	72,41	3,893
Parme	stajo	3135	1,458	51,370	5,487
Patras	staro	5012	2,330	82,126	3,433
Pays-Bas	mudde	6102	2,837	100,000	2,819
Pernau	tonne	7729	3,594	126,647	2,225
Perse	artaba	4013	1,866	65,757	4,287
Pologne	korzec	3120,8	1,451	51,137	5,513
Prague	strick	6516	3,030	106,771	2,640
Prusse	scheffel	3353,6	1,559	54,952	5,130
Raguse	stajo	9072	4,218	148,653	1,896
Ratisbonne	maass	16016	7,448	262,445	1,074
Revel	tonne	7219	3,356	118,290	2,383
Riga	loop	4166	1,937	68,269	4,130
Rochelle	boisseau	2007	0,933	32,886	8,574
Rome	rubbio	17970	8,356	294,465	0,957
Rostock	scheffel	2372	1,103	38,877	7,253
Rotterdam	sack	6320	2,939	103,583	2,722
Rouen	setier	10920	5,077	178,893	1,575
Russie	chetwert	12800	5,952	209,740	1,344
Saint-Gall	charge	4443	2,066	72,802	3,872
Saint-Malo	boisseau	2697	1,254	44,193	6,379

LIEUX.	MESURES.	CONTENU D'UNE MESURE DE CHAQUE ESPÈCE.			NOMBRE DE CHAQUE, ÉGAL A UN QUARTER ANGL.
		Pouces cubes.	Boisseaux.	Litres français.	
Saint-Valery	setier	9356	4,350	153,307	1,839
Salonique	killow	11840	5,505	19,401	1,453
Sardaigne	starello	2988	1,389	48,961	5,759
Sicile	salma grossa	21014	9,771	34,433	0,818
	salma generale	16886	7,851	27,669	1,019
Smyrne	killow	3132	1,456	51,321	5,494
Stettin	scheffel	3180	1,479	52,107	5,409
Stralsund	scheffel	2378	1,105	38,966	7,239
Strasbourg	setier rural	1154	0,536	18,909	14,925
	setier de ville	1118	0,520	19,319	15,384
Suède	tunna de 32 kappar	8940	4,157	146,490	1,924
	kann	159,6	0,0742	2,615	107,816
Texel	loop	3819	1,776	62,581	4,504
Trieste	stajo	5040,6	2,444	82,611	3,413
	metzen	3706	1,723	60,733	4,643
	polonick	1853	0,861	30,367	9,291
Tunis	caffice	32256	15,000	528,540	0,533
Turin	sacco	7015	3,264	115,000	2,451
Ulm	immi	14021	6,519	229,748	1,227
Utrecht	sack	5498	2,557	90,116	3,128
Valence	cahiz	12526	5,825	205,257	1,373
Venise	stajo	4882	2,270	80,000	3,524
Vérone	minello	2221	1,033	36,393	7,745
Vianna	alqueire	1031	0,479	16,894	16,701
Vienne	metzen	3753	1,745	61,496	4,584
Wurtemberg	scheffel	10889	5,064	178,440	1,579
Wismar	scheffel de froment	2478	1,152	40,592	6,944
	scheffel d'avoine	2616	1,216	42,852	6,578
Zante	corfu misura	1284,78	0,597	21,062	13,400
Zélande	sack	4556	2,119	74,660	3,775
Zell	himten	1898	0,882	31,099	9,070
Zurich	mutt	5048	2,347	82,716	3,408
Zwoll	mudde	6851	3,186	112,286	2,511

MESURES DE VIN.

TABLE IV.

Contenant une comparaison des mesures liquides de différentes places; la première colonne indique le contenu d'une mesure en pouces cubes anglais; la seconde, en gallons anglais; la troisième, en litres français; et la quatrième, le nombre de gallons, etc., de chaque place qui égalent 100 *gallons anglais.*

LIEUX.	MESURES.	CONTENU D'UNE MESURE DE CHAQUE ESPÈCE.			NOMBRE DE CHAQUE, ÉGAL A 100 GALLONS ANGL.
		Pouces cubes.	Gallons angl.	Litres français.	
ABYSSINIE	cuba	62	0,268	1,016	373,134
ALICANTE	cantara	705	3,052	11,554	32,765
AMSTERDAM	stekan de vin	1184	5,126	19,403	19,508
	stekan d'eau-de-vie	1145	4,956	18,759	20,177
	stekan de bière	1199	5,193	19,656	19,256
ANCONE	soma	5241	22,698	85,917	4,405
ANGLETERRE	gallon de vin	231	1,000	3,785	100,000
	gallon de bière	282	1,220	4,621	81,967
ANVERS	stoop	167	0,726	2,748	137,741
ARRAGON	cantaro de vin	629	2,724	10,313	36,710
	cantaro d'eau-de-vie	852	3,690	13,970	27,100
AUGSBOURG	mass	90,3	0,391	1,479	255,754
BARCELONNE	carga	7552	32,695	123,756	3,058
BARI	salma d'huile	10100	43,718	165,498	2,287
BALE	ohm	3053	13,215	50,026	7,567
BASTIA	baril	8543	36,986	140,000	2,703
BAYONNE	velte	451	1,952	7,390	51,229
BERGAME	brenta	4441	19,223	72,761	5,202
BERLIN	anker	2285,5	9,894	37,450	10,107
BERNE	mass	102	0,441	1,671	226,757
BOLOGNE	corba	4503	19,493	73,782	5,130
BORDEAUX	barrique	14033	60,748	229,937	1,646
	velte	438	1,896	7,177	52,742
BRÊME	stubgen	194,5	0,842	3,187	118,764
BRESLAU	eimer	3389	14,670	55,532	6,816
BRUNSWICK	stubgen	224	0,969	3,669	103,199
BOURGOGNE	quartaut	6275	27,161	102,822	3,685
CANARIES (ILES)	arroba	981	4,245	16,073	23,557
CANDIE	mistate d'huile	681	2,949	11,164	33,909
CASSEL	quartlin	499	2,160	8,175	46,296
CHAMPAGNE	quartaut	5496	23,789	90,057	4,203
COGNAC	velte d'eau-de-vie	446	1,930	7,308	51,813
COLOGNE	viertel	365	1,580	5,980	63,291
CONSTANTINOPLE	almud	319	1,381	5,227	72,411
COPENHAGUE	viertel	471,5	2,041	7,726	48,995
	anker	2298	9,947	37,655	10,049
CORFOU	baril	4158	18,000	68,133	5,555
CHYPRE	cass	288,7	1,250	4,731	80,000
DANTZIC	ohm	9142	39,572	149,756	2,527
DRESDE	eimer	4128	17,870	67,639	5,596

LIEUX.	MESURES.	CONTENU D'UNE MESURE DE CHAQUE ESPÈCE.			NOMBRE DE CHAQUE, ÉGAL A 100 GALLONS ANGL.
		Pouces cubes.	Gallons angl.	Litres français.	
DUNKERQUE	lot	140	0,608	2,302	164,473
ÉCOSSE	pinte	103,4	0,447	1,694	223,713
ERFURT	eimer de vin	4398	19,040	72,072	5,252
	eimer de bière	4402	19,059	72,144	5,249
ESPAGNE	arroba de vin	981	4,245	16,073	23,557
	arroba d'huile	771	3,337	12,633	29,966
FARO	almude	1131	4,896	18,532	20,425
FERRARE	mastello	3379,5	14,630	55,378	6,835
FIUM	orna	3253	14,082	53,303	7,101
FLORENCE	baril de vin	2781,7	12,042	45,584	8,304
	baril d'huile	2040	8,831	33,428	11,323
FRANCE	setier	454	1,966	7,444	50,864
	hectolitre	6102,8	26,419	100,000	3,785
FRANCFORT	viertel	450	1,948	7,373	51,334
GALICIE	moyo	9886	42,798	161,991	2,336
GALLIPOLI	salma d'huile	9459	40,948	154,992	2,442
GENÈVE	setier	2760	11,948	45,224	8,369
GÊNES	baril de vin	4530	19,610	74,225	5,099
	baril d'huile	3946	17,082	64,657	5,854
HAMBOURG	ahm	8836	38,250	144,786	2,614
HANOVRE	ahm	9493	41,095	155,552	2,433
HEIDELBERG	maass	140,4	0,607	2,300	164,744
HONGRIE (HAUTE)	eimer	4474	19,368	73,316	5,163
HONGRIE (BASSE)	eimer	3472	15,030	56,892	6,653
	tokay anthal	3084	13,350	50,534	7,490
IRLANDE	gallon	217,6	0,942	3,565	106,157
KOENIGSBERG	stof	87,5	0,378	1,433	264,550
LIVOURNE	baril de vin	2781	12,042	45,584	8,304
	baril d'huile	2040	8,831	33,428	11,323
LEIPSIC	eimer	4644	20,102	76,099	4,974
LIBAU	oxhoft	14436	62,487	236,548	1,600
LINDAU	quart	140	0,606	2,294	165,016
LISBONNE	almude	1009,5	4,370	16,541	22,883
LISLE	lot	126	0,545	2,064	183,486
LUBEC	viertel	441,9	1,913	7,241	52,273
LUCQUES	coppo d'huile	6093	26,373	99,839	3,791
LYON	asnée	5038	21,809	82,549	4,585
MAJORQUE	quartin	1655,8	7,168	27,131	13,951
MALAGA	arroba	967	4,186	15,850	23,889
MALTE	caffiso d'huile	1270	5,497	20,810	18,191
MANTOUE	moggio d'huile	6804	29,454	111,489	3,395
MARSEILLE	millerolle	3924,7	16,990	64,330	5,886
MAYENCE	maass	114	0,493	1,868	202,839
MESSINE	salma de vin	5331	23,079	87,360	4,333
	caffiso d'huile	714	3,090	11,699	32,362
MILAN	brenta	4357,5	18,865	71,405	5,301
MINORQUE	gerra	736	3,187	12,063	31,377
MONTPELLIER	barrique de vin	1550	6,710	25,398	14,903
	barrique d'huile	2028	8,778	33,231	11,392
MUNICH	eimer de vin	2252	9,750	37,020	10,256
NANTES	barrique de vin	14645	63,405	240,000	1,577
	velte d'eau-de-vie	343	1,484	5,617	67,385

LIEUX.	MESURES.	CONTENU D'UNE MESURE DE CHAQUE ESPÈCE. Pouces cubes.	Gallons angl.	Litres français.	NOMBRE DE CHAQUE, ÉGAL A 100 GALLONS ANGL.
NAPLES	baril de vin	2544	11,013	41,685	9,080
	salma d'huile	9884	42,783	161,959	2,337
NICE	rubbio	479,5	2,076	7,857	48,169
NUREMBERG	eimer visiermass	4149	17,959	67,984	5,567
	eimer schenkmass	3872	16,761	63,439	5,966
OLDEMBOURG	oxhoft	15230	65,930	249,558	1,516
OPORTO	almude	1555	6,731	25,480	14,856
OSNABRUCK	viertel	298	1,290	4,883	77,519
OVIÉDO	cantara	1177	5,098	19,286	19,615
PAYS-BAS	vat	6102,8	26,419	100,000	3,785
PERNAU	anker	2364	10,233	38,736	9,772
POLOGNE	garniec	97	0,419	1,590	238,663
PRAGUE	eimer	3916	16,950	64,167	5,899
PRUSSE	eimer	4192	18,145	68,690	5,511
RAGUSE	baril	4704	20,363	77,075	4,711
RATISBONNE	grand eimer	6934	30,014	113,620	3,331
	berg eimer	5359	23,196	87,812	4,911
REVEL	anker	2580	11,172	42,276	8,951
RIGA	anker	2386	10,333	39,097	9,677
RIO-JANEIRO	medida	161,7	0,700	2,651	142,857
ROCHELLE	barrique de vin	10636	46,039	174,279	2,172
	velte d'eau-de-vie	446	1,930	7,308	51,813
ROME	baril de vin	3560,4	15,413	58,341	6,488
	baril d'huile	3507	15,185	57,480	6,585
ROSTOCK	anker	2209	9,562	36,199	10,458
ROTTERDAM	ahm	9238,4	39,993	151,380	2,500
ROUEN	barrique	11940	51,688	195,648	1,934
RUSSIE	vedro	750	3,246	12,289	30,807
SCHAFFHOUSE	mass	80	0,346	1,311	289,017
STRALSUND	stubgen	237	1,027	3,883	97,371
STRASBOURG	ohm	2813	12,176	46,093	8,212
SUÈDE	kann	159,6	0,691	2,615	144,717
TRIESTE	orna de vin	3452	14,942	56,564	6,692
TUNIS	millerolle	3924,7	16,990	64,330	5,886
	mettar d'huile	1183,8	5,125	19,397	19,512
TURIN	rubbio	573	2,480	9,389	40,322
VALENCE	arroba	719	3,112	11,786	32,133
VENISE	secchio	659	2,853	10,800	35,051
	miro d'huile	930	4,028	15,238	24,826
VÉRONE	brenta	4417	19,119	72,377	5,230
	bassa d'huile	276	1,194	4,522	83,752
VIENNE	eimer	3452	14,942	56,564	6,692
WISMAR	viertel	441,9	1,913	7,241	52,273
ZANTE	baril	4071	17,625	66,707	5,673
ZELL	stubgen	237	1,025	3,883	97,561
ZURICH	maass rural	111,3	0,481	1,823	207,900
	maass de ville	100,2	0,433	1,642	230,946
	maass d'huile	84	0,363	1,376	275,482

MESURES D'ÉTOFFE.

TABLE V.

Contenant une comparaison des mesures d'étoffe de différens pays. Elle indique la longueur de chaque mesure en pouces anglais et en décimètres français; ainsi que le nombre d'ells, aunes, etc., de chaque place, qui correspondent à 100 yards anglais.

LIEUX.	MESURES.	LONGUEUR D'UNE MESURE DE CHAQUE ESPÈCE. Pouces anglais.	Décimètr. franç.	NOMBRE DE CHAQUE, ÉGAL A 100 YARDS ANGLAIS.
ABYSSINIE	pic	27,00	6,857	133,333
AIX-LA-CHAPELLE	ell	26,33	6 687	136,726
ALEP	pic	26,66	6,771	135,033
ALEXANDRIE	pic	26,80	6,806	134,328
ALGER, TURQUIE	pic	24,53	6,230	146,759
— MORÉE	pic	18,40	4,673	195,652
ALICANTE	vara	29,95	7,607	120,200
AMSTERDAM	ell	27,07	6,878	132,988
ANCONE	braccio	25,33	6,433	142,124
ANGLETERRE	yard	36,00	9,144	100,000
	ell	45,00	11,429	80,000
ANVERS	ell de soie	27,32	6,939	131,771
	ell de laine	26,96	6,846	133,531
ARRAGON	vara	30,22	7,675	119,126
AUGSBOURG	grand ell	24,00	6,095	150,000
	petit ell	23,32	5,923	154,373
BARCELONNE	canna	21,06	5,350	170,940
BALE	aune	46,38	11,780	77,619
	brasse	21,41	5,438	168,145
BATAVIA	ell	27,00	6,857	133,333
BAYONNE	aune	34,80	8,838	103,448
BENGALE	cubit	18,00	4,571	200,000
BERGAME	braccio	25,80	6,553	139,534
BERGEN	ell	24,71	6,276	145,690
BERLIN	ell	26,25	6,668	137,142
BERNE	ell	21,40	5,433	168,224
BETELFAGUI	guz	25,00	6,349	144,000
BOLOGNE	braccio de laine	25,00	6,349	144,000
	braccio de soie	23,46	5,955	153,452
BOLSANO	ell	31,11	7,902	115,718
	braccio	21,64	5,497	166,358
BOMBAY	covid	18,00	4,571	200,000
BORDEAUX	aune	46,93	11,959	76,709
BRABANT	ell	27,58	7,006	130,529
BRÉSIL	vara	43,50	11,048	82,758
BRÊME	ell	22,76	5,781	158,172
BRESCIA	ell	18,40	4,673	195,652

LIEUX.	MESURES.	LONGUEUR D'UNE MESURE DE CHAQUE ESPÈCE. Pouces anglais.	Décimètr. franç.	NOMBRE DE CHAQUE, ÉGAL A 100 YARDS ANGLAIS.
Breslau	ell	22,67	5,759	158,800
Brunswick	ell	22,46	5,704	160,284
Caire	pic	26,80	6,806	134,329
Calembert	ell	22,90	5,816	157,205
Calicut	guz	28,40	7,210	126,760
Candie	pic	25,11	6,377	143,369
Cassel	ell	22,11	5,617	162,822
Chine	covid	14,62	3,713	246,238
Coblentz	ell	22,00	5,585	163,636
Cobourg	ell	23,07	5,857	156,046
Cologne	grand ell	27,34	6,941	131,675
	petit ell	22,62	5,745	159,151
Constantinople	grand pic	27,90	7,083	129,032
	petit pic	27,06	6,870	133,037
Copenhague	ell	24,71	6,276	145,690
Crémone	braccio	24,24	6,157	148,514
Chypre	pic	26,45	6,715	136,105
Damas	pic	22,93	5,822	156,999
Dantzic	ell	22,60	5,738	159,292
Dresde	ell	22,28	5,658	161,579
Dunkerque	aune	26,62	6,762	135,236
Écosse	ell	37,20	9,445	96,774
Elbing	ell	22,30	5,664	161,434
Embden	ell	26,40	6,704	136,363
Erfurt	grand ell	23,38	5,940	153,977
	petit ell	15,90	4,036	226,415
Espagne	vara	33,38	8,475	107,849
Ferrare	braccio de laine	26,33	6,690	136,726
	braccio de soie	24,75	6,284	145,454
Florence	braccio	22,98	5,836	156,657
France	aune	46,85	11,886	76,841
	aune usuelle	47,24	12,000	76,206
	mètre	39,37	10,000	91,440
Francfort	ell	21,24	5,392	169,491
Gambon	guz	38,70	9,826	93,023
Genève	aune	45,00	11,429	80,000
Gênes	braccio	22,69	5,764	158,660
	canna grossa	116,70	29,630	30,848
	canna piccola	87,52	22,229	41,133
	canna de la douane	07,25	24,601	37,010
Guinée	Jacktan	144,00	36,574	25,000
Hague	ell	27,33	6,942	131,723
Hambourg	ell	22,58	5,733	159,433
Hanovre	ell	22,90	5,816	157,205
Hildesheim	ell	22,10	5,613	162,895
Inspruck	ell	31,00	7,873	116,129
Japon	inc	74,90	19,017	48,064
Kiel	ell	22,64	5,752	159,010
Koenigsberg	ell	22,62	5,745	159,151
Livourne	braccio	23,98	5,836	156,657
Leipsic	ell	22,22	5,644	162,016
Leyde	ell	26,89	6,830	133,878

LIEUX.	MESURES.	LONGUEUR D'UNE MESURE DE CHAQUE ESPÈCE.		NOMBRE DE CHAQUE, ÉGAL A 100 YARDS ANGLAIS.
		Pouces anglais.	Décimètr. franç.	
LIBAU	ell	24,04	6,104	149,750
LIÉGE	ell	21,71	5,515	165,822
LISBONNE	vara	43,20	10,968	83,333
	covado	26,70	6,781	134,831
	palmo avantejado	8,90	2,260	404,494
	palmo de craveira	8,64	2,193	416,666
LISLE	aune	27,70	7,033	129,963
LUBEC	ell	22,69	5,761	158,660
LUCQUES	braccio de laine	23,80	6,042	151,260
	braccio de soie	22,80	5,789	157,894
LUNÉBOURG	ell	22,90	5,816	157,205
LYON	aune	46,20	11,741	77,922
MADRAS	covid	18,00	4,571	200,000
MAESTRICHT	ell	26,91	6,835	133,779
MAJORQUE	canna	67,50	17,138	53,333
MALAGA	covid	18,13	4,603	198,565
MALTE	canna	81,90	20,794	43,956
MANHEIM	ell	21,99	5,558	163,710
MANTOUE	braccio	25,00	6,349	144,000
MARSEILLE	aune	46,77	11,880	76,972
MEMEL	ell	22,62	5,745	159,151
MAYENCE	ell	21,60	5,486	166,666
MILAN	braccio	23,42	5,949	153,714
	metro	39,37	10,000	91,440
MOCA	guz	25,00	6,349	144,000
	covit	19,00	4,824	189,473
MODÈNE	braccio	24,31	6,175	148,087
MONTPELLIER	canne	78,24	19,874	46,012
MAROC	cubit	21,00	5,332	171,428
MUNICH	ell	32,90	8,353	109,422
MUNSTER	ell	31,84	8,084	113,065
NAMUR	ell	26,11	6,632	137,878
NANCY	aune	25,18	6,397	142,970
NANTES	aune	55,80	14,166	64,516
NAPLES	canna	83,00	21,073	43,373
NARVA	ell	23,55	5,982	152,866
NEUFCHATEL	aune	43,80	11,125	82,191
NICE	ell	46,77	11,875	76,972
NIMÈGUE	ell	26,11	6,632	137,878
NUREMBERG	ell	25,96	6,596	138,675
OLDEMBOURG	ell	22,76	5,781	158,172
ORAN	pic	27,00	6,857	133,333
OSNABRUCK	grand ell	23,70	6,017	151,898
	petit ell	22,96	5,833	156,794
OSTENDE	ell	27,53	6,993	130,766
OUDENARDE	ell	26,28	6,677	136,986
OVIÉDO	vara	34,02	8,637	105,820
PADOUE	braccio de laine	26,80	6,812	134,328
	braccio de soie	25,30	6,429	142,292
PARME	braccio de drap	25,10	6,377	143,426
	braccio de soie	23,10	5,865	155,844
	braccio d'arpenteur	21,34	5,420	168,697

LIEUX.	MESURES.	LONGUEUR D'UNE MESURE DE CHAQUE ESPÈCE.		NOMBRE DE CHAQUE, ÉGAL A 100 YARDS ANGLAIS.
		Pouces anglais.	Décimètr. franç.	
Patras	pic de toile	27,00	6,857	133,333
	pic de soie	25,00	6,349	144,000
Pays-Bas	ell	39,37	10,000	91,440
Pernau	ell	21,60	5,486	166,666
Perse	guerze royal	37,21	9,456	96,748
	arish	38,27	9,716	94,068
Pologne	ell	24,30	6,169	148,148
Prague	ell	23,32	5,923	154,373
Ile du Prince de Galles	astah	18,00	4,571	200,000
Prusse	ell	26,25	6,669	137,142
Raguse	ell	20,20	5,132	178,217
Ratisbonne	ell	31,90	8,110	112,852
Ravenne	braccio	26,46	6,722	136,054
Reggio	braccio	20,85	5,295	172,661
Revel	ell	21,80	5,355	170,616
Rhodes	pic	29,76	7,559	120,967
Riga	ell	21,58	5,479	166,821
Rio-Janeiro	vara	43,50	11,048	82,758
Rochelle	aune	46,50	11,820	77,419
Rome	canna du commerce	78,34	19,900	45,953
	canna d'architecte	87,96	22,342	40,927
Rostock	ell	22,76	5,783	158,172
Rotterdam	ell	27,20	6,902	132,352
Rouen	aune de toile	55,00	13,967	65,454
	aune de soie et de laine	45,80	11,639	78,602
Russie	arsheen	28,00	7,109	128,571
Saltzbourg	ell de toile	39,59	10,056	90,932
	ell de soie	31,56	8,017	114,068
Saint-Gall	ell de toile	31,56	8,017	114,068
	ell de drap	24,20	6,158	148,760
Saint-Malo	aune	53,00	13,471	67,924
Sardaigne	ell	21,62	5,488	166,512
Schaffhouse	ell	23,74	6,030	151,642
Scio	grand pic	27,00	6,857	133,333
	petit pic	25,98	6,600	138,568
Siam	voua	75,75	19,239	47,524
Sicile	canna	76,25	19,360	47,213
Sienne	braccio de drap	14,86	3,776	242,261
	braccio de toile	23,63	6,002	152,348
Smyrne	pic	27,00	6,857	133,333
Stettin	ell	25,62	6,508	140,515
Stralsund	ell	22,90	5,820	157,205
Strasbourg	aune	21,20	5,382	169,811
Stutgard	ell	24,08	6,116	149,501
Surate	guz	28,20	7,162	127,659
	covid	18,50	4,698	194,594
Suède	ell	23,36	5,934	154,109
Thorn	ell	22,42	5,695	160,570
Toulouse	canne	71,67	18,206	50,230
Tournay	ell	24,40	6,195	147,540
Trente	ell de drap	26,64	6,767	135,135

LIEUX.	MESURES.	LONGUEUR D'UNE MESURE DE CHAQUE ESPÈCE.		NOMBRE DE CHAQUE, ÉGAL A 100 YARDS ANGLAIS.
		Pouces anglais.	Décimètr. franç.	
TRENTE	ell de soie	24,09	6,119	149,439
TRÈVES	ell	21,97	5,581	163,859
TRIESTE	ell de laine	26,60	6,758	135,338
	ell de soie	25,22	6,406	142,743
TRIPOLI DE BARBARIE	pic	21,80	5,536	165,137
TRIPOLI DE SYRIE	pic	26,99	6,857	133,382
TUNIS	pic de laine	26,50	6,730	135,849
	pic de soie	24,83	6,298	144,985
	pic de toile	18,62	4,727	193,340
TURIN	raso	23,30	5,915	154,506
ULM	ell	22,38	5,682	160,857
VALENCE	vara	36,62	9,303	98,307
VALENCIENNES	aune	25,93	6,587	138,831
VENISE	braccio de laine	26,61	6,761	135,287
	braccio de soie	24,81	6,304	145,102
VÉRONNE	braccio de laine	25,57	6,493	140,789
	braccio de soie	25,22	6,406	142,743
VICENCE	braccio	26,96	6,848	133,531
VIENNE	ell de soie	30,66	7,790	117,416
	ell de la haute Autriche	31,50	8,000	114,285
WISMAR	ell	22,90	5,816	157,205
WURTZBOURG	ell	22,80	5,789	157,894
YPRES	ell	27,53	6,993	130,766
ZANTE	braccio de drap	27,18	6,903	132,450
	braccio de soie	25,37	6,443	141,899
ZELL	ell	22,90	5,816	157,205
ZITTAU	ell	22,43	5,698	160,499
ZURICH	ell	23,62	6,000	152,413

MESURES DE LONGUEUR.

TABLE VI.

Contenant une comparaison du pied, et autres mesures de longueur dans différens pays. Elle indique la longueur d'une mesure de chaque espèce en pouces anglais et en décimètres français; ainsi que le nombre de pieds, etc., qui correspondent à 100 pieds anglais.

LIEUX.	MESURES.	LONGUEUR D'UNE MESURE DE CHAQUE ESPÈCE. Pouces anglais.	LONGUEUR D'UNE MESURE DE CHAQUE ESPÈCE. Décimètr. franç.	NOMBRE DE CHAQUE, ÉGAL A 100 PIEDS ANGLAIS.
AIX-LA-CHAPELLE	pied	11,41	2,896	105,171
AMSTERDAM	pied	11,14	2,831	107,719
	pied du Rhin	12,35	3,138	97,166
ANGLETERRE	pied	12,00	3,048	100,000
ANSPACH	pied	11,72	2,978	102,389
ANVERS	pied	11,24	2,855	106,761
AUGSBOURG	pied	11,65	2,959	103,004
BALE	pied	11,75	2,983	102,127
BERGAME	pied	17,17	4,360	69,889
BERLIN	pied	12,19	3,097	98,441
BERNE	pied	11,54	2,932	103,986
BOLOGNE	pied	14,99	3,805	80,053
BORDEAUX	pied	14,04	3,567	85,470
BRÊME	pied	11,38	2,891	105,448
BRESLAU	pied	11,19	2,842	107,238
BRUNSWICK	pied	11,23	2,851	106,856
CAGLIARI	palmo	7,97	2,025	150,564
CALEMBERG	pied	11,53	2,926	104,076
CARRARE	palmo	9,59	2,436	125,130
CHINE	pied mathématique	13,12	3,331	91,463
	pied d'architecte	12,71	3,228	94,414
	pied du commerce	13,33	3,383	90,022
	pied d'arpenteur	12,58	3,196	95,389
CLÈVES	pied	11,63	2,955	103,181
COLOGNE	pied	10,83	2,750	110,803
COPENHAGUE	pied du Rhin	12,35	3,138	97,166
CRACOVIE	pied	14,03	3,564	85,531
CRÉMONE	pied	15,62	3,970	76,824
DANTZIC	pied	11,30	2,869	106,194
DORDRECHT	pied	14,17	3,600	84,686
DRESDE	pied	11,14	2,831	107,719
EMBDEN	pied	11,66	2,961	102,915
ERFURT	pied	11,11	2,822	108,010
ESPAGNE	pied	11,12	2,826	107.913
FERRARE	pied	15,80	4,011	75,949

LIEUX.	MESURES.	LONGUEUR D'UNE MESURE DE CHAQUE ESPÈCE.		NOMBRE DE CHAQUE, ÉGAL À 100 PIEDS ANGLAIS.
		Pouces anglais.	Décimètr. franç.	
FRANCE	pied de roi	12,78	3,248	93,896
	mètre	39,37	10,000	30,480
FRANCFORT	pied	11,28	2,865	106,382
GENÈVE	pied	19,21	4,879	62,467
GÊNES	palmo	9,72	2,470	123,450
GOTTINGUE	pied	11,45	2,908	104,803
GOTHA	pied	11,32	2,874	106,007
GRONINGUE	pied	11,49	2,917	104,438
HARLEM	pied	11,25	2,858	106,666
HAMBOURG	pied	11,28	2,865	106,382
HANOVRE	pied	11,45	2,908	104,803
HEIDELBERG	pied	10,96	2,785	109,489
HILDESHEIM	pied	11,05	2,806	108,597
INSPRUCK	pied	12,50	3,176	96,000
KOENIGSBERG	pied	12,11	3,076	99,091
LEIPSIC	pied	11,11	2,822	108,010
	pied d'architecte	11,13	2,826	107,816
LEYDE	pied	12,34	3,135	97,244
LIÉGE	pied	11,32	2,874	106,007
LINDAU	pied ordinaire	11,40	2,894	105,263
	long pied	12,40	3,148	96,774
LISBONNE	pied	12,94	3,285	92,735
LORRAINE	pied	11,30	2,869	106,194
LUBEC	pied	11,34	2,880	105,820
LUNÉBOURG	pied	11,45	2,908	104,803
LYON	pied	13,48	3,425	89,020
MAESTRICHT	pied	11,05	2,806	108,597
MAGDEBOURG	pied	11,16	2,836	107,526
MALTE	pied	11,16	2,836	107,526
MANHEIM	pied	11,41	2,896	105,170
MARSEILLE	canne	79,23	20,126	15,145
MECKLEMBOURG	pied	11,45	2,908	104,803
MIDDLEBOURG	pied	11,81	3,000	101,608
MILAN	pied d'architecte	15,62	3,965	76,824
MOSCOU	pied	13,17	3,343	91,116
MUNICH	pied	11,37	2,891	105,540
NAPLES	palmo	10,38	2,637	115,606
NEUFCHATEL	pied	11,81	3,000	101,608
NICE	pan	10,29	2,615	116,618
NUREMBERG	pied	11,96	3,036	100,334
OLDEMBOURG	pied	11,65	2,959	103,004
OSNABRUCK	pied	11,00	2,792	109,090
PADOUE	pied	13.93	3,536	86,145
PAVIE	pied	18,30	4,646	65,573
PISE	palmo	11,74	2,984	102,214
PRAGUE	pied	11,82	3,002	101,522
PRUSSE	pied du Rhin	12,35	3,138	97,166
RATISBONNE	pied	11,42	2,899	105,078
REVEL	pied	10,53	2,677	113,960
RHIN	pied	12,35	3,138	97,166
RIGA	pied	10,79	2,739	111,214
ROME	pied	11,72	2,978	102,389

LIEUX.	MESURES.	LONGUEUR D'UNE MESURE DE CHAQUE ESPÈCE.		NOMBRE DE CHAQUE, ÉGAL A 100 PIEDS ANGLAIS.
		Pouces anglais.	Décimètr. franç.	
Rostock	pied	11,38	2,891	105,448
Russie	pied	13,75	3,491	87,272
Sardaigne	palmo	9,78	2,483	122,699
Sicile	palmo	9,53	2,420	125,918
Sienne	pied	14,86	3,774	80,753
Stettin	pied	11,12	2,826	107,913
	pied du Rhin	12,35	3,138	97,166
Stralsund	pied	11,45	2,908	104,803
Strasbourg	pied	11,39	2,894	105,655
	pied de pays	11,62	2,952	303,270
Suède	pied	11,68	2,968	102,739
Turin	pied	12,72	3,230	94,339
Ulm	pied	11,39	2,892	105,355
Valence	palmo	9,15	2,325	131,147
Venise	pied	13,68	3,473	87,719
Vérone	pied	13,49	6,403	89,352
Vicence	pied	13,63	3,461	88,041
Vienne	pied	12,45	3,161	96,385
Wurtemberg	pied	11,26	2,860	106,571
Wismar	pied	11,45	2,908	104,803
Zante	(voyez *Venise*).			
Zell	pied	11,45	2,908	104,803
Zurich	pied	11,81	3,000	101,608

MESURES CARRÉES.

TABLE VII.

Indiquant la longueur du pied carré de différens pays en pouces carrés anglais et en décimètres carrés français.

MESURES.	LIEUX.	POUCES CARRÉS ANGLAIS.	DÉCIMÈTR. CARR. FRANÇAIS.
Le pied carré de	AMSTERDAM contient	124,255	8,0160
	ANGLETERRE	144,000	9,2898
	ANVERS	126,337	8,1503
	AUGSBOURG	135,722	8,7558
	BALE	138,062	8,9067
	BERLIN	148,693	9,5926
	BERNE	133,287	8,5987
	BOLOGNE	224,700	14,4960
	BRÊME	129,504	8,3546
	BRESLAU	125,216	8,0780
	COLOGNE	117,288	7,5666
	DANTZIC	127,690	8,2376
	DRESDE	124,099	8,0059
	ESPAGNE	123,832	7,9887
	FRANCE { pied de roi	163,558	10,5516
	FRANCE { mètre carré	1550,075	100,0000
	GENÈVE	369,024	23,8068
	HAMBOURG	127,441	8,2216
	HANOVRE	131,194	8,4637
	KOENIGSBERG	146,652	9,4609
	LEIPSIC	123,432	7,9629
	LIÉGE	128,142	8,2668
	LISBONNE	167,547	10,8089
	LUBEC	128,731	8,3048
	MILAN	243,984	15,7401
	MUNICH	129,390	8,3473
	NUREMBERG	143,041	9,2279
	OSNABRUCK	121,000	7,8060
	RATISBONNE	130,416	8,4135
	REVEL	110,881	7,1532
	RHIN	152,670	9,8492
	RIGA	116,424	7,5108
	ROME	137,358	8,8614
	SUÈDE	136,515	8,8069
	TURIN	161,798	10,4380
	VENISE	187,142	12,0731
	VIENNE	155,002	9,9996
	ZURICH	139,476	8,9980

MESURES CUBES.

TABLE VIII.

Indiquant la longueur du pied cube de différens pays en pouces cubes anglais et en litres français, ou décimètres cubes.

MESURES.	LIEUX.	POUCES CUBES ANGLAIS.	LITRES FRANÇAIS.
Le pied cube de	Amsterdam contient	1385,070	22,695
	Angleterre	1728,000	28,312
	Anvers	1420,027	23,268
	Augsbourg	1581,161	25,908
	Bale	1622,228	26,581
	Berlin	1813,162	29,710
	Berne	1538,798	25,214
	Bologne	3368,253	55,191
	Brême	1473,755	24,141
	Breslau	1401,167	22,959
	Cologne	1270,229	20,813
	Dantzic	1442,897	23,643
	Dresde	1382,463	22,653
	Espagne	1378,002	22,579
	France	2091,743	34,275
	— décimètre cube	61,028	1,000
	Genève	7088,951	116,158
	Hambourg	1438,684	23,574
	Hanovre	1502,696	24,623
	Koenigsberg	1775,955	29,100
	Leipsic	1371,329	22,470
	Liége	1450,577	23,769
	Lisbonne	2168,728	35,536
	Lubec	1460,582	23,933
	Milan	3811,030	62,447
	Munich	1471,811	24,117
	Nuremberg	1710,770	28,032
	Osnabruck	1331,000	21,809
	Ratisbonne	1486,350	24,404
	Revel	1167,577	19,131
	Rhin	1886,390	30,911
	Riga	1256,215	20,584
	Rome	1609,835	26,378
	Suède	1595,041	26,136
	Turin	2058,070	33,723
	Venise	2560,102	41,949
	Vienne	1929,774	31,621
	Zurich	1647,211	26,991

MESURES DE TERRE.

TABLE IX.

Contenant une comparaison des mesures de terre de différens pays; savoir, l'are de chaque mesure en yards carrés anglais et en ares français; et le nombre d'acres, etc., de chaque place, qui correspondent à 10 acres anglais.

LIEUX.	MESURES.	CAPACITÉ D'UNE MESURE DE CHAQUE ESPÈCE. Yards carr. angl.	Ares français.	NOMBRE DE CHAQUE, ÉGAL À 10 ACRES ANGLAIS.
AMSTERDAM	morgen	9722	81,286	4,978
ANGLETERRE	acre	4840	40,466	10,000
BALE	juchart	3816	31,905	12,683
BERLIN	grand morgen	6786	56,736	7,132
	petit morgen	3054	25,534	15,848
BERNE	juchart de bois	4632	38,727	10,449
CANARIES (ILES)	fanegada	2422	20,236	19,983
DANTZIC	morgen	6650	55,642	7,278
ÉCOSSE	acre	6150	51,419	7,869
ESPAGNE	fanegada	5500	45,984	8,800
	arranzada	4623	38,652	10,469
FRANCE	hectare	11960	100,000	4,046
GENÈVE	arpent	6179	51,661	7,833
HAMBOURG	scheffel de terre arable	5022	41,984	9,637
	morgen	11545	96,525	4,192
HANOVRE	morgen	3100	25,918	15,613
IONIENNES (ILES)	moggio	11616	97,119	4,166
IRLANDE	acre	7840	65,549	6,173
NAPLES	moggia	3998	33,426	12,106
NUREMBERG	morgen de terre arable	5654	47,272	8,560
	morgen de pré	2544	21,270	19,025
PAYS-BAS	vierkantebunder	119,6	1,000	406,722
PORTUGAL	geira	6970	58,275	6,944
PRUSSE	morgen	3053	25,526	15,853
RHIN	morgen	10185	85,158	4,752
ROME	pezza	3158	26,406	15,196
RUSSIE	dessetina	13066,6	109,248	3,704
SAXE	acre	6590	55,098	7,344
SUÈDE	tunneland	5900	59,329	8,203
SUISSE	faux	7855	65,674	6,161
TOSCANE	quadrato	4074	34,062	11,880
VIENNE	joch	6889	57,598	7,025
ZURICH	acre commun	3875,6	32,404	12,488
	acre de bois	4306	36,004	11,240
	acre de pré	3445	28,804	14,049

MESURES ITINÉRAIRES.

TABLE X.

Contenant une comparaison des milles, lieues, et autres mesures itinéraires de différens pays; savoir, la longueur de chaque mille, etc., en yards anglais et en kilomètres français; ainsi que le nombre de chaque correspondant à 100 milles anglais.

LIEUX.	MESURES.	LONGUEUR D'UNE MESURE DE CHAQUE ESPÈCE.		NOMBRE DE CHAQUE, ÉGAL A 100 MILLES ANGLAIS.
		Yards anglais.	Kilom. français.	
ALLEMAGNE	mille géographique	8101	7,407	21,225
	mille grand	10126	9,258	17,381
	mille petit	6859	6,271	25,659
ANGLETERRE	mille	1760	1,609	100,000
	mille géographique	2025	1,851	86,913
ARABIE	mille	2148	1,964	81,936
BRABANT	lieue	6076	5,556	28,966
CHINE	li	632	0,577	278,481
DANTZIC	mille	8475	7,749	20,767
DANEMARK	mille	8244	7,538	21,348
ÉCOSSE	mille	1984	1,814	88,709
ESPAGNE	lieue commune	7416	6,781	23,732
	lieue judiciaire	4635	4,238	37,972
FLANDRES	lieue	6864	6,276	25,641
FRANCE	kilomètre	1093	1,000	161,024
	lieue de 2000 toises	4263	3,898	41,285
	lieue de 25 au degré	4860	4,444	36,214
	lieue marine	6076	5,555	28,966
HAMBOURG	mille	8244	7,538	21,348
HANOVRE	mille	11559	10,569	15,226
HOLLANDE	mille	8101	7,407	21,725
HONGRIE	mille	9113	8,332	19,313
IRLANDE	mille	2240	2,048	78,571
PAYS-BAS	mille métrique	1093	1,000	161,024
PERSE	parasang	6086	5,565	28,918
POLOGNE	mille grand	8101	7,407	21,725
	mille petit	6076	5,555	28,966
PORTUGAL	lieue	6760	6,181	26,035
PRUSSE	mille	8237	7,532	21,367
ROME	mille	1628	1,489	108,108
	mille métrique	1093	1,000	161,024
	mille géographique	2025	1,851	86,913
RUSSIE	werst	1167	1,066	150,814
SUÈDE	mille	11700	10,698	15,042
SUISSE	mille	9153	8,369	19,228
TOSCANE	mille	1808	1,653	97,345
TURQUIE	berri	1826	1,669	96,385

COMPARAISON DES MÉTROLOGIES FRANÇAISE ET ANGLAISE.

TABLE XI.

Contenant les nouveaux poids et mesures de France, avec leur proportion à ceux d'Angleterre; d'après le système décimal, et le système usuel.

SYSTÈME DÉCIMAL.

MESURES DE LONGUEUR.

Français.	Anglais.
Millimètre	0,03937 pouces.
Centimètre	0,39371 pouces.
Décimètre	3,93710 pouces.
Mètre	39,37100 pouces.
Décamètre	32,80916 pieds.
Hectomètre	328,09167 pieds.
Kilomètre	1093,6389 yards.
Myriamètre	10936,38900 yards, ou 6 milles 1 furlong 28 poles.

MESURES DE SUPERFICIE.

Centiare	1,1960 yards carrés.
Are (décamètre carré)	119,6046 yards carrés.
Decare	1196,0460 yards carrés.
Hectare	11960,4604 yards carrés, ou 2 acres 1 rood 35 perches.

MESURES DE CAPACITÉ.

Français.	Anglais.
Millitre	0,06103 pouces cubes.
Centilitre	0,61028 pouces cubes.
Décilitre	6,10280 pouces cubes.
Litre (décimètre cube)	61,02802 pouces cubes, ou 2,1135 pintes de vin.
Décalitre	610,28028 pouces cubes, ou 2,642 gallons de vin.
Hectolitre	3,5317 pieds cubes, ou 2,838 boisseaux de Wincher.
Kilolitre	35,3171 pieds cubes, ou 1 ton. et 12 gallons de vin.
Myrialitre	353,17146 pieds cubes.

MESURES SOLIDES.

Decistère	3,5317 pieds cubes.
Stère (mètre cube)	35,3171 pieds cubes.
Decastère	353,1714 pieds cubes.

POIDS.

Milligramme	0,0153 grains.
Centigramme	0,1543 grains.
Decigramme	1,5434 grains.
Gramme	15,4340 grains.
Decagramme	154,3402 grains, ou 5,64 drams avoirdupoids.
Hectogramme	3,2154 onces troy, ou 3,527 onces avoirdupoids.
Kilogramme	2 liv. 8 onc. 3 den. 2 gr. troy, ou 2 liv. 3 onc. 4,428 drams avoirdupoids.
Myriagramme	26,795 livres troy, ou 22,0485 livres avoirdupoids.
Quintal	1 cent 3 quarters 25 liv. envir.
Millier ou bar	9 ton. 16 cents 3 qrs. 12 liv.

SYSTÈME USUEL.

MESURES DE LONGUEUR.

Usuel.		Métrique.		Anglais.
Ligne	=	2,31 millimètres	=	0,091 pouce.
Pouce	=	2,77 centimètres	=	1,090 pouce.
Pied	=	3,33 décimètres	=	13,110 pouces.
Aune	=	12 décimètres	=	3 pieds 11,24 pouces.
Toise	=	2 mètres	=	6 pieds 6,74 pouces.

MESURES DE CAPACITÉ.

Boisseau	=	12,5 litres	=	2,837 gallons.

POIDS.

Grain	=	5,425 centigrammes	=	0,837 grains.
Gros	=	3,906 grammes	=	60,285 grains.
Once	=	31,25 grammes	=	482,312 grains, ou 1 once 1,628 drams avoirdupoids.
Livre	=	500 grammes	=	1 liv. 4 onces 1 den. 13 gr. troy, ou 1 liv. 1 once $10\frac{1}{5}$ dr. avoirdupoids.

Pour la proportion entre les poids et mesures subordonnés d'Angleterre et la métrologie de France, voyez vol. I.

Pour les nouvelles mesures astrononomiques et géographiques de France, voyez vol. I.

Pour les anciens poids et mesures de France, voyez vol. I.

EXEMPLES DE L'USAGE DES TABLES PRÉCÉDENTES.

La proportion entre les poids et mesures de deux places, dans les tables précédentes, peut se trouver par la règle de trois, ou de la manière suivante par la règle conjointe :

Exemple I. — Combien de marcs, poids d'or et d'argent de Berlin, égalent 1120 marcs d'Amsterdam ou de Hollande? *Voyez* Table I.

1120 marcs d'Amsterdam.
1 marc d'Amsterdam = 3798 grains anglais.
3608 grains anglais = 1 marc de Berlin.
Résultat, 1178,9 marcs de Berlin.
Ou, 3608 : 1 :: 3798 × 1120 : 1178,9.

Exemple II. — Combien de livres, poids commercial d'Amsterdam, égalent 276 livres de Livourne? *Voyez* Table II.

276 livres de Livourne.
1 livre de Livourne = 5240 grains anglais.
7625 grains anglais = 1 livre d'Amsterdam.
Résultat, 189,67 livres d'Amsterdam.

Exemple III. — Combien de fanegas espagnols égalent 523 scheffels de Dantzic? *Voyez* Table III.

523 scheffels de Dantzic.
1 scheffel de Dantzic = 3337 pouces cubes anglais.
3439 pouces cubes anglais = 1 fanega d'Espagne.
Résultat, 507,48 fanegas d'Espagne.

Exemple IV. — Combien de barriques de Bordeaux égalent 50 eimers de Leipsic? *Voyez* Table IV.

50 eimers de Leipsic.
1 eimer de Leipsic = 4644 pouces cubes anglais.
14033 pouces cubes anglais = 1 barrique de Bordeaux.
Résultat, 16,546 barriques de Bordeaux.

Exemple V. — Combien de varas d'Espagne égalent 359½ ells de Hambourg? *Voyez* Table V.

359½ ells de Hambourg.
1 ell de Hambourg = 22,58 pouces anglais.
33,38 pouces anglais = 1 vara d'Espagne.
Résultat, 243,18 varas d'Espagne.

Exemple VI. — Combien de pieds de Turin égalent 160 pieds du Rhin? *Voyez* Table VI.

160 pieds du Rhin.
1 pied du Rhin = 12,35 pouces anglais.
12,72 pouces anglais = 1 pied de Turin.
Résultat, 155,34 pieds de Turin.

EXEMPLE VII. — Combien de pieds carrés de Rome égalent 90 de Lisbonne? *Voyez* Table VII.

		90	pieds carrés de Lisbonne.
1 pied carré de Lisbonne	=	167,547	pouces carrés anglais.
137,358 pouces carrés anglais	=	1	pied carré de Rome.

Résultat, 121,97 pieds carrés de Rome.

EXEMPLE VIII. — Combien de pieds cubes de Cologne égalent 45 pieds cubes de Suède? *Voy.* Tab. VIII.

		45	pieds cubes de Suède.
1 pied cube de Suède	=	1595,041	pouces cubes anglais.
1270,229 pouces cubes anglais	=	1	pied cube de Cologne.

Résultat, 56,507 pieds cubes de Cologne.

EXEMPLE IX. — Combien de geiras de Portugal égalent 84 dessetinas de Russie? *Voyez* Table IX.

		84	dessetinas de Russie.
1 dessetina de Russie	=	13066,6	yards carrés anglais.
6970 yards carrés anglais	=	1	geira de Portugal.

Résultat, 157,47 geiras de Portugal.

EXEMPLE X. — Combien de milles de Danemarck égalent 33 milles de Suisse? *Voyez* Table X.

		33	milles de Suisse.
1 mille suisse	=	9153	yards anglais.
8244 yards anglais	=	1	mille danois.

Résultat, 36,638 milles de Danemarck.

ANCIENS POIDS ET MESURES.

TABLE XII.

Anciens poids et mesures et comparés avec ceux d'Angleterre, d'après les meilleures autorités.

ANCIENNES MESURES DE LONGUEUR GRECQUES.

Deux sortes de mesures de longueur étaient en usage en Grèce; savoir, l'*olympique* et la *pythienne*.

La mesure olympique était en usage dans le Péloponnèse, l'Attique, la Sicile, et les villes grecques d'Italie.

La mesure pythienne était en usage dans la Thessalie, l'Illyrie, la Phocide, la Thrace, et à Marseilles dans la Gaule.

Les divisions, qui étaient les mêmes dans l'une et l'autre, étaient comme il suit : 4 dactyles = 1 paleste; 4 palestes = 1 pied; 1 ½ pied = 1 coudée ou cubit.

10 pieds = 1 decapodon; 600 pieds, ou 400 coudées = 1 stade.

La longueur du pied est calculée comme suit :

		Pouces angl.		Mètre.
Pied olympique, ordinairement appelé grec, d'après	Hutton......	12,108	ou	0,3075
	Folkes......	12,072		0,3066
	Cavallo......	12,084		0,3069
Pied pythien, aussi appelé pied naturel, d'après	Hutton......	9,768		0,2481
	Paucton.....	9,731		0,2472

De là, le stade olympique était de 201 ½ yards anglais environ, ou 184,2516 mètres; et le stade pythien ou delphien, de 162 ½ yards environ, ou 148,5900 mètres, et les autres mesures en proportion.

Le pied phylétérien est la coudée pythienne, ou 1 ½ pied pythien.

Le pied macédonien était de 13,92 pouces anglais, ou 0,3535 mètre; et le pied sicilien d'Archimède de 8,76 pouces anglais, ou 0,2225 mètre.

ANCIENNES MESURES DE SUPERFICIE GRECQUES.

Mesure agraire olympique.

36 pieds carrés olympiques = 1 hexapodon; 64 hexapoda = 1 hemihectos; 2 hemihecti = 1 hectos ou modius; 6 modii = 1 medimnus ou jugerum.

De là, on évalue le jugerum olympique égal à 2 roods 23 perches anglais, ou 26,0504 ares.

Mesure agraire pythienne.

1666 $\frac{2}{3}$ cubits carrés = 1 hemihectos; 2 hemihecti = 1 modius; 6 modii = 1 medimnus ou jugerum.

De là, le jugerum pythien = 2 roods 29 perches anglais, ou 27,5679 ares.

ANCIENNES MESURES LIQUIDES GRECQUES.

1 $\frac{1}{2}$ cyathus = 1 oxybathon; 6 cyathi = 1 cotylus; 2 cotyli = 1 xestes; 6 xestes = 1 chous; 6 choi = 1 amphoreus; 2 amphorei = 1 keramion ou metretes.

Le keramion, selon Paucton, égale 35 pintes françaises, qui égalent 8 $\frac{2}{3}$ gallons anglais; et les mesures inférieures en proportion.

ANCIENNES MESURES DE BLÉ GRECQUES.

2 xestes = 1 chœnix; 4 chœnices = 1 hemihectos; 1 $\frac{1}{2}$ hemihectos = 1 tetarlon; 2 hemihecti = 1 modius; 6 modii = 1 medimnus ou achana.

Le medimnus, selon Paucton, égale 3 $\frac{1}{2}$ boisseaux français = 1 $\frac{1}{4}$ bushel anglais, et les mesures inférieures en proportion.

ANCIENS POIDS GRECS.

6 chalcoi = 1 obolus; 6 oboli = 1 drachme; 2 drachmes = 1 didrachme.
20 drachmes = 1 statera d'or, ou aureus; 100 drachmes = 1 mina attique.
60 mine attiques = 1 talent attique ou euboïc; 10 talens attiques = 1 talent d'or.

Il y avait aussi une mine plus petite contenant 75 drachmes.

Les auteurs varient beaucoup sur les valeurs des poids grecs.

			Grains angl.	Gramm.
Ainsi, d'après Arbuthnot,	le drachme attique...........	=	54,6 ou	3,551
	la mina attique.............	=	5464	355,160
	la mina attique médicinale.....	=	6994	454,610
D'après Christiani,	le drachme attique...........	=	51,9	3,372
	la mina attique.............	=	5189	337,285
	la plus faible mina attique.....	=	3892	252,980
D'après Paucton,	le drachme attique...........	=	69	4,485
	la mina attique.............	=	6900	448,500

Arbuthnot parle aussi d'un ancien drachme grec, qui répond à 146,5 grains anglais, ou 9,522 grammes.

ANCIENNES MESURES DE LONGUEUR ROMAINES.

6 scrupula = 1 sicilicum; 8 scrupula = 1 duellum; 1 $\frac{1}{2}$ duellum = 1 semiuncia.
18 scrupula = 1 digitus; 1 $\frac{1}{3}$ digitus, ou 24 scrupula = 1 uncia, ou pouce.
3 unciæ = 1 palma; 12 unciæ = 1 pes, ou pied; 1 $\frac{1}{2}$ pied = 1 cubit.

Les fractions du pied étaient nommées comme suit :

2 unciæ = 1 sextans; 3 unciæ = 1 quadrans, ou terruncium; 4 unciæ = 1 triens; 5 unciæ = 1 quincunx; 6 unciæ = 1 sexunx ou semis; 7 unciæ = 1 septunx; 8 unciæ = 1 bes, ou bessis; 9 unciæ = 1 dodrans; 10 unciæ = 1 dextans; 11 unciæ = 1 deunx.

ANCIENNES MESURES ITINÉRAIRES ROMAINES.

2 $\frac{1}{2}$ pedes ou pieds = 1 gradus; 2 gradus = 1 passus; 2 passus = 1 decempeda. 1000 passus = 1 mile. La longueur du pied romain est établie par différens auteurs comme suit :

	Pouces angl.		Mètre.
Par Bernard	11,640	ou	0,2956
Picard et Hutton	11,604		0,2947
Folkes	11,592		0,2944
Raper (avant Titus)	11,640		0,2956
Raper (après Titus)	11,580		0,2941
Shuckburgh, déduit des règles	11,6064		0,29480
Le même, — d'édifices	11,6172		0,29507
Le même, de pierre tumullaire	11,6352		0,29553

De là, 11,6 pouces anglais, ou 0,2946 mètre, sont un medium; et, en conséquence, le mille romain = 1611 yards anglais, ou 1473,098 mètres étant de 149 yards plus petit que le mille anglais.

ANCIENNES MESURES DE SUPERFICIE ROMAINES.

100 pieds carrés romains = 1 scrupulum de terre; 4 scrupula = 1 sextulus.
1 $\frac{1}{2}$ sextulus = 1 actus; 6 sextuli ou 5 actus = 1 uncia de terre; 6 unciæ = 1 actus carré.
2 actus carrés = 1 jugerum; 2 jugera = 1 heredium; 100 heredia = 1 centuria.

L'actus était une pièce de terre de 4 pieds romains de large sur 120 de long. Le jugerum se divisait aussi en 12 unciæ, et ses fractions s'appelaient *sextans*, *quadrans*, etc., comme les fractions du pied romain.

En mettant le pied romain comme ci-dessus, à 11,6 pouces anglais, le jugerum romain était de 5980 yards carrés anglais, ou 1 acre 37 $\frac{1}{2}$ perches, ou 49,9508 ares.

ANCIENNES MESURES DE BLÉ ROMAINES.

4 ligulæ = 1 cyathus; $1\frac{1}{2}$ cyathus = 1 acetabulum; 4 acetabula = 1 hemina, ou trulla.
2 heminæ = 1 sextarius; $1\frac{1}{2}$ sextarius = 1 chænix; 16 sextarii = 1 modius.

Paucton prétend que le sextarius était 0,6453 d'une pinte de France, qui égale 36,94 pouces cubes anglais; de là, le modius était de 591 pouces cubes, ou 9,6805 litres, ou de $\frac{8}{29}$ de boisseau anglais.

ANCIENNES MESURES LIQUIDES ROMAINES.

Dans les mesures liquides, on employait le sextarius et ses divisions comme ci-dessus, et les mesures d'une plus grande capacité étaient comme suit :

6 sextarii = 1 congius; 4 congii = 1 urna; 2 urnæ = 1 amphora; 20 amphoræ = 1 dolium.

Le sextarius étant, comme ci-dessus, de 36,94 pouces cubes anglais, l'amphora = $7\frac{2}{3}$ gallons anglais, ou 29,0417 litres, et le dolium = $153\frac{1}{3}$ gallons anglais, ou 580,8348 litres.

ANCIENS POIDS ROMAINS.

3 siliquæ = 1 simplium; 6 siliquæ = 1 scrupulum; 3 scrupula = 1 denarius de Néron.
$3\frac{3}{7}$ scrupula = 1 denarius de Papyrius; 4 scrupula = 1 sextulus; $1\frac{1}{2}$ sextulus = 1 sicilicum.
2 sextuli = 1 duellum; 6 sextuli, 7 denarii de Papyrius; ou 8 denarii de Néron = 1 uncia, ou once.
12 unciæ = 1 libra ou livre; 100 libræ = 1 centumpondium.

Les fractions de la libra portaient aussi les noms de sextans, quadrans, etc., comme les fractions du pied. Voyez page 259.

Le poids du denarius romain, once et livre, a été établi par différens auteurs, comme suit :

		Grains angl.	Gram.
Par Arbuthnot,	le denarius (septième partie de l'once).......	62,4 ou	4,056
	l'once....................................	437,2	28,392
	la livre..................................	5246,4	340,704
Par Christiani,	le denarius (huitième partie de l'once).......	51,9	3,373
	l'once....................................	415,1	26,981
	la livre..................................	4981,2	323,772
Par Paucton,	le denarius de Papyrius..................	61,6	4,004
	le denarius de Neron.....................	53,9	3,503
	l'once....................................	431,2	28,024
	la livre..................................	5174,4	336,288

ANCIENNES MESURES DE LONGUEUR DES JUIFS OU DE L'ÉCRITURE.

4 digits = 1 palm; 3 palms = 1 span; 2 spans = 1 cubit; 4 cubits = 1 fathom; 2 fathoms = 1 pole arabe; 10 poles = 1 shœnus.

Le shœnus = 145 pieds 11 pouces anglais, ou 44,475 mètres, et le reste en proportion. Ainsi le cubit ou coudée de l'Écriture était de 22 pouces environ, ou 0,559 mètre.

ANCIENNES MESURES ITINÉRAIRES JUIVES.

400 cubits = 1 stadium; 5 stadia = 1 traite de jour de sabbat; 10 stadia = 1 mille oriental; 3 milles orientaux = 1 parasang; 8 parasangs = 1 traite de jour.

1 traite de jour = $33\frac{1}{6}$ milles anglais, ou 53,375 kilomètr.; et la traite de jour de sabbat = $\frac{2}{3}$ mille anglais, ou 1,072 kilom., environ.

ANCIENNES MESURES SECHES JUIVES.

20 grachal = 1 cab; $1\frac{4}{5}$ cab = 1 gomor; $3\frac{1}{3}$ gomor = 1 seah; 3 seahs = 1 ephah; 5 ephahs = 1 leteeh; 2 leteeh = 1 comer.

Le comer = 2 boisseaux 1 pinte anglais, ou 71,027 litres, et les mesures subordonnées en proportion.

ANCIENNES MESURES LIQUIDES JUIVES.

$1\frac{1}{3}$ caph = 1 log; 4 logs = 1 cab; 3 cabs = 1 hin; 2 hins = 1 seah; 3 seahs = 1 bath, ou ephah; 10 ephahs = 1 chomer, homer, ou corus.

Le chomer = 75 gallons 5 pintes anglais, ou 255,775 litres, et les autres mesures en proportion.

ANCIENS POIDS JUIFS.

60 shekels = 1 maneh; 50 manehs = 1 talent.

Le talent = 113 livres 10 onces 1 den. 10 gr. troy, ou 42,485 kilogr., et les autres poids en proportion.

Pour plus d'exactitude et de détails sur les poids et mesures des Juifs, voyez les *Prolégomènes* de la *Bible* de Hewlett, dont l'on a extrait les valeurs ci-dessus.

ANCIENS POIDS ÉGYPTIENS.

Le talent était le principal poids, aussi bien qu'une monnaie, chez plusieurs nations orientales; mais il n'était pas partout le même. En Égypte il se divisait en 60 minæ, et chaque mina en 100 drachms, et = 86 livres 8 onces 16 den., poids troy anglais, ou 32,369 kilogrammes.

La mina, appelée quelquefois livre, se divisait en 16 onces; mais il y avait une autre livre, appelée litra ou ratel, qui se divisait en 12 onces. Ce poids était en usage dans toute l'Arabie et l'Asie mineure, et répondait à 6886 grains troy, ou 447,590 grammes. L'once se divisait en un certain nombre de dirhems, chacun de 12 carats, et chaque carat contenait 4 grains. L'évêque Cumberland déduit la livre avoir-dupoids de la mina d'Égypte, et la livre troy du ratel; mais les auteurs varient beaucoup sur ce sujet.

ANCIENNES MESURES DE LONGUEUR ÉGYPTIENNES.

2 fingers = 1 condyle; 2 condyles = 1 palm; 4 palms = 1 pied géométrique; 5 palms = 1 cubit.

Ce cubit était de la longueur du coude jusqu'au poignet; et répondait à 13 pouces anglais environ. Dans d'autres pays il était de la longueur du coude jusqu'au bout des doigts, et était d'un demi plus long que celui d'Égypte.

Le cubit égyptien servait d'étalon à plusieurs nations anciennes pour leurs mesures; et, selon Paucton, c'était le même que celui dont parlent Hérodote, Pline, et autres auteurs anciens dans leurs calculs scientifiques. Il suppose aussi que c'est le cubit dont il est question dans le *Livre des Juges*, ch. III. v. 16.

Pour de plus amples détails sur les anciens poids et mesures, voyez les *Tables* d'Arbuthnot; la *Métrologie* de Paucton et les *Mélanges* de Gibbon.

INDEX GÉNÉRAL

ET

DICTIONNAIRE DE COMMERCE;

CONTENANT

Les rapports généraux et la définition des termes commerciaux, avec celle des monnaies imaginaires et réelles, des poids et mesures, que l'on a expliqués, soit par des définitions immédiates, soit par des renvois.

A.

Aam, mesure liquide d'Amsterdam, Anvers, etc.; t. i, 15.

Abandonnement, c'est abandonner ou céder des biens à ses créanciers ou à leurs délégués, pour acquitter une dette, et éviter des frais.

Abas, poids de Perse pour les perles; t. i, 358.

Abassi ou Abassee, monnaie de Perse; t. i, 357.

Abuquelf, le *griscio*, monnaie d'Égypte; t. i, 41.

Acceptation d'une lettre de change; t. ii, 3.

Accommodement, terme appliqué à l'acceptation d'une lettre de change, lorsque la personne sur laquelle on tire ne fait que signer l'effet, et que le tireur s'engage à le rembourser avant l'échéance.

Accommodement, terminer un différend par des concessions réciproques.

Acetabulum, ancienne mesure de blé à Rome; t. ii, 260.

Achana, ancienne mesure de blé grecque; t. ii, 258.

Achtel ou Achteling, mesure de capacité d'Allemagne; t. i, 428.

Achterlis, mesure de capacité de Berne; t. i, 48.

Acino, poids de Naples et de Sicile, pour l'or et l'argent; t. i, 341.

Acquit, reçu des douanes qui indique qu'on a payé les droits d'entrée de certaines marchandises.

Acre, mesure de terre en Angleterre et dans quelques parties du Continent; t. I, 260.

Acte d'honneur, acte dressé par un notaire, lorsqu'une lettre de change est acceptée pour l'honneur d'une autre personne.

Action, nom que l'on donne aux mises de fonds, dans les banques étrangères.

Actus, ancienne mesure de terre à Rome; t. II, 259.

Adarme, poids d'Espagne; t. I, 116.

Administrateur, personne qui est chargée d'administrer dans la cour ecclésiastique, et de prendre l'intérêt des biens personnels d'un individu mort sans testament.

Adowly, poids de Bombay; t. I, 208.

Ady, mesure de longueur dans le territoire de Jaghire; t. I, 204.

Aemgen, mesure liquide de Prusse.

Affranchir, rendre libre, ou admettre une personne dans une société.

Agastera, mesure liquide dans quelques-unes des Iles Ioniennes; t. I, 436.

Agent, personne dûment autorisée à agir pour une autre.

Agio, Voyez l'introduction.

Agirague, poids de Guinée; t. I, 165.

Agtendeel, mesure de blé en Hollande; t. I, 38.

Ahm, mesure de vin en Allemagne, en Hollande, etc.; t. I, 92, 170.

Aigle, monnaie d'or d'Amérique; t. I, 120.

Ajustement, c'est établir les moyennes des bénéfices ou pertes sur les polices d'assurance.

Akey, poids d'Afrique; t. I, 164.

Albaajer, voyez *abassi*.

Alberts dollar, monnaie d'argent hollandaise : elle est employée comme monnaie de compte à Libau et à Riga; t. I, 269, 270.

Albus, petite monnaie réelle et monnaie de compte de Cassel, Cologne, et autres places d'Allemagne; t. I, 76.

Aloi dans les monnaies. Voyez introduction, vol. I.

Almud, mesure liquide de Portugal et de quelques parties de la Turquie. C'est aussi une mesure de blé d'Espagne et de Barbarie; t. I, 87.

Almut, mesure de blé à Majorque; t. I, 323.

Alqueire ou Alquiére, mesure de blé de Portugal; t. I, 321.

Altin, monnaie d'argent de Russie; t. I, 382.

Altmichlic, monnaie d'argent de Turquie; t. I, 176.

Ambulant, nom que l'on donne, à Amsterdam, à des brocanteurs qui n'ont pas prêté serment devant un magistrat.

Amende, peine pécuniaire que l'on essuye pour avoir violé certaines lois ou règlemens.

Amma, poids des îles de la Sonde; t. I, 236.

Ammonam, mesure sèche de Ceylan; t. I, 105.

AMOLA, mesure liquide de Gênes; t. I, 159.
AMPHORA, ancienne mesure liquide de Rome; t. II, 259.
AMPHOREUS, ancienne mesure liquide de Grèce; t. II, 258.
ANFORA, mesure liquide d'Italie; t. I, 424.
ANGEL, vieille monnaie d'or d'Angleterre; introduction, XXX. et 216.
ANGSTER, monnaie de compte de Suisse; t. I, 437.
ANGULLA, mesure de longueur du Bengale; t. I, 89.
ANKER d'eau-de-vie, 10 gallons. L'anker est aussi une mesure liquide d'Allemagne, de Hollande et de Prusse, etc.; voyez ces articles.
ANNA, monnaie de compte et poids des Indes; t. I, 87.
ANNUITÉ, somme payée ou reçue annuellement; t. I, 240.
ANNUITÉS, paiemens annuels.
ANTIDATE, fausse date, antérieure à la véritable.
ANTHAL, mesure liquide de Hongrie; t. I, 192; t. II, 239.
ARBITRAGE, mode de conciliation qui consiste à soumettre la question à la décision d'une ou plusieurs personnes, sans avoir recours aux lois.
ARBITRAGE DE CHANGE; t. II, 109.
ARBITRAGE DE MARCHANDISES; t. II, 139.
ARBITRAGE D'ESPÈCES ET DE BILLON; t. II, 136.
ARCHIM, nom donné à la grande aune employée en Turquie; t. I, 87.
ARDEB, mesure pour les grains dans quelques parties de l'Afrique; t. I, 2.
ARE, unité des mesures superficielles dans le nouveau système de France; t. I, 135.
ARIENSE, division du poids de marc dans quelques parties de l'Espagne; t. I, 29.
ARISH, mesure de longueur de Perse; t. I, 358.
ARN, mesure pour les étoffes à Dantzic; t. I, 99.
ARPENT, mesure de terre dans l'ancien système de France; t. I, 134.
ARRANZADA, mesure de terre d'Espagne; t. I, 117.
ARRATEL, libra ou livre de Portugal; t. I, 274.
ARROBA ou ARROVE, poids d'Espagne et de Portugal; c'est aussi une mesure liquide d'Espagne, et une mesure sèche de Maroc; t. I, 274, 116.
ARSHEEN ou ARCHIN, mesure de longueur de Russie; t. I, 385.
ARTABA, mesure de blé en Perse; t. I, 358.
AS, *plur.* ASEN, petit poids de Hollande, employé aussi à Hambourg, en Suisse, et en Suède; t. I, 14, 167.
ASNÉE, ancienne mesure sèche et liquide de Lyon; t. I, 320, 236.
ASPER, petite monnaie de Turquie, et monnaie de compte; t. I, 85.
ASSIGNÉ, personne nommée pour diriger les affaires d'un failli.
ASSOCIÉS, deux personnes, ou plus, unies par les intérêts, qui se partagent les profits et les pertes selon leur mise de fonds.
ASSURANCE, contrat d'indemnité par lequel une partie s'engage pour une somme convenue, à en assurer une autre contre les dangers qu'elle peut courir. On

appelle *assureur* la partie qui prend sur elle les risques, et *assuré* la partie qui s'en charge. La somme payée est appelée *prime*, et le papier ou parchemin sur lequel a été fait le contrat s'appelle *police*.

ASTAH, mesure pour le drap dans l'Ile du prince de Galles; t. II, 244.

ASTLER, mesure de blé à Louvain; t. I, 27.

ATOMO, mesure de longueur d'Italie; t. I, 332.

ATTACHEMENT, acte par lequel un créancier peut réclamer et saisir les biens de son débiteur, dans quelque main qu'il les trouve.

ATTESTATION, serment que l'on fait par écrit devant une personne chargée de le recevoir.

AVA, mesure de longueur de Cadix; t. I, 68.

AVIS, information que l'on donne, par une lettre, de quelque transaction commerciale.

A VISTA, à vue.

AVOIRDUPOIDS, poids commercial d'Angleterre. Voyez l'introduction; t. I, 288.

AUGUSTE, monnaie d'or de Saxe; t. I, 8.

AUME, voyez *aam* ou *ahm*. C'est aussi le nom d'une tierce de vin de 42 gallons.

AUNE, mesure de drap en France et en Suisse; t. I, 134, 153.

AUREUS, ancien poids de Grèce; t. II, 158.

AWARD, jugement d'un arbitre pour terminer un différend.

AZUMBRE, mesure liquide d'Espagne; t. I, 68.

B.

BACILE, mesure sèche et de superficie dans les îles Ioniennes; t. I, 436.

BACINE, mesure sèche en Corse; t. I, 96.

BADDAM, espèce d'amandes employées comme monnaie dans quelques parties de l'Inde; t. I, 216.

BACHEL, mesure de blé dans la Morée; t. I, 354.

BAG, mesure et poids de diverses capacités.

BAGATTINO, monnaie de cuivre de Venise; t. I, 422.

BAHAR, poids employé dans quelques parties de l'Inde et de l'Arabie; t. I, 49.

BAILLE, mesure pour le charbon de terre à la Rochelle; t. I, 374.

BAJOCHELO, monnaie de bas argent à Rome; t. I, 376.

BAJOCCO, monnaie de bas argent à Rome, Bologne, etc.; t. I, 376,

BAJOIRE, monnaie d'argent de Genève; t. I, 152.

BALANCE, différence de compte entre le débiteur et le créancier.

BALANCE DE COMMERCE, différence entre les exportations et les importations commerciales d'un pays, relativement à un autre.

BALLE, quantité de marchandises emballées.

Balliage, petit droit que paient à la cité de Londres les étrangers et autres sur l'exportation de certaines marchandises.

Balloon, 24 rames d'une espèce particulière de papier, manufacturé à Marseille pour le Levant.

Ballot de papier, en Suède, 10 rames.

Baly, poids à Sumatra; t. I, 229.

Bambou, mesure pour le riz à Sumatra, les îles Moluques, etc.; t. I, 209.

Banco, monnaie de banque à Gènes, Hambourg, Venise, etc. C'est aussi un papier courant en Suède.

Band, poids employé sur la Côte d'Or pour peser la poudre d'or, et égalant 2 onces troy.

Banques d'Altona, Amsterdam, Angleterre, Autriche, Berlin, Breslau, Copenhague, Écosse, France, Gênes, Hambourg, Irlande, Pays-Bas, Russie, Venise, Vienne, États-Unis; *voyez* ces articles.

Banque bill (billets de), effets signés par un des caissiers de la banque d'Angleterre, avec promesse de payer une certaine somme à une époque désignée.

Banque note (effets de), émis par une banque, payables au porteur à demande.

Banque, privée.

Banqueroutier, personne, dans le commerce, qui ne peut faire ses paiemens, et contre laquelle se forme un conseil de faillite.

Banquier, propriétaire d'une banque.

Banquier sur le Continent, signifie un marchand de change ou une personne qui négotie des effets de change.

Bar, poids français; t. I, 137.

Barbone, monnaie d'argent à Lucques; t. I, 318.

Barcella, mesure de blé à Majorque; t. I, 323.

Barchet, terme employé dans les comptes en Allemagne.

Barchilla, mesure de blé en Espagne; t. I, 420.

Baril, mesure liquide en Portugal; t. I, 25.

Barile, mesure liquide en Italie et en Sicile; t. I, 275.

Barratry, fraude faite par le maître ou l'équipage d'un vaisseau, au désavantage des propriétaires ou assureurs, soit en coulant à fond, en abandonnant ou emmenant le vaisseau, soit en dissipant la cargaison.

Barril, mesure d'aile et de bière en Angleterre. On l'emploie également pour diverses marchandises sèches.

Barril, de blé, en Irlande; t. I, 259.

Barotti, poids des îles Moluques.

Barrique, mesure de vin ou d'eau-de-vie dans quelques parties de la France, comme Bordeaux, la Rochelle, etc. On l'emploie aussi pour le sucre; t. I, 57, 375.

Baruay, voyez *Candie*.

BASSA, mesure liquide de Vérone; t. 1, 426.

BATH, mesure juive de capacité.

BATMAN, poids de Perse et d'Alep, Constantinople, Smyrne, et autres places du Levant; t. 1, 86, 397.

BATTA, prime de tant pour cent dans les Indes orientales.

BATTEL, mesure de capacité des îles Philippines; t. 1, 222.

BATZE, monnaie de bas argent en Suisse et dans quelques parties d'Allemagne; t. 1, 30, 35, etc.

BEAK, poids de Mocca.

BECHER, mesure de capacité en Suisse et en Allemagne; t. 1, 36.

BECSKA, mesure liquide de Pologne; t. 1, 361.

BEDOOR, poids de Malacca; t. 1, 223.

BENDA, poids de Guinée; t. 1, 165.

BENDIKY, monnaie d'or de Maroc; t. 1, 337.

BERKOWITZ ou BERQUET, poids de Russie.

BERRI, mesure itinéraire de Turquie.

BES ou BESSIS, ancienne mesure de longueur de Rome; t. 1, 259.

BESLICK, petite monnaie d'argent de Turquie.

BESON, mesure liquide d'Augsbourg; t. 1, 32.

BICE ou BIS, voyez *pice*.

BICHERÉE, ancienne mesure de terre de France; t. 1, 321.

BICHET, ancienne mesure sèche de Lyon; t. 1, 320.

BIGGAH, mesure de terre des Indes orientales; t. 1, 200.

BIGONCIA, mesure liquide de Venise; t. 1, 424.

BILLET, terme employé généralement pour traite, avertissement ou compte.

BILLET D'ENTRÉE, note qui indique les espèces de marchandises qui sont entrées aux douanes.

BILLETS, ÉCHIQUIER, effets mis en circulation par le gouvernement, qui portent intérêt jusqu'à leur remboursement. Ils sont ordinairement de £ 100, £ 500, ou £ 1000 chaque; quelques-uns portent intérêt au taux de 3 den., d'autres à celui de $3\frac{1}{2}$ den. par jour pour chaque £ 100.

BILL DE SANTÉ, c'est un rapport fait par le capitaine, ou le maître du vaisseau, sur l'état de santé de l'équipage.

BILLETS, INDES, effets tirés dans les Indes sur la compagnie des Indes orientales à Londres, et payables dans les bureaux de la compagnie.

BILLETS DE CHARGEMENT, lettres signées par le maître du vaisseau pour reconnaître qu'il a reçu à son bord certaines marchandises et s'engage à les livrer à la place convenue. Il est d'usage de faire trois lettres de chargement, une que l'on donne à l'armateur, la seconde au capitaine du vaissseau et la troisième à la personne à qui l'on adresse les marchandises, qui peut, par ce moyen, les réclamer à leur arrivée.

BILLETS, AMIRAUTÉ, effets mis en circulation par l'Amirauté pour le paiement des provisions des vaisseaux. Ils sont payables à 90 jours, avec un intérêt de 3½ den. par jour pour chaque £ 100.

BILL OF PARCELS, état donné par le vendeur à l'acheteur, contenant les espèces de marchandises.

BILLET DE VENTE, acte qui transfère un droit ou un intérêt sur certaines marchandises.

BILLET OF STORE, permission accordée par les douanes aux marchands ou maîtres de vaisseaux pour emporter, sans payer de droit, toutes les provisions dont ils peuvent avoir besoin pour leur voyage.

BILLET DE TOLÉRANCE, permission accordée par les douanes à un marchand pour commercer d'un port à un autre.

BILLET D'APPROVISIONNEMENT, effets mis en circulation par le comité d'approvisionnement, comme le sont les effets de l'Amirauté.

BILLON, bas métal, soit d'or ou d'argent, dans lequel le cuivre domine.

BISACCIA, mesure de blé de Sicile; t. I, 395.

BISMERPOND, poids de Norwège; t. I, 40.

BIT ou BITT, petite monnaie des Indes occidentales.

BLANCA, monnaie de compte de Malaga; t. I, 323.

BLAFFERT, petite monnaie de Cologne.

BLAMUSER, monnaie de compte dans quelques parties de l'Allemagne; t. I, 339.

BLANK, division du grain troy anglais.

BLANK CRÉDIT, permission qu'une maison donne à une autre de tirer sur elle pour une somme limitée, et à une certaine époque, par voie d'accommodement.

BLANKEEL ou BLANQUILLO, petite monnaie réelle et monnaie de compte de Maroc.

BOCCALE, mesure de vin d'Italie; t. I, 25.

BOHMEN, monnaie de compte de Prague; t. I, 361.

BOISSEAU, mesure de blé dans le vieux système de France, qui varie beaucoup dans différentes parties de ce pays; t. I, 133, 340, etc.

BOISSON, mesure liquide dans le vieux système de France; t. I, 133.

BOLL, mesure de blé d'Écosse et de quelques parties d'Angleterre.

BOLOGNINO, monnaie de cuivre de Bologne; t. I, 53, etc.

BOLT de toile, 28 ells.

BON, acte ou obligation par lequel une personne s'oblige elle-même, ou les siens, à payer une certaine somme à une époque déterminée.

BONS, INDES, effets mis en circulation par la Compagnie des Indes orientales, de £ 50 et £ 100 chaque, portant l'intérêt de 5 pour cent par an, qui se paie dans les bureaux de la Société, à Londres.

BON APRÈS DÉCÈS, effet payable après la mort d'une personne dont le nom y est désigné.

BOOBOOT, poids des îles du Sund; t. I, 236.

Boot, mesure de vin d'Anvers; t. I, 20.

Borbi ou Burbi, monnaie de cuivre d'Égypte.

Borjooke, grain de verre employé comme monnaie en Abyssinie; t. I, 1.

Botta, mesure liquide d'Italie et de Sicile; t. I, 68, etc.

Bottle de vin, d'environ 5 au gallon; d'eau forte, 4 gallons.

Bottomry, contrat ou prêt sur un vaisseau, nature des hypothèques; mais qui diffère des prêts et hypothèques en ce que l'intérêt est plus élevé, et la garantie, plus incertaine; car si le vaisseau fait naufrage, on ne peut réclamer ni prêt ni intérêt.

Bounty, prime, récompense donnée pour l'encouragement de quelque branche de commerce, de manufacture, ou agriculture.

Bourbe, monnaie de compte de Tunis.

Bozia, mesure liquide dans les îles Ioniennes; t. I, 436.

Bozza, mesure liquide de Venise.

Braça, mesure de terre du Portugal; t. I, 276.

Box, d'aloës, 14 liv.

Braccio, mesure de drap d'Italie; t. I, 327, etc.

Bras, voyez *aune*.

Brasada, mesure de terre d'Espagne; t. I, 74.

Brassage, charges pour les frais de monnayage.

Brasse, petite ell à Bâles; t. I, 36.

Braza, mesure de longueur d'Espagne; t. I, 117.

Brent, mesure liquide à Bern.

Brenta, mesure liquide à Bergame, et dans quelques autres parties de l'Italie; t. I, 39.

Bucket, de craie; 1 ½ boisseau.

Buddam, poids pour les perles à Bombay.

Budgerook, monnaie de compte sur la côte de Malabar; t. I, 210.

Bullion, or et argent non monnayés. Règles pour essayer les lingots; voyez vol. II.

Buncall, poids employé dans quelques parties de l'Inde, comme à Acheen et à Malacca.

Bundle, de papier brun, 40 mains.

Burden, d'acier, 180 liv.

Busche, monnaie de compte d'Aix-la-Chapelle.

Bushel, mesure pour le blé et marchandises sèches d'Angleterre; t. I, 259.

Bussolo, mesure de blé à Florence; t. I, 130.

Busuck, poids à Borneo.

Butt, mesure liquide, d'Angleterre.

Butt, de saumon, 84 gallons.

C.

Cab, ancienne mesure juive; t. II, 261.
Cade, d'harengs, 500; de sprats, 1000.
Cado, mesure de blé à Santa Maura; t. I, 435.
Caffise, mesure pour le blé en Barbarie, et dans quelques parties de l'Espagne; t. I, 414, etc.
Caffiso, mesure pour l'huile en Sicile, à Malte et à Trieste; t. I, 413, etc.
Cagliareso, monnaie de cuivre en Sardaigne; t. I, 393.
Cahiz, mesure pour le blé en Espagne; t. I, 29.
Cahizada, mesure de terre en Espagne; t. I, 120.
Cahaun, monnaie réelle du Bengale; t. I, 199.
Cambio ou Cambium, change.
Cambist, marchand de changes,
Candaca, mesure sèche dans le Mysore.
Candarine, monnaie de compte et poids de la Chine; t. I, 79.
Candy, poids dans les Indes orientales; t. I, 203.
Canhada ou Canade, mesure liquide en Espagne, en Portugal et à Ceylan; t. I, 275.
Canna ou Canne, mesure de drap en Italie et dans le midi de la France, l'Espagne, etc.
Canne; mesure liquide au cap de Bonne-Espérance; t. I, 238.
Cantara, mesure liquide d'Espagne; t. I, 323, etc.
Cantarello, poids en Sardaigne.
Cantaro, poids employé en Italie, en Égypte et dans le Levant; t. I, 70, 87, etc.
Capellone, monnaie d'argent de Modène.
Caph. ancienne mesure liquide juive; t. II, 261.
Capicha, mesure de blé en Perse; t. I, 359.
Capin, poids à Junkceylan.
Capital, le montant de quelque somme ou fonds.
Caraffo, mesure liquide à Naples.
Carage, de chaux, 64 bushels.
Carat, mot employé pour exprimer la finesse de l'or; voyez introduction du vol. I; et poids pour les diamans. C'est aussi une petite monnaie d'Arabie.
Carga, mesure pour le vin et l'huile à Barcelone; c'est aussi un poids en Espagne; et une mesure de blé dans l'île de Candie; t. I, 34.
Cargador, en Portugal et en Hollande, courtier de vaisseaux.
Cargaison, charge d'un vaisseau.
Cariolla, mesure pour le sel à Saint-Maur.
Carival, monnaie de compte dans quelques parties des Indes orientales; t. I, 210.
Carl d'or, monnaie d'or de Brunswich.

CARLINO, petite monnaie réelle et de compte dans quelques parties de l'Italie. C'est aussi une monnaie d'or dans le Piémont; t. I, 324.

CARO, mesure de longueur d'Italie; t. I, 342.

CAROBA, monnaie de compte à Tunis; t. I, 414.

CAROLIN D'OR, monnaie d'or de Bavière, Hesse Darmstadt, Wirtemberg, et Augsbourg; t. I, 30, 432, etc.

CAROTTEEL de clous, de 4 à 5 cents; de macis, environ 3 cents; de muscade, de 6 à 7 $\frac{1}{2}$ cents; de raisins de Corinthe, de 5 à 9 cents.

CARRÂTA, mesure cubique à Carrara; t. I, 76.

CARRÉ, mesure de terre dans les îles françaises des Indes occidentales.

CARRO, mesure liquide et sèche en Italie.

CARTE, mesure de blé a Nancy; t. II, 236.

CARVAL ou CARWAL, mesure pour les grains dans l'Aurungabundar.

CARUBE, monnaie de compte à Alger; t. I, 5.

CASH, petite monnaie en Chine et dans les Indes. C'est aussi un terme général pour les monnaies réelles.

CASH, monnaié légale en Hanovre; t. I, 191.

CAISSIER, celui dont l'occupation est de recevoir et de livrer l'argent.

CASK (ton.) de sucre, de 8 à 10 cents; d'amandes, environ 3 cents; de raisins, environ 1 cent. C'est aussi un nom général pour les vaisseaux fermés de bois.

CASS, mesure de vin dans l'île de Chypre.

CASSA, nom donné à la monnaie courante en Hollande; voyez l'introduction du premier volume.

CASTELLANO, poids pour l'or en Espagne.

CATANA, mesure de longueur dans quelques parties de l'Italie.

CATTY, poids de Canton et des Indes. C'est aussi une monnaie de compte de Java.

CAVALLO, monnaie de cuivre de Naples.

CAVEER ou CABEER, monnaie de compte à Betelfagui et à Mocha.

CAVEZZO, mesure de longueur à Crémone.

CAUL, mesure pour le riz à Sumatra.

CAWNEY, mesure de terre à Madras.

CEDOLA, espèce d'effets de banque à Rome.

CELEMINE, mesure de blé en Espagne.

CENSAL, courtier, ainsi appelé dans le midi de la France, en Italie et dans le Levant.

CENT, monnaie de compte et monnaie de cuivre d'Amérique; dans les îles Ioniennes; et dans le nouveau système monétaire des Pays-Bas.

CENTNER, poids en Allemagne, Hollande, etc.

CENTESIMO, monnaie de compte en Italie.

CENTIARE, CENTIMÈTRE, etc., la centième partie d'un are, d'un mètre français, etc.

CENTIME, monnaie de compte dans le nouveau système de France.

Centinajo, cent, poids en Italie.

Centlet, mesure liquide à Raguse.

Centumpondium, ancien poids romain; t. II, 260.

Centuria, ancienne mesure de terre de Rome; t. II, 259.

Certificat, papier certifiant quelque chose. On donne un certificat à un banqueroutier, avec le consentement de ses créanciers, après qu'il a rendu un compte fidèle de tout ce qu'il possède, conformément à la loi. Exporter des marchandises par *certificat*, c'est lorsqu'on réexporte des marchandises étrangères importées dans un délai fixé par le parlement, et qu'on a droit à une prime.

Chain (chaîne), pour arpenter la terre, ordinairement de 4 poles.

Chain, règle conjointe, expliquée, etc. *Voyez* l'introduction, t. II.

Chalder, mesure sèche en Écosse.

Chaldron, mesure sèche en Angleterre, principalement pour les charbons : c'est aussi un poids de Newcastle.

Chambre d'assurance, en France, société de marchands faisant le métier d'assureurs.

Chambre de commerce, assemblée de marchands où l'on discute et règle les affaires de commerce.

Chantier, lieu où l'on construit, répare, etc., les vaisseaux.

Char, mesure de vin à Genève.

Charge, mesure de capacité en France et en Suisse; c'est aussi un poids à Anvers.

Chargement, l'action de charger un vaisseau.

Charges, dépenses nécessaires concernant quelques transactions commerciales.

Charges, frais quentraînent les opérations de change; t. II, 129.

Charkey, mesure liquide russe.

Charte, concession écrite de quelque permission ou privilége.

Charter party, contrat fait entre la personne qui loue un vaisseau et le propriétaire, en désignant les époques, etc. On dit qu'un vaisseau est *chartered*, lorsqu'il est loué pour un voyage.

Chattack, poids, et mesure de terre dans les Indes orientales.

Chattels, toutes espèces de biens et de propriétés.

Chayé, monnaie d'argent de Perse.

Check, traite sur un banquier.

Chenica, mesure de blé en Perse.

Chequee, poids turc. Voyez *Bassorah, Constantinople.*

Cherassi, médaille d'or estampée, en Perse, sans être proprement une monnaie.

Chest, quantité variable; de colle, $3\frac{1}{2}$ cents; de cochenille, $1\frac{1}{2}$ cent.

Chetwert, Chetwerick, et Chetwertka, trois mesures de blé en Russie.

Chevisance, composition entre le débiteur et le créancier.

Chilo, mesure sèche à Cerigo.

CHISE. Voyez *purse, bourse.*

CHITTACK. Voyez *chattack.*

CIVADIER, mesure de blé à Marseille.

CHOENIX, ancienne mesure de blé grecque et romaine.

CHOOSOCK, poids dans les Iles de la Sonde.

CHOPA, mesure de capacité à Sumatra.

CHOPINE, mesure liquide dans le vieux système de France.

CHOPIN, mesure liquide en Écosse.

CHOUS, ancienne mesure liquide grecque.

CHOW, poids nominal employé pour les perles dans les Indes orientales.

CHRISTIAN D'OR, monnaie d'or danoise. Voyez *Copenhague.*

CHROTT, mesure de blé de Francfort.

CHUNDOO, mesure de capacité à Ceylan.

CINQUINO, monnaie de compte à Naples.

CIRCULAIRE (dans le commerce), lettre envoyée à différens marchands pour leur donner avis de l'établissement d'une maison, ou de quelque changement dans la raison de commerce.

CIRCULATION DE CHANGES; t. II, 144.

CLAPTER, mesure de longueur en Allemagne et en Suisse. Voyez *Berne, Brême,* etc.

CLEARING (liquidation), opération par laquelle les banquiers de la cité échangent les effets tirés sur leurs maisons respectives, en établissant la différence.

CLEARING. Relativement à un vaisseau, c'est enregistrer son nom et les objets de sa cargaison sur le livre des douanes, en quittant un port.

CLOFF OU CLOUGH, déduction dans le poids des marchandises.

CLOVE, poids pour la laine et le fromage en Angleterre.

COB, nom que l'on donne à Gibraltar à la piastre forte.

COBIDO, mesure de longueur à Mocha.

COBRE. Voyez *covid.*

COCA, mesure pour le riz dans le Japon.

CODO, mesure de longueur d'Espagne.

COFFALA, poids pour l'or et l'argent à Mocha.

COFFINO, mesure sèche en Chypre.

COHI, mesure pour le blé à Siam.

COINS, monnaies réelles (définition des), introd., t. I. Histoire des monnaies anglaises, introd., t. I. Tables des monnaies; t. II, 150. Calcul des monnaies, 170. Explication des monnaies, 176.

COLA, poids de Syrie.

COLAGA, mesure sèche du Mysore.

COMMASSEE, monnaie de cuivre à Betelfagui et Mocha.

COMMERCE, trafic entre différentes nations, ou affaire mercantile en général.

COMMERCE (PAIR); t. II, 12.

COMMISSION, tant pour cent que l'on donne aux agens ou courtiers, pour la négociation de quelque affaire; introd., t. II.

COMMISSION DE BANQUEROUTE, ordre sous le grand sceau, qui autorise cinq commissaires ou plus à examiner les affaires du banqueroutier.

COMPAGNIE, société, ou association dans le commerce.

COMPOSITION, partie d'une dette prise pour le tout.

CONDORINE. Voyez *candarine.*

CONDYLE, ancienne mesure de longueur d'Égypte.

CONGUIS, ancienne mesure liquide romaine.

CONNAISSEMENT (lettres de). Voyez *lettres.*

CONQUE, mesure pour le blé et le sel à Bayonne.

CONSIGNÉ, personne à qui on adresse des marchandises.

CONSIGNATION, l'action d'envoyer ou de livrer des marchandises aux soins d'un courtier.

CONSTITUTION (MONNAIES DE) d'Allemagne; t. I, 9.

CONTINGENT, la portion qui échéoit à une personne dans quelque affaire, ou entreprise.

CONTO DE REIS, mille milreis.

CONTRAT, accord ou convention entre deux ou plusieurs personnes.

CONTREBANDE (commerce de), ce qui est prohibé par la loi.

CONVENTION (MONNAIES DE) d'Allemagne.

CONVOI, vaisseaux de guerre qui en accompagnent d'autres pour les protéger.

COOMB, mesure de blé en Angleterre.

COOP, mesure de blé en Hollande.

COPANG, monnaie d'or du Japon. C'est aussi une monnaie de compte à Sumatra.

COPECK, monnaie de compte et monnaie de cuivre en Russie.

COPELLO, mesure de blé en Piémont.

COPPA, mesure de blé à Ancône.

COPPO, mesure d'huile à Lucques.

COPSTICK ou COPSTUCK, monnaie d'argent dans quelques parties de l'Allemagne.

CORBA, mesure de capacité à Bologne et autres places d'Italie.

CORDE, pile de bois de 4 pieds de long, 4 de large, et de 8 de haut.

CORDE, vieille mesure de terre en France.

CORGE, à Bombay, 20 pièces.

CORNADO, monnaie de compte à Malaga.

CORNEY, mesure sèche à Ceylan.

CORONILLA, monnaie d'or d'Espagne.

CORTANE, mesure de capacité à Barcelone et à Majorque.

CORTARINE, mesure liquide à Barcelone.

CORZEC, mesure de blé en Pologne.

COSS, mille de Bengal.

Cossah, mesure de capacité à Scindy.

Cossang, monnaie réelle à Trangania.

Cottah, mesure de terre au Bengal.

Cotylus, ancienne mesure liquide grecque.

Coupe, mesure de blé à Genève, Lyon, etc.

Courant, monnaie en circulation, pour la distinguer des monnaies de banque de Hambourg, etc. Dans les Indes occidentales on appelle courante la monnaie que l'on emploie pour faire les comptes, afin la distinguer de la monnaie sterling; et dans quelques îles, comme dans l'Amérique septentrionale, le papier en circulation est appelé currency. *Voyez* l'introduction, t. II.

Covado, mesure de drap en Portugal.

Covid ou Covit, mesure de longueur dans les Indes orientales, en Chine, en Perse et en Arabie.

Cowsong, espèce de nankin employé comme monnaie dans les Philippines et les Iles de la Sonde.

Cowries, espèce de petites coquilles employées comme monnaie dans quelques parties des Indes orientales et de l'Afrique.

Coyan, poids dans l'île du Prince de Galles.

Coyang, mesure pour le riz à Malaga, et dans les îles des Indes orientales.

Cos, petite monnaie de cuivre de Perse.

Crake de verre à vitres, est une quantité de panneaux de verre emballés dans une caisse de bois, pesant environ 10 stone.

Cran d'harengs, 34 gallons de vin.

Cranage, ce que l'on paye pour l'usage d'une grue qui sert à enlever les charges des vaisseaux. Ce mot exprime aussi ce que l'on paye pour peser.

Craveel, mesure pour le merrain à Hambourg.

Crazia, petite monnaie réelle en Turquie.

Crédit, dans le commerce, avance de monnaie ou de marchandises.

Crédit (côté de), dans la tenue des livres, c'est la page à droite ou à côté d'un compte.

Creditor, créancier, personne à laquelle on doit quelque somme.

Creek (quai), place où sont ordinairement établis les officiers, pour empêcher la circulation des marchandises, attendu que ce ne sont pas des places où l'importation ou l'exportation soit tolérée sans une licence ou permission spéciale.

Creutzer, Cruitzer ou Kreutzer, petite monnaie réelle et monnaie de compte dans quelques parties de l'Allemagne et de la Suisse.

Crimbal, petite monnaie réelle dans les îles des Indes occidentales.

Crore, 100 lacs, ou 10,000,000 de roupies.

Crown (couronne), monnaie d'argent en Angleterre, dans les Pays-Bas et dans le Danemark.

Crown (couronne), française. Voyez *écu*. — Italienne. Voyez *scudo*.

CROWN (couronne), monnaie de Danemark.

CRUSADO ou CRUSADE VIEILLE, monnaie de compte et vieille monnaie d'or en Portugal.

CRUSADE NOUVELLE, monnaié Portugaise, d'or ou d'argent.

CUBE, mesure pour le miel, etc., en Abyssinie.

CUBIC MESURE, mesure cubique anglaise. Voyez l'article *Angleterre*, t. I.

CUBIC FEET (pieds cubes) de différens pays comparés au pied anglais. *Voyez* les tables, t. II.

CUBIT, mesure de longueur en Angleterre et dans les Indes orientales. *Voyez* l'introduction, t. I.

CUERDA, mesure de longueur en Espagne.

CULY, mesure de terre à Madras.

CUPO, mesure de blé à Bologne.

CUSTOM, taxe ou droit que l'on paie pour l'exportation ou l'importation des marchandises.

CUSTOM-HOUSE, place où entrent les marchandises exportées et importées, qui paient un droit.

CUTCHA WEIGHT, poids des Indes orientales.

CYATHUS, ancienne mesure de terre grecque. C'est aussi une ancienne mesure de blé de Rome.

D.

DAALDER, monnaie d'argent hollandaise, et monnaie de change. Voyez *Amsterdam*, *Anvers*, etc.

DABOU, poids à Masulipatam.

DACTYLUS, ancienne mesure de longueur grecque.

DAEZAJIE, monnaie d'argent de Perse.

DAHAR, monnaie à Massuah, en Abyssinie.

DANIM, monnaie de compte à Bassora.

DAYS OF GRACE (Jours de grâce), nombre de jours alloués après le terme écrit pour le paiement d'un effet.

DEBENTURE, certificat donné par la douane à l'exportateur qui s'est conformé aux règlemens, et au moyen duquel il peut prétendre à une prime.

DEBIT side, la page ou côté gauche d'un compte.

DETTE, somme due par une personne à une autre.

DÉBITEUR, personne qui doit de l'argent à une autre.

DÉCAGRAMME, DÉCAMÈTRE, etc. 10 grammes, 10 mètres, etc.

DÉCAPODOM, ancienne mesure de longueur grecque.

DECHER, en Allemagne signifie dix.

DÉCIARE, DÉCIMÈTRE, etc, 10e partie d'un are, d'un mètre, etc.
DÉCIME, monnaie de compte et monnaie réelle dans le nouveau système de France.
DEDO, mesure de longueur du Portugal et de l'Espagne.
DEGRÉ du MÉRIDIEN. *Voyez* l'introduction, t. I.
DEGRÉ CENTÉSIMAL, dans le système français. Voyez *France*.
DEGRÉ DÉCIMAL, *id.*
DEL CREDERE, consignation faite par les marchands pour la garantie des marchandises.
DEMANDE, réclamation faite à quelqu'un d'une somme d'argent ou autre chose due. Un effet est payable à demande quand il est exigible à présentation.
DEMURRAGE, bonification accordée à un capitaine de navire détenu dans un port au delà du temps ordinaire.
DENAR, monnaie de compte à Breslau.
DENARIUS, ancien poids et monnaie de Rome.
DENARO, monnaie de compte et poids dans la plus grande partie de l'Italie.
DENIER, petit poids et monnaie de compte dans l'ancien système de France et en Suisse.
DENIER DE GROS. Voyez *Groote*.
DENUSHKA, monnaie de cuivre russe.
DÉPÔT, avance sur un paiement. Cet à-compte doit entrer dans la balance générale, ou une sûreté pour l'acquit d'une obligation, et qui doit être rendue quand l'obligation est couverte.
DERHAM ou DERIM, poids en Perse, Abyssinie, Maroc, etc.; ancien poids en Égypte.
DESSETINA, mesure de terre en Russie.
DÉVIATION, désistement sans motif raisonnable du cours régulier d'un voyage assuré : cette déviation annule le contrat d'assurance.
DEXTRE, vieille mesure de terre en France.
DHAN, poids d'or et d'argent au Bengale.
DICKER ou DACRE de cuir, 10 peaux.
DIDRACHM, ancien poids grec.
DIEMT, acre de terre dans la Frise orientale.
DIETHAUFE, mesure sèche à Nuremberg.
DIGITUS, ancienne mesure romaine de longueur.
DIME, monnaie de compte et monnaie d'argent en Amérique.
DINAR, monnaie de compte en Perse.
DINERO, monnaie de compte et poids en Espagne.
DINHEIRO, poids d'argent en Portugal.
DISH, mesure à laquelle le plomb se vend.
DÉSHONNEUR, terme employé quand l'acceptation ou le paiement d'une lettre de change, etc., est refusé.

DISTRAIN, mesure de longueur dans quelques parties de l'Italie.
DITTOBOLO, monnaie de cuivre dans les îles Ioniennes.
DIWANI, espèce de monnaie en Abyssinie.
DIVIDENDE, masse de profit, dette ou capital; intérêt dans les fonds publics.
DOBRA ou DOBRAON, monnaie d'or portugaise. Voyez *Lisbonne*.
DOCK, place où les vaisseaux sont construits, réparés, etc.
DOCKET, court memorandum ou bulletin attaché à des pièces considérables.
DOCRA, poids pour les perles à Bombay.
DOCUMENT d'embarquement, signifie envois, billets de chargement, etc.
DOG, petite monnaie employée dans les Indes occidentales.
DOIT ou DUYT, petite monnaie de cuivre hollandaise : c'est la huitième partie d'un stiver; c'est aussi une division du grain troy anglais.
DOLIS, petit poids de Russie.
DOLIUM, ancienne mesure liquide de Rome.
DOLLAR africain. Voyez *Guinée*.
DOLLAR américain. Voyez *États-Unis*.
DOLLAR danois, hollandais, allemand et suédois. Voyez *Rixdollar*.
DOLLAR italien, (piastre). Voyez *Pezza*.
DOLLAR espagnol (piastre espagnole). Voyez *Espagne*.
DOLLAR de plate, monnaie espagnole de compte et de change.
DOLLAR turc. Voyez *Piastre*.
DOLLAR de l'Inde occidentale. Voyez *Indes occidentales*.
DOMMAGES, sur effets retournés en Amérique; dans les Indes occidentales.
DOODEE, monnaie de cuivre à Madras.
DOOGANEY, monnaie de compte à Bombay.
DOPPIA, monnaie d'or d'Italie. Voyez *Bologne*, etc.
DOPPIETTA, monnaie d'or de Sardaigne.
DORREEA, basse monnaie et monnaie de compte à Bombay.
DOUBLA, monnaie d'argent de Tunis.
DOUBLE. Voyez *Saime*.
DOUBLOON ou DOBLOON, monnaie d'or d'Espagne. Voyez *Mexico, Espagne*.
DOUBLOON de plate, monnaie de change espagnole.
DRACHM ou DRAM, poids d'Angleterre, de France, de Hollande et de Prusse: C'est aussi un ancien poids de la Grèce; il est encore en usage dans quelques parties du Levant.
DRAFT, traite qu'une personne tire sur une autre : c'est encore une bonification pour le poids des marchandises.
DRAWBACK, prime accordée par la douane sur la réexportation des marchandises.
DRAVEE, la personne sur laquelle une lettre de change est tirée.
DRAUGHT d'un vaisseau, le nombre de pieds d'eau qu'il tire.
DREYER, monnaie de Breslau.

Dreyling, petite monnaie en cuivre à Hambourg et à Copenhague.
Drittel, monnaie d'argent de l'Allemagne. Voyez *Florin*.
Drompt, mesure sèche de Lubec, Wismar et Stettin.
Drop, poids d'Écosse.
Dubbel, division du florin à Batavia.
Dubbeltje, monnaie hollandaise. Voyez *Amsterdam*.
Dubs, monnaie de cuivre de Séringapatam.
Ducat espagnol, monnaie de compte et de change.
Ducat danois. Voyez *Copenhague*.
Ducat hollandais, monnaie d'or.
Ducat allemand. Voyez *Aix-la-Chapelle*, *Augsbourg*, etc.
Ducat de Hongrie ou de Kremnitz. Voyez *Hongrie*.
Ducat italien, monnaie d'or et d'argent, et également monnaie de compte. Voyez *Bergame*, *Modène*, etc.
Ducat polonais. Voyez *Pologne*.
Ducat de Prusse. Voyez *Berlin*.
Ducat russe. Voyez *Russie*.
Ducat suédois. Voyez *Suède*.
Ducat suisse. Voyez *Berne*, etc.
Ducatello, monnaie d'Égypte. Voyez *Alexandrie*.
Ducaton, monnaie d'argent d'Italie. Voyez *Venise*.
Ducaton, monnaie d'argent hollandaise : c'est aussi une monnaie d'argent de Liége. Voyez *Amsterdam*, *Anvers*, etc.
Dudu, monnaie de cuivre des Indes orientales.
Due-Protection, acceptation de paiement d'une traite ou d'un billet.
Duelle, poids employé par les apothicaires dans l'ancien système de France.
Duellum, mesure et poids anciens de Rome.
Duesken, poids en usage pour les *essais* en Hollande.
Dumaree, monnaie des côtes de Malabar.
Dutgen, monnaie de compte de Brème et de Dantzic.
Dutzen, en Allemagne.
Duty, terme général de droit pour taxes ou impôts.
Duyt, monnaie de cuivre en Hollande.

E.

Earnest, argent avancé qui lie les parties jusqu'à l'exécution d'un arrangement verbal.
Ebroer, monnaie d'argent du Danemark.
Écu, monnaie d'argent sous l'ancien système français, et de quelques contrées de

la Suisse; essai et valeur, empreintes; c'est aussi une monnaie d'argent de Hesse-Cassel.

EFFECTIVE MONNAIE d'Espagne, de Portugal; t. I, 110, 272.

EGGEBA, poids de Guinée.

EIMER, mesure pour les vins en diverses parties de l'Allemagne, de la Prusse et de la Suisse; t. I, 43, 98, 170, etc.

ELL (aune), mesure de drap en Angleterre, en Hollande et en Allemagne.

EMBARGO, saisie momentanée de vaisseaux, faite par ordre du gouvernement.

EMBELZZMENT, c'est lorsqu'une personne, par un abus de confiance, détourne à son profit ce qui lui est confié.

EMINE, mesure sèche de l'ancien système de France; t. I, 336.

EMPORIUM, place principale pour l'importation et la vente des marchandises; on l'appelle encore *mart* ou *staple*.

ENDASSE, petit ell de Turquie; t. I, 87.

ENDOSSEMENT, voyez *indorsement*.

ENGEL, poids de Hollande; t. I, 15.

ENTREPÔT, magasin public destiné dans les pays étrangers à recevoir les marchandises importées.

ENTRÉE, état des marchandises importées ou exportées qui sont marquées, quand elles passent dans les livres de la douane.

EPHAH, ancienne mesure de capacité des Juifs; t. I, 258.

ESCA, mesure de terre à Bordeaux.

ESCALIN, monnaie de bas argent des Pays-Bas. — Monnaie de compte du Brésil, et monnaie d'argent de Liége; — Essai et valeur, empreintes. C'est encore le nom du *bit* des îles françaises dans les Indes occidentales; t. I, 26, 35, 271, etc.

ESCANDAGLIO, modèle de la mesure du blé mis à bord d'un vaisseau, qui est remis au capitaine dans un sac cacheté, afin de s'assurer du déficit.

ESCANDAL, mesure liquide de Marseille.

ESCHEN, division du poids d'or et d'argent à Cologne et à Hambourg.

ESCOMPTE, bonification de tant pour cent pour prompt paiement. Voyez l'introduction du vol. I.

ESCUDO, monnaie de compte de Bilbao. C'est aussi une monnaie d'or du Portugal et de l'Espagne; t. I, 272, etc.

ESTADAL, mesure de longueur d'Espagne, t. I, 117.

ESTADIO, mesure de longueur de l'Espagne et du Portugal; t. I, 117, 275.

ESTERLIN, voyez *engel*.

ESTLIN, poids français de l'ancien régime; t. I, 133.

EXCAMBIUM, change, lieu où les marchands se rendent pour traiter les affaires.

EXCHANGES (changes), définit.; — arbitrage du change; — lettres de change; — frais des opérations de change; — circulations de change; — cours de change; — change étranger; — change intérieur; — lois du change d'Angleterre; — de

France; — de Hambourg; — monnaies de change; — calculs de change; voy. Introduction.

Echiquier, hôtel et cour publics où sont versés les revenus de la couronne.

Exchequer bills (billets de), voyez *effets*.

Exportation, envoi de marchandises d'un pays à l'autre.

F.

Facteur ou Commissionnaire, agent d'un marchand, ou correspondant éloigné.

Factorerie, établissement commercial en pays étrangers, où les facteurs, marchands et négocians font le négoce avec les naturels.

Fagot, d'acier, 120 liv.; de bois, 3 pieds de longueur, 24 pouces de circonférence.

Faillite, voyez *banqueroute*.

Fall, mesure de longueur en Écosse; t. 1, 103.

Fanam, petite monnaie d'or et d'argent dans les Indes orientales; t. 1, 210, 230, 218, 216.

Fanega, mesure de blé en Espagne; t. 1, 29.

Fanegada, mesure de superficie en Espagne; t. 1, 74, 249.

Fanga, mesure de capacité du Portugal.

Fanoe, voyez *fanam*.

Farcel ou Farzil, voyez *frazil;* t. 1, 49.

Fardel, terme de calcul qu'on emploie en Allemagne.

Farthing, la plus petite monnaie de cuivre de la Grande Bretagne. Voyez l'introduction du vol. I.

Faruki, monnaie d'or des Indes orientales.

Fass, mesure de blé d'Allemagne. C'est encore une mesure liquide à Berne, Berlin, et en quelques parties de l'Allemagne et du Danemark; t. 1, 85, 170.

Fathom, mesure de longueur usitée dans presque tous les pays. Elle est de six pieds. Voyez l'introduction du vol. I.

Faux, mesure de terre en Suisse; t. 1, 249.

Federal Monney, monnaie fédérale d'Amérique; t. 1, 119 et suiv.

Fehrt, mesure de blé de Stralsund.

Felin, ancien poids français; t. 1, 133.

Fellowship, compagnie, en terme de commerce, c'est quand deux ou plusieurs personnes joignent leurs capitaux et commercent ensemble, que chacune d'elles partage le gain ou supporte la perte, en proportion de la somme qu'elle a dans la mise de fonds.

Fenim, monnaie de compte en Suisse; t. 1, 35.

Ferding, monnaie de compte à Libau et Riga.

FERLINO, division de la livre commerciale à Bologne; t. I, 52.

FERRADO, mesure de blé dans la Galice, province d'Espagne; t. I, 149.

FETTMANGEN, monnaie de compte à Clèves.

FIASCO, mesure liquide d'Italie; t. I, 131.

FILIPPO ou PHILIP, monnaie d'argent de Milan et de Modène.

FINANCES, terme généralement employé pour désigner les revenus publics.

FIRLOT, mesure écossaise de blé; t. I, 103.

FIRKIN, mesure de capacité d'Angleterre; de beurre, 56 liv.; de savon, 64. C'est également une mesure à laquelle se vendent les provisions irlandaises; t. I, 259, 291.

FIRM, titre ou signature d'une maison ou compagnie de commerce.

FISCA, monnaie d'argent des îles de Canarie; t. I, 73.

FIXED NUMBER, nombre fixe, facteur constant, employé dans les calculs de change.

FLINDERKE, monnaie de compte à Embden.

FLINRICH, monnaie de compte à Bremen.

FLOOSE ou FLOUCHE, monnaie de compte à Bassora.

FLORIN, appellé aussi *guilder* ou *gulden*, monnaie d'argent et monnaie de compte de Hollande, d'Allemagne et de Suisse. Voyez l'introduction vol. I.

FLORIN D'OR, monnaie du Hanovre et de quelques autres parties de l'Allemagne. Voyez l'introduction du vol. I; t. I, 125, 192.

FLUCE, monnaie de compte de Barbarie; t. I, 336.

FODDER, de plomb; varie selon les pays.

FOGLIETTA, mesure liquide d'Italie; t. I, 52.

FOIRE, espèce de grand marché qui a lieu à des époques fixes, où s'assemblent les commerçans des différentes parties de la province et même ceux des provinces voisines.

FONDS, capital, somme consacrée à faire face à une dépense.

FONDS PUBLICS; t. I, 314.

FONDS de France; t. I, 148.

FONDUCLI, monnaie d'or de Turquie; voyez *sequin*.

FOOT, pied, mesure de longueur d'Angleterre et de presque tous les pays, formé dans le principe sur le pied humain, et qui varie plus ou moins selon les lieux. Voyez l'introduction, vol. I.

FORFARO, poids égyptien.

FORLI, monnaie égyptienne en cuivre.

FORTIN, mesure de capacité à Constantinople; t. I, 87.

FOTMAL, de plomb, 70 liv.

FOUANG, monnaie d'argent à Siam; t. I, 234.

FRAIL, de raisins, environ 75 liv.

FRANC, monnaie de compte et d'argent du nouveau système de la France; t. I, 141.

FRANCESCONE, monnaie d'argent de Toscane; t. I, 129.

FRANKEN, monnaie de compte en Suisse; t. I, 35.
FRASCO, mesure de vin du Brésil; t. I, 58.
FRAZIL, poids d'Arabie; t. I, 49.
FREDERIC, monnaie d'or de Prusse et d'Allemagne; t. I, 41.
FREIT, cargaison, charge d'un vaisseau.
FUDDEA, monnaie de compte à Bombay.
FUDER, grande mesure de vin d'Allemagne, de la Prusse, du Danemark et de la Suède; t. I, 32, 43.
FUDERMASSEL, mesure de blé de Vienne.
FUORI BANCO, monnaie courante de Gênes.
FURDINGAR, mesure liquide de la Finlande; t. I, 408.
FURLONG, mesure de longueur d'Angleterre; t. I, 103, 295.
FYRKE, monnaie de compte et de cuivre de Danemark; t. I, 88.

G.

GABARAGE, enveloppe des marchandises irlandaises.
GABELLE, nom ancien d'un tribut qui se payait au seigneur suzerain.
GALL, petite pièce d'argent avec des caractères d'un seul côté, employée comme monnaie à Cambodia; t. I, 216.
GALLION, espèce de vaisseau employé par les Espagnols, pour le commerce des Indes occidentales. Ils s'en servent également pour apporter l'or et l'argent d'Amérique en Europe.
GALLON, mesure anglaise de capacité; t. I, 259, 103.
GANDANG, 25 pièces d'étoffe, qui servent de monnaies dans les îles Philippines; t. I, 222.
GANTAM ou GANTANG, mesure de riz en différentes parties des Indes orientales; t. I, 222, 212.
GANZA, petite monnaie de différentes parties de l'Inde au-delà du Gange; t. I, 229.
GARBLE, immondices, le rebut des épiceries et des drogues.
GARBLING, criblure, le rebut d'une denrée quelconque.
GARCE, mesure de grain, et poids à Madras, Pondichéri, et différens endroits des Indes orientales; t. I, 204, 230.
GARI de roupies, dans les Indes orientales, environ 4000.
GARNET, mesure de blé de Russie; t. I, 385.
GARNIEC, mesure de capacité en Pologne; t. I, 361.
GASSA, monnaie de compte de Perse; t. I, 151.
GAVADA, mesure de terre dans le Mysore.
GAUGER (jaugeur), personne nommée pour constater les quantités des denrées qui sont imposées.

GE ou JE, mesure de longueur de différentes parties des Indes orientales, qui égale environ 34½ ells hollandais; ou 26 yards anglais.
GEBRAUDE, mesure liquide de Berlin.
GEIRA, mesure de terre en Portugal.
GENEVOISE, monnaie d'argent de Genève.
GENOVINA, monnaie d'or de Gênes.
GEORGE D'OR, monnaie d'or de Hanovre; t. I, 191.
GERRA ou JAR, mesure liquide à Minorque; t. I, 333.
GESCHEIDE, mesure de blé à Francfort et à Mayence.
GHERIA, mesure de longueur du Bengal; t. I, 200.
GHURRY, division du temps dans les Indes orientales.
GIGLIATO, sequin de Toscane; t. I, 129.
GILDER, voyez *florin*.
GILL, mesure liquide de la Grande Bretagne; t. I, 103.
GIORDINO, monnaie d'argent de Gênes.
GIRO, nom donné à la monnaie de change à Augsbourg, Bolsano et autres villes de l'Allemagne.
GIULIO, petite monnaie de bas argent en Italie; t. I, 375.
GIUSTINA, monnaie d'argent de Venise.
GOAD ou GODE, espèce d'aune de 27½ pouces de longueur.
GOBLET, mesure sèche du Brésil; t. I, 36.
GOELACK, poids de Java; t. I, 229.
GOESGEN, monnaie de compte à Brunswick et dans le Hanovre; t. I, 191.
GULDEN D'OR, ou GILDER D'OR, voyez *florin, or*.
GOLD MONNEY (monnaie d'or), monnaie de compte à Livourne.
GOLD VALUE (valeur d'or), espèce de monnaie employée dans le Hanovre; t. I, 191.
GOLD and SILVER (or et argent), montant de, mis annuellement en circulation dans toutes les parties du monde. Valeur relative de l'or et de l'argent. Introduction, vol. I. Valeur comparative de l'or à l'argent; introduction, vol. I.
GOMBETTA, mesure de blé à Gênes.
GOMOR, ancienne mesure de capacité des Juifs.
GONZE, petit poids pour l'or et l'argent à Bombay.
GOODGROSCHE ou GUTGROSCHE, petite monnaie et monnaie de compte en Prusse, en Hanovre et en différens lieux de l'Allemagne; t. I, 191.
GOOROOSH, nom que les Turcs donnent à la piastre.
GOULD, voyez *florin*.
GOURDE, nom de la piastre espagnole dans les îles des Indes occidentales qui appartiennent à la France et à la Hollande.
GRACE, voyez *jours de grâce*.
GRACHAL, ancienne mesure de capacité des Juifs.
GRADUS, ancienne mesure itinéraire de Rome.

GRAIN, petite division de la livre troy. C'est encore un poids employé dans presque tous les pays du monde.
GRAMME, unité de poids dans le nouveau système français; t. I, 141.
GRANO, monnaie de compte à Naples, en Sicile et à Malte. C'est aussi le nom italien pour 1 grain en poids.
GRANOTINO, petit poids d'Italie; t. I, 417.
GRIEVEN, petite monnaie d'argent russe; t. I, 382.
GRIMELLINO, monnaie de compte à Tripoli.
GRISCIO, monnaie réelle égyptienne.
GROAT, vieille monnaie anglaise d'argent. Voyez introduction, vol. I.
GROS, monnaie d'argent de différentes contrées de l'Allemagne. C'est encore une monnaie de compte de Suisse; t. I, 35, etc.
GROS, poids français, suisse et prussien; t. I, 133, 153, etc.
GROSCHE, petite monnaie et monnaie de compte en Allemagne, Prusse, Pologne et Russie; t. I, 382, 269, 260.
GROSCHEL, monnaie de compte de quelques parties de l'allemagne. C'est encore une basse monnaie réelle de Hongrie; t. I, 194, 426, etc.
GROSS, 12 douzaines.
GROSS POIDS, le poids brut des marchandises avant que les bonifications en soient déduites.
GROSSETTO, monnaie de compte à Venise.
GROSSO, monnaie de compte dans les États vénitiens. C'est aussi une monnaie romaine d'argent et un poids de Venise; t. I, 421.
GROTE ou GROOT, monnaie de change en Flandre, Hollande et Hambourg; t. I, 108.
GROTE, est encore une petite monnaie réelle et une monnaie de compte à Brême.
GROUND, mesure de superficie à Madras.
GROUNDAGE, petit impôt payable en certains lieux par les vaisseaux qui amarrent.
GRUESO, monnaie de compte de différentes parties de l'Espagne; t. I, 343.
GUDDA, mesure liquide d'Arabie; t. I, 49.
GUERZE ou GUZ, mesure de longueur de Perse, d'Arabie et de quelques parties des Indes orientales; t. I, 239.
GUILDER, voyez *florin*. GUILDER des îles Hollandaises des Indes occidentales; t. I, 251.
GUINÉE, monnaie d'or anglaise. Voyez introduction, vol. I.
GUJAH, mesure de longueur dans le Mysore; t. I, 234.
GULDEN, voyez *florin*.
GUNCHA, poids d'Acheen.
GUNDA, monnaie de compte du Bengale; t. I, 198.
GURSAY, voyez *garce*.
GUZ, voyez *guerze*.

H.

Hacken, mesure de terre en Prusse; t. i, 44, 99.

Halage, ce que l'on donne pour transporter des marchandises à bord d'un vaisseau.

Halebi, grand ell de Turquie.

Halle (droit de), impôt sur les marchandises vendues à la Halle.

Hand, mesure de longueur d'Angleterre.

Handsel, somme reçue sur la vente d'une partie de marchandises.

Hanse towns (villes anséatiques), certaines villes libres et commerciales d'Allemagne et de Pologne, qui s'étaient d'abord confédérées pour leur défense mutuelle, au moyen de quoi elles jouissaient de certains priviléges. Les principales sont Hambourg, Lubec et Dantzic.

Hardary, mesure de terre dans le Mysore; t. i, 234.

Harf, la même monnaie que le dahab, en usage à Massuah.

Harraff, monnaie imaginaire à Bételfagui et Mocha.

Harsela, voyez *oke*.

Haser denarie, monnaie d'argent en Perse; t. i, 358.

Haut ou Cubit, mesure de longueur dans les Indes orientales; t. i, 209.

Hectare, Hectogramme, Hectolitre, Hectomètre, etc., dans le nouveau système français des poids et mesures, expriment cent ares, cent grammes, etc.; t. i, 141.

Hectos, ancienne mesure grecque de superficie; t. ii, 258.

Helfgen, mesure liquide d'Osnabruck.

Heller, monnaie de compte de différentes parties d'Allemagne et de Suisse; c'est encore un poids de l'Allemagne et la Prusse; t. i, 367.

Hemihectos, ancienne mesure grecque de superficie et pour mesurer le blé; t. ii, 258.

Hemina, ancienne mesure de Rome pour le blé; t. ii, 260.

Heredium, ancienne mesure romaine d'arpentage; t. ii, 259.

Hexapodon, ancienne mesure grecque de superficie; t. ii, 257.

Hide, de terre, 100 acres.

Himten, mesure de blé de Hambourg et d'autres parties de l'Allemagne; t. i, 77, 170.

Hin, ancienne mesure liquide des Juifs.

Hoed, mesure de blé dans quelques parties de la Hollande et de la Flandre; t. i, 381.

Hogshead, mesure liquide d'Angleterre; t. i, 103.

Homer, ancienne mesure de capacité des Juifs.

Hommée de vignes, mesure de superficie en France.

Hube, mesure de terre en Prusse; t. i, 99.

Hubla, petit poids à Scindy.

Hufe, mesure de terre en Prusse; t. I, 44.
Huna, monnaie de compte à Mangalore; t. I, 224.
Hundred weight, poids des Iles et des Colonies Britanniques.

I.

Ickmacog, mesure de riz dans le Japon; t. I, 263.
Imbuto, mesure de blé en Sardaigne; t. I, 393.
Immi, mesure de blé dans quelques parties de la Suisse et de l'Allemagne; t. I, 48, 432.
Impérial, monnaie d'or de Russie; t. I, 384.
Importation, transport de marchandises d'un pays dans un autre.
Impôt, droit sur les marchandises importées.
Inc, mesure de longueur du Japon; t. I, 263.
Inch (pouce), mesure de longueur d'Angleterre; t. I, 294, 295.
Indemnité, ce que paye une personne qui se charge des risques, à celle qui l'en décharge.
Indorsement (endossement), d'un billet; t. II, 2, etc.
Ingrain, bonification additionnelle dans la vente du charbon.
Insolvable, personne qui ne possède pas de quoi acquitter ce qu'elle doit.
Intérêt, introd. vol. I.
Intrinsèque (pair); t. II, 13.
Inventaire, liste, compte, ou catalogue d'effets.
Itchebo ou Itjib, monnaie d'or du Japon; t. I, 252.

J.

Jacktan, mesure pour les tissus sur la côte de Guinée.
Jacobus, vieille monnaie d'or anglaise, frappée sous Jacques Ier, de la valeur d'environ 25 schillings.
Jar, mesure liquide à Minorque et dans les états Ionniens.
Jees, mesure liquide d'Augsbourg.
Jerquing, c'est une visite que l'officier de la douane (appelé Jerquer) fait dans un vaisseau, lorsqu'il est déchargé, pour s'assurer s'il n'y a pas d'objets cachés.
Jetta ou Settle, monnaie de la côte de Malabar.
Jettison, l'action de faire couler à fond une partie des marchandises, pour sauver l'autre, dont le propriétaire doit être remboursé en raison de la nature de l'affaire.
Joab, mesure de longueur du Bengale.
Joanese, monnaie d'or du Portugal.

Joch, mesure de terre à Vienne et en d'autres parties de l'Allemagne; t. I, 429; t. II, 251.

Journal, mesure de terre dans quelques parties de la France, comme à Bordeaux, St.-Malo, etc.; t. I, 57, etc.

Journal, dans la tenue des livres, livre où les transactions journalières d'un marchand sont consignées, en séparant les débiteurs des créanciers, afin de transcrire ensuite, sans difficulté, sur le grand livre.

Journal, dans un voyage sur mer, est une relation du voyage.

Jow, mesure de longueur dans les Indes orientales; t. I, 200.

Juchart, mesure de terre dans quelques parties de l'Allemagne et de la Suisse; t. I, 36.

Juck ou Jux, en Turquie, 100,000 aspres; t. I, 86.

Jugerum, ancienne mesure de terre grecque et romaine; t. II, 258.

Jumba, mesure de terre dans l'île du prince de Galles; t. I, 231.

Jungfrur et Junkfra, mesure sèche et liquide de Suède; t. I, 406.

Jutte, mesure pour le sel dans le vieux système de France; t. I, 391.

K.

Kaban, poids dans les îles moluques; t. I, 239.

Kangan, pièce d'étoffe grossière qui sert de monnaie, dans les îles Philippines et celles du Sund; t. I, 222.

Kanna, mesure sèche et liquide de Suède; t. I, 406.

Kanne, mesure de capacité en Allemagne. C'est aussi une mesure liquide hollandaise et danoise; t. I, 3, 170, etc.

Kapp, mesure de blé de Suède; t. I, 406.

Karch, en Allemagne, 400 livres.

Kasbequis, monnaie de compte et monnaie de cuivre en Perse; t. I, 357.

Kast, en Suède, 4 pièces; t. I, 408.

Kaysergrosche, monnaie de compte et monnaie de bas argent, en Bohême, et dans quelques parties de l'Allemagne; t. I, 9, 30, 61, 338.

Keel, mesure de charbon en Angleterre; t. I, 293.

Keg, vaisseau pour esturgeons, saumons et autres poissons marinés, contenant 4 ou 5 gallons.

Kella, mesure sèche en Arabie; t. I, 49.

Ken, mesure de longueur à Siam; t. I, 235.

Kepping, monnaie à Sumatra; t. I, 238.

Keramion, ancienne mesure liquide de Grèce; t. II, 258.

Key, Kay ou Quai, endroit destiné au déchargement des marchandises.

Keyage ou Warfage, droit pour le chargement ou le déchargement des denrées sur un quai.

L.

Land surveyor (arpenteur), personne employée à mesurer les terres, c'est aussi un inspecteur des douanes, etc.

Land waiter, officier de la douane, dont l'emploi est de prendre note des marchandises importées.

Lappe, voyez *coppa.*

Larin, vieille monnaie, et monnaie de compte de Perse et d'Arabie; essais et valeur, empreintes; t. I, 358, etc.

Last, mesure de blé et de bien d'autres articles en Angleterre, en Hollande et en Allemagne; t. I, 11, 40, 43, 85, etc.

Last, terme employé à désigner la charge des vaisseaux.

Laxsan, monnaie de compte de quelques parties de Java; t. I, 212.

Lea, mot employé dans quelques contrées d'Angleterre, pour exprimer une certaine quantité de chanvre ou de laine.

Coulage, impôt de la douane, pour la perte des liqueurs.

Leadger, tenue des livres, grand livre de compte, livre principal où l'on réunit et classe tous les articles du journal, où on les dispose dans un ordre régulier. Sur la page de gauche on inscrit ce que l'on doit, sur la droite ce qu'on a à recevoir. On l'appelle le grand livre, le maître livre, etc.

Leager, mesure liquide de Batavia et du Cap de Bonne-Espérance; t. I, 68.

Légal Money, monnaie légale, de Portugal; t. II, 75.

Legger, mesure liquide de Hollande; t. I, 16.

Legoa, mot espagnol et portugais qui signifie *lieue.*

Leopoldone, monnaie d'argent de Toscane; t. II, 176.

Lest, charge d'un vaisseau. Ce mot est souvent employé pour *débris*, *restes.* C'est aussi un impôt sur les marchandises évaluées au last.

Leteh, ancienne mesure juive de capacité; t. II, 261.

Lettre d'avis, lettre donnant connaissance d'une transaction.

Lettre de procuration, écrit qui autorise une personne à agir pour une autre.

Lettre de crédit, lettre au moyen de laquelle une personne peut recevoir de l'argent sur le crédit d'une autre.

Lettres d'envoi, effet que l'on envoie, avec des marchandises exportées, contenant le nom du vaisseau, le lieu de sa destination et la personne à laquelle elles sont adressées, la quantité et le montant des marchandises, la charge du vaisseau, les frais d'assurance et la commission pour le courtier. Les factures ou connaissemens sont en général copiés sur un livre appelé *livre d'envoi.* Il y a quelquefois un livre d'envoi pour les marchandises exportées et un autre pour les marchandises importées.

Lettre patente, privilége accordé à un inventeur auquel elle donne le droit de jouir des avantages de son invention pendant un certain nombre d'années.

Lettre de marque, commission des capitaines de vaisseaux particuliers, en tems de guerre, qui les autorise à capturer les vaisseaux ennemis.

Li, mesure itinéraire en Chine; t. ii, 254.

Liard, ancienne monnaie de cuivre de France; c'est aussi une monnaie de compte à Liége; t. i, 131.

Libra, monnaie de compte en quelques parties de l'Espagne; t. i, 6, 33, 28, etc.

Libra est aussi le nom que les Italiens, les Espagnols et les Latins donnent à la livre poids; t. ii, 232, 332.

Libra jaquesa, monnaie de compte d'Arragon; t. i, 29.

Licence, privilége du gouvernement, pour faire un commerce sur lequel est imposé un certain droit.

Lieue, mesure itinéraire de France et de plusieurs autres parties de l'Europe; t. ii, 252.

Lieue marine, trois milles géographiques de 60 au degré; t. i, 295.

Life annuities, paiemens annuels durant une ou plusieurs vies.

Licht Money, terme par lequel sont désignées, à Hambourg, différentes monnaies étrangères auxquels on donne la valeur nominale.

Lighterage, droit de gabare, impôt pour transport de marchandises d'un vaisseau dans une gabare.

Ligne, division du pouce, en usage en France et en différens lieux du Continent; t. i, 48, etc.

Ligula, ancienne mesure de blé romaine; t. ii, 260.

Lingot, voyez *billion.*

Lippie, mesure de blé d'Écosse; t. i, 103.

Liquidation, conclusion ou règlement d'une affaire soit en payant soit en recevant une somme due.

Lira, monnaie de compte d'Italie. C'est encore une monnaie d'argent, particulièrement à Milan et à Venise; t. i, 129, 330, etc.

Lira Imperiale, monnaie de compte de Milan; t. i, 330.

Lira Italiana, l'unité de monnaies dans le système décimal introduit tout récemment en Italie; t. i, 326.

Lirazza, basse monnaie réelle de Venise.

Lisbonine, vieille monnaie d'or du Portugal; t. i, 272.

Lispond, poids de différens endroits de l'Allemagne et de la Norwège; t. i, 40, 43.

Liter, la livre d'Abyssinie; t. i, 2.

Litra, ancien poids d'Égypte; t. ii, 261.

Litre, l'unité de mesures dans le nouveau système français; t. i, 140.

Litron, l'unité de mesures dans le vieux système français; t. 2, 133.

Livonina, ancienne monnaie russe; t. i, 369.

Livornina, vieille monnaie d'argent de Livourne; t. 128.

Livre, le nom français pour la livre poids; t. i, 140.

Livre, monnaie de compte du vieux système français et aussi de quelques parties de la Suisse. Dans différens endroits du Canada on fait également les comptes en livres; t. i, 33, 35, 47, etc.

LIVRE COLONIALE, monnaie de compte de l'Ile de France.
LIVRE FOIBLE, vieille monnaie de compte de Suisse; t. 1, 345.
LIVRE TOURNOIS, voyez *tournois*.
LIVRE USUELLE; t. 1, 139.
LLIVRA, mesure liquide à Majorque.
LOAD, poids et mesures de plusieurs dimensions pour des objets grossiers.
LOANS, GOVERNMENT.
LOD, voyez *loth*.
LODRA, poids imaginaire usité en Turquie; t. 2, 397.
LOF, mesure sèche à Libau, Revel, etc.
LOG, ancienne mesure liquide juive. C'est aussi une abréviation pour logarithmes; t. 1, 261.
LOMBARDE, banque pour prêter de l'argent sur gage, ainsi appelée des Lombards, peuple d'Italie, qui, dans le principe, firent ce commerce dans différentes parties de l'Europe.
LOOF, mesure de blé en Hollande, à Riga et à Pernau.
LOOT, poids de Hollande; t. 1, 15.
LOT, mesure liquides dans la Flandre française. Voyez *Dunkerque*.
LOTH, poids dans quelques parties du Continent; t. 1, 40, 47.
LOUIS, monnaie d'or de France.
LOUIS D'OR, monnaie d'or de Malte.
LOUIS BLANC, vieille monnaie d'argent de France.
LOWENDOLLAR, monnaie d'argent de Hollande.
LOXA, mesure sèche à Sumatra.
LUBS, dénomination de la monnaie de Lubeck et de Hambourg, comme *sterling* pour la monnaie anglaise.
LUNGA, voyez *moneta buona*.
LUG, espèce de petite perche ou pole de différentes dimensions.
LYANG, monnaie de compte. C'est aussi un poids en Chine.

M.

MAAS, mesure pour le riz à Malaga.
MAASS, mesure de capacité dans différentes parties de l'Allemagne et de la Suisse; t. 1, 32, 43, etc.
MAAT, mesure de blé en Hollande.
MACE, monnaie de compte en Chine. C'est aussi une petite monnaie d'or de Sumatra.
MACUTA, monnaie de compte sur les côtes d'Afrique.
MADEGA, petite mesure pour le grain en Égypte.
MADONINA, monnaie d'argent de Gênes.

MAESGEN, mesure de blé à Cassel.

MAESSEL, mesure de blé d'Allemagne.

MAHBUB, monnaie d'or de Turquie, voyez *sequin*.

MAILLE, petit poids français de l'ancien système.

MÄRCHEN, mesure de blé à Francfort.

MALABORONG, poids à Borneo.

MALDER, mesure de blé de Hollande.

MALLA, monnaie de compte à Barcelone.

MALTER, mesure de blé dans différentes parties de l'Allemagne, de la Prusse et de la Suisse. Voyez *Aix la Chapelle*, *Berlin*, *Coblentz*, etc.

MAMOODI ou MAMOUDI, monnaie de compte et monnaie d'argent de Perse et d'Arabie.

MANA, voyez *maund*.

MANDEL, en Allemagne, 15 pièces ou articles de marchandises quelconques.

MANDELWEIGHT, poids employé pour les ducats à Vienne.

MANEH, ancien poids des Juifs; t. II, 261.

MANGELIN, poids employé pour les perles dans les Indes orientales.

MANIFESTE, papier contenant l'état d'un vaisseau et de la cargaison, qui doit être signé par le maître du vaisseau avant qu'on ait débarqué aucune marchandise.

MANOGOGA, mesure pour le riz au Japon.

MANUFACTURE, objets produits par le travail ou par des machines, avec des matières brutes.

MARADOE, monnaie réelle de Tonquin.

MARAVEDI, monnaie de compte d'Espagne.

MARCAL, mesure de blé à Madras et à Ceylan.

MARCHETTO, monnaie de cuivre et monnaie de compte dans quelques parties de l'Italie.

MARENGO, monnaie d'or du Piémont.

MARIEN GROSCHE, petite monnaie de compte dans quelques parties de l'Allemagne.

MARIEN GULDEN, monnaie de compte de Brunswick.

MARK, MARC ou MARCO, poids dans la plus grande partie du Continent, principalement pour l'or et l'argent. C'est aussi un vieux poids anglais et une monnaie d'or.

MARK, monnaie de compte dans quelques parties de l'Allemagne, et aussi en Danemarck et en Norwège.

MARK, monnaie d'argent de Hambourg. C'est aussi une monnaie d'argent en Danemarck.

MARK FERDING, MARK RIGISH, deux monnaies de compte à Riga.

MARQUÉ, monnaie de cuivre en Mauritie.

MART, grand marché, foire, ou autre place publique de commerce.

MAS, monnaie de compte du Japon.

Marchandise, toutes sortes d'objets qui peuvent être achetés ou vendus.
Marchand, personne qui trafique pour son propre compte, ou fait la commission.
Masgen, mesure de blé en Allemagne.
Mass, voyez *maass.*
Massa, poids dans les Indes orientales.
Masslein, mesure de blé en Wurtemberg.
Massling, mesure de blé en Suisse.
Mastello, mesure de blé à Ferrare et à Rome.
Math, monnaie de compte à Rangon.
Mattaro, mesure d'huile de Tripoli et Tunis.
Matthier, monnaie de cuivre de Brunswick, Hanovre, etc.
Maund ou Manungus, poids dans les Indes orientales, en Perse et en Arabie.
Mauney, mesure de terre à Madras.
Max ou Maximilian d'or, monnaie d'or de Bavière.
Maximum, le prix le plus élevé d'un article, qui est fixé par une loi ou règlement.
Mazzino, mesure sèche de Corse.
Mesures (principes généraux des), et étalon. Voyez l'introduction.
Mesures (anciennes); t. II, 257.
Mecmeda, mesure sèche de Moka.
Media-tabla, poids de Guinée.
Medimno, mesure de blé dans quelques parties du Levant.
Medimnus, ancienne mesure grecque de terre, et aussi mesure de capacité; t. II, 257.
Medida, mesure liquide du Brésil.
Medin ou Medino, monnaie réelle et monnaie de compte d'Égypte, de Turquie, etc.
Medio, mesure de capacité dans quelques parties de l'Espagne.
Meitadella, mesure liquide de Barcelonne.
Mengel, voyez *mingel.*
Menu, vieille mesure de longueur de France.
Mercal, mesure pour les grains à Pondichéry.
Mess valuta, monnaie dans laquelle les comptes se tiennent aux foires de Bolsano.
Meta, mesure de blé à Milan.
Metal, mesure pour l'huile à Alger et Tunis.
Metal poids, poids de Suède.
Metecal ou Metical, poids pour l'or, l'argent, les diamans, etc., dans le Levant, à Alger et à Tripoli.
Mètre, unité des mesures de longueur, dans le nouveau système de France.
Metre ou Meter, mesure d'huile de Turquie.

Metrètes, ancienne mesure liquide de Grèce.
Métrique, quintal, 100 kilogrammes; ce terme s'applique quelquefois à tous les poids et mesures de France, d'après le nouveau système tel qu'il est déduit du mètre.
Metro, unité des mesures de longueur, dans le nouveau système d'Italie.
Metze, mesure de blé à Vienne, et autres parties de l'Allemagne.
Mezzarola, mesure de vin à Gênes.
Mezzetta, mesure de capacité à Florence.
Miam, poids pour l'or à Malaga, et monnaie de compte à Siam.
Migliajo, mesure pour l'huile à Venise, etc. C'est aussi un mot italien exprimant 1000 livres poids.
Mille, mesure itinéraire d'Angleterre et autres parties de l'Europe, variant beaucoup dans différentes contrées; t. I, 295.
Mille de terre, 640 acres, mesure légale anglaise; t. I, 295.
Mill, monnaie de compte en Amérique.
Millerolle, mesure liquide à Marseille. Elle est aussi en usage à Tunis.
Millier, poids de 1000 kilogrammes, par lequel on évalue, en France, la charge d'un vaisseau; t. I, 139.
Millimètre, Millilitre, la millième partie d'un mètre, d'un litre, etc.; t. I, 139.
Milrea ou Milrei, monnaie de compte du Portugal.
Miltra, mesure d'huile dans les Iles Ioniennes.
Mina ou Mine, mesure de blé en Italie et dans l'ancien système de France. C'est aussi une monnaie turque et un ancien poids grec.
Minello, mesure de blé à Véronne.
Mingel, mesure liquide de Hollande et d'Allemagne; t. I, 16.
Minimum, le prix le plus bas d'un objet.
Minot, mesure pour le blé, le sel, etc., dans le vieux système de France; elle est encore en usage au Canada.
Monnaie d'Angleterre (règlement de la); t. I, introduction.
Miobolo, monnaie de cuivre dans les Iles Ioniennes.
Mirliton, vieille monnaie d'or française.
Miro, mesure d'huile à Venise.
Miscal, poids pour l'or, l'argent, les perles et les pierres précieuses, dans la Perse, l'Arabie et la Turquie, et dans quelques parties de l'Inde orientale.
Mistate, mesure d'huile dans quelques parties du Levant.
Misura, mesure de blé et de terre des états Ioniens.
Misurella, mesure d'huile à Naples.
Mitkul, monnaie d'or et de compte dans la Barbarie.
Mite, ancienne monnaie anglaise de cuivre; c'est encore une division du grain troy.
Miter, division de la livre flamande.

Mitre, mesure liquide à Tunis.

Mittlen, mesure de blé à Ulm.

Mocha, poids d'Abyssinie.

Moco, petite monnaie des Indes occidentales. Iles Sous le Vent.

Modius, ancienne mesure grecque de terre. C'est encore une mesure de capacité grecque et romaine.

Moeda, voyez *joanese*.

Moggia, mesure de terre à Naples.

Moggio, mesure italienne employée principalement pour le blé. Voyez *Ferrare*, *Mantoue*, etc.

Mohur, monnaie d'or des Indes orientales. Voyez *Calcutta*.

Moidore, ancienne monnaie d'or du Portugal.

Molt, mesure de blé d'Oldembourg.

Mondello, mesure de blé en Sicile.

Mondino, mesure sèche à Gênes.

Moneta, mot italien employé pour monnaie.

Moneta bianca, **Moneta d'oro**, à Nuremberg.

Moneta buona, **Moneta lunga**, à Livourne, etc.

Moneta di cartularo, à Gênes.

Moneta corrente, monnaie courante.

Moneta del giro, de Bolsano.

Moneta imperiale, de Milan.

Moneta di paghe, de Gênes.

Moneta di permesso, de Gênes.

Moneta piccola, de Venise.

Monnaie provinciale, de Venise.

Monnaie, définit.; t. I, introduction.

Monnaie de compte; t. I, introduction.

Monnaie de change; t. II, 21 et suiv.

Monnaie noire et **blanche** de Bavière.

Monopole, concentration d'une marchandise dans une ou plusieurs mains.

Moo, poids du Pégu.

Mood, mesure de capacité à Maroc.

Moon, poids de quelques contrées de l'Inde. Voyez *Aurungabundar*.

Moose, mesure sèche en Chypre.

Morah, mesure de grain à Bombay, etc.

Morgen, mesure de terre de Hollande, d'Allemagne, etc. Voy. *Amsterdam*, *Berlin*, etc.

Mortgage (hypothèque), engagement de terres, de maisons, ou de marchandises, données comme garantie d'une somme prêtée. L'emprunteur s'appelle *mortgager*, et le prêteur *mortgage*.

Motureau, mesure de blé à Nice.

MOUVER, mesure de blé dans quelques parties de la Hollande.
MOYO, mesure de vin en Espagne, et mesure de blé en Portugal.
MOZZETTA, mesure sèche dans les États Ioniens.
MUCE, mesure liquide dans les îles françaises des Indes occidentales.
MUCKE, mesure de blé à Anvers.
MUDDE, mesure de blé en Hollande et au Brésil.
MUHLMASSEL, mesure de blé à Vienne.
MUID, mesure de capacité en France et en Allemagne.
MULCTS (amendes), impôts mis sur les marchandises ou bâtimens employés à l'entretien des consuls et des garnisons, etc.
MUNTZE, mot allemand dont on se sert pour désigner toutes les petites monnaies en général. On l'emploie encore dans les monnaies de comptes de plusieurs endroits de l'Allemagne.
MURAJOLA, petite monnaie à Bologne.
MUSCHJE, mesure liquide de Hollande.
MUSCAL, voyez *misçal*.
MUTCHKIN, mesure liquide d'Écosse.
MUTH, mesure de capacité dans quelques parties de l'Allemagne.
MUTT, mesure de blé en Suisse.
MYRIARE, MYRIAGRAMME, MYRIALITRE, MYRIAMÈTRE, 10000 ares, grammes, etc. dans le nouveau système de France.

N.

NAIL, division du yard anglais.
NAPOLÉON, monnaie d'or française.
NASARA, monnaie d'argent de Tunis.
NAULAGE, frêt pour transporter des marchandises ou personnes par mer ou sur une rivière.
NEAT, net weight, poids d'une marchandise seule, sans tonneau et sans enveloppe.
NELLO, poids à Sumatra, à Pondichéry, etc.
NET PROCEEDS (produit net), montant ou somme que les marchandises donnent après avoir fait toutes les déductions nécessaires.
NEVE, poids du Masulipatam.
NIETRO, mesure de vin dans l'Aragon.
NOBLE, ancienne monnaie d'or anglaise; introduction, vol. I.
NOIR ou DOG, monnaie de cuivre dans les îles françaises de l'Inde occidentale.
NONCLAIM, non-réclamation lorsqu'un créancier néglige de faire sa demande dans le temps fixé par la loi et perd son droit.
NOSSEL, mesure liquide de quelques contrées de l'Allemagne. Voyez *Brunswik*, etc.

NOTARY PUBLIC (notaire public), personne désignée par la loi pour attester les actes et autres écrits, et aussi pour noter et protester les lettres de change, les traites, et billets refusés ou retournés.

NOTE, ordre écrit pour de l'argent, d'une somme.

NOTES PROMISSORY, billets à ordre.

NOTIFICATION, c'est l'acte d'un notaire qui signifie qu'un billet sera protesté de suite, ou qu'il sera protesté à l'échéance s'il n'est pas acquitté.

NUSFIEAH, mesure liquide d'Arabie.

O.

OBAN, monnaie d'or du Japon.

OBLIGATION, promesse contenant une amende, avec une condition annexée au paiement d'une somme.

OBLIGÉ, celui auquel on souscrit une obligation.

OBLIGER, celui qui fait une obligation, ou celui par lequel elle doit être remplie.

OBOLO, monnaie de compte et monnaie de cuivre des Iles Ioniennes.

OBOLUS, ancien poids grec.

OCCA, vieux poids de Hongrie. C'est encore un poids turc.

OCHAVO, monnaie de compte et monnaie de cuivre espagnole et des Iles de Canaries; c'est aussi un poids pour l'argent en Espagne.

ODOR, mesure d'huile à Majorque.

OERTGEN, monnaie de compte à Embden.

OERTLIN, poids à Revel.

OESSEL, mesure liquide à Berlin, Hambourg, etc.

OHM, mesure de vin d'allemagne, de Prusse et de Suisse.

OITAVA, petit poids de Portugal.

OKE, OKA, ou OCCA, poids turc et arabe. Voyez *Bassora*, *le Caire*, etc.

OLLA, mesure liquide de la Galice.

OLLOCK, mesure de capacité à Madras.

OMNIUM, voyez *stocks*, *fonds publics*.

ONCETTA, monnaie d'or de Naples.

ONCIA, poids d'Italie. Voyez *Florence*.

ONZA, monnaie de compte et monnaie d'or de Sicile.

ORE, monnaie de compte et monnaie de cuivre de Suède.

ORLONG, mesure de terre de l'île du prince de Galles.

ORNA, mesure liquide à Fiume et à Trieste.

ORT, monnaie de compte d'Allemagne, de Norwège, du Danemark et de Riga. C'est encore un poids du Danemark et une mesure sèche de Suède.

Ortgen, petit poids du Hanovre.
Osella, monnaie d'or de Venise.
Osella, monnaie d'argent de Venise.
Osmine, mesure de capacité de Russie.
Ottava, poids pour l'or et l'argent à Bologne.
Ottingar, mesure liquide de Finlande.
Once, division de la livre en divers pays.
Ounce ou Onzia, monnaie de compte en Sicile; c'est encore une monnaie d'or et d'argent sicilienne.
Ounce, monnaie d'argent de Malte.
Outava, division du marc dans le Portugal.
Oxhoft, Oxhoofd ou Oxhufd, mesure de vin de différens endroits de l'Europe.
Oxhybathon, ancienne mesure liquide de la Grèce.

P.

Pas, mesure de longueur en Angleterre et autres pays; t. i, introduction.
Pack de drap, en Allemagne, 220 pièces.
Pack, ballot de marchandises, de poids variable, mis au roulage. Le ballot de laine est en général de 240 liv.
Packer (emballeur), personne qui emballe les marchandises.
Pagliazza, mesure liquide à Céphalonie.
Pahaw, poids de Borneo.
Pagode, monnaie d'or des Indes orientales; c'est aussi un poids de l'Inde orientale, pour l'or et l'argent. Voyez *Madras*.
Pajack, mesure de blé en Russie.
Palesta, ancienne mesure de longueur des Grecs.
Pally, mesure de capacité des Indes orientales. Voyez *Calcutta*.
Palm ou Palmo. mesure de longueur en divers pays. Voyez *Bergen*, *Carrare*, etc.
Palma, mesure de longueur de l'ancienne Rome.
Pan, mesure de longueur du vieux système français.
Panal, mesure de blé à Marseille.
Panching, la moitié de la cosse du cacao, employée aux Iles de la Sonde, comme mesure.
Panillo, mesure liquide d'Espagne.
Paolo, petite monnaie d'argent à Florence, Rome, et autres endroits d'Italie.
Papier Crédit; t. i, introduction.
Papier Monnaie de Suède. Voyez *Suède*.
Papier Monnaie de Portugal. Voyez *Lisbonne*.

PAPETTO, petite monnaie d'argent romaine.
PAR DATE, date au pair, d'effets; t. II, 13.
PAR OF EXCHANGE, pair du change; t. II, 14; (calculs du) 146.
PARA, petite monnaie turque; la même que le divani, monnaie d'Abyssinie; t. I, 1.
PARAH, mesure de blé des Indes orientales. Voyez *Madras*, *Bombay*, etc.
PARASANG, la lieue de Perse.
PARDO, monnaie de bas argent et de compte à Acheen et à Goa.
PARPAJOLA, ancienne monnaie d'argent de Gênes.
PARRAH, mesure de capacité à Ceylan.
PART OWNERS, copropriétaires de vaisseaux.
PASS IN CONFORMITY (état de conformité), reconnaissance qu'un compte donné est corrigé.
PASSO, mesure de longueur de Portugal, d'Espagne et d'Italie.
PASSUS, ancienne mesure itinéraire de Rome.
PATACA, monnaie d'argent du Brésil.
PATACA, monnaie de compte de Naples.
PATACA, nom donné en Égypte à la piastre allemande.
PATACA CHICA, et PATACA GOURDA, deux monnaies de compte d'Alger.
PATACK, monnaie de Batavia.
PATAGON, monnaie d'argent de la Suisse et de Liège.
PATACON ESPAGNOL, la piastre forte.
PATACON RIXDOLLAR, monnaie de compte et de change à Anvers.
PATARD, monnaie de cuivre de Flandre.
PATTY, petite monnaie de Tranganie.
PAUNCHEA, monnaie de compte de Bombay.
PAYEE, la personne à laquelle un billet est payable.
PAIEMENS, certaines époques à Lyon et en d'autres lieux où l'on effectue généralement le remboursement des billets.
PECCO, monnaie de compte dans quelques endroits de Java.
PECK, mesure pour les marchandises sèches en Angleterre.
PECUL, poids de la Chine et de quelques parties des Indes orientales.
PENDULE A SECONDES (longueur du) à différentes latitudes; t. I, introduction.
PENNING, monnaie de compte de Hollande et des Pays-Bas. C'est aussi un petit poids de l'Allemagne et de la Suisse.
PENNY, monnaie de cuivre d'Angleterre.
PENNY WEIGHT, division de l'once troy en Angleterre et en Hollande.
PERCHE, mesure de terre d'Angleterre, de France et d'autres pays.
PERIOT, division du grain anglais.
PERMIS, monnaie de change de Flandres.
PERMIS, licence ou autorisation pour passer ou acheter des marchandises qui ont payé le droit.

PERPERO, monnaie d'argent de Raguse.

PERPÉTUITÉ, c'est lorsqu'on acquiert le nombre d'années voulu pour une annuité perpétuelle.

PERTICA, mesure de longueur et mesure de terre d'Italie.

PES, ancienne mesure romaine de longueur.

PESAGE, ce qu'on paye pour la détermination du poids des marchandises.

PESETA, monnaie d'argent d'Espagne.

PESETA MEXICAIN, monnaie d'argent espagnole, le quart du dollar, ou piastre espagnole.

PESETA PROVINCIAL, monnaie de bas argent espagnole.

PESO, synonyme de dollar.

PESO DE PLATA, dollar de change.

PESO DURO, hard dollar, piastre forte.

PESO, mot italien qui signifie poids.

PESO GROSSO et PESO SOTTILE, le grand et petit poids à Venise, etc.

PESO, poids de Damas.

PETERMANGEN, monnaie de compte de Coblentz et de Trèves.

PEZZA, PEZZA DA OTTO REALI, ou PEZZA DELLA ROSA, monnaie de compte et monnaie d'argent de Toscane; le mot pezza signifie quelquefois dollar.

PEZZA, mesure de terre à Rome.

PFENING, monnaie de compte en Allemagne, Pologne, Danemark et Prusse, etc. C'est aussi un petit poids.

PFUND, mot allemand qui exprime une livre.

PFUNDSCHWER, en Allemagne 300 livres.

PFUNDPENNING, monnaie de compte de la Bavière.

PHERRA, mesure de blé à Surate.

PIASTRE, monnaie de compte et monnaie d'argent en Turquie et dans le Levant.

PIASTRE, dénomination générale de la piastre espagnole.

PIASTRINE, voyez *pistereen*.

PIC ou PIKE, mesure de longueur en Turquie, Égypte, etc.

PICCIOLO, monnaie de compte en Sicile et Malte.

PICCOLO, terme appliqué à la monnaie courante effective de Venise; aussi monnaie de compte à Bergame.

PICE, monnaie de compte et monnaie de cuivre dans les Indes orientales. Voyez *Calcutta*.

PICOTIN, vieille mesure sèche de France et de Barcelonne.

PIÈCE DE HUIT, piastre espagnole. Aussi monnaie de compte dans les îles Hollandaises et Danoises des Indes occidentales.

PIÈCE DE DEUX-TIERS. Voyez *tiers*.

PIÈCE, mesure pour l'eau-de-vie à Bordeaux, et mesure liquide en Allemagne.

PIED ou PIED DE ROI, pied français dans l'ancien système de mesures.

Pig, de plomb, 301 livres.
Pignata, mesure pour l'huile à Gallipoli et à Naples.
Pike, voyez *pic.*
Pilotage, monnaie payée pour le pilotage d'un vaisseau.
Pint, Pinta ou Pinte, mesure de capacité en Angleterre et autres contrées, variant dans différentes places.
Pintger, mesure de vin à Cologne.
Pipe, mesure de vin en Angleterre, Espagne, Portugal, etc.
Pipe, de sel. Voyez *Bordeaux.*
Piso, poids sur la côte de Guinée.
Pistereen ou Piastrine, nom que l'on donne, dans les Indes occidentales, à la peseta espagnole.
Pistole, Allemagne, monnaie d'or. Voyez *Casselle.*
Pistole italienne. Voyez *doppia.*
Pistole espagnole. Voyez *doublon.*
Pistole suisse, monnaie d'or. Voyez *Bâle, Berne,* etc.
Pities, petite monnaie de plomb dans l'île de Java.
Plack, petite monnaie d'Écosse.
Placket ou Plaquette, monnaie d'argent des Pays-Bas.
Plappert, monnaie de compte en Suisse.
Plate ou Plata, vieille et nouvelle, deux monnaies de compte en Espagne.
Plates, grande monnaie de cuivre en Suède.
Plott, monnaie d'argent suédoise.
Pocket, ballot de laine, 120 livres; de houblon, $1\frac{1}{4}$ cent.
Poegel, mesure liquide en Danemark.
Poele, mesure liquide dans quelques parties du Danemark.
Poids de fer, livre pour les marchandises lourdes à Neufchâtel.
Poids faible et Poids fort, livre légère et forte en usage à Genève.
Poids de marc, poids légal de France, d'après l'ancien système.
Poids de soie, vieux poids en usage à Lyon.
Poids de table ou Poids de ville, poids usité à Lyon et à Marseilles.
Poids de vicomté, livre forte en usage à Rouen.
Poinçon, mesure pour l'eau-de-vie dans quelques parties de la France.
Pole, mesure de longueur en Angleterre, etc.
Police d'assurance, acte ou écrit donné par les assureurs d'un vaisseau ou de marchandises, au marchand ou propriétaire, par lequel ils s'engagent à payer la somme assurée en cas de perte.
Pollam, poids à Madras et autres parties des Indes orientales.
Pollegada, mesure de longueur en Portugal.
Polonick, mesure de blé à Trieste.
Polpoltin, monnaie d'argent en Russie.

Poltin, monnaie de Russie, d'or et d'argent.

Polturat, monnaie de cuivre de Hongrie.

Polushka, monnaie de cuivre de Russie.

Ponte, monnaie de compte en Sicile.

Pood, poids de Russie.

Pool, poids en usage sur la côte du Malabar.

Poot, pièce d'étain, employé comme monnaie et comme poids à Junkceylan.

Porrone, mesure liquide à Barcelonne.

Portage, gages d'un matelot dans le port.

Port sale, vente de marchandises sur le quai. C'est aussi une vente à la plus haute enchère.

Portugalese, monnaie d'or de Lubec.

Posse, mesure de terre en Suisse.

Post entry, entrée additionnelle faite aux douanes, par un marchand, lorsque la première se trouve trop peu considérable.

Pot, d'aile, mesure liquide en Angleterre, généralement un quart. Aussi mesure liquide en France, Suisse, Danemark, etc.

Pote, mesure liquide en Portugal.

Potée, ancienne mesure de vin en France.

Pottle, mesure pour le blé et autres denrées sèches en Angleterre.

Pouah, voyez *pice*.

Pouce, mesure de longueur en France.

Pougnerée, mesure de terre dans quelques parties de la France.

Pound, livre, unité de poids en Angleterre, et dans une partie de l'Europe.

Pound, monnaie de compte dans les Iles et Colonies Britanniques, et dans le nord de l'Amérique. Aussi monnaie de compte à Strasbourg, et dans quelques parties de l'Allemagne.

Pound flemish, monnaie de compte en Flandres; et monnaie de change à Amsterdam et Hambourg.

Poundage, droit d'un shilling par livre, payé primitivement au roi sur les marchandises importées et exportées, à l'exception de celles qui paient le tonnage, et sur les billions, les diamans et plusieurs autres.

Pran, division du temps dans les Indes orientales.

Pre-emption, premier achat, ou achat avant tout autre.

Premium, prime, somme payée pour assurer les vaisseaux, les marchandises et les maisons.

Price current (cours), tableau de la valeur courante des marchandises, publié dans les places de commerce.

Primage, bonification, ou tant pour cent, qu'on accorde sur le fret au capitaine et à l'équipage d'un vaisseau à leur arrivée dans un port, ou lorsqu'ils en sortent.

PRISAGE, part du roi dans les prises maritimes.
PROCURATION, voyez *lettres d'Attorney*.
PRODUIT, en affaire de commerce, les marchandises indigènes d'un pays.
PROMISSORY NOTE, billet à ordre; t. II, 9.
PROTÊT, d'un billet; t. II, 5.
PROVENDA, mesure de blé à Ancône.
PUBLICA, monnaie dans le royaume de Naples.
PUCCA, poids dans les Indes orientales.
PUDDY, mesure de capacité à Madras.
PUL, division du temps dans les Indes orientales.
PULGADA, pouce.
PUNCHEON, mesure liquide en Angleterre.
PUNN, monnaie de compte dans le Bengale.
PUNKHO, poids pour l'or et l'argent dans le Bengale.
PUNT ou PONT, mesure de longueur en Chine.
PURSE, bourse en Turquie, somme de 500 aspres; voyez *Constantinople*. En Égypte de 75,000 aspres.
PURSER, boursier d'un bâtiment, personne qui tient les comptes du bâtiment, et a soin des provisions.
PUSSAREE, mesure de capacité dans le Bengale.
PUTTO, mesure de capacité dans l'Aurungabundar.

Q.

QUADRANS, chez les anciens Romains, la quatrième partie d'une quantité telle que le pied, la livre, etc.
QUADRATO, mesure agraire en Toscane.
QUADRUPLE, monnaie d'or espagnole.
QUAN, monnaie réelle à Faifoe.
QUARANTAINE, temps qu'un bâtiment, soupçonné d'avoir la peste, est obligé d'être sans communication avec la côte. Il y a aussi des droits imposés sur les navires qui se trouvent dans ce cas.
QUART, mesure de capacité en Angleterre, en France, en Allemagne, etc.; voyez ces articles, mesures de capacité.
QUART, de beurre, à Libau.
QUARTALE, mesure de blé en Arragon.
QUARTARO, mesure de capacité à Milan, Venise, etc.
QUARTAROLLE, mesure de blé dans quelques parties de l'Italie. Voyez *Bologne*, etc.
QUARTAUT, mesure de vin dans quelques parties de la France.
QUARTEEL, mesure pour l'huile de baleine à Amsterdam, Hambourg, etc.

QUARTEL, mesure liquide à Munich.

QUARTER, mesure de blé en Angleterre. C'est aussi une mesure de capacité en Suède; et une mesure liquide à Brême.

QUARTERA, mesure de blé dans quelques parties de l'Espagne. Voyez *Barcelone*, etc.

QUARTERÉE, ancienne mesure agraire en France.

QUARTERON ou QUARTERONE, mesure liquide à Genève, et dans quelques parties de l'Italie et de l'Espagne. Voyez *Gênes*, etc.

QUARTIER, mesure liquide en Allemagne. C'est aussi une mesure de blé à Nice.

QUARTIERE, mesure de blé en Italie.

QUARTICINO, mesure de blé à Bologne.

QUARTILLO, mesure de capacité en Portugal et en Espagne. C'est aussi un poids en Aragon.

QUARTIN, mesure liquide à Majorque.

QUARTINHO, monnaie d'or de Portugal.

QUARTINILLO, mesure liquide à Majorque.

QUARTINO, mesure de blé à Ferrare, Milan, etc.

QUARTLIN, mesure de vin en Allemagne et en Suisse.

QUARTO, monnaie de compte et monnaie de cuivre en Espagne. C'est aussi un poids pour l'or et l'argent. C'est également une mesure de longueur à Valence.

QUARTO, mesure de capacité en Italie. C'est aussi un poids à Venise.

QUARTUCCE, mesure de capacité en Italie.

QUATTRINO, monnaie de cuivre en Italie. C'est aussi une mesure de longueur en Toscane.

QUENTIN, petit poids en Allemagne, Norwège, etc.

QUEST-MEN, personnes chargées de surveiller les abus, surtout ceux qui se rapportent aux poids et mesures.

QUEUE, mesure de vin, dans l'ancien système de France.

QUILATE, mot espagnol et portugais, employé pour carat.

QUILLOT, voyez *killow*.

QUINT et QUINTIN, voyez *Quentin*.

QUINTAL ou KINTAL, poids anglais qui varie de 100 à 120 livres.

QUINTAL, poids du Continent, de Turquie, d'Égypte, etc. Voyez *Alexandrie*, *Alicante*, *Berne*, etc.

QUINTAL MÉTRIQUE, 100 kilogrammes.

QUINTEL, poids à Breslau.

QUINTLIN, poids en Suisse, Allemagne et Prusse.

QUINTO, poids en Guinée.

QUIRE, main de papier, 24 feuilles.

QUOTATION, cote, tableau des prix du change.

QUOTED ON BOARD, prix auquel un négociant convient d'embarquer ses marchandises, qui sont livrées franches de tous frais de transport à l'acheteur.

R.

RABAIS, déduction de tant pour cent, du prix convenu des marchandises.
RACK WINES, vins soutirés.
RACIONE, mesure de blé à Cadix et Malaga.
RADER FLORIN, monnaie de compte à Cologne.
RAFACTION, voyez *réfaction*.
RAGE, mesure sèche dans les îles de la Sonde.
RAGUSINA, monnaie d'argent de Raguse.
RAIE, ancienne mesure de superficie française.
RAIK, mesure de grain dans le Bengale.
RAME, de papier, 20 mains.
RAPPE, petite monnaie réelle et de compte en Suisse.
RASH, mesure de sel à Bombay.
RASIÈRE ou RAZIÈRE, mesure de blé à Dunkerque et autres parties de la Flandre.
RASO, mesure de tissus en Italie.
RATHSPRÆSENTGER, monnaie d'argent d'Aix-la-Chapelle.
RATISBONINA, monnaie de compte de Ratisbonne.
RATTLE ou RATTEL, poids en Arabie.
RAZIÈRE, voyez *viertel* et *rasière*.
REA, voyez *rei*.
RÉAL, monnaie de compte espagnole, et monnaie d'argent.
RÉAL ou RÉALE, monnaie de compte à Florence et en Sardaigne.
RÉASSURANCE, contrat par lequel un premier assureur se décharge des risques qu'il courait, et les met au compte d'un autre qu'on appelle réassureur.
REBEBE, mesure de blé en Égypte.
REÇU, reconnaissance écrite d'une somme d'argent.
RÉCÉPISSÉ, voyez *reçu*.
REI, monnaie de compte en Portugal. C'est aussi une monnaie imaginaire à Bombay.
RECHANGE, prix d'un nouveau change que paye un effet protesté; ce nouveau change doit être remboursé au porteur par le tireur ou endosseur.
REFACTION, déduction du prix, pour dommage.
REFUNDING, remboursement d'une somme, reçue en vertu d'un contrat qui n'a pas été exécuté.
REGENSBURGER, monnaie de compte de Ratisbonne.
REGRATING, vente et achat nouveau dans le même marché, de blé et autres provisions,

REICHSFLORIN ou REICHSGULDEN, voyez *florin*.

REICHSTHALER, voyez *risdale*.

RELEASE, abandon d'un droit à une action qu'une personne a contre une autre.

REMANCIPATE, vendre ou retourner une marchandise à celui qui l'a d'abord vendue.

REMÈDE de la Monnaie; t. I, introduction.

REMISE, faire passer de l'argent ou des lettres de change à une place éloignée.

RENTE, dans les fonds français, synonyme de revenu, d'annuité.

RESCONTRE ou SCONTRO, manière de régler le paiement des lettres de changes dans quelques places du Continent, telles que Augsbourg, Bolsano, Novi, etc.

RESPONDENTIA, contrat par lequel on prête de l'argent sur consignation de marchandises.

RESTIERE, mesure de blé en Sardaigne.

RESTITUTION, remboursement qu'a droit d'exiger une personne qui a mal à propos payé une somme.

RETAIL, détail, vente de marchandises par petites quantités.

RETENUE, déduction faite à la Monnaie, en France, pour les frais du monnayage de l'or et de l'argent.

RETURNS, terme qui exprime la valeur, soit en marchandises soit en argent, retournée au consignateur d'une cargaison ou d'une partie de marchandises, par le consignataire. On dit aussi un retour d'effets.

RETURNS, dans le change; t. II, 108.

REZAL, mesure de blé à Strasbourg.

RIAL, voyez *réal*.

RICHTPFENNING, petite division du poids de Cologne.

RICKSGOLD ou RICKSGALD, papier courant en Suède.

RIESSE, terme employé dans les évaluations en Allemagne.

RIGSBANK, de Danemark; t. I, 94.

RIKSDALER, voyez *risdale*.

RING, en Allemagne, signifie 240 pièces.

RING, de douves, à Hambourg. Voyez *Hambourg*.

RISDALE, monnaie de compte et monnaie d'argent dans la plus grande partie du Continent.

RIXFLORIN, voyez *florin*.

ROBI, mesure de longueur à Alger.

ROD, voyez *pole*. ROD, est aussi une mesure de longueur et de superficie en Suède.

ROED, voyez *perche*.

ROENENG, mesure itinéraire à Siam.

ROOD, mesure de terre en Angleterre.

ROQUILLE, mesure liquide aux îles françaises des Indes occidentales.

ROTTOLO, poids dans un grand nombre de pays.

Roupel, mesure de blé en Dalmatie.
Rubbio, mesure de capacité en Italie. C'est aussi un poids.
Rubieh, monnaie d'or de Turquie.
Ruble, rouble, monnaie de compte et monnaie d'or et d'argent en Russie.
Rundlet, tonneau pour les liqueurs, dont la capacité est de 3 à 20 gallons.
Runstick, monnaie de compte et de cuivre de Suède.
Roupie, monnaie de compte et monnaie d'argent dans les Indes orientales.
Roupie d'or, voyez *mohur.*
Ruspo, voyez *sequin italien.*
Ruspone, monnaie d'or de Toscane.
Ruthe, mesure de longueur dans plusieurs pays, mesure de terre en Allemagne.
Ruttee, poids pour perles à Bombay. C'est aussi un poids d'or et d'argent à Aurungabundar et à Surate.
Ryder ou Ruyder, monnaie d'or en Hollande.
Ryksdaler, voyez *risdale.*
Ryksort, monnaie d'argent danoise.

S.

Saccata, mesure de terre en Italie.
Sacco, voyez *sack.*
Sack, mesure pour les charbons, blés et autres marchandises sèches en Angleterre. C'est aussi une mesure de blé dans la plupart des pays.
Sack, de coton en laine, de $1\frac{1}{2}$ à 4 cent; laine de brebis, 26 stones de 14 liv.; mais en Écosse, 24 stones de 16 liv.
Sache ou Saze, mesure de longueur en Russie. Voyez *sashine.*
Saggio, division de l'once, poids de soie, à Venise. Voyez *sazio.*
Saime, monnaie de compte à Algers.
Salma, mesure de capacité en Italie, Sicile, et à Malte.
Salvage (sauvetage), gratification faite à ceux qui arrachent des bâtimens ou des marchandises aux dangers de la mer, ou les retirent des mains de l'ennemi.
Sample, petite quantité d'un article mis à la vente, comme échantillon.
Sarplar, de laine, moitié d'un sac, ou 40 tods.
Sashine, toise de Russie.
Sat, mesure de blé à Siam.
Satare, mesure de blé à Bergame.
Sattalie, monnaie de compte à Bencoolen et à Batavia.
Saum, mesure liquide en Allemagne et en Suisse. C'est aussi un poids et un terme d'usage dans les évaluations en Allemagne.
Sazio, poids à Venise.

SCALIN, voyez *escalin*.
SCANDAGLIO, voyez *escandaglio*.
SCHAAF, monnaie de compte à Embden.
SCHAFF, mesure de blé dans quelques parties de l'Allemagne.
SCHEDULE, état des effets remis par un failli aux syndics de la faillite.
SCHEFFEL, mesure de blé en Allemagne, en Prusse et en Suisse.
SCHEFFEL, mesure de terre à Hambourg.
SCHEPEL, mesure de blé en Hollande.
SCHERFFE, monnaie de compte à Lunebourg.
SCHILLING ou SHILLING, monnaie de compte de cuivre ou monnaie de bas argent dans plusieurs endroits de l'Allemagne, de la Hollande et de la Pologne.
SCHIPFUND, voyez *shipfund*.
SCHLECHTHALER, monnaie de compte à Aix-la-Chapelle.
SCHOCK, voyez *shock*.
SCHOPP, mesure liquide de Francfort et de Wirtemberg.
SCHOTT, petit poids en Prusse.
SCHUIT, lingot d'argent employé comme monnaie au Japon.
SCHWARE, voyez *sware*.
SCILIQUE, division du poids d'apothicaire, dans l'ancien système de France.
SCONTRO, voyez *rescontre*.
SCORZO, mesure sèche à Rome.
SCRUPLE ou SCRUPULE, petit poids en Angleterre et autres pays, qu'emploient surtout les apothicaires.
SCRUPULE, mesure de longueur à Ulm; t. I, 431.
SCRUPULUM, division des poids et mesures des anciens Romains; t. II, 259.
SCUDINO, monnaie d'or de Modène; t. I, 335.
SCUDO, monnaie d'argent en Italie, en Sicile et à Malte; t. I, 318, 324; t. II, 199.
SCUDO, c'est également une monnaie de compte en différentes parties d'Italie, et encore en Sicile et à Malte; t. I, 24; t. II, 156. Scudo corrente; t. I, 51, 157. Scudo d'argento; t. I, 161. Scudo bianco; t. I, 326. Scudo di cambio; t. I, 54. Scudo d'oro; t. I, 126, etc.
SEAH, ancienne mesure de capacité des Juifs; t. II, 261.
SEAM, de verre, poids de 24 stone de 5 liv. chaque. Seam de blé ou de drèche 8 boisseaux.
SECCHIO, mesure liquide en Italie; t. I, 124, etc.
SECHSER, monnaie de Kœnigsberg.
SECHSLING, monnaie de cuivre de Hambourg.
SECHTER, mesure de blé à Francfort.
SECHZENERLIS, mesure de capacité à Berne.
SECONDE, division du temps et de l'espace.
SEER, poids des Indes orientales; t. I, 199, 203, 207, etc.

Seidle, mesure liquide d'Augsbourg, de Vienne et de Ratisbonne.
Seigneurage, voyez l'Introduction.
Seil, à Dantzic, 10 ruthes.
Seizure, saisie, confiscation, arrêt de marchandises quelconques, meubles, immeubles ou autres objets, fait d'après la loi ou par ordre du gouvernement.
Selemine, mesure de blé du Portugal et de l'Espagne; t. i, 323.
Sen, mesure de longueur à Siam.
Sequin, italien, monnaie d'or; t. i, 51, 129, etc.
Sequin, turc, monnaie d'or; t. i, 86.
Seron, caisse de différentes espèces de marchandises sèches étrangères; un seron de barille est de 3 cents; d'amendes, 2 cents; d'anis, de 3 à 4 cents, etc. C'est aussi un poids dans la Guinée; t. i, 165.
Seste, mesure de blé à Siam; t. i, 235.
Sester, mesure de blé à Strasbourg.
Seterée, mesure de superficie dans l'ancien système français; t. i, 133.
Sesthalf, monnaie de bas argent en Hollande.
Setier, mesure de capacité en France, en Suisse et en Allemagne; t. i, 133, 153, etc.
Set off, balance de dettes mutuelles; lorsque des négocians ont des réclamations mutuelles à se faire, ils peuvent les balancer entre elles; et, dans le cas de poursuites, se les opposer.
Sextario, mesure de blé en Perse; t. i, 359.
Sextarius, ancienne mesure de capacité romaine; t. ii, 259.
Sextingar, mesure liquide en Finlande; t. i, 488.
Sextule, poids d'apothicaire, dans l'ancien système de France; t. i, 133.
Sextulus, ancienne mesure et ancien poids de Rome; t. ii, 259.
Seyra, voyez *seer*.
Shahee, monnaie imaginaire à Gamron; t. i, 151.
Shatree, monnaie d'argent en Perse; t. i, 151.
Shekel, ancien poids des Juifs; t. ii, 261.
Shilling, monnaie de compte des Îles britanniques, des Indes occidentales et du nord de l'Amérique. C'est encore une monnaie d'argent en Angleterre; t. i, 286, 71; t. ii, 191, etc.
Shilling Flemish, shilling flamand, monnaie de compte et de change en Flandre, en Hollande, et à Hambourg; t. i, 13, etc.
Shippund, grand poids en Hollande, en Allemagne, en Danemark, en Suède et dans la Norwège, variant suivant les lieux; t. i, 437.
Shock, mot allemand signifiant 60 pièces; t. i, 63, 265.
Shoe, mesure de longueur à Brunswick.
Shoe, d'or, lingot employé comme monnaie en Chine; t. i, 80.
Shoenus, ancienne mesure de longueur des Juifs; t. ii, 261.

SHOSTACK, SHUSTACK ou SECHER, monnaie de compte en Prusse, en Pologne et en Hongrie; t. I, 98, 195, etc.
SHROFF, espèce de banquier dans les Indes orientales.
SIANI, monnaie de compte à Alep.
SICCA, poids de Bengale; t. I, 159.
SICCA RUPEE, roupie sicca, du Bengale, pesant 1 sicca; t. I, 198.
SICILIUM, ancienne mesure et ancien poids de Rome; t. II, 259.
SIEDEL, mesure de capacité en Bohème; t. I, 362.
SILIQUA, ancien poids romain; t. II, 259.
SILLON, ancienne mesure agraire de France; t. I, 133.
SIMMER, mesure de blé en Allemagne; t. I, 127, 347, etc.
SIMPLIUM, ancien poids romain; t. II, 259.
SIMRI, mesure de blé à Cobourg et dans le Wurtemberg; t. I, 432.
SISTRE, mesure de blé à Bruxelle.
SKEPPUND, poids de Suède; t. I, 405.
SKIEP, mesure sèche du Danemark; t. I, 91.
SKILLING, monnaie de compte, et monnaie de cuivre du Danemark, de la Suède, etc.; t. I, 90, etc.
SKOLPUND, poids commercial de la Suède; t. I, 406.
SKOYCIEC, poids polonais; t. I, 360.
SLANT, monnaie de cuivre en Suède; t. I, 403.
SLETDOLLAR, monnaie de compte du Danemark; t. I, 88.
SOALLEE, mesure sèche du Bengale; t. I, 199.
SOEKEL, poids des îles Moluques; t. I, 211.
SOK, mesure de longueur à Siam.
SOL, monnaie de cuivre et de compte en France, en Italie, en Suisse. Voyez *France*, *Genève*, etc.
SOLDO, monnaie de compte et de cuivre en Italie; t. I, 24, 39, etc.
SOLOTNICK, poids en Russie; t. I, 383.
SOMA, mesure de capacité de quelques contrées de l'Italie; t. I, 25, 39, etc.
SOMPAIE, monnaie d'argent à Siam.
SOOCOO, monnaie de compte à Bencolen.
SOVEREIGN, souverain, monnaie d'or d'Angleterre. Voyez l'Introduction.
SOU. Voyez *sol.*
SOUND DUES, péage du Sund, contribution que les Danois imposent à tous les vaisseaux qui passent le Sund.
SOUVERAIN, monnaie d'or. Voyez *Anvers*, etc.
SPAN, empan, mesure de longueur de presque tous les pays. Voyez l'Introduction.
SPANN, mesure de blé en Suède.
SPECIE, espèce, monnaie d'or et d'argent, distincte du papier monnaie; t. I, Introduction.

SPECIE MONEY, monnaie d'espèce, de Danemark.
SPINT, mesure de blé d'Allemagne; t. I, 60.
SQUARE MESURE, mesure carrée, anglaise. Voyez *Londres*.
SQUARE FEET, pieds carrés, de différens pays, comparés.
STAB, mesure de longueur de Leipsic.
STACK de bois, pille de 3 pieds de longueur, sur 3 de largeur et 12 de haut.
STADIUM, ancienne mesure grecque et ancienne mesure Juive; t. II, 261, 287.
STAJO ou STAJA, mesure de blé et d'huile en Italie; t. I, 124, 150, 318, etc.
STAMPE ou TEMPÉ, petite monnaie des Indes occidentales; t. I, 249.
STAND de poix de 2 $\frac{1}{2}$ à 3 cents.
STANDARD, étalon, des poids et mesures: c'est un poids ou mesure d'une autorité non douteuse, sur lequel on ajuste les autres.
STANDARD, étalon des monnaies anglaises. Voyez Introduction.
STANDARD OF VALUE, étalon de valeur, offrè légale. Voyez l'introduction.
STANDARDING coins et bullion, réduire des monnaies et billions à un étalon donné.
STANGIEU, mesure liquide de Pologne.
STAPLE, ville ou place désignée comme marché public pour vendre les marchandises.
STAPLE GOODS, les marchandises qui sont vendues à un staple. Ce mot est encore appliqué aux principales productions du pays et aux marchandises qui ne se corrompent pas de leur nature, comme la laine, l'acier, le fer, etc.
STARELLO, mesure de blé de Sardaigne; t. I, 393.
STARO, mesure de blé d'Italie et de la Morée; t. I, 354.
STATERA, ancienne mesure grecque; t. II, 258.
STEIGE, en Allemagne, 20 pièces.
STEKAN, mesure liquide en Hollande et en Allemagne; t. I, 15, 170, etc.
STEKAR, mesure liquide de Russie; t. I, 385.
STELLIONATE, terme qu'on applique aux rusés employées dans le cours d'un marché, et surtout lorsqu'on vend la propriété d'autrui.
STÈRE, l'unité pour les mesures solides, dans le nouveau système français.
STERLING, monnaie anglaise. On suppose que ce mot dérive de *easterlings*, c'est-dire de personnes, venues des parties orientales de l'Allemagne, qui ont fixé, sous le règne de Richard Ier, l'étalon de l'argent anglais. On a depuis lors appelé sterling le penny d'argent; et on se sert de ce mot aujourd'hui pour désigner toute espèce de monnaie légale de la Grande Bretagne.
STERLINO, poids pour l'argent, à Naples.
STIVER, monnaie de compte et monnaie de cuivre en Hollande et en Allemagne.
STOCK, fonds fournis par une société de commerce; somme principale employée au négoce. Stock, dans la tenue des livres, désigne le propriétaire ou les propriétaires des livres.
STOCK-JOBBER, personne qui trafique pour son propre compté sur les fonds publics.

Stof, mesure de capacité à Kœnigsberg, Libau, Pernau, Revel et Riga.
Stone, poids en Angleterre et en Allemagne : il varie beaucoup; t. 1, 15, 437, etc.
Stoop, mesure liquide en Hollande et en Flandres. Voyez *Amsterdam*, etc.
Stooter, petite monnaie d'argent hollandaise.
Stop, mesure de capacité en Suède; t. 1, 406.
Storage, produit des magasins.
Stotze, mesure liquide à Zurich.
Strick, mesure de blé en Bohême; t. 1, 362.
Strike, mesure de blé en Angleterre; t. 1, 292.
String, 30 pièces à Libau.
Stubgen, mesure liquide de différentes parties de l'Allemagne et du Danemark; t. 1, 60, 92, etc.
Stuck, mesure liquide à Francfort.
Stuckfass, mesure liquide à Hambourg et en Danemark.
Stuyver. Voyez *stiver*.
Styk, en Suède, 20 pièces.
Subside, secours ou tribut accordée au roi par une taxe. C'est encore une somme payée à une puissance alliée étrangère.
Succale, mesure d'huile à Sainte Maure.
Sueldo, monnaie de compte de quelques parties de l'Espagne; t. 1, 6, 28, etc.
Sultanin. Voyez *sequin turc*.
Sum, de clous, 10,000.
Sundish specie, espèce du Sund, la monnaie dans laquelle on tient les comptes au Sund, dans le Danemark; t. 1, 88.
Sundish last, last du Sund; t. 1, 107.
Supercargo, subrécargue, personne employée à bord d'un vaisseau pour surveiller la cargaison.
Supertare, allocation additionnelle.
Surcharge, charge à laquelle on a ajouté.
Sureté, c'est lorsqu'une personne se porte pour garant ou d'une dette ou d'un contrat quelconque.
Suttle Weight. Voyez *Londres*.
Sware, monnaie de compte et monnaie de cuivre de Brême et d'Oldenbourg.
Sycee, en Chine, or ou argent pur.
Syfert, monnaie de cuivre d'Embden.

T.

Table, de verre, 5 pieds carrés.
Taffee, poids de Turquie.

TALE, poids pour l'or et l'argent, en Chine et dans quelques parties des Indes orientales. C'est aussi une monnaie de compte; t. I, 70, 79, 208, etc.

TALENT, poids et monnaie qui furent généralement en usage chez les anciens mais qui diffèrent beaucoup selon les pays.

TALLARO, monnaie d'argent de Toscane, Raguse et Venise.

TALLARO, mot qui désigne dans le Levant et autres lieux, le dollar en général.

TALLY, morceau de bois pour marquer des comptes. Les officiers de l'Échiquier l'emploient; ils en prennent un dans le bureau et en donnent un autre à la personne qui paie.

TAMPANG, poids à Malacca.

TANGA, monnaie de compte à Goa.

TANK, poids à Bombay.

TAR, petite monnaie d'argent sur les côtes de Malabar; t. I, 215.

TARE, allocation dans la vente des marchandises, qui se fait généralement pour le poids des caisses, des boîtes, des sacs, etc.

TARIF, tableau du montant des impôts levés sur les marchandises. On emploie souvent ce mot pour indiquer un droit sur le monnayage.

TARO, monnaie de compte et de cuivre à Naples et à Malte.

TARRIE, mesure de blé à Alger.

TARXA, monnaie de compte de la Navarre.

TAVOLA, mesure de superficie à Crémone.

TELLERS, officiers publics qui reçoivent ou qui payent.

TEMAN, mesure de blé à Moka.

TEMIN, monnaie de compte à Alger et à Smyrne.

TERMINE, poids pour l'or et l'argent à Tunis.

TERTIAN, de vin, 2 tierces ou 84 gallons.

TESTOON ou TESTONE, monnaie d'argent en Italie et aussi en Portugal; t. I, 51, 129, 281, etc.

TETARLON, ancienne mesure grecque; t. I, 259.

THIRDS, tiers (pièce de 2), monnaie d'argent d'Allemagne qui vaut deux tiers d'une risdale de compte. Voyez *Allemagne*.

TIBERO, mesure de blé à Tripoli.

TICA, poids à Borneo; t. I, 212.

TICAL, poids pour l'or et l'argent. C'est encore une monnaie de compte et une monnaie d'or et d'argent en certaines parties des Indes orientales, particulièrement à Pégu et à Siam.

TIDESMEN, officiers destinés à surveiller le chargement et le déchargement des vaisseaux, de manière à prévenir la contrebande.

TIERCE, mesure de vin d'Angleterre. C'est aussi un poids auquel les Irlandais achètent leurs provisions, voyez *Irlande;* et une mesure liquide à Hambourg.

TIERCON, mesure liquide de Pologne; t. I, 361.

TIMBANG, mesure sèche de Batavia.

TIMBER, de fourrures, 40 peaux.

TIMPFE, ancienne monnaie d'argent de Prusse et de Pologne; t. 1, 62, 359, etc.

TIOGUE, en Suède, 20 pièces.

TIPREE, mesure sèche à Bombay.

TOD, poids pour la laine en Angleterre. Voyez *Londres.*

TOENDE, mesure de blé et d'huile dans le Danemark. C'est aussi quelquefois une mesure de superficie. Voyez *Copenhague.*

TOESA, mesure de longueur en Espagne. Voyez *Espagne.*

TOISE, mesure de longueur en France. Voyez *France.*

TOKENS, monnaie émise par des banques, des compagnies ou des individus, sous l'engagement exprès de les racheter avec la monnaie légale du royaume.

TOLA, poids pour l'or et l'argent, au Bengale, à Bombay, Surate et autres endroits de l'Inde. Voyez *Calcutta, Bombay,* etc.

TOLFT, en Suède, 12 pièces.

TOMAN, monnaie de compte en Perse et en Arabie. Voyez *Bassora, Gamron,* etc.

TOMINE, poids pour l'or et l'argent en Espagne. Voyez *Cadix,* etc.

TOMMOND, mesure pour le riz à Bételfagui.

TOMOLO, mesure de blé à Naples et autres endroits de l'Italie.

TOMPONG, monnaie à Malacca.

TON, poids en Angleterre. Voyez *Londres.*

TONELADA, mesure liquide en Espagne et en Portugal. Voyez *Alicante.* C'est aussi un poids en Portugal. Voyez *Lisbonne.*

TONNAGE, droit imposé sur chaque tonneau de marchandises. Ce mot sert encore à désigner la charge et le nombre de tonneaux placés sur un vaisseau.

TONNE, mesure de capacité dans la plupart des pays européens. Voyez *Bergen, Berlin, Brème, Revel,* etc.

TONNEAU, mesure de capacité de quelques parties de la France. Voyez *Nantes, La Rochelle,* etc. C'est aussi un poids de 2000 liv., par lequel on estimait la charge d'un vaisseau. On l'a remplacé par le millier.

TONTINE, prêt sur des rentes viagères avec bénéfice de survivance. Ainsi on accorde une annuité après que les intérêts se sont élevés à une certaine somme, à un nombre de souscripteurs qui se divisent en diverses classes suivant leur âge; et tout le capital de chaque classe est partagé chaque année entre les survivans jusqu'à ce qu'il ne tombe qu'à un, et à sa mort il retourne à celui qui a établi la tontine. Ce mot vient du nom de l'inventeur.

TOP, mesure de vin à Breslau et autres endroits de l'Allemagne.

TORNESO, monnaie de cuivre à Naples.

TOUCH, manière d'exprimer la finesse de l'or et de l'argent en Chine. C'est aussi une méthode d'essayer, avec une pierre appelée Touchstone, pierre de touche, leur finesse en divers endroits des Indes.

TOURNOIS, nom qu'on donne à l'ancienne monnaie française, ainsi qu'on désigne la monnaie anglaise sous celui de sterling.

TOWYAH, poids du Scindy.

TOWER POUND, vieux poids anglais pour monnaie. Voyez l'Introduction.

TRABUC, ancienne mesure française de longueur. Voyez *Nice*.

TRANSFER, acte par lequel un individu cède ses droits, ses intérêts et sa propriété à un autre.

TRANSIT, laissez-passer du bureau des douanes.

TRAPESO, poids à Malte, à Naples, etc.

TRET, bonification sur le poids des marchandises, de 4 liv. par 104 après la déduction de la tare.

TRONAGE, droit pour le pesage des marchandises.

TRONE WEIGHT, vieux poids encore en usage en Écosse. Voyez *Ecosse*.

TROY WEIGHT, anglais. Voyez l'Introduction.

TROYKEN, poids pour les essais en Hollande.

TRULLA, ancienne mesure de blé de Rome; t. II, 260.

TRUSS, de foin ou de paille. Voyez *Londres*.

TUAL, poids à Rangon.

TUB, de thé, environ 60 liv.; de camphre, de 56 à 80 liv.; de vermillon, de 3 à 4 cents; de beurre, 84 liv.

TUCHE, 22 aunes à Brunswick.

TUN, mesure liquide en Angleterre, Hollande et Allemagne. Voyez *Amsterdam*, *Brème*, *Cologne*, etc.

TUNNA, mesure de blé en Suède. Voyez *Suède*.

TUNNAGE, impôt de tant par tonne, sur les liqueurs importées ou exportées.

TUNNELAND, mesure de superficie en Suède. Voyez *Suède*.

TWIER, mesure de capacité à Aurungabundar.

V.

VAKIA, poids et mesure en Perse, en Arabie et en Abyssinie. Voyez *Bassora*, *Betelfagui*, *Moka*, etc.

VALES REALES, papier monnaie émis par le gouvernement espagnol.

VALL ou VALE, poids pour l'or et l'argent à Bombay et Surate.

VALUTA ou VALEUR, mot appliqué sur le Continent au taux auquel différentes monnaies sont estimées dans des transactions commerciales.

VALUTA CORRENTE, espèce de monnaie qui fut d'abord en Usage à Venise.

VARA, mesure de longueur en Espagne et dans le Portugal. Voyez *Alicante*, *Arragon*, *Lisbonne*, etc.

VARAHUN, poids à Madras.

VAT, mesure de charbon de terre en Angleterre. Voyez *Londres*. C'est aussi une mesure liquide en Hollande et en Allemagne. Voyez *Amsterdam*, *Erfurt*, etc.

VEDRO ou WEDRA, mesure liquide en Russie. Voyez *Russie*.

VELLON, monnaie dont on se sert en différentes parties de l'Espagne pour tenir les comptes; t. I, 6. Voyez en outre le mot *Espagne*; t. II, 29.

VELTE, mesure d'eau-de-vie en divers endroits de la France et de la Hollande. Voyez *Amsterdam*, *Anvers*, *Bordeaux*, *Montpellier*, *Nantes*, etc.

VENDEE, vendu, celui à qui on vend. VENDER, le vendeur, celui qui vend.

VENTE, encan ou vente publique.

VERP, mesure de blé d'Embden, etc.

VERSHOCK, mesure de drap en Russie. Voyez *Russie*.

VERST, mesure itinéraire de Russie. Voyez *Russie*.

VERSURA, mesure de longueur d'Italie. Voyez *Naples*.

VESNO, poids en Syrie. Voyez *Alep*.

VICTUALIE WEIGHT, le poids commercial de la Suède. Voyez *Suède*.

VIERDEVAT, mesure de blé en Hollande. Voyez *Amsterdam*.

VIÉRFASS, mesure de blé à Brunswick.

VIERLING, mesure de blé en Allemagne, en Hollande et en Suisse. Voyez *Augsbourg*, *Ratisbonne*, *Rotterdam*, *Wurtemberg*, etc.

VIERTEL, mesure de capacité en Allemagne, en Hollande et en Suisse. Voyez *Allemagne*, *Amsterdam*, *Bâle*, etc.

VIERTUNG, poids commercial à Nuremberg.

VINTEM, monnaie d'or d'Espagne. Voyez *Espagne*.

VINTEM, monnaie d'argent du Portugal. Voyez *Lisbonne*.

VINTIN, monnaie de compte à Goa.

VIREMENT, manière d'établir le paiement des billets ou dettes mutuelles aux foires de Lyon, et ailleurs, qui présente quelque analogie avec la méthode de liquidation suivie par les banquiers de Londres.

VIS ou VISAY, poids des Indes orientales. Voyez *Madras*, à l'article des Indes orient.

VOG, poids de Danemark.

VOUA, mesure de longueur à Siam.

U.

ULLAGE, c'est lorsqu'une tonne de liqueur n'est pas tout-à-fait pleine.

UMPIRE, personne désignée pour terminer un différend lorsque les arbitres ne peuvent s'accorder.

UNCIA, division de poids et mesures chez les Romains ; t. II, 259.
UNDERWRITTER, assureur, personne qui assure les vaisseaux, les cargaisons; ce qu'il fait en écrivant son nom sur une police d'assurance.
UNZE, mesure de blé à Wurtemberg.
URDEE, monnaie de bas argent et de compte à Bombay.
URNA, ancienne mesure liquide de Rome ; t. II, 259.
USANCE, terme d'usage pour les lettres de change tirées d'un pays sur un autre.
USURE, c'est-à-dire intérêt plus élevé que la loi ne le permet.
UTA, monnaie de quelques endroits de Java. Voyez *Indes orientales*.

W.

WAAG, poids en Norwège, en Allemagne et en Suède. Voyez *Bergen*, *Brème*, *Leipsic*, etc.
WAKEA, once d'Abyssinie; t. I, 1.
WALL, en Allemagne et en Suède, 80 pièces.
WAREHOUSE GOODS, ce sont des articles qui, une fois à terre, sont emmagasinés sur l'autorisation du propriétaire qui les abandonne pour paiement des droits, etc.
WASTE BOOK, livre qui renferme les détails réguliers des transactions d'un négociant, écrits par ordre de date.
WEBE, en Allemagne, 72 pièces.
WEIGHTS, poids, définis. *Voyez* l'introduction; les poids troy de différens pays comparés; poids avoirdupoids ; poids ancien.
WERSHOCK, mesure de drap en Russie. Voyez *Vershock*.
WERST, le mille russe. Voyez *Russie*.
WEI ou WEIGH, poids pour divers articles, et encore mesure de blé en Angleterre. Voyez *Londres*.
WHARFAGE, impôt de quai.
WHIBA, mesure de blé à Tunis.
WILLIAM D'OR, monnaie d'or de Cassel.
WISPEL, mesure de blé en Allemagne et en Prusse. Voyez *Berlin*, *Brunswick*, *Hambourg*, etc.
WISSEL, monnaie de change en Flandre. Voyez *Anvers*.
WITTEN, ancienne monnaie de compte de Danemark, de Pernau, de Stettin. Voyez *Copenhague*, *Pernau*, etc.
WOOL DRIVERS, personnes qui font le trafic de la laine, et qui la portent au marché pour la vendre ou pour la donner en échange contre d'autres objets.
WURFE, en Autriche, 5 pièces de monnaie.

X.

XERAPHIN, monnaie d'argent de Goa.
XESTES, ancienne mesure grecque de capacité; t. II, 159.

Y.

YARD, mesure de longueur d'Angleterre. *Voyez* l'Introduction. C'est aussi une mesure de 30 acres de terre.
YERMEEBESHLEK, monnaie d'or de Turquie.
YUGADA, mesure de terre en Espagne. Voyez *Valence*.
YUSDROME, nom du chequee ou livre turque. Voyez *Constantinople*.

Z.

ZAH, mesure de blé à Tunis.
ZAPPADA, mesure pour les vignobles dans les Iles Ioniennes.
ZASPEL, mesure pour la toile et la laine filée à Leipsic, contenant 1600 aunes.
ZENZERLI, monnaie d'argent et de compte en Égypte. Voyez *Alexandrie*.
ZERMAHBUB, monnaie d'or turque. Voyez *sequin*.
ZIMMER, en Allemagne, ordinairement 40 pièces.
ZLOTI, florin polonais.
ZUCCA, mesure liquide en Corse.
ZURLO, poids à Alep.

ADDITIONS.

TABLE
DES MONNAIES D'OR.

DÉNOMINATION, POIDS, TITRE ET QUANTITÉ DE FIN CONTENUE DANS CHAQUE PIÈCE, D'APRÈS L'ESSAI SUIVANT L'ANCIEN ET LE NOUVEAU SYSTÈMES; TITRES ET PRIX DE CES MÊMES ESPÈCES SUR LE PIED DU TARIF DE FRANCE.

INDICATION DES LIEUX.	DÉNOMINATION DES PIÈCES.	POIDS					TITRE SUIVANT L'ESSAI		MATIÈRE FINE contenue DANS LA PIÈCE, d'après l'essai.		TITRE ET PRIX des MÊMES PIÈCES, suivant le tarif de France.		
		Anciens.				Nouveaux.	Ancien.	Nouv.	POIDS		TITRE		PRIX des KILOGRAM.
									Anciens.	Nouveaux.	Ancien.	Nouv.	
		Onces.	Gros.	Grains.	Fractions.	Grammes. Décigr. Centigr. Milligr.	Carat 32e	Millièmes.	Grains. Fractions.	Grammes. Décigr. Centigr. Milligr.	Carat 32e	Millièmes.	Francs. Centimes.
ANGLETERRE ...	guinée	»	2	13,		8,339	21,31	915	143,71	7,630			
	demi-guinée............	»	1	6,		4,143	21,31	915	71,40	3,791	21,30	914	3139,08
	quart de guinée.........	»	»	38,		2,018	21,31	915	34,78	1,846			
	souverain	»	»										
AUGSBOURG	ducat	»	»	65,		3,452	23,20	984	63,98	3,397	23,15	978	3358,89
AUTRICHE......	pièce de 4 ducats de l'empereur..............	»	3	46,		13,916	23,20	984	257,91	13,693			
	double ducat	»	1	59,		6,958	23,22	987	129,29	6,868	23,17	980	3365,76
	ducat................	»	»	65,		3,452	23,21	986	64,07	3,404			
	ducat kremnitz ou de Hongrie...............	»	»	65,		3,452	23,22	987	64,15	3,407	23,20	984	3379,49
BADE	ducat	»	»	58,		3,081	23,21	986	57,17	3,038	23,15	978	3358,89
BALE..........	ducat	»	»	64,		3,399	22,00	917	58,67	3,117			
	pistole...............	»	2		»	7,649	21,12	891	128,25	6,815			
BAVIÈRE.......	carolin	»	2	39,		9,720	18,16	771	141,06	7,494			
	maximilien d'or.	»	1	49,		6,427	18,14	768	92,96	4,936	18,13	767	2634,22
	ducat................	»	»	65,		3,452	23,20	984	63,98	3,397	23,15	978	3358,89
	pistole (voyez *Manheim*)..	»	»										
BERNE	ducat (double et demi en proportion)	»	»	65,		3,452	23,16	979	63,65	3,380			
	pistole...............	»	1	71,		7,595	21,17	897	128,29	6,813			
BOLOGNE	(voyez *Rome*).												
BRUNSWICK.....	carl, ou pièce de 5 thalers.	»	1	53,		6,639	21,23	905	113,12	6,008			
	charles d'or, avant 1802 (double en proportion)..	»	1	53,		6,639	21,20	901	112,63	5,982			
	charles d'or, depuis 1802 (double en proportion)..	»	1	54,		6,692	21,12	891	112,22	5,963	23,15	978	3358,89
	ducat	»	»	65,		3,452	23,4	964	62,63	3,328			
COLOGNE	ducat	»	»	65,		3,452	23,16	979	63,65	3,380			
CONSTANTINOPLE	(voyez *Turquie*).												
DANEMARK	ducat courant	»	»	54,		2,868	21,1	876	47,32	2,512			
	ducat d'espèce	»	»	65,		3,452	23,16	979	63,65	3,380	23,17	980	3365,76
	chrétien d'or	»	1	54,		6,692	21,23	905	114,02	6,056			

INDICATION DES LIEUX.	DÉNOMINATION DES PIÈCES.	POIDS Anciens. Onces.	Gros.	Grains. Fractions.	POIDS Nouveaux. Grammes. Décigr. Centigr. Milligr.	TITRE SUIVANT L'ESSAI Ancien. Carat 32^e	Nouv. Millièmes.	MATIÈRE FINE contenue dans la pièce, d'après l'essai. POIDS Anciens. Grains. Fractions.	Nouveaux. Grammes. Décigr. Centigr. Milligr.	TITRE ET PRIX des mêmes pièces, suivant le tarif de France. TITRE Ancien. Carat 32^e	Nouv. Millièmes.	PRIX des kilogram. Francs. Centimes.
Espagne	quadruple ou doublon avant 1773	»	7	4,	26,982	21,26	909	461,70	24,527			
	double pistole avant 1772	»	3	38,	13,491	21,26	909	230,85	12,263	21,26	909	3121,91
	pistole avant 1772	»	1	55,	6,745	21,26	909	115,42	6,131			
	doublon de 1772	»	7	4,	26,982	21,14	893	453,76	24,095			
	demi-pistole	»	»	63,	3,346	21,12	891	56,11	2,981	21,14	893	3066,96
	quart de pistole	»	»	33,	1,753	21,8	885	29,22	1,551			
	quadruple de 1801	»	7	4,	26,982	»	»	»	»			
	double pistole	»	3	38,	13,491	»	»	»	»			
	coronillo	»	»									
États-Unis	aigle (demi et quart en proportion)	»	2	20,	8,711	21,29	913	149,69	7,953			
Flandre	(voyez *Autriche*).											
Florence	(voyez *Toscane*).											
France	double louis (avant 1786)	»	4	18,	16,253	21,21	902	276,12	14,660			
	louis	»	2	9,	8,127	21,21	902	138,06	7,331	21,22	904	3104,74
	demi-louis	»	1	4 ½	4,063	21,16	896	68,53	3,640			
	louis depuis 1786	»	2	9,	8,127	21,16	896	137,06	7,282	21,16	896	3077,26
	louis double	»	4	18,	16,253	21,16	896	274,13	14,563			
	napoléon ou pièce de 40 francs	»	3	26,930	12,903	21,19	900	218,57	11,613			
	napoléon ou pièce de 20 francs	»	1	49,465	6,451	21,19	900	109,29	5,806			
	double louis (de même que le napoléon).											
Franc.-s.-le-M.	ducat	»	»	65,	3,452	23,20	984	63,98	3,397	23,17	980	3365,7
Genève	pistole	»	1	54,	6,692	21,16	896	112,88	5,996	21,29	913	3135,6
	pièce de 3 pistoles	»	4	34,	17,103	21,30	914	294,33	15,632			
Gênes	doppie ou double pistole	»	3	37,	13,438	21,22	904	228,62	12,148	23,28	995	3417,2
	sequin	»		65,	3,452	23,28	995	64,66	3,435			
	genovine de 100 livres	»	7	26,	28,151	21,24	906	480,31	25,505			
	nouvelle genovine de 96 livres ou 4 pistoles, pièce de la république ligurienne	»	6	42,	25,177	21,25	908	430,18	22,861			
	nouvelle genovine de 48 livres	»	3	21,	12,588	21,30	914	216,63	11,505			
Hambourg	ducat (double en proportion)	»	»	65,	3,452	23,12	974	63,31	3,362	23,17	980	3365,7
Hanovre	george d'or	»	1	53,	6,639	21,22	904	112,96	6,002	21,20	901	3094,4
	ducat	»	»	65,	3,452	23,27	993	64,58	3,428	23,15	978	3358,8
	florin d'or (double en proportion)	»	»	61,	3,240	18,26	784	47,82	2,540	18,21	777	2668,5
Hesse-Cassel	pistole	»	1	54,	6,692	21,14	893	112,55	5,976			
	guillaume d'or	»										
Hesse-Darmstadt	carolin	»	2	39,	9,720	18,16	771	141,06	7,494	18,17	772	2651,3
	ducat	»	»	65,	3,452	23,24	990	64,32	3,417	23,05	965	3314,2
Hollande	ryder de Gueldres, etc.	»	2	43,	9,933	22,	917	171,42	9,109			
	ryder	»	2	43,	9,933	22,	917	171,42	9,109	21,29	913	3135,6
	demi-ryder	»	1	21,	4,939	22,	917	85,25	4,529			
	ducat	»	»	65,	3,452	23,16	879	63,65	3,380	23,15	978	3358,8
Hongrie	(Voyez *Autriche*).											
Indes occident.	(Voyez volume I).											

INDICATION DES LIEUX.	DÉNOMINATION DES PIÈCES.	POIDS Anciens. Onces.	Gros.	Grains.	Fractions.	POIDS Nouveaux. Grammes. Décigr. Centigr. Milligr.	TITRE SUIVANT L'ESSAI Ancien. Carat 32e	TITRE Nouv. Millièmes.	MATIÈRE FINE contenue DANS LA PIÈCE, d'après l'essai. POIDS Anciens. Grains.	Fractions.	POIDS Nouveaux. Grammes. Décigr. Centigr. Milligr.	TITRE ET PRIX des MÊMES PIÈCES, suivant le tarif de France. TITRE Ancien. Carat 32e	TITRE Nouv. Millièmes.	PRIX des KILOGRAM. Francs.	Centimes.
	roupie de Tipou........	»	3	43,		13,757	20,16	854	221,23		11,748				
	roupie aux signes du capricorne, du verseau, etc..	»	2	61,		10,889	24,	999	205,		10,889				
	roupie de Bombay, Compagnie anglaise.......	»	1	31,		5,471	23,28	995	102,46		5,444				
	pagode de Mazulipatan...	»	»	63,		3,346	20,23	863	54,39		2,888				
	pagode à l'étoile	»	»	63,		3,346	19,2	794	50,04		2,657	19,5	798	2740,69	
	pagode au croissant et à 3 figures............	»	»	65,		3,452	20,7	842	54,76		2,907	19,13	809	2778,47	
	pagode au croissant et à 1 figure..............	»	»	63,		3,346	19,18	815	51,35		2,727				
	pagode ancienne d'Arcate..	»	»	63,		3,346	18,16	771	48,56		2,580				
	pagode d'Onor..........	»	»	64,		3,399	20,7	842	53,92		2,862				
	pagode de Mangalor.....	»	»	64,		3,399	20,12	849	54,33		2,886				
	pagode de Pondichéry....	»	»	64,		3,399	17,	708	45,33		2,406				
INDES ORIENTAL.	pagode autre..........	»	»	63,		3,346	15,6	633	39,87		2,118				
	pagode autre...........	»	»	63,		3,346	14,24	615	38,72		2,058				
	farouki de Tipou	»	»	64,		3,399	20,16	854	54,67		2,903				
	cobang ancien du Japon..	»	4	45,		17,687	20,16	854	284,44		15,105				
	cobang nouveau........	»	3	30,		13,066	16,	667	164,00		8,715				
	roupie du Shah Allum..	»	3	16,		12,323	23,18	982	227,77		12,101	21,25	908	3118,48	
	idem, des poissons......	»	2	61,		10,889	24,	999	205,		10,889				
	demi-roupie, du Shah Allum................	»	1	44,		6,161	23,17	980	113,73		6,038				
	roupie, *idem*..........	»	3	17,		12,376	23,23	988	230,27		12,227	21,25	908	3118,48	
	demi-roupie, *idem*.......	»	1	44,		6,161	23,21	986	114,34		6,075				
	quart de roupie, *idem*....	»	»	58,		3,081	23,21	986	57,17		3,038				
	pièce de la Compagnie hollandaise des Indes orientales............	»	»	32,		1,700	23,11	973	31,13		1,654				
	autre	»	4	7,		15,669	18,6	758	223,55		11,877	19,13	809	2778,47	
	autre	»	4	00,		15,297	17,25	741	213,38		11,335				
JAPON	(voyez *Indes orientales*).														
LIVOURNE......	(voyez *Toscane*).														
LEIPSIC........	(voyez *Saxe*).														
LIÉGE	ducat...............	»	»	64,		3,399	23,12	974	62,33		3,311	23,15	978	3358,89	
LORRAINE......	léopold de 36 $\frac{1}{4}$ au marc...	»	1	54,		6,692	21,24	906	114,19		6,063				
	françois d'or, *idem*	»	1	54,		6,692	21,26	908	114,52		6,076				
LUCQUES.......	pistole	»	1	32,		5,524	21,30	914	95,06		5,049				
	double louis...........	»	4	24,		16,572	20,6	841	262,44		13,937				
MALTE	louis	»	2	12,		8,286	20,2	836	130,41		6,927				
	demi-louis	»	1	6,		4,143	20,14	852	66,42		3,530				
	carolin (demi et quart en proportion)	»	2	38,		9,667	18,15	770	140,05		7,444	18,13	767	2634,22	
MANHEIM.......	pistole...............	»	1	53,		6,639	21,20	901	112,63		5,982	21,18	898	3084,13	
	ducat	»	»	65,		3,452	23,17	980	63,73		3,383	23,15	978	3358,89	
	ducat autre...........	»	»	65,		3,452	23,18	982	63,82		3,390				
	sequin...............	»	»	65,		3,452	23,24	990	64,32		3,417				
MILAN.........	doppia ou pistole.......	»	1	47,		6,320	21,23	905	107,69		5,720				
	autre	»	1	47,		6,320	21,25	908	108,00		5,739				
	pièce de 6 ducats de 1752..	»	2	21,		8,764	20,29	871	143,73		7,633				
NAPLES........	*idem*, de 1767 à 1772	»	2	22,		8,818	20,9	845	140,28		7,451	20,29	871	2991,40	
	idem, de 1783..........	»	2	22,		8,818	21,14	893	148,28		7,874				

INDICATION DES LIEUX.	DÉNOMINATION DES PIÈCES.	POIDS Anciens. Onces.	Gros.	Grains. Fractions.	POIDS Nouveaux. Grammes. Décigr. Centigr. Milligr.	TITRE suivant l'essai Ancien. Carat 32e	TITRE Nouv. Millièmes.	MATIÈRE FINE contenue dans la pièce, d'après l'essai. POIDS Anciens. Grains. Fractions.	POIDS Nouveaux. Grammes. Décigr. Centigr. Milligr.	TITRE ET PRIX des mêmes pièces, suivant le tarif de France. TITRE Ancien. Carat 32e	TITRE Nouv. Millièmes.	PRIX des kilogram. Francs. Centimes.
NAPLES	pièce de 4 ducats ou pistole de 1752	»	1	39,	5,895	20,31	874	96,98	5,152	20,29	871	2991,40
	idem, de 1767 à 1770	»	1	39,	5,895	20,11	848	94,09	4,999			
	pièce de 2 ducats ou sequin de 1762	»	»	54,	2,868	20,10	846	45,70	2,426	20,29	871	2991,40
	once	»	1	11,	4,408	21,14	893	74,14	3,936	20,5	840	2884,93
	autre	»	1	11,	4,408	20,20	859	71,33	3,786			
NUREMBERG	ducat (double en proportion)	»	»	65,	3,452	23,19	983	63,90	3,393	23,15	978	3358,8
PARME	quadruple pistole (double en proportion)	»	7	34,	28,576	21,	875	470,75	25,004			
	double pistole ou vieille de Plaisance	»	3	32,	13,173	21,23	905	224,43	11,922			
	pistole	»	1	62,	7,117	20,30	872	116,90	6,206			
PAYS-BAS	(voyez *Autriche*).											
PERSE	(voyez *Indes orientales*).											
PIÉMONT	double neuve pistole ou pistole neuve	»	2	37,	9,614	21,22	904	163,56	8,691	21,21	902	3097,8
	pistole neuve	»	2	37,	9,614	21,23	905	163,80	8,701			
	sequin (demi en proportion)	»	»	65,	3,452	23,21	986	64,07	3,404	23,21	986	3386,3
	carolin avant 1785	1	4	42,	48,122	21,21	902	817,52	43,406	21,21	902	3097,8
	carolin depuis 1785 (demi en proportion)	1	3	65,	45,519	21,22	904	774,42	41,149			
	pièce de 20 francs appelée Maringo	»	1	49,	6,427	21,16	896	108,40	5,759			
POLOGNE	ducat	»	»	65,	3,452	23,18	982	63,82	3,390	23,13	975	3348,5
PORTUGAL	dobraon de 24,000 reis	1	6	3,	53,699	22,	917	926,75	49,242			
	meio dobraon de 12,000 reis	»	7	1,	26,823	22,	917	462,92	24,597			
	dobraon de 12,800 reis	»	7	35,	28,629	21,31	915	493,38	26,196			
	portugaise, pièce de 6,400 reis	»	3	53,	14,288	21,31	915	246,23	13,074	21,30	914	3139,0
	demi-portug. de 3,200 reis	»	1	62,	7,117	21,31	915	122,66	6,512			
	moidore lisbonnine (demi en proportion)	»	2	58,	10,730	22,	917	185,17	9,839			
	pièce de 16 testons, ou 1,600 reis	»	»	67,	3,559	21,30	914	61,24	3,253			
	pièce de 12 testons, ou 1,200 reis	»	»									
	pièce de 8 testons, ou 800 reis	»	»									
	vieille crusade de 400 reis	»	»	18,	0,956	21,28	911	16,41	0,871			
	nouvelle crusade de 480 reis	»	»	20,	1,062	21,27	910	18,20	0,966	21,30	914	3139,0
	milrei (frappée pour les colonies d'Afrique, 1755)	»	»	24,	1,275	22,	917	22,00	1,169			
PRUSSE	ducat de 1748	»	»	64,	3,399	23,14	977	62,50	3,321	23,15	978	3358,8
	ducat de 1787	»	»	65,	3,452	23,16	979	63,65	3,380			
	frédéric double de 1769	»	3	35,	13,332	21,23	905	227,14	12,065			
	frédéric simple de 1778	»	1	54,	6,692	21,20	901	113,53	6,029			
	frédéric double de 1800	»	3	35,	13,332	21,13	892	223,87	11,892			
	frédéric simple de 1800	»	1	54,	6,692	21,17	897	113,04	6,003			
RATISBONNE	pièce de 4 ducats	»	3	44,	13,810	23,15	998	254,24	13,506			

INDICATION DES LIEUX.	DÉNOMINATION DES PIÈCES.	POIDS Anciens. Onces.	Gros.	Grains. Fractions.	POIDS Nouveaux. Grammes. Décigr. Centigr. Milligr.	TITRE suivant l'essai. Ancien. Carat 32e	Nouv. Millièmes.	MATIÈRE FINE contenue dans la pièce, d'après l'essai. POIDS Anciens. Grains. Fractions.	Nouveaux. Grammes. Décigr. Centigr. Milligr.	TITRE ET PRIX des mêmes pièces, suivant le tarif de France. TITRE Ancien. Carat 32e	Nouv. Millièmes.	PRIX des kilogram. Francs. Centimes.
Rome	doppie ou pistole neuve de Pie VI	»	1	31,	5,471	21,24	906	93,34	4,957			
	idem, de Pie VII, 1802	»	1	31,	5,471	21,18	898	92,54	4,913			
	zecchino ou sequin	»	»	64,	3,399	23,29	996	63,75	3,385	22,21	944	3242,12
	sequin autre fabrication	»	»	64,	3,399	23,30	997	63,83	3,389			
	sequin autre	»	»	64,	3,399	23,29	996	63,75	3,385			
	scudo de la république	1	7	30,	58,957	20,	833	925,00	49,111			
Russie	ducat	»	1	6,	4,143	18,24	781	60,94	3,235			
	double ducat de St.-André	»	1	56,	6,798	23,20	984	123,83	6,689	23,5	965	3314,24
	ducat de 1763	»	»	65,	3,452	23,16	979	63,65	3,380	23,11	973	3341,71
	ducat de 1796	»	1	9,	4,302	23,8	969	78,47	4,169			
	demi-rouble	»	»	15,	0,797	22,	917	13,75	0,731			
	rouble d'or	»	»	30,	1,593	22,	917	27,50	1,461	21,31	915	3142,52
	pièce de 2 roubles	»	»	66,	3,506	21,30	914	60,33	3,204			
	impériale	»	4	24,	16,572	21,31	915	285,59	15,163			
	impériale autre	»	3	30,	13,066	22,	917	225,50	11,982			
	demi-impériale	»	1	51,	6,533	21,30	914	112,43	5,971			
	impériale	»	4	21,	16,412	21,31	915	282,85	15,017			
	demi-impériale	»	2	10,	8,180	21,31	915	140,97	7,485	21,31	915	3142,52
	autre que la précédente	»	2	12,	8,286	22,	917	143,	7,598			
Saint-Gall	ducat	»	»	64,	3,399	22,25	949	60,75	3,226			
Saltzbourg	ducat	»	»	65,	3,452	23,16	979	63,65	3,380	23,15	978	3358,89
Sardaigne	carlin (demi en proportion)	»	4	14,	16,041	21,11	890	268,58	14,276			
	doppietta ou doublette	»	»	60,	3,187	21,11	890	53,36	2,836			
Saxe	ducat de 1784	»	»	65,	3,452	23,16	979	63,65	3,380	23,15	978	3358,89
	ducat de 1797	»	»	65,	3,452	23,20	984	63,98	3,397			
	auguste de 5 thalers de 1754	»	1	53,	6,639	21,11	889	111,17	5,902			
	auguste de 1784	»	1	53,	6,639	21,18	898	112,30	5,962			
Sicile	once de 1734	»	1	11,	4,408	21,14	893	74,14	3,936			
	once de 1741	»	1	11,	4,408	21,8	885	73,49	3,901	20,5	840	2884,93
	once de 1751	»	1	11,	4,408	20,20	859	71,33	3,786			
	double once	»	2	23,	8,871	20,17	855	142,86	7,585			
Suède	ducat	»	»	65,	3,452	23,15	978	63,56	3,376	23,13	975	3348,58
Suisse	ducat de Lucerne	»	»	65,	3,452	23,13	976	63,39	3,369			
	double ducat de Lucerne	»	1	58,	6,905	21,	875	113,75	6,042			
	pièce de 5 ducats de Lucerne	»	4	35,	17,156	21,24	906	292,72	15,543			
	ducat de Schwitz	»	»	65,	3,452	22,16	938	60,94	3,238			
	ducat de Saint-Gall	»	»	64,	3,399	22,25	949	60,75	3,226			
	ducat d'Uri	»	»	64,	3,399	23,7	967	61,92	3,287			
	pistole de Lucerne	»	1	71,	7,595	21,20	901	128,85	6,843			
	pistole de Soleure	»	2	,	7,649	21,18	898	129,38	6,869			
	pistole de la République helvétique, 1800	»	1	71,	7,595	21,17	897	128,29	6,813			
	(Voyez aussi *Bâle*, *Berne*, *Genève* et *Zurich*).											
Trèves	ducat	»	»	65,	3,452	23,16	979	63,65	3,380	23,15	978	3358,89
Toscane	ruspone	»	2	52,	10,411	23,30	997	195,49	10,380			
	sequin	»	»	65,	3,452	23,31	999	64,92	3,449			
	ruspone	»	2	52,	10,411	23,29	996	195,23	10,369			
Turquie	sequin fondoucli de Constantinople	»	»	65,	3,452	19,11	806	52,39	2,782			

INDICATION DES LIEUX.	DÉNOMINATION DES PIÈCES.	POIDS Anciens. Onces.	Gros.	Grains.	Fractions.	POIDS Nouveaux. Grammes. Décigr. Centigr. Milligr.	TITRE SUIVANT L'ESSAI Ancien. Carat 32e	TITRE Nouv. Millièmes.	MATIÈRE FINE contenue DANS LA PIÈCE, d'après l'essai. POIDS Anciens. Grains. Fractions.	POIDS Nouveaux. Grammes. Décigr. Centigr. Milligr.	TITRE ET PRIX des MÊMES PIÈCES, suivant le tarif de Fran[ce] TITRE Ancien. Carat 32e	TITRE Nouv. Millièmes.	PRIX des KILOGR[AMMES] Francs.
	sequin fondoucli de 1789..	»	»	65,		3,452	19,6	799	51,97	2,758			
	double zer-mahboub de 1187	»	1	21,		4,939	23,	958	89,13	4,732			
	sequin zer-mahboub......	»	»	44,		2.337	19,9	803	35,35	1,877	19,21	819	2812,
TURQUIE.......	sequin du Caire de 1773..	»	»	48,		2,550	18,28	786	37,75	2,004			
	idem................	»	»	48,		2,550	16,12	682	32,75	1,739			
	demi-sequin fond. de Const.	»	»	32,		1,700	19,12	807	25,83	1,372			
	demi-sequin fondoucli de 1203 (1788-89).......	»	»	31,		1,647	19,10	805	24,95	1,326			
	zechino ou sequin (demi en proportion).........	»	»	65,		3,452	23,30	997	64,83	3,442	23,29	996	3420,
	doppie ou pistole.......	»	1	55,		6,745	21,24	906	115,09	6,111			
VENISE........	scudo d'or ou écu d'or...	1	2	69,		41,908	23,27	994	783,86	41,657			
	ducato ou ducat d'or.....	»	»	41,		2,178	23,29	996	40,84	2,169			
	oselle d'or............	»	3	47,		13,969	23,28	995	261,63	13,899			
	carolin..............	»	2	36,		9,561	18,16	771	138,75	7,372			
WURTEMBERG...	ducat................	»	»	65,		3,452	23,16	979	63,65	3,380	23,15	978	3358,
WURTZBOURG...	ducat................	»	»	65,		3,452	23,16	979	63,65	3,380			
ZURICH........	ducat (double et demi en proportion)..........	»	»	65,		3,452	23,15	978	63,56	3,376			

TABLE

DES MONNAIES D'ARGENT.

DÉNOMINATION, POIDS, TITRE, ET QUANTITÉ DE FIN CONTENUE DANS CHAQUE PIÈCE, D'APRÈS L'ESSAI SUIVANT L'ANCIEN ET LE NOUVEAU SYSTÈMES; TITRES ET PRIX DE CES MÊMES ESPÈCES SUR LE PIED DU TARIF DE FRANCE.

INDICATION DES LIEUX.	DÉNOMINATION DES PIÈCES.	POIDS Anciens. Onces.	Gros.	Grains.	Fractions.	POIDS Nouveaux. Grammes. Décigr. Centigr. Milligr.	TITRE suivant l'essai. Ancien. Deniers. Grains.	TITRE Nouv. Millièmes.	MATIÈRE FINE contenue dans la pièce, d'après l'essai. POIDS Anciens. Grains. Fractions.	MATIÈRE FINE POIDS Nouveaux. Grammes. Décigr. Centigr. Milligr.	TITRE ET PRIX des mêmes pièces, suivant le tarif de France. TITRE Ancien. Deniers. Grains.	TITRE Nouv. Millièmes.	PRIX des kilogram. Francs. Centimes.
AIX-LA-CHAPELL.	double rathsprœsentger...	»	2	60,		10,836	8,8	694	141,67	7,520			
	rathsprœsentger.........	»	1	47,		6,320	7,	583	69,42	3,685			
AMÉRIQUE......	(voyez *Portugal*, *Espagne*, et *États-Unis*).												
AUGSBOURG.....	risdale d'espèce de constitution de l'empire	»	7	45,		29,160	10,15	885	486,09	25,807			
AUTRICHE......	risdale, constitution, avant 1753...............	»	7	37,		28,735	10,13	878	475,25	25,229	10,11	872	190,87
	risdale, convention, frappée depuis 1753	»	7	24,		28,045	9,23	830	438,17	23,277			
	risdale d'Autriche........	»	7	24,		28,045	9,23	830	438,17	23,277			
	risdale du royaume de Hongrie................	»	7	24,		28,045	10,	833	440,00	23,361			
	demi-risdale ou florin, convention.............	»	3	48,		14,023	9,23	830	219,08	11,639			
	copfstuck ou pièce de 20 creutzers...........	»	1	53,		6,639	6,22	576	72,05	3,824			
	demi-risdale...........	»	3	48,		14,023	10,00	833	220,00	11,681			
	demi-florin ou pièce de 30 creutzers	»	1	62,		7,117	10,13	878	117,72	6,249			
	risdale d'Autriche autre...	»	7	24,		28,045	10,00	833	440,00	23,361			
	idem, autre	»	7	24,		28,045	9,23	830	438,17	23,277			
	pièce de 10 creutzers.....	»	1	00,		3,824	5,20	486	35,00	1,858			
	risdale d'espèce.........	»	7	24,		28,045	9,23	830	438,17	23,277			
BADE	risdale autre...........	»	7	24,		28,045	10,	833	440,00	23,361			
	vieux patagon ou écu	»	7	28,		28,257	10,9	865	459,96	24,442			
BALE..........	thaler ou risdale de 1763..	»	6	5,		23,212	10,	833	364,17	19,336			
	patagon ou écu de 1795.	»	6	54,		25,814	10,2	840	408,38	21,684			
	pièce de 10 batzen de Soleure................	»	2	4,		7,861	10,	833	123,33	6,548			
	double écu	1.	6	26,		54,921	10,02	840	868,85	46,134			
	écu neuf..............	»	6	54,		25,814	10,02	840	408,38	21,684			

INDICATION DES LIEUX.	DÉNOMINATION DES PIÈCES.	POIDS Anciens. Onces.	Gros.	Grains. Fractions.	POIDS Nouveaux. Grammes. Décigr. Centigr. Milligr.	TITRE SUIVANT L'ESSAI Ancien. Deniers. Grains.	TITRE Nouv. Millièmes.	MATIÈRE FINE contenue dans la pièce, d'après l'essai. POIDS Anciens. Grains. Fractions.	MATIÈRE FINE POIDS Nouveaux. Grammes. Décigr. Centigr. Milligr.	TITRE ET PRIX des mêmes pièces, suivant le tarif de France. TITRE Ancien. Deniers. Grains.	TITRE Nouv. Millièmes.	PRIX des KILOGRAM. Francs. Centimes.
	risdale, convention, frappée en 1780	»	7	24,	28,045	9,22	826	436,33	23,165	9,20	819	179,27
	risdale de 1800 (demi en proportion)	»	»									
	copfstuck	»	1	53,	6,639	6,23	580	72,48	3,851			
BAVIÈRE	risdale d'espèce, ou écu de convention aux armes	»	7	24,	28,045	9,23	830	438,17	23,277			
	idem	»	7	24,	28,045	9,23	830	438,17	23,277	9,20	819	179,27
	idem, à la Vierge	»	7	24,	28,045	9,23	830	438,17	23,277			
	demi-écu	»	3	48,	14,023	9,23	830	219,08	11,639			
	patagon ou couronne (demi en proportion)	»	7	50,	29,426	10,20	903	500,14	26,572			
	écu	»	7	50,	29,426	10,20	903	514,	26,572			
BERNE	demi-écu	»	3	61,	14,713	10,20	903	250,07	13,286			
	pièce de 10 batzen	»	2	6,	7,968	10,	833	125,00	6,637			
	pièce de 5 batzen	»	1	5,	4,090	9,	750	57,75	3,068			
BOLOGNE	(voyez *Rome*).											
BRANDEBOURG	(voyez *Prusse*).											
BRÊME	pièce de 48 grotes	»	4	35,	17,156	9,	750	242,25	12,867			
	risdale d'espèce de convention	»	7	24,	28,045	9,23	830	438,17	23,277	9,22	826	180,80
	demi-risdale	»	3	48,	14,023	9,23	830	219,08	11,639			
	zweydrittel stuck, ou pièce de ⅔ fin, de 1764	»	4	35,	17,156	9,1	753	243,37	12,918			
BRUNSWICK	demi-florin	»	1	60,	7,011	10,	833	110,	5,840			
	risdale d'espèce de convention	»	7	24,	28,045	10,	833	440,	23,361	9,22	826	180,80
	autre florin	»	3	48,	14,023	10,	833	220,	11,681			
	florin de 24 mariengroschen	»	3	31,	13,120	11,22	993	245,28	130,28			
CASSEL	(voyez *Hesse-Cassel*).											
	vieille risdale	»	7	20,	27,832	10,8	861	451,22	23,963			
COLOGNE	risdale d'espèce de constitution	»	7	46,	29,213	10,18	896	492,71	26,175			
	risdale, convention	»	7	24,	28,045	9,23	830	438,17	23,277			
	risdale vieille, autre	»	7	24,	28,045	10,08	861	454,67	24,147			
CONSTANTINOPLE	(voyez *Turquie*).											
	ryksdaler de 6 marcs danois	»	7	00,	26,770	10,1	837	421,75	22,406			
	daler ou pièce de 4 marcs danske	»	5	51,	21,830	8,1	670	275,43	14,626			
	couronne ou écu de 1747	»	4	53,	18,112	10,	833	284,17	15,087	9,21	823	180,15
	ryksdaler, espèce, de 1798	»	7	42,	29,001	10,12	875	477,75	25,376			
	demi-ryksdaler	»	3	57,	14,501	10,11	872	237,93	12,645			
	albertus danois	»	7	25,	28,098	10,09	865	457,36	24,305			
DANEMARK	riksdaler d'espèce de Schleswich et du Holstein	»	7	39,	28,841	10,12	875	475,13	25,336	10,8	861	188,46
	pièce de ⅔, ou 40 schillings	»	5	2,	19,227	10,13	878	318,01	16,881			
	pièce de ⅓, ou 20 schillings	»	1	37,	5,789	10,12	875	95,38	5,065			
	pièce de 24 skillings danske	»	2	30,	9,242	6,18	563	97,88	5,203			
	risdale d'espèce neuve	»	7	42,	29,001	10,11	872	475,85	26,289	10,8	861	188,46

INDICATION DES LIEUX.	DÉNOMINATION DES PIÈCES.	POIDS Anciens. Onces.	Gros.	Grains. Fractions.	POIDS Nouveaux. Grammes. Décigr. Centigr. Milligr.	TITRE suivant l'essai Ancien. Deniers. Grains.	Nouv. Millièmes.	MATIÈRE FINE contenue dans la pièce, d'après l'essai. POIDS Anciens. Grains. Fractions.	Nouveaux. Grammes. Décigr. Centigr. Milligr.	TITRE ET PRIX des mêmes pièces, suivant le tarif de France. TITRE Ancien. Deniers. Grains.	Nouv. Millièmes.	PRIX des kilogram. Francs. Centimes.
ESPAGNE	piastre vieille du Mexique..	»	7	2,	26,876	10,22	910	460,32	24,457			
	piastre carrée du Mexique..	»	7	4,	26,982	10,20	903	458,61	24,365	10,21	906	198,31
	demie, *idem*...........	»	3	36,	13,385	10,20	903	227,50	12,087			
	piastre dite *sevillan*......	»	7	2,	26,876	10,21	906	458,56	24,350			
	piécette vieille de Mexique, de 2 réaux de plate (1736)............	»	1	54,	6,692	10,21	906	114,19	6,063			
	réal de plate mexicaine (1746).............	»	»	63,	3,346	10,21	906	57,09	3,031			
	piastre aux deux globes, dite *mexicaine*........	»	7	4,	26,982	10,21	906	460,38	24,446	10,21	906	198,31
	piécette de 2 réaux de plate vieille (1721).........	»	1	32,	5,524	10,21	906	94,25	5,005			
	réal de plate (1721)......	»	»	54,	2,868	9,18	813	43,88	2,332			
	piastre neuve du Mexique..	»	7	4,	26,982	10,18	896	455,08	24,176	10,18	996	196,12
	demi-piastre, *idem*......	»	3	36,	13,385	10,18	896	225,75	11,993			
	piécette du Mexique de 1774...............	»	1	55,	6,745	10,17	892	113,33	6,017			
	réal de plate mexicaine (1775)..............	»	»	63,	3,346	10,17	892	56,22	2,985			
	piécette ordinaire de 2 réaux de plate........	»	1	36,	5,736	9,15	802	86,63	4,600			
	nouveau réal de plate (1795)	»	»	55,	2,921	9,15	802	44,11	2,343			
ÉTATS-UNIS....	piastre (1795), demi, etc., en proportion.........	»	7	3,	26,929	10,12	875	443,63	23,563			
	piastre (1796)...........	»	7	3,	26,929	10,15	885	448,91	23,832			
	piastre (1798)...........	»	7	6,	27,089	10,18	896	456,88	24,272			
	demi-piastre............	»	3	38,	13,491	10,16	889	225,78	11,993			
	piastre (1802)...........											
	dime, ou $\frac{1}{10}$ de piastre (1796)............	»	4	53,	2,815	10,23	913	48,40	2,570			
	demi-dime (1796).......	»	»	26,	1,381	10,18	896	23,29	1,237			
FLORENCE......	(voyez *Toscane*).											
FRANCE........	écu (Louis XVI).........	»	7	49,	29,373	10,21	906	501,16	26,612			
	demi-écu...............	»	3	60,	14,660	10,21	906	250,13	13,282			
	pièce de 24 sous (divisions en proportion)........	»	1	40,	5,949	10,21	906	101,50	5,390	10,16	890	195
	pièce de 30 sous (demi en proportion)..........	»	2	45,	10,039	7,23	663	125,34	6,656			
	pièce de 5 francs (Hercule)...............	»	6	39,025	25,000	10,19	900	423,60	22,500			
	pièce de 5 francs (premier Consul).............	»	6	38,679	25,000	10,19	900	423,28	22,500			
	pièce de 2 francs de 1808	»	2	44,272	10,000	10,19	900	169,31	9,000			
	franc................	»	1	22,136	5,000	10,19	900	84,66	4,500			
	demi-franc............	»	»	47,068	2,500	10,19	900	42,33	2,250			
	quart de franc..........	»	»	23,534.	1,250	10,19	900	21,16	1,125			
	franc (Louis) de 1818, le même que le précédent.	»	»									
FRANCF.-S.-LE-M.	risdale, convention, de 1772...............	»	7	24,	28,045	10,2	840	443,67	23,558			
	idem, de 1796.........	»	7	24,	28,045	10,	833	440,00	23,361			

INDICATION DES LIEUX.	DÉNOMINATION DES PIÈCES.	POIDS Anciens. Onces.	Gros.	Grains.	Fractions.	POIDS Nouveaux. Grammes. Décigr. Centigr. Milligr.	TITRE suivant l'essai. Ancien. Deniers. Grains.	Nouv. Millièmes.	MATIÈRE FINE contenue dans la pièce, d'après l'essai. POIDS Anciens. Grains. Fractions.	Nouveaux. Grammes. Décigr. Centigr. Milligr.	TITRE ET PRIX des mêmes pièces, suivant le tarif de France. TITRE Ancien. Deniers. Grains.	Nouv. Millièmes.	PRIX des kilogram. Francs. Centimes.
GENÈVE	patagon	»	7	5,		27,036	10,2	840	427,70	22,710	10,2	840	183,87
	pièce de 21 sous	»	1	18,		4,780	8,22	743	66,88	3,552			
	pièce de 12 florins 9 sous, appelée *genevoise* ou *gros écu* (1794)	»	7	62,		30,063	10,11	872	493,28	26,215			
	idem, de 1796 (demi en proportion)	»	7	68,		30,382	10,10	868	496,53	26,372			
	pièce de 15 sous de 1794.	»	»	60,		3,187	8,19	733	43,96	2,336			
GÊNES	scudo della croce	1	2	3,		38,402	11,10	951	687,85	36,520			
	scudo di S. Giambastista,	1	»	49,		33,197	10,16	889	555,56	29,512			
	double madonnina (simple et demi en proportion)..	»	2	26,		9,030	10,	833	141,67	7,522	9,22	826	180,8
	autre écu de St.-Jean-Baptiste, de 1798 (demi, etc., en proportion)	1	»	50,		33,250	10,16	889	556,44	29,559			
	scudo de la république ligurienne	1	»	50,		33,250	10,15	886	554,27	29,426			
HAMBOURG	risdale, espèce	»	7	48,		29,320	10,18	896	494,50	26,271	10,12	875	191,5
	pièce de 2 marcs, ou pièce de 32 schillings (simple en proportion)	»	4	56,		18,271	8,23	747	256,81	13,648			
	pièce de 8 schillings	»	1	26,		5,205	7,11	622	60,91	3,238			
	pièce de 4 schillings	»	»	61,		3,240	6,19	566	34,52	1,834			
HANOVRE	risdale, constitution	»	7	46,		29,213	10,16	889	488,89	25,970	10,12	875	191,5
	florin ou pièce de $\frac{2}{3}$ fin	»	3	30,		13,066	11,22	993	244,29	12,975			
	demi-florin ou pièce de $\frac{1}{3}$ fin	»	1	51,		6,533	11,22	995	122,36	6,500			
	quart de florin	»	»	58,		3,081	11,22	993	57,60	3,059			
	florin ou pièce de $\frac{2}{3}$	»	3	30,		13,066	11,22	993	244,29	12,975			
HESSE CASSEL	risdale d'espèce ou écu de convention	»	7	24,		28,045	10,	833	440,00	23,361			
	risdale, convention	»	7	24,		28,045	10,1	837	441,83	23,474			
	florin ou pièce de $\frac{2}{3}$ (demi en proportion)	»	3	48,		14,023	10,	833	220,00	11,681			
	thaler ou risdale de compte de 1778	»	6	10,		23,477	8,23	747	329,97	17,537			
	thaler de 1789	»	5			19,121	10,14	882	317,50	16,865			
	demi-thaler de 1789	»	3	6,		11,792	8,23	747	165,73	8,809			
	demi-risdale	»	3	48,		14,023	10,	833	220,00	11,681			
	risdale d'espèce de Guillaume IX, comme prince de Hanau	»	7	24,		28,045	10,	833	440,00	23,361			
	demi-florin ou pièce de $\frac{2}{3}$..	»	1	60,		7,011	10,	833	110,00	5,840			
	bon gros												
HOLLANDE	ducaton	1	»	36,		32,506	11,5	934	571,63	30,361			
	pièce de 3 florins	1	»	18,		31,550	10,22	910	540,38	28,711			
	pièce de 3 florins de Hollande	1	»	18,		31,550	10,23	913	542,44	28,805			
	risdale d'Utrecht	»	7	25,		28,098	10,8	861	455,53	24,192	10,7	858	187,8
	gulden ou florin	»	2	54,		10,517	10,23	913	180,81	9,602			
	demi-risdale	»	3	50,		14,129	10,8	861	229,06	12,163	10,7	858	187,8
	florin ou guilder (demi en proportion)	»	2	54,		10,517	10,21	906	179,44	9,528			

INDICATION DES LIEUX.	DÉNOMINATION DES PIÈCES.	POIDS Anciens. Onces.	Gros.	Grains.	Fractions.	POIDS Nouveaux. Grammes. Décigr. Centigr. Milligr.	TITRE SUIVANT L'ESSAI Ancien. Deniers. Grains.	TITRE Nouv. Millièmes.	MATIÈRE FINE contenue DANS LA PIÈCE, d'après l'essai. POIDS Anciens. Grains. Fractions.	POIDS Nouveaux. Grammes. Décigr. Centigr. Milligr.	TITRE ET PRIX des MÊMES PIÈCES, suivant le tarif de France. TITRE Ancien. Deniers. Grains.	TITRE Nouv. Millièmes.	PRIX des KILOGRAM. Francs. Centimes.
HOLLANDE	dryc gulden, ou pièce de 3 florins de Guèldre....	1	»	18,		31,550	10,23	913	542,44	28,805			
	ducaton de Zélande......	1	»	36,		32,506	11,5	934	571,63	30,361			
	florin de Hollande.......	»	2	54,		10,517	10,23	913	180,81	9,602			
	risdale ou pièce de 50 stivers du royaume de Hollande...............	»	7	25,		28,098	10,8	861	455,53	24,192			
	risdale d'Over Issel.......	»	7	25,		28,098	10,8	861	455,53	24,192	10,7	858	187,81
	ducat d'argent ou risdale de Gueldre............	»	7	25,		28,098	10,8	861	455,53	24,192			
	ancienne pièce de 10 schellings de Zélande.......	1	»	18,		31,550	10,17	892	530,06	28,143			
	risdale de Zélande.......	»	7	25,		28,098	10,8	861	455,53	24,192	10,7	858	187,81
	risdale de Wese-frise.....	»	7	25,		28,098	10,8	861	455,53	24,192			
HONGRIE......	(voyez *Autriche*).												
INDES ORIENTAL.	roupie du shah Mohammed..............	»	3			11,473	11,10	951	205,50	10,911			
	idem, du shah Ahmed....	»	3			11,473	11,17	976	210,75	11,198			
	idem, de Allum-Ghir (1759)	»	3			11,473	11,11	955	206,25	10,957			
	roupie...............	»	3	3,		11,632	11,18	979	214,44	11,338	11,9	948	207,51
	idem, du shah Allum (1772)	»	3	1,		11,526	11,19	983	213,23	11,330			
	roupie avant 1774.......	»	2	69,		11,314	11,12	958	204,13	10,839			
	idem (1779)...........	»	3	3,		11,632	11,20	986	215,96	11,469			
	roupie d'Arcate au croissant................	»	2	68,		11,261	11,12	958	203,17	10,788	11,7	941	305,97
	idem..............	»	3			11,473	11,12	958	207,00	10,991			
	roupie du shah Allun.....	»	3			11,473	11,6	938	202,50	10,762	11,9	948	207,51
	demi-roupie *idem*.......	»	1	37,		5,789	11,20	986	107,49	5,708			
	pièce de la compagnie hollandaise............	»	3	28,		12,960	10,	833	203,33	10,796			
	autre *idem*............	»	3	28,		12,960	7,23	663	161,82	8,592			
	double fanams de Pondicherry..............	»	»	52,		2,762	10,23	913	47,49	2,522			
	fanam *idem*............	»	»	30,		1,593	11,9	948	28,44	1,510			
	pièce de...............	»	1	32,		5,524	11,9	948	98,58	5,237			
	idem..............	»	1	31,		5,471	10,22	910	93,70	4,979			
	idem..............	»	1	32,		5,524	11,	917	95,33	5,066			
	idem..............	»	1	31,		5,471	7,20	653	67,24	3,573			
	pièce d'Ismaël..........	»	2	68,		11,261	11,4	931	197,28	10,484			
	idem de sah Rokh.......	»	6	2,		23,052	11,15	969	420,44	22,387			
	idem, de l'iman Riza.....	»	3			11,473	11,18	979	211,50	11,232			
	idem..............	»	3			11,473	11,18	979	211,50	11,232			
	larin...............	»	1	19,		4,833	11,15	969	88,16	4,683			
JAPON........	(voyez *Indes occidentales*).												
LIVOURNE......	(voyez *Toscane*).												
LEIPSIC........	(voyez *Saxe*).												
LIÉGE........	vieux patagon..........	»	7	20,		27,832	10,10	868	454,86	24,158			
	ducaton de 1671........	1	»	32,		32,294	11,5	934	567,89	30,163	10,	917	200,72
	patagon de 1792........	»	7	12,		27,407	10,6	854	440,75	23,406			
	escalin de 1771........	»	1	20,		4,886	7,6	604	55,58	2,951			
	escalin de 1792........	»	1	17,		4,727	7,	583	51,92	2,756			
LORRAINE......	écu appelé *Léopold* (1704)	»	7	7,		27,142	10,23	913	466,64	24,781			
	écu (1710)............	»	7	70,		30,488	10,22	910	522,18	27,744			

INDICATION DES LIEUX.	DÉNOMINATION DES PIÈCES.	POIDS Anciens. Onces.	Gros.	Grains.	Fractions.	POIDS Nouveaux. Grammes. Décigr. Centigr. Milligr.	TITRE SUIVANT L'ESSAI Ancien. Deniers. Grains.	Nouv. Millièmes.	MATIÈRE FINE contenue DANS LA PIÈCE, d'après l'essai. POIDS Anciens. Grains. Fractions.	Nouveaux. Grammes. Décigr. Centigr. Milligr.	TITRE ET PRIX des MÊMES PIÈCES, suivant le tarif de France. TITRE Ancien. Deniers. Grains.	Nouv. Millièmes.	PRIX des KILOGRAM. Francs. Centimes.
LUBEC	risdale d'espèce	»	7	12,		27,407	8,22	743	383,42	20,363	8,19	733	160,4
	pièce de 2 marks lubs	»	4	56,		18,271	8,23	747	256,81	13,648			
	pièce de 1 mark	»	2	28,		9,136	8,22	743	127,81	6,788			
LUCQUES	scudo	»	6	66,		26,452	10,23	913	454,77	24,151			
	demi-scudo	»	3	22,		12,642	11,	917	218,17	11,593			
	terzo ou $\frac{1}{3}$ scudo	»	2	26,		9,030	10,23	913	155,24	8,244			
	quinto ou $\frac{1}{5}$ scudo	»	1	22,		4,993	11,	917	86,17	4,579			
	barbone	»	»	54,		2,868	7,22	660	35,63	1,893			
LUNÉBOURG	(voyez *Hanovre*).												
MALTE	once de 30 tari d'Emmanuel Pinto	»	7	54,		29,638	8,14	715	399,13	21,191			
	once d'Emmanuel de Rohan (demi en proportion)	»	7	54,		29,638	9,23	830	463,06	34,600	9,23	830	181,6
	scudo du même (double en proportion)	»	3	12,		12,110	8,20	736	167,83	8,913			
	once de Ferdinand Homspesch	»	7	54,		29,638	10,	833	465,00	24,688			
	pièce de 12 tari	»	3	12,		12,110	8,20	736	167,83	8,913			
	pièce obsidionale	1	4	10,		46,422	9,22	828	723,78	38,437			
MANHEIM	risdale, d'espèce ou écu de convention	»	7	24,		28,045	10,	833	440,00	23,361			
	florin ou pièce de $\frac{2}{3}$, fin	»	3	48,		14,023	9,23	830	219,08	11,639			
	risdale, convention	»	7	24,		28,045	9,23	830	438,17	23,277			
MAYENCE	risdale	»	7	74,		28,045	10,83	833	440,00	23,361			
	copstuck	»	1	53,		6,639	7,	583	72,92	3,871			
MECKLEMBOURG	zwey drittel-stück ou pièce de $\frac{2}{3}$	»	4	36,		17,209	9,1	753	244,13	12,958			
MILAN	scudo de 6 lire (demi en proportion)	»	6	3,		23,105	10,18	896	389,69	20,702			
	demi-scudo	»	3	1,		11,526	10,18	896	194,40	10,327			
	lira neuve	»	1	45,		6,214	6,14	549	64,19	3,411			
	demi-écu	»	3	1,		11,526	10,18	896	194,40	10,327			
	pièce de 30 soldi, François II	»	1	66,		7,330	8,5	684	94,40	5,014			
	scudo de la république cisalpine	»	6	4,		23,158	10,18	896	390,58	20,750			
	pièce de 30 soldi, *idem*	»	1	66,		7,330	8,5	684	94,40	5,014			
MODÈNE	double scudo	»	4	60,		18,484	10,23	913	317,79	16,876			
	scudo de François III, 1739 (double en proportion)	»	7	38,		28,788	10,10	868	470,49	24,988			
	scudo de 5 lire de 1782	»	7	25,		28,098	7,23	663	350,83	18,629			
	pièce de 3 écus	»	7	18,		27,726	10,23	913	476,69	25,314			
NAPLES	ducat vieux (demi en proportion)	»	5	50,		21,777	10,22	910	372,99	19,817	10,19	899	196,
	pièce de 12 carlini (avant 1784)	»	6	46,		25,283	10,17	892	424,76	22,552			
	ducat nouveau (demi en proportion)	»	5	68,		22,733	10,2	840	359,64	19,096			
	pièce de 12 carlini de 1791	»	7	12,		27,407	10,2	840	433,58	23,022			
	idem, de 1796	»	7	14,		27,514	10,	833	431,67	22,919			
	idem, de la république de Naples (1799)	»	7	14,		27,514	10,	833	431,67	22,919			
	pièce de 6 carlini de 1805 (demi en proportion)	»	3	22,		12,642	10,18	896	213,21	11,327			

INDICATION DES LIEUX.	DÉNOMINATION DES PIÈCES.	POIDS Anciens. Onces.	Gros.	Grains.	Fractions.	POIDS Nouveaux. Grammes. Décigr. Centigr. Milligr.	TITRE SUIVANT L'ESSAI Ancien. Deniers. Grains.	TITRE Nouv. Millièmes.	MATIÈRE FINE contenue DANS LA PIÈCE, d'après l'essai. POIDS Anciens. Grains. Fractions.	POIDS Nouveaux. Grammes. Décigr. Centigr. Milligr.	TITRE ET PRIX des MÊMES PIÈCES, suivant le tarif de France. TITRE Ancien. Deniers. Grains.	TITRE Nouv. Millièmes.	PRIX des KILOGRAM. Francs. Centimes.
NAPLES	pièce de 12 carlins de la république napolitaine	»	7	14,		27,514	10,	833	431,67	22,919			
	pièce de 12 carlins (1818)	»	7	12,		27,407	10,2	840	433,58	23,022			
	ducat neuf	»	5	68,		22,733	10,2	840	359,64	19,096			
	demi-ducat	»	2	69,		11,314	10,2	840	178,98	9,504			
NEUFCHATEL	pièce de 21 batzen	»	4	00,		15,297	9,13	795	229,00	12,161			
	pièce de 10½ batzen	»	2	00,		7,649	9,13	795	114,50	6,081			
NUREMBERG	risdale, constitution	»	7	46,		29,213	10,17	892	490,80	26,058			
	risdale d'espèce ou écu convention	»	7	24,		28,045	9,23	830	438,17	23,277			
	copstuck	»	1	53,		6,639	7,1	587	73,35	3,897			
PARME	ducat de 1784	»	6	50,		25,602	10,16	889	428,45	22,760			
	ducat de 1796 (demi en proportion)	»	6	52,		25,708	10,21	906	438,63	23,291			
	pièce de 3 livres	»	»	66,		3,506	9,22	826	54,54	2,896			
PERSE	(voyez *Indes orientales*).												
PIÉMONT	scudo ou écu (1690)	»	7	00,		26,770	10,23	913	460,25	24,441			
	scudo (1733)	»	7	56,		29,774	10,23	913	511,39	27,156	10,20	903	197,66
	scudo (1755), demi, etc., en proportion	1	1	13,		35,108	10,20	903	596,74	31,703			
	scudo (1770), demi et quart en proportion	»	6	10,		23,477	10,18	896	395,96	21,035			
	demi-écu (1755)	»	4	42,		17,528	10,20	903	297,92	15,828	10,20	903	197,66
	pièce de 2 livres (1704)	»	3	14,		12,217	10,21	906	208,44	11,069			
	pièce de 5 francs (1801)	»	6	38,		24,964	10,17	892	419,41	22,268			
POLOGNE	vieille risdale	»	7	24,		28,045	10,	833	440,00	23,361			
	risdale, autre fabrication	»	7	24,		28,045	10,	833	440,00	23,361			
	demi-risdale	»	3	48,		14,023	10,	833	220,00	11,681			
	thaler ou écu	»	6	20,		24,008	8,6	688	310,75	16,518			
PORTUGAL	nouvelle crusade (1795)	»	3	59,		14,607	10,18	896	246,35	13,088			
	crusade neuve, du prince du Brésil, comme régent	»	3	57,		14,501	10,18	896	244,56	12,993			
	doze vintems ou pièce de 12 vingtains, de 240 reis	»	1	64,		7,223	10,18	896	121,83	6,672	10,18	896	196,12
	teston de 100 reis	»	»	59,		3,134	10,18	897	52,85	2,811			
	crusade nouvelle	»	3	60,		14,660	10,17	894	246,77	13,106			
	pièce de 12 macontes d'Angola	»	4	43,		17,581	10,18	896	296,52	15,753			
	pataque du Brésil de 640 reis	»	4	69,		18,962	10,18	896	319,81	16,990			
	idem de 600 reis	»	4	43,		17,581	10,22	910	301,12	15,999			
	seis vintems ou pièce de 6 vingtains, de 120 reis	»	»	64,		3,399	10,19	899	57,56	3,056			
	tres vintems ou pièce de 3 vingtains, de 60 reis	»	»	32,		1,700	10,18	897	28,67	1,525	10,18	897	196,12
	demi-teston de 50 reis	»	»	28,		1,487	10,19	899	25,18	1,337			
COLONIES PORTUGAISES	vieux pataga de Brésil de 640 reis	»	4	68,		18,969	11,	917	326,33	17,340			
	idem, de 600 reis de 1755	»	4	43,		17,581	10,22	910	301,12	15,999			
	idem, de 640 reis de 1768	»	4	46,		17,740	10,21	906	302,69	16,072			
	idem, de 1801	»	4	69,		18,962	10,18	896	319,81	16,990			
	pièce de 12 macontes, de l'Afrique portugaise	»	4	43,		17,581	10,18	896	296,52	15,753			

INDICATION DES LIEUX.	DÉNOMINATION DES PIÈCES.	POIDS Anciens. Onces.	Gros.	Grains.	Fractions.	POIDS Nouveaux. Grammes. Décigr. Centigr. Milligr.	TITRE SUIVANT L'ESSAI Ancien. Deniers. Grains.	Nouv. Millièmes.	MATIÈRE FINE contenue DANS LA PIÈCE, d'après l'essai. POIDS Anciens. Grains. Fractions.	Nouveaux. Grammes. Décigr. Centigr. Milligr.	TITRE ET PRIX des MÊMES PIÈCES, suivant le tarif de France. TITRE Ancien. Deniers. Grains.	Nouv. Millièmes.	PRIX des KILOGRAM. Francs. Centimes.
	pièce de 8 macontes, de l'Afrique portugaise....	»	»										
	pièce de 6, *idem*........	»	»										
COLONIES PORTUGAISES..	pièce de 4, *idem*........	»	»										
	cruzade neuve du prince de Brésil............	»	3	57,		14,501	10,18	896	243,56	12,993			
	idem...............	»	3	60,		14,660	10,17	894	246,77	13,106	10,18	896	196,12
	pièce de 240 reis........	»	1	64,		7,223	10,18	896	121,83	6,472			
	florin, vieux, de l'électeur de Brandebourg.......	»	4	33,		17,050	9,1	753	241,86	12,839			
	risdale courante de Prusse (demi en proportion)...	»	5	58,		22,202	9,	750	313,50	16,652			
	risdale, convention......	»	7	24,		28,045	9,23	830	438,17	23,277			
	florin de Silésie.........	»	3	61,		14,713	9,	750	207,75	11,035			
	florin ou pièce de $\frac{2}{3}$......	»	4	36,		17,209	9,	750	243,00	12,907			
	risdale vieille de Bareuth..	»	7	24,		28,045	9,23	830	438,17	23,277			
	pièce de $\frac{2}{3}$, *idem*........	»	3	10,		12,004	8,23	747	168,72	8,967			
PRUSSE........	pièce de 30 creutzers, *idem*	»	1	48,		6,374	9,	750	90,00	4,781			
	risdale vieille d'Anspach..	»	5	50,		21,777	8,23	747	306,08	16'267			
	pièce de $\frac{2}{3}$.............	»	3	44,		13,810	8,22	743	193,29	10,261			
	risdale d'Anspach et Bareuth, convention.....	»	7	24,		28,045	9,21	823	434,54	23,081	9,20	819	179,27
	idem...............	»	7	24,		28,045	10,	833	440,00	23,361			
	drittel ou pièce de 8 good-groschen...........	»	2	21,		8,764	7,11	622	102,55	5,451			
	pièce de 4 groschen......	»	1	27,		5,258	6,5	517	51,22	2,718			
	tallaro ou ragusine (1759).	»	7	32,		28,470	7,	583	312,67	16,598			
	idem (1774)...........	»	7	33,		28,523	6,22	576	309,52	16,429			
RAGUSE.......	*idem* (1794)...........	»	7	44,		29,107	7,4	597	327,88	17,377			
	ducat (1797)...........	»	3	40,		13,598	5,13	461	118,22	6,269			
RATISBONNE....	risdale d'espèce (demi, etc., en proportion)........	»	7	24,		28,045	9,23	830	438,17	23,277	9,22	826	180,80
	scudo ou écu (avant 1753).	1	»	23,		31,816	10,23	913	547,	29,048			
	vieux testone..........	»	2	28,		9,136	10,21	906	155,88	8,277			
	vieux paolo ou paul......	»	»	51,		2,709	11,	917	46,75	2,484			
	scudo ou couronne (depuis 1753)..............	»	6	32,		24,646	10,23	913	423,72	22,502	10,21	906	198,31
	demi-écu ou demi-couronne............	»	3	33,		13,226	10,22	910	226,52	12,036			
	testone (1770).........	»	2	5,		7,915	10,23	913	136,07	7,226			
	idem (1785)...........	»	2	5,		7,915	10,20	903	134,51	7,147			
	paolo (1785)...........	»	»	50,		2,656	10,23	913	45,66	2,425			
ROME........	grosso ou demi-paul.....	»	»	25,		1,328	10,20	903	22,57	1,199			
	scudo de la république romaine..............	»	6	66,		26,452	10,19	899	447,85	23,780			
	scudo de Paoli X (Pie VI).	»	6	67,		26,505	10,23	913	455,68	24,199	10,21	906	198,31
	testone, *idem*.........	»	2	5,		7,915	10,23	913	136,07	7,226			
	écu de la communauté de Bologne............	»	7	40,		28,895	10,4	847	460,89	24,474			
	autre écu, *idem*........	»	7	44,		29,107	10,	833	456,67	24,246			
	papetto ou cinquième d'écu (1775)..............	»	1	26,		5,205	10,22	910	89,15	4,737			
RUSSIE........	rouble de Pierre III.....	»	6	46,		25,389	9,	750	358,50	19,042	9,11	788	172,48

INDICATION DES LIEUX.	DÉNOMINATION DES PIÈCES.	POIDS Anciens. Onces.	Gros.	Grains. Fractions.	Nouveaux. Grammes. Décigr. Centigr. Milligr.	TITRE suivant l'essai. Ancien. Deniers. Grains.	Nouv. Millièmes.	MATIÈRE FINE contenue dans la pièce, d'après l'essai. POIDS Anciens. Grains. Fractions.	Nouveaux. Grammes. Décigr. Centigr. Milligr.	TITRE ET PRIX des mêmes pièces, suivant le tarif de France. TITRE Ancien. Deniers. Grains.	Nouv. Millièmes.	PRIX des kilogram. Francs. Centimes.
	rouble de Catherine Ire (1725)...............	»	7	7,	27,142	8,20	736	376,15	19,977			
	idem, de Pierre II (1727)..	»	7	30,	28,363	8,12	708	378,25	20,081			
	idem, d'Anne (1734)......	»	7	33,	28,523	9,13	795	426,99	22,676			
	idem, d'Élizabeth (1750)..	»	6	48,	25,496	9,12	792	380,00	20,193			
	idem, de Pierre III (1762)	»	6	46,	25,389	9,	750	358,50	19,042			
	idem, de Catherine II (1780)...............	»	6	19,	23,955	8,22	743	335,12	17,799			
	idem, de Paul (1799)......	»	5	34,	20,927	10,10	868	342,01	18,165	9,11	788	172,48
	idem, d'Alexandre........	»	5	34,	20,927	10,12	875	344,75	18,311			
....	poltin ou demi-rouble d'Anne.............	»	3	14,	12,217	9,16	806	185,28	9,847			
	idem, d'Élisabeth.........	»	3	20,	12,535	9,17	809	190,93	10,141			
	idem, de Catherine II....	»	3	10,	12,004	8,22	743	167,93	8,919			
	idem, de Paul..........	»	2	53,	10,464	10,10	868	171,01	9,083			
	pièce de 20 copeck (1767)..	»	1	29,	5,364	9,	750	75,75	4,023			
	demi-rouble de Pierre-le-Grand...............	»	3	48,	14,023	8,18	729	192,50	10,223			
	rouble..................	»	7	24,	28,045	8,18	729	385,00	20,445			
	idem..................	»	7	42,	29,001	8,19	733	400,02	21,258			
	rouble du prince Ivan....	»	6	55,	25,867	9,17	809	394,00	20,926			
	risdale ou écu..........	»	7	24,	28,045	9,22	827	436,33	23,193			
	pièce de 24 creutzers....	»	1	54,	6,692	7,1	587	73,94	3,928			
	demi-écu...............	»	3	48,	14,023	9,20	820	216,33	11,499			
-GALL....	pièce de 24 creutzers....	»	1	54,	6,692	7,	583	73,50	3,901			
	écu...................	»	7	19,	27,779	10,	833	425,83	23,040			
	demi-écu...............	»	3	48,	14,023	10,	833	220,00	11,681			
	risdale, convention......	»	7	24,	28,045	10,	833	440,00	23,361			
OURG....	pièce de 24 creutzers......	»	1	53,	6,639	6,23	580	72,48	3,851			
	kopfstück...............	»	1	53,	6,639	7,	583	72,92	3,871			
AGNE.....	scudo ou couronne (demi et quart en proportion)...............	»	6	10,	23,477	10,18	896	395,96	21,035			
	risdale d'espèce ou écu de convention (demi et quart en proportion)........	»	7	24,	28,045	10,	833	440,00	23,361			
	pièce de 32 groschen de Dresde..............	»	7	47,	29,266	10,15	885	487,86	25,900			
	idem, de Leipsic........	»	7	46,	29,213	9,3	760	418,23	22,202			
	pièce de 16 groschen de Leipsic..............	»	3	59,	14,607	9,	750	206,25	10,955			
....	risdale d'espèce de Saxe Gotha..............	»	7	24,	28,045	10,	833	440,00	23,361			
	demi-risdale...........	»	3	48,	14,023	10,	833	220,00	11,681			
	écu..................	»	7	24,	28,045	6,21	573	302,50	16 070			
	demi-écu..............	»	3	48,	14,023	6,21	573	151,25	8,035			
	florin d'Anhalt ou pièce de 24 mariengroschen....	»	3	30,	13,066	11,22	995	244,72	13,001			
	risdale de Xavier Auguste, prince de Saxe, administrateur de l'électorat..	»	7	24,	28,045	10,	833	440,00	23,361			
....	pièce de 40 grains........	»	2	28,	9,136	10,	833	143,33	7,610			
	pièce de 12 tarins.......	»	7	10,	27,301	9,22	826	424,76	22,551			

INDICATION DES LIEUX.	DÉNOMINATION DES PIÈCES.	POIDS Anciens. Onces.	Gros.	Grains.	Fractions.	POIDS Nouveaux. Grammes. Décigr. Centigr. Milligr.	TITRE SUIVANT L'ESSAI Ancien. Deniers. Grains.	Nouv. Millièmes.	MATIÈRE FINE contenue DANS LA PIÈCE, d'après l'essai. POIDS Anciens. Grains. Fractions.	Nouveaux. Grammes. Décigr. Centigr. Milligr.	TITRE ET P[OIDS] des MÊMES PIÈCES suivant le tarif de … TITRE Ancien. Deniers. Grains.	Nouv. Millièmes.	KIL[OGR.] Francs.
COMPAGNIE DE SIERA-LEONE…	pièce de 10 macutas……	»	6	62,		26,239	9,19	816	403,09	21,411			
	pièce de 5 macutas……	»	3	34,		13,279	9,19	816	203,99	10,836			
	pièce de 2 macutas……	»	1	25,		5,152	9,19	816	79,15	4,204			
	pièce de 1 macuta……	»	»	49,		2,603	9,19	816	39,98	2,124			
SUÈDE……	risdale d'espèce (1762)….	»	7	48,		29,320	10,12	875	483,00	25,655			
	idem (1795)……	»	7	48,		29,320	10,12	875	483,00	25,655			
	double plotte ou pièce de $\frac{2}{3}$	»	5	6,		19,440	10,12	875	320,25	17,010	10,19	899	1
	plotte ou pièce de $\frac{1}{3}$……	»	2	40,		9,774	10,12	875	161,00	8,552			
	double carolin ou 4 marcs	»	5	25,		20,449	8,5	684	263,35	13,987			
	carolin ou 2 marcs……	»	2	40,		9,774	8,3	677	124,58	6,517			
SUISSE……	écu ou risdale de Lucerne,	»	7	4,		26,982	10,9	865	439,21	23,339			
	vieux gulden ou florin de Lucerne (1714)……	»	3	36,		13,385	9,4	764	192,50	10,226			
	écu de 40 batzen……	»	7	52,		29,532	10,20	903	501,94	26,667			
	demi-écu……	»	4	00,		15,297	10,	833	240,00	12,742			
	florin ou pièce de 40 schillings……	»	2	00,		7,649	9,20	820	118,00	6,272			
	demi-florin ou pièce de 20 shillings……	»	1	5,		4,090	9,	750	57,75	3,068			
	pièce de 10 batzen……	»	1	70,		7,542	9,12	792	112,42	5,973			
	quart de risdale de Fribourg……	»	2	57,		10,677	8,4	681	136,79	7,271			
	huitième de risdale, *idem*..	»	1	20,		4,886	8,2	674	61,97	3,293			
	pièce de 20 batzen de Soleure……	»	3	69,		15,138	10,	833	237,50	12,610			
	pièce de 10 batzen, *idem*..	»	2	4,		7,861	10,	833	123,33	6,548			
	écu de 40 batzen de la république helvétique (demi en proportion)……	»	7	51,		29,476	10,19	899	499,11	26,502			
	pièce de 10 batzen, *idem*..	»	2	6,		7,968	9,22	826	123,96	6,582			
	pièce de 5 batzen, *idem*..	»	1	18,		4,780	8,	667	60,00	3,188			
	écu de 4 franken……	»	7	51,		32,479	10,18	896	497,19	26,413			
TOSCANE……	ducaton (1696)……	1	»	12,		31,231	11,11	955	561,46	29,826			
	livornine (1723)……	»	7	6,		27,089	11,	917	467,50	24,841			
	pezza della rosa, piastre à la rose (1726)……	»	6	58,		26,027	11,1	920	450,87	23,945			
	francescone (1738)……	»	7	10,		27,301	11,	917	471,17	25,035			
	leopoldone (1790)……	»	7	12,		27,407	10,23	913	471,21	25,023			
	pièce de 10 paoli du royaume d'Étrurie……	»	7	10,		27,301	10,22	910	467,60	24,844			
	idem……	»	7	10,		27,301	10,23	913	469,38	24,926			
	pièce de 10 francs (1803)..	1	2	20,		39,305	11,11	955	706,60	37,536			
	pièce de 5 francs……	»	5	10,		19,652	11,11	955	353,30	18,768			
	pièce de 1 franc……	»	1	2,		3,930	11,10	953	70,53	3,745			
TRÈVES……	risdale d'espèce……	»	7	24,		28,045	9,23	830	438,17	23,277			
TURQUIE……	altmiche de 60 paras……	»	7	00,		26,770	6,15	552	278,25	14,777			
	piastre de Mustapha III, de 40 paras……	»	5	00,		19,121	6,13	545	196,25	9,561			
	double iselotte de 1171 (1757)……	»	7	38,		28,788	7,	583	316,17	16,783			
	piastre de 40 paras de 1187 (1773)……	»	5	00,		19,121	6,	500	180,00	9,561			
	piastre d'Abdoul-Hamed..	»	5	00,		19,121	6,	500	180,00	9,561			

ATION ES UX.	DÉNOMINATION DES PIÈCES.	POIDS Anciens. Onces.	Gros.	Grains.	Fractions.	Nouveaux. Grammes. Décigr. Centigr. Milligr.	TITRE SUIVANT L'ESSAI Ancien. Deniers. Grains.	Nouv. Millièmes.	MATIÈRE FINE contenue DANS LA PIÈCE, d'après l'essai. POIDS Anciens. Grains. Fractions.	Nouveaux. Grammes. Décigr. Centigr. Milligr.	TITRE ET PRIX des MÊMES PIÈCES, suivant le tarif de France. TITRE Ancien. Deniers. Grains.	Nouv. Millièmes.	PRIX des KILOGRAM. Francs. Centimes.
	iuzlik, pataque de 100 paras	1	»	19,		31,603	5,16	472	280,97	14,917			
	ikilik, pièce de 80 paras	1	»	00,		30,594	5,14	465	268,00	14,226			
	ikilik, autre, *idem*	»	6	64,		26,345	5,12	458	227,33	12,066			
	grouch, piastre de 40 paras	»	3	32,		13,173	5,20	486	120,56	6,402			
s........	yaremlik, ou demi-piastre de 20 paras	»	1	46,		6,267	4,11	372	43,84	2,331			
	piastre de la Tartarie Crimée	»	4	11,		15,881	5,18	479	143,27	7,607			
	piastre de Tunis	»	4	5,		15,563	4,21	406	119,03	6,319	6,8	528	115,59
	autre	»	4	5,		15,563	4,21	408	119,54	6,350			
	piastre de Maroc	»	7	27,		28,204	10,21	906	481,22	25,553			
	scudo della croce, ou écu de la croix	1	»	15,		31,391	11,8	947	559,19	29,727			
	ducaton ou justine	»	»	00,		00,	11,9	948	000,	00,			
	ducat	»	5	66,		22,627	9,19	816	347,60	18,464	9,18	813	177,96
	lirasse ou pièce de 30 sous	»	1	68,		7,436	4,16	388	54,44	2,885			
	tallaro (demi, etc., en proportion)	»	7	36,		28,682	9,23	830	448,13	23,806			
	osella ou oselle	»	2	40,		9,774	11,9	948	174,42	9,266			
....	pièce de 10 livres	»	7	36,		28,682	9,22	826	446,25	23,691			
	pièce de 2 livres ou 24 creutzers	»	2	26,		9,030	2,21	239	40,73	2,158			
	pièce de 1 livre	»	1	12,		4,461	2,23	246	20,71	1,097			
	idem, de 2 livres, appelée *monnaie provinciale*	»	2	15,		8,446	2,23	246	39,20	2,078			
	idem, de 1 livre	»	2	10,		8,180	2,23	246	37,97	2,012			
	demi-livre	»	1	5,		4,090	2,21	239	19,25	0,978			
	risdale d'espèce	»	7	25,		28,098	9,23	830	439,00	23,321			
OURG...	copstuck, ou pièce de 24 creutzers	»	1	53,		6,639	6,23	580	72,48	3,851			
	risdale d'espèce	»	7	25,		28,098	9,23	830	439,00	23,321			
	copstuck	»	1	53,		6,639	6,23	580	72,48	3,851			
	reichsthaler ou écu (1753)	»	7	25,		28,098	10,9	865	457,36	24,305			
	demi-écu (1753)	»	3	47,		13,969	10,3	844	221,91	11,790			
	écu (1761)	»	7	22,		27,939	9,20	819	431,03	22,882			
	demi-écu (1761)	»	3	44,		13,810	9,20	819	213,06	11,310			
	écu (1773)	»	6	68,		26,558	10,4	847	423,61	22,495			
....	demi-écu (1773)	»	3	35,		13,332	10,4	847	212,65	11,292			
	écu (1794)	»	6	44,		25,283	10,3	844	401,63	21,339			
	demi-écu (1786)	»	3	24,		12,748	10,2	840	201,67	10,708			
	demi-florin, ou 20 schellings (1798)	»	1	68,		7,436	8,15	712	100,63	5,346			

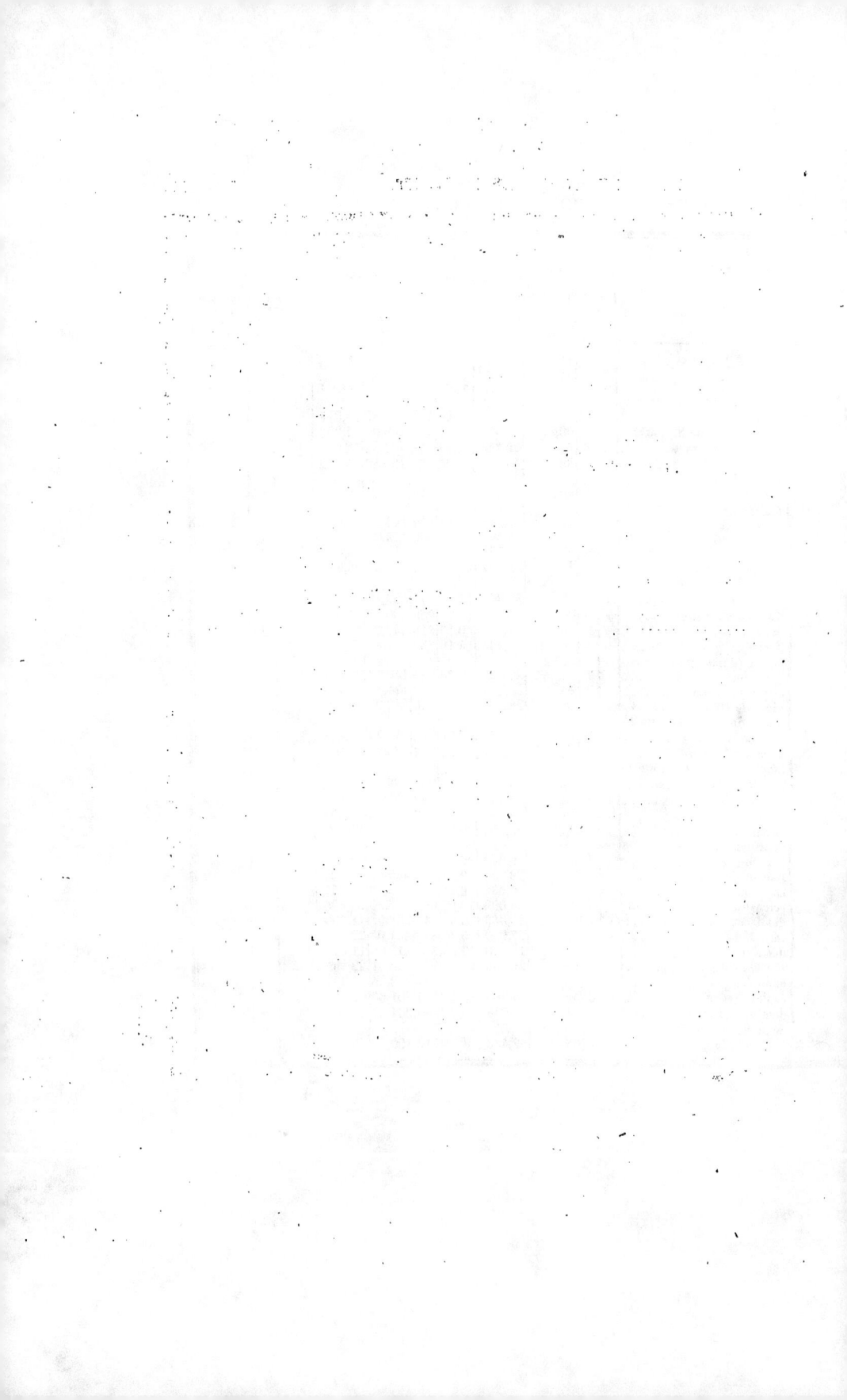

PAPIERS DIVERS

QUI ONT COURS EN FRANCE.

CINQ POUR CENT CONSOLIDÉS.

Ce qu'on appelle rentes sur l'État n'est autre chose qu'un intérêt de 5 pour cent, que le gouvernement paye pour un capital non remboursable, et qui provient d'emprunts faits à différentes époques.

Le 9 vendémiaire an VI, la dette publique ayant été réduite des deux tiers, les rentes prirent le nom de *tiers consolidé*, aujourd'hui on les appelle *cinq pour cent consolidés*.

Les inscriptions au grand livre de la dette publique sont insaisissables.

Pour coter le cours de la Bourse on a pris pour base 5 francs de rente : lorsque le cours est à 72 fr., ou 85 fr., ou 88 fr., cela signifie que pour 72 fr., ou 85 fr., ou 88 fr., on achète 5 fr. de rente.

Règle I.

Pour calculer ce que produirait une quantité de rentes d'après le prix coté au cours de la bourse, *il faut multiplier la quantité de rente par le prix coté au cours de la bourse et diviser par* 5.

Soit 6,722 fr. la quantité de rente,
83,50 la cote cherchée,
x la somme cherchée;

On aura $x = \frac{6,722 \times 83 \text{ fr. } 50 \text{ c.}}{5} = 112,257,40$ c.

Règle II.

Pour calculer combien on peut acheter de rentes pour un capital quelconque, d'après le cours de la bourse, *il faut multiplier le capital par* 5 *et diviser le produit par le cours de la bourse.*

Soit 112,257,40 c. le capital,
83,50 le cours,
x la somme cherchée;

On aura $x = \frac{112,257,40 \times 5}{83,50} = 6,722.$

Règle III.

Pour calculer l'intérêt que rapporte un capital, d'après le cours de la bourse, *il faut diviser* 500 *par le cours de la bourse.*

Soit 83 fr. 50 c. le cours de la bourse,
x l'intérêt cherché;

On aura $x = \frac{500}{83,50} = 5,99$ ou 6 %

CAISSE D'AMORTISSEMENT.

La caisse d'amortissement a pour but l'extinction de la dette publique. Le trésor doit lui verser tous les ans *quarante millions* qui doivent être employés en achats de rentes. On fait le même emploi des sommes qui rentrent à la caisse aux paiemens des semestres.

Pour éviter d'influencer une hausse ou une baisse, la caisse d'amortissement achète tous les jours la même quantité de rentes.

DU GRAND-LIVRE DE LA DETTE PUBLIQUE.

On entend par *grand-livre* les registres sur lesquels sont inscrits les propriétaires des rentes *cinq pour cent consolidés.*

Chaque rentier a un compte ouvert au grand livre pour chaque inscription qu'il possède.

On ne peut avoir un compte courant au grand-livre que quand on est propriétaire d'une forte quantité de rentes.

Pour transférer des rentes, il faut faire au trésor une déclaration signée du propriétaire de la rente ou d'un fondé de procuration spéciale; cette déclaration est signée par un agent de change qui certifie l'identité du propriétaire vendeur, la vérité de sa signature et la validité des titres.

A compter du jour de la déclaration l'agent de change est responsable, pendant cinq années, de la validité du transfert.

Le transfert était fermé, chaque année, du 4 au 22 mars, et du 4 au 22 septembre; ce tems était employé à préparer le travail pour le paiement des semestres; mais d'après une loi récente, le transfert n'est plus suspendu que pendant deux jours.

Le 22 mars et le 22 septembre les semestres se paient au porteur de l'extrait de l'inscription au grand-livre.

Les semestres se paient dans les départemens, comme à Paris, par les receveurs généraux.

Dans chaque département il y a un *livre auxiliaire;* les inscriptions, signées du receveur général, sont visées et controlées par le préfet. Ces titres sont transférables dans les départemens comme les inscriptions le sont à Paris.

Si une inscription a été perdue, on peut mettre opposition au paiement et se faire délivrer un duplicata.

La moindre inscription est, aujourd'hui, de 10 fr. de rente.

RECONNAISSANCES DE LIQUIDATION.

Les reconnaissances de liquidation ont été créées pour acquitter l'arriéré antérieur au 1er janvier 1816. La création a été de fr. 300,000,000.

Elles sont remboursées intégralement par cinquième, d'année en année, à compter de 1821. Les cinq séries sont déterminées par le sort.

Le remboursement doit se faire en numéraire, ou à son défaut, en inscriptions de rentes, au cours moyen des six derniers mois qui précèdent l'année du remboursement.

A la Bourse, pour coter les reconnaissances de liquidation, on a pris pour base le prix de 100 francs de reconnaissance : quand le cours porte

92 fr. 75 c., cela signifie que pour 92 fr. 75 c. on obtient 100 fr. de reconnaissance.

Les reconnaissances de liquidation sont partagées en deux classes.

La première est composée de coupures fixes de 1000, 5000 et 10,000 fr., avec coupons d'intérêts pour chaque semestre. Les reconnaissances de 10,000 fr. sont sur papier rose, celles de 5000 sur papier bleu, et celles de 1000 sur papier jaune.

La deuxième classe, destinée au paiement des appoints et créances au-dessous de 1000 fr., est sans coupons, avec jouissance du 22 mars 1817. Les intérêts en sont payables sur quittance du porteur, et avec estampille au dos de l'effet.

Ces reconnaissances sont sur papier blanc. On peut, lorsqu'elles forment une somme égale à 1000 fr., les échanger au trésor contre une reconnaissance jaune. Elles se vendent 1 franc au-dessous du cours.

On peut faire inscrire la reconnaissance de liquidation en son propre nom : un grand-livre a été ouvert à cet effet au trésor.

Pour les transferts et paiemens des arrérages, les règles à suivre sont absolument les mêmes que pour les *cinq pour cent consolidés.*

Règle I.

Pour calculer le montant d'une quantité quelconque de reconnaissance, d'après la cote de la Bourse, *il faut multiplier le nombre de reconnaissances par la cote de la Bourse, et diviser par* 100.

Soit 63,900 la quantité de reconnaissances,
95,50 la cote de la Bourse,
x le nombre cherché;

On aura $x = \frac{63,900 \times 95,50}{100} = 61,024,50$ c.

Règle II.

Pour calculer combien on peut acheter de reconnaissances de 1000 fr. pour un capital quelconque, d'après le prix coté à la Bourse, *il faut diviser le capital par la cote de la Bourse multipliée par* 10.

Soit 45,005 le capital,
92,10 la cote de la Bourse;

On aura $x = \frac{45,005}{921} = 48$ plus un coupon de $\frac{86}{10}$, ou 792 fr.

Règle III.

Pour calculer quel intérêt rapportent les reconnaissances d'après le prix coté à la Bourse, *il faut diviser* 500 *par la cote.*

Soit 92,50 la cote;

$$\text{On aura } x = \frac{500}{92,50} = 5 \tfrac{1}{3}.$$

DES ANNUITÉS.

Pour payer le premier cinquième des reconnaissances de liquidation, il a été créé 60,000,000 d'annuités.

Ces annuités sont de deux classes.

La première est de 10,000,000 d'annuités à 6 pour cent d'intérêt.

La seconde de 50,000,000 d'annuités à 4 pour cent d'intérêt; mais avec lots et primes.

Annuités à 6 pour cent.

Chacune est de la somme de 1000 fr. La totalité était remboursable le 22 décembre 1821.

Annuités à 4 pour cent.

Le remboursement des 50,000,000 d'annuités à 4 pour cent a été fixé par cinquième, payable d'année en année, le 22 décembre, à commencer du 22 décembre 1822 jusqu'au 22 décembre 1826.

Ces cinquante millions ont été divisés en cinquante séries d'un million de francs chacune.

Chaque série est composée de 1000 annuités, numérotées de 1 à 1000, et portant le numéro de la série.

Aux annuités à 4 pour cent sont annexés des coupons d'intérêts payables les 22 juin et 22 décembre de chaque année.

Lors du remboursement des annuités, les coupons non échus sont annulés : s'ils ne sont point représentés on en retient le montant sur le capital.

Les 2 pour cent d'intérêt qui ont été retenus sont réunis en un capital qui est réparti en primes et lots qui se tirent au sort.

Cette retenue a formé, par an, la somme de 625,000, qui est répartie en 19 lots et 700 primes, pour les années 1821, 22, 25 et 26, et en 19 lots et 720 primes pour les années 1823 et 24.

Le 1er décembre on tire au sort pour déterminer les 10,000,000 de francs qui seront remboursables dans l'année.

Le 1er novembre on tire au sort la répartition des lots et primes.

ACTIONS DE LA BANQUE.

La Banque de France a été créée le 20 nivôse an VIII. Son capital était de 45 millions, à raison de 45 mille actions de 1000 fr. chacune; le privilége était de 15 années et devait expirer en 1818. Il a été prorogé jusqu'en 1843, et, au 1er janvier 1808, la Banque a été autorisée à émettre 45,000 nouvelles actions. — Le capital primitif de chaque action a été porté à 1200 francs.

La répartition annuelle se compose de 6 pour cent du capital primitif de chaque action, et de deux tiers du bénéfice excédant; l'autre tiers est mis au fonds de réserve.

En cas d'insuffisance des bénéfices pour payer les dividendes de l'intérêt, il est pris sur le fonds de réserve.

La répartition des réserves se fait quand elle est autorisée par une loi.

La transmission des actions s'opère par de simples transferts sur des registres doubles, tenus à cet effet.

La Banque n'admet à l'escompte que du papier à trois signatures. Le transfert pur et simple des actions, à la Banque, équivaut à la troisième signature, et ces actions transférées sont regardées comme garanties du paiement des effets escomptés.

Règle.

Pour calculer l'intérêt que rapporte une action de la Banque d'après le prix auquel on l'a achetée, quand on connaît le dividende du semestre échu, *il faut multiplier par 200 le dividende fixé pour le semestre, et diviser par le prix de l'action.*

Soit 1326 le prix de l'action,
32,30 le dividende,
x l'intérêt cherché;

On aura $x = \frac{32,30 \times 200}{1325} = 4 \frac{87}{100}$.

ACHATS ET VENTES DE RENTES.

Les achats de rentes sur l'État se font pour placer des capitaux d'une manière fixe, ou pour revendre, dans l'intention de réaliser des bénéfices.

Une opération à la *hausse* consiste à acheter des effets publics lorsque des événemens politiques ou des combinaisons financières font présumer une hausse qu'on attend pour revendre.

Une opération à la *baisse* se fait en vendant des effets publics lorsque les considérations indiquées ci-dessus font présumer une baisse qu'on attend pour racheter.

Ces opérations se font au comptant ou à terme.

Une opération à terme est un achat ou vente consommé, mais sous condition que les effets ne se livrent qu'à une époque déterminée; cette époque est ordinairement fin du mois courant ou fin du mois prochain; le terme ne peut jamais excéder deux mois.

L'acheteur peut, en payant le prix convenu, se faire livrer, par anticipation, les effets qu'il a achetés à terme.

On appelle *achat* ou *vente ferme,* toute vente ou achat d'une quantité d'effets publics dont la livraison doit s'effectuer fin du mois courant ou fin du mois prochain. Ces marchés ne se font que pour 2500, 5000, 7500 de rentes, et ainsi de suite par multiple de 2500. Pour les reconnaissances de liquidation, elles ne se font que par 25,000, 50,000, 75,000, et par multiples de 25,000; et pour les actions de la Banque, par multiple de 25 actions.

Un *achat* ou une *vente à prime* est une transaction au moyen de laquelle l'acheteur paie au vendeur une certaine somme, à condition qu'il sera libre, à l'époque convenue, de ratifier ou de rompre le marché.

Cette somme, que l'on paie comptant, s'appelle *prime*. Elle appartient au vendeur si l'acheteur ne prend pas livraison de la rente à l'époque convenue; et si l'acheteur prend livraison, la prime se déduit du capital à payer et n'est considérée que comme une avance faite.

La prime varie suivant les chances qu'offre le jeu de la bourse, elle est ordinairement de 50 c., 1 fr. ou 1 fr. 50 c.

Les marchés à prime se font sur tous les effets publics.

Le dernier jour de bourse de chaque mois, à trois heures, on doit donner la réponse pour les primes ou elles sont perdues pour l'acheteur.

Des Reports.

On appelle *report* la différence qui existe entre le prix de la rente, fin du mois courant, et le prix de la rente fin du mois prochain. Cette différence provient de ce qu'en approchant de l'époque du semestre la rente acquiert une valeur croissante.

Cette opération consiste à acheter de la rente au comptant, et à la revendre sur-le-champ payable fin du mois courant, ou bien fin du mois prochain. On achète aussi payable fin du mois courant, et on revend payable fin du mois prochain. Il est évident que le taux du report doit varier comme le cours de la rente.

On appelle faire un report sur prime, acheter de la rente ferme fin du mois courant, et la revendre à prime fin du mois prochain. La rente à prime se vendant plus cher que la rente ferme, on court chance d'un plus grand bénéfice; mais aussi, en cas de baisse, si la rente n'est pas lévée, on court chance de perte, ou au moins de se trouver acheteur d'effets publics.

Règle.

Pour calculer l'intérêt que donne un report, *il faut multiplier le report par* 1200 *et diviser par la somme que l'on fait valoir.*

Soit 82300 la somme,
500 la différence du report,
x l'intérêt cherché;

$$\text{On a } x = \frac{500 \times 12000}{82300} = 7 \tfrac{29}{100} \text{ ou } \tfrac{3}{10}.$$

DE LA LETTRE DE CHANGE

EN DROIT FRANÇAIS [1].

La lettre de change, inconnue aux anciens, a été l'un des plus utiles instrumens des progrès du commerce moderne. Les auteurs ne sont d'accord ni sur l'époque précise de son origine, ni sur ses premiers inventeurs; mais ce qui est certain, c'est qu'elle doit sa naissance aux persécutions et à la nécessité. Des négocians, forcés d'errer de pays en pays, et de soustraire leurs richesses aux dangers des transports trop multipliés, ont trouvé, par ce contrat, le moyen de remplacer les voyages du numéraire par les voyages du crédit, auquel il a été permis de circuler avec autant de sécurité que de promptitude, et qui a créé une nouvelle masse de richesses par les intimes liaisons qu'il a établies entre les diverses places. Le commerce, qui vit par l'échange rapide et sûr des communications, et qui ne peut s'affermir et s'étendre que par le crédit, doit à l'invention de la lettre de change une grande partie de ses vastes progrès.

La lettre de change, dont la rédaction simple et concise est la même, sauf quelques modifications, chez toutes les nations commerçantes, peut se définir comme le titre d'une délégation transmissible, par laquelle un cédant assigne et transporte à un cessionnaire une somme d'argent déterminée, payable à une certaine époque et dans un autre lieu, par un tiers qui, lui-même, peut à son tour transporter à d'autres ses droits, en consignant sur le titre la preuve de ce transport.

Le Code de commerce français, exécutoire depuis le 1er janvier 1808, a consacré à la lettre de change le huitième titre de son premier livre, depuis l'article 110 jusqu'à l'article 189, et, de plus, quelques dispositions éparses sous d'autres titres, ou dans des lois subséquentes. Le grand nombre de questions graves qui s'élèvent

[1] L'auteur de cet article est M. Renouard, avocat à la cour royale de Paris.

tous les jours sur cette matière, et les incertitudes de notre jurisprudence sur plusieurs de ces questions, décèlent dans cette partie de nos lois des omissions et des obscurités auxquelles le législateur ne manquera sans doute pas de porter remède, lorsque le temps et l'usage auront suffisamment préparé ses travaux.

§ Ier. PRIVILÉGE DE LA LETTRE DE CHANGE.

L'importance commerciale de la lettre de change a fait attacher à l'exécution de ce contrat la plus forte des garanties : tout individu qui souscrit une lettre de change suivant les formes légales, ou qui la passe à l'ordre d'un tiers, engage, pour la fidélité du paiement, sa liberté individuelle : il fait acte de commerce, et devient, à raison de cet acte, justiciable des tribunaux de commerce et contraignable par corps. La loi ne prévoit que deux exceptions. La première existe en faveur des femmes et filles, non négociantes ou marchandes publiques, dont la signature, sur lettres de change, ne vaut, à leur égard, que comme simple promesse. Elles ne deviennent alors justiciables des tribunaux de commerce qu'autant que des signatures de négocians, par leur apposition sur la même lettre, attirent devant ces tribunaux toutes les parties qui y figurent; mais la contrainte par corps, accordée par la loi pour l'exécution des condamnations résultant des lettres de change, ne peut pas être prononcée contre ces femmes ou filles non négociantes, ou marchandes publiques. L'autre exception est établie en faveur des mineurs non négocians. Les lettres de change par eux souscrites sont nulles à leur égard; sauf aux créanciers à répéter, par les voies civiles, la restitution des sommes qui auront tourné au profit des mineurs.

§ II. ESSENCE DE LA LETTRE DE CHANGE.

Pour qu'il y ait réellement lettre de change, il ne suffit pas qu'elle soit régulière dans sa forme extérieure, et qu'elle remplisse les conditions indiquées dans le paragraphe suivant; il faut aussi qu'elle ait une cause sérieuse, et que cette cause soit un contrat de change réel et effectif. Elle doit donc avoir pour objet une remise d'argent de place en place, et être payable dans un lieu autre que celui où elle a été créée. Elle n'est réputée que simple promesse si elle n'a été simulée sous la forme de lettre de change que pour procurer au créancier les sûretés attachées à ce titre, et si elle contient supposition soit de nom, soit de qualité, soit de domicile, soit du lieu d'où elle est réellement tirée, ou dans lequel elle est payable. Mais la preuve de ces diverses suppositions est ordinairement fort difficile à faire; et les tribunaux ne l'admettent pas, lorsqu'elle est opposée, par l'auteur même de la simulation, à des tiers de bonne foi qui l'ont ignorée.

§ III. FORME DE LA LETTRE DE CHANGE.

La lettre de change est datée. Elle énonce : 1° la somme à payer; 2° le nom de celui qui doit payer; 3° l'époque de l'échéance du paiement; 4° le lieu où il doit être fait, et qui doit être autre que celui d'où la lettre est tirée; 5° l'expression de la valeur fournie, avec indication si elle l'a été en espèces, en marchandises, en compte, ou de toute autre manière : la seule allégation de *valeur reçue*, sans désignation plus précise, ne suffit pas pour la validité de la lettre de change; 6° le nom de celui à l'ordre de qui elle doit être payée.

Comme elle est souvent écrite par duplicata, triplicata, etc., soit pour faciliter les négociations, soit pour prévenir les inconvéniens qui résulteraient de la perte d'un exemplaire unique, si elle est par 1re, 2e, 3e, 4e, etc., elle l'exprime.

Quoique la lettre de change ne soit parfaite que par le concours de trois personnes, le tireur, le tiré et le porteur, cependant elle peut être payable à l'ordre du tireur lui-même, comme à celui d'un tiers; mais alors elle ne devient parfaite qu'après que le tireur, à l'ordre duquel elle est payable, l'a transmise à l'ordre d'un tiers, suivant la forme qui sera indiquée plus tard. Elle peut être tirée par ordre et pour le compte d'un tiers; elle peut être tirée sur un individu, et payable au domicile d'un tiers. Souvent le tireur a la précaution d'indiquer que, faute de paiement ou d'acceptation de la part de la personne sur qui elle est tirée, on s'adressera, pour le besoin, à une autre, dont il donne le nom et la demeure.

§ IV. ÉCHÉANCE.

Une lettre de change doit contenir l'indication exacte de l'époque à laquelle elle sera payée.

Si elle est tirée à vue, elle est payable à sa présentation.

Si elle est payable à un ou plusieurs jours, une ou plusieurs semaines, un ou plusieurs mois, une ou plusieurs années de vue, l'échéance en est fixée par la date de l'acceptation, ou par celle du protêt faute d'acceptation.

Une lettre de change peut être tirée à un certain nombre de jours, semaines, mois ou usances de sa date. Les mois ne doivent pas être supputés par révolutions uniformes de trente jours francs; ils se comptent par le temps variable qui s'écoule entre le quantième d'un mois et le quantième correspondant du mois suivant, conformément au calendrier grégorien. On entend au contraire par usance un espace de trente jours qui commencent à courir le lendemain de la date de la lettre de change. Les usances se comptent sans avoir égard aux quantièmes des mois et aux inégalités du calendrier grégorien.

Les lettres de change se tirent souvent à certains jours fixes et déterminés, ce qui offre l'avantage de prévenir les débats ou les erreurs sur la manière de compter les délais.

La détermination de l'échéance peut se combiner avec l'accomplissement d'un acte ou d'un événement convenu. Ainsi une lettre peut être payable le jour de l'arrivée de tel navire, ou trois jours, trois mois, trois usances après l'arrivée de ce navire, après l'ouverture des Chambres, etc.

Enfin, une lettre de change peut être payable en foire; et, dans ce cas, elle est échue la veille du jour fixé pour la clôture, ou le jour de la foire, si cette foire ne dure qu'un jour.

Si l'échéance tombe à un jour férié légal, la lettre est payable la veille.

Avant le Code de commerce, il existait certains délais de grâce, de faveur, d'usage, ou d'habitude locale, pour le paiement des lettres de change. L'ordonnance de 1673 accordait dix jours après l'échéance des lettres de change pour valeur reçue comptant; les billets, valeur pour marchandises, jouissaient généralement d'un mois de délai. Tous ces usages avaient pour effet d'établir en réalité d'autres échéances que celles qui étaient stipulées dans les actes ; ils étaient peu d'accord avec les habitudes rigoureuses d'exactitude, si nécessaires dans le commerce. Le Code les a tous abolis, et avec beaucoup de raison.

§ V. PROVISION.

TOUTE lettre de change contient, de la part du tireur, l'engagement de faire payer entre les mains de quiconque se trouvera régulièrement porteur de la lettre, certaine somme, à certaine époque, et dans certain lieu, par l'intermédiaire du tiré. Il faut donc qu'à l'échéance, le tiré mandataire se trouve nanti des fonds suffisans pour accomplir ce mandat. Les fonds mis, à cet effet, par le tireur à la disposition du tiré, sont *la provision* de la lettre de change.

Si la lettre est tirée par ordre et pour le compte d'un tiers, ce tiers doit faire la provision.

Le donneur d'ordre, qui n'intervient pas par lui-même dans la lettre de change, et qui ne la garantit pas par sa signature, n'est point obligé directement envers les tiers auxquels la lettre pourra se trouver négociée. C'est le tireur qui reste personnellement obligé envers eux, sans qu'ils aient à s'inquiéter si le donneur d'ordre a, ou non, fait provision. Quant au tiré, c'est à lui de n'accepter l'engagement d'acquitter la lettre de change que lorsque la provision est faite. Qu'arrivera-t-il dans le cas où la provision ne se fera point, et où, cependant, il aura prématurément accepté ? Pourra-t-il exercer son recours contre le tireur pour compte ; ou bien ne devra-t-il pas, au contraire, ne s'en prendre qu'à lui-même de s'être engagé trop légèrement ? La raison et l'équité décident cette question en faveur du tireur pour compte. Elle a, néanmoins, été l'objet d'une très-grave controverse, par suite de la rédaction vicieuse de l'art. 115 du Code du commerce ; mais une loi du 19 mars 1817 a rectifié cet article, qui maintenant est ainsi conçu : « La provision doit être faite par le tireur, ou par celui pour le compte de qui la lettre de change sera tirée, sans que le tireur pour compte d'autrui cesse d'être personnellement obligé envers les endosseurs et le porteur seulement. »

Il n'est pas nécessaire, pour qu'il y ait provision, que les fonds aient été remis exprès au tiré avec mandat formel et spécial d'acquitter la lettre; il suffit, pour que la provision soit faite, qu'à l'échéance, celui sur qui la lettre est fournie se trouve débiteur du tireur ou de celui pour compte de qui elle est tirée; mais il faut que la dette soit d'une somme au moins égale au montant de la lettre de change.

Lorsqu'une lettre de change n'est pas payée à son échéance, la question de savoir si la provision en a été faite, devient, sous plusieurs rapports, nécessaire à éclaircir.

Sous l'empire de l'ordonnance de 1673, la preuve de la provision importait beaucoup aux endosseurs, car ils étaient obligés d'administrer cette preuve, pour faire déclarer le porteur déchu de son recours contre eux, faute de protêt en temps utile. Depuis le Code de commerce, les endosseurs n'ont plus besoin de prouver que la provision était faite, pour exciper contre le porteur du défaut de protêt. Si celui-ci manque à faire ses diligences dans les délais prescrits par la loi, il est déchu de tout recours contre les endosseurs, qu'il y ait eu, ou non, provision; s'il fait ses diligences en temps utile, son recours contre eux lui appartient dans tous les cas; et ainsi la présence ou l'absence de provision ne change rien à leurs droits respectifs.

Il en est autrement à l'égard du tireur. S'il justifie qu'il y a eu provision à l'échéance, le porteur qui n'a point protesté en temps utile perd son recours contre lui, et ne conserve d'action que contre le tiré; si, au contraire, le tireur ne prouve pas que le tiré avait provision, il est tenu de la garantie, quand bien même le protêt n'aurait été fait qu'après les délais fixés. En cas de négociation par le tiré, c'est au tireur qu'est imposée l'obligation d'établir la preuve, sans que l'acceptation du tiré suffise pour faire supposer contre celui-ci que la provision a été réellement effectuée entre ses mains.

§ VI. ACCEPTATION.

L'ACCEPTATION d'une lettre de change est une déclaration par laquelle celui sur qui cette lettre est tirée contracte l'engagement de la payer.

Le porteur de la lettre de change n'est obligé que dans un seul cas de requérir l'acceptation. C'est lorsqu'elle est payable à un délai qui ne doit commencer à courir que de l'instant où elle a été *vue*. En effet, si une lettre est payable à quinze jours de vue, à deux mois de vue, il est nécessaire, pour qu'elle acquière une échéance fixe, que la présentation au tiré fasse courir un délai certain. Il ne fallait pas que ces délais pussent être perpétués indéfiniment par le caprice ou la négligence du porteur : aussi a-t-on établi des termes dans lesquels le porteur d'une lettre de change payable soit à vue, soit à un ou plusieurs jours, où mois, ou usances de vue, doit en exiger le paiement, sous peine de perdre son recours sur les endosseurs et même sur le tireur, si celui-ci a fait provision.

Ces délais, pour toute lettre sur la France, sont de six mois pour celles qui sont tirées tant de l'intérieur du royaume que du continent ou des îles d'Europe;

De huit mois pour les lettres tirées des Échelles du Levant et des côtes septentrionales de l'Afrique, sur les possessions européennes de la France; et réciproquement du continent et des îles de l'Europe, sur les établissemens français aux Échelles du Levant, et aux côtes septentrionales de l'Afrique.

Le délai est d'un an, pour les lettres tirées des côtes occidentales de l'Afrique, jusques et compris le Cap de Bonne-Espérance. Il est aussi d'un an pour les lettres de change tirées du continent et des îles des Indes occidentales sur les possessions européennes de la France; et réciproquement du continent et des îles de l'Europe sur les possessions françaises ou établissemens français aux côtes occidentales de l'Afrique, au continent et aux îles des Indes occidentales;

Le délai est de deux ans, pour les lettres de change tirées du continent et des îles des Indes orientales, sur les possessions européennes de la France; et réciproquement, du continent et des îles de l'Europe sur les possessions françaises, ou établissemens français au continent et aux îles des Indes orientales.

Le Code de commerce avait omis de statuer sur les lettres de change tirées sur l'étranger. La loi du 19 mars 1817 a rempli cette lacune. Elle a prononcé la même déchéance contre le porteur d'une lettre de change à vue, tirée de la France ou des possessions françaises en Europe, et payable dans l'étranger, si le porteur n'en a pas exigé le paiement ou l'acceptation dans le même délai, sauf toutefois le cas de stipulation contraire et expresse entre le tireur et le preneur.

En temps de guerre maritime, les délais ci-dessus de huit mois, d'un an et de deux ans, sont doublés.

Ces dispositions ne concernent que les lettres à jours de vue. Pour toutes celles dont l'échéance est stipulée à une époque certaine, le porteur n'est point tenu de requérir l'acceptation, à moins qu'il ne s'y soit obligé par une convention particulière envers celui de qui il tient la lettre; mais, dans ce dernier cas, c'est comme chargé d'un mandat spécial, et non en sa qualité de porteur d'une lettre de change, que cette obligation lui est imposée.

Lorsqu'une lettre est présentée à l'acceptation, le tiré à la faculté de la garder entre ses mains pendant vingt-quatre heures, afin de l'examiner à loisir, et de ne prendre le parti d'accepter ou celui de refuser qu'avec une entière connaissance de cause. Ce terme passé, il doit rendre la lettre, acceptée ou non; et, s'il la retenait, il serait passible de dommages-intérêts envers le porteur. Sous l'ordonnance de 1673, on décidait que la rétention équivalait à une acceptation. La disposition du Code de commerce, qui punit ce fait par des dommages-intérêts, est plus équitable, parce qu'elle laisse aux juges une plus grande latitude pour apprécier, d'après les circonstances particulières de chaque cause, la nature et l'étendue du préjudice.

Si le tiré refuse d'accepter, le porteur peut faire constater ce refus par un acte extra-judiciaire, que l'on nomme protêt faute d'acceptation, et sur la notification duquel les endosseurs et le tireur, garans solidaires de l'acceptation comme du paiement, sont respectivement tenus de donner caution pour assurer le paiement de la lettre de change à son échéance, ou d'effectuer le paiement avec les frais de protêt et de rechange. La caution, soit du tireur, soit de l'endosseur, n'est solidaire qu'avec celui qu'elle a cautionné. Le porteur n'est tenu de faire protester à défaut de l'acceptation, que dans le cas où il était obligé de la requérir, et aussi dans le cas où le tiré restreint son acceptation à une partie seulement du montant de la lettre de change. Il est nécessaire, en effet, que le protêt pour le surplus non accepté, serve d'avertissement au tireur et aux endosseurs, et leur permette de rechercher les motifs qui ont pu déterminer le tiré à ne donner qu'une acceptation partielle.

Si le tiré accepte la lettre de change, il contracte l'obligation formelle et irrévocable d'en payer le montant; et il n'est pas restituable contre son acceptation, quand même le tireur aurait failli à son insu avant qu'il eût accepté; la sécurité des opérations commerciales exige que celui qui a consenti au paiement d'une lettre de change en donnant son acceptation, ne puisse plus revenir sur cet engagement, lorsqu'une fois il est formé. *Qui accepte, paye*, est une maxime sans exception en France.

L'acceptation doit être écrite et signée. Elle est exprimée par le mot *accepté*. Ce terme n'est pas tellement sacramentel qu'il ne puisse être valablement remplacé par des équivalens; mais puisque le Code de commerce indique cette formule, on commet une imprudence, et l'on s'expose à des contestations lorsque l'on n'exige pas de l'accepteur qu'il se serve de l'expression même, qui est ainsi consacrée. Des arrêts ont jugé qu'une acceptation ne résulte pas nécessairement de ces mots : Je ferai bon accueil à votre lettre de change; vos traites recevront le meilleur accueil de notre part.

La signature de l'acceptation est exigée impérieusement par la loi. L'allégation d'un ancien usage contraire, dans certains lieux et de la part de certaines maisons de commerce, ne suffirait pas pour valider une acceptation dépourvue de signature.

La date de l'acceptation ne devient nécessaire que si la lettre est payable après un certain temps de vue; et afin de fixer, dans ce cas, l'époque de l'échéance. Si l'individu sur qui la lettre est tirée à un délai quelconque de vue, l'accepte et néglige de dater son acceptation, il est censé avoir vu et accepté la lettre le jour même qu'elle a été tirée sur lui, et cette lettre est exigible au terme y exprimé, à compter de sa date.

L'acceptation d'une lettre de change payable dans un autre lieu que celui de la résidence du tiré accepteur, doit contenir l'indication du domicile auquel le paiement sera effectué, ou les diligences faites.

L'acceptation doit être pure et simple, et ne peut pas être conditionnelle. Seulement elle peut être restreinte quant à la somme acceptée. Un porteur a le droit de prendre pour refus toute déclaration du tiré, qui ne contiendrait de sa part qu'une acceptation subordonnée à certaines conditions, ou même toute prétendue acceptation qui ne serait pas libellée conformément à la formule indiquée par la loi.

L'usage est que l'acceptation soit écrite sur le corps même de la lettre de change; mais elle peut aussi être contenue dans un écrit séparé, ou résulter même de la correspondance, quoique ces acceptations séparées ne soient pas sans inconvéniens.

§ VII. ACCEPTATION PAR INTERVENTION.

Lors du protêt faute d'acceptation, un tiers peut intervenir, et accepter la lettre de change, soit pour le tireur, soit pour l'un des endosseurs, et afin de faire honneur à la signature de la personne pour laquelle il accepte. L'intervention est mentionnée dans l'acte du protêt; elle est signée par l'intervenant.

Le tiers qui, sans mission expresse, accepte ainsi une lettre de change, pourrait, au lieu d'être utile à celui pour qui il intervient, l'exposer au contraire à quelque dommage s'il le laissait dans l'ignorance des faits : aussi la loi veut-elle qu'il soit tenu de lui notifier sans délai son intervention. Elle ne fixe pas un délai précis, et ne détermine pas les conséquences nécessaires du défaut de notification; s'en rapportant, sur ces points, à la prudence et à l'équité des juges.

Le porteur de la lettre de change, que l'on ne peut pas contraindre à souffrir le changement des garanties qui lui étaient promises par son titre, conserve tous ses droits contre le tireur et les endosseurs, à raison du défaut d'acceptation par celui sur qui la lettre était tirée, nonobstant toutes acceptations par intervention.

§ VIII. ENDOSSEMENT.

Les lettres de change, inventées pour les besoins de la circulation et pour éviter les transports effectifs d'espèces, ne pouvaient être assujetties à toutes les formalités des transports ordinaires de créances. Il fallait que cette monnaie nouvelle fût aisément transmissible de mains en mains. Aussi suffit-il de quelques mots écrits au dos de la lettre, pour en céder la propriété ou pour donner pouvoir d'en toucher le montant. Ce transport, ou cette procuration sont écrits au dos de la lettre, et de là leur vient le nom d'*endossement*. Pour opérer le transport de la propriété, il faut que l'endossement soit daté; qu'il exprime en termes formels la valeur fournie, et qu'il ne contienne pas seulement ces mots, dont on a tort, dans l'usage, de se contenter quelquefois : *valeur reçue, valeur entendue,* et autres semblables. Il faut enfin que l'endossement énonce le nom de celui à l'ordre de qui il est passé.

Lorsque l'endossement est régulier par l'accomplissement de ces diverses formalités, il opère une transmission complète de la propriété, en sorte que le débiteur de la lettre ne peut pas opposer au tiers-porteur la compensation de ce qui est dû par les propriétaires précédens; en sorte, également, que les créanciers de ces précédens propriétaires ne seraient pas recevables à arrêter le paiement par une saisie entre les mains de celui qui doit l'effectuer à l'échéance.

Si l'endossement est irrégulier par le défaut d'accomplissement d'une ou plusieurs des formalités dont il vient d'être fait mention, il n'opère pas le transport de propriété de la lettre de change, il ne vaut que comme procuration, entre les mains du porteur, avec autorisation pour toucher.

Un usage fréquent dans le commerce, est de transmettre les lettres de change avec l'endossement en blanc, et seulement par la signature de l'endosseur apposée au dos de la lettre. Cet usage est sujet à d'assez graves inconvéniens. Comme il importe peu de quelle main l'endossement soit rempli, et qu'il peut l'être même par la personne au profit de laquelle il est fait, celui qui livre ainsi son blanc-seing s'expose à ce que la lettre venant à se perdre, ou à être soustraite, ne soit présentée au paiement par celui qui l'aura trouvée.

Il est un cas où l'endossement en blanc ne peut plus être rempli par un endossement régulier. C'est lorsque l'endosseur, avant cette régularisation de l'endossement, se trouve dessaisi lui-même du droit de transférer sa propriété, et, par exemple, lorsqu'il tombe en faillite, ou lorsqu'il est frappé d'interdiction. Le propriétaire qui a remis son titre avec son blanc-seing est présumé avoir consenti à ce qu'un transport régulier fût écrit au-dessus de sa signature; mais lorsque l'incapacité du propriétaire survient avant la réalisation du transport, le porteur se trouve dans l'impossibilité d'effectuer une transmission de propriété, à l'époque où la faculté d'aliéner valablement n'appartient plus à son cédant.

Il est défendu d'antidater les ordres, à peine de faux.

§ IX. SOLIDARITÉ.

Tous ceux qui ont signé, accepté ou endossé une lettre de change, sont tenus à la garantie solidaire envers le porteur. Chacun d'eux, à défaut de paiement à l'échéance, par le principal débiteur, peut être contraint, même par corps, à payer intégralement, sauf son recours contre ceux dont la signature précède la sienne.

On a long-temps hésité sur la question de savoir si l'individu par ordre et pour compte duquel une lettre de change a été tirée, doit être compté au nombre des garans solidaires qui peuvent être directement actionnés par le porteur à fin de paiement. La jurisprudence s'est fixée, avec raison, pour la négative. Elle a considéré que le donneur d'ordre ne traite pas avec les tiers, et ne donne pas sa signature comme l'une des garanties du contrat; que seulement il est le commettant du tireur; et que si celui-ci a des droits à exercer contre lui, les créanciers de la lettre de change pourront y être subrogés.

§ X. AVAL.

Indépendamment de l'acceptation et de l'endossement, il existe encore pour la garantie du paiement d'une lettre de change, un cautionnement d'une nature particulière auquel on donne le nom d'*aval.*

L'aval a des effets plus étendus que le cautionnement ordinaire; il entraîne de plein droit la solidarité; il assujettit personnellement les tiers qui le souscrivent à toutes les charges directes de l'obligation, et les rend contraignables par les mêmes voies, même par corps; enfin, il les assimile entièrement à ceux des souscripteurs, accepteurs ou endosseurs, dont ils se sont portés cautions. Néanmoins le donneur d'aval peut apporter à ses engagemens toutes les limitations qu'il juge à propos de stipuler; seulement, il est nécessaire que ces restrictions résultent de conventions expresses.

L'aval n'est soumis à aucune forme particulière; il peut, suivant les circonstances, résulter même d'une simple signature donnée en blanc. Il est fourni, ou sur la lettre même, ou par acte séparé.

§ XI. PAIEMENT.

La lettre de change doit être payée à son échéance, sans que d'une part les juges aient le pouvoir d'accorder le moindre délai au débiteur, ni que, d'une autre part, le porteur puisse être contraint de recevoir son paiement avant l'échéance. Elle doit être payée dans la monnaie qu'elle indique; et le porteur aurait droit de réclamer des dommages et intérêts contre le débiteur qui ne voudrait, ou ne pourrait se libérer qu'en valeurs ou en monnaies autres que celles qui ont été spécifiées. On avait élevé la question de savoir si le porteur peut se voir contraint à recevoir des billets de la banque de France en paiement, surtout lorsque la lettre n'indique pas que ce paiement sera effectué en certaines monnaies, spécialement désignées; un avis du conseil d'état a répondu qu'il n'y a point en France de papier-monnaie; que ces billets, établis pour la commodité du commerce, sont de simple confiance et n'ont pas un cours forcé.

Celui qui paye à l'échéance, et sans opposition, est présumé valablement libéré; cette présomption doit prévaloir, même quand il paierait sur un ordre faux, pourvu qu'il ait été de bonne foi, et qu'il n'ait pas lui-même facilité la fraude du porteur en se rendant coupable de quelque grave négligence. Au contraire, celui qui paye une lettre de change avant son échéance est responsable de la validité du paiement, quand même il n'aurait pas eu d'opposition entre ses mains. Les oppositions au paiement ne sont admises que dans deux cas : si la lettre de change a été égarée, ou si le porteur est tombé en faillite.

Lorsqu'une lettre de change a été souscrite par duplicata, triplicata, etc., il n'y a aucun inconvénient à payer sur la seconde, troisième, etc., si l'exemplaire sur lequel on paye porte que ce paiement annulle l'effet des autres, et si aucun des exemplaires n'a été revêtu d'acceptation. Celui à qui la lettre de change non acceptée appartient peut, indifféremment, poursuivre le paiement sur la première, ou bien sur une seconde, ou troisième.

Il en serait autrement si la lettre de change avait été acceptée. L'accepteur qui paierait sans retirer l'exemplaire sur lequel se trouve son acceptation, n'opérerait pas sa libération à l'égard du tiers-porteur de son acceptation. Si l'exemplaire revêtu d'acceptation est perdu, le paiement ne peut en être exigé sur une seconde, troisième, etc., que par ordonnance du juge, et à la charge par le porteur de donner caution. Si l'exemplaire revêtu d'acceptation est perdu, et que le propriétaire ne puisse pas représenter de seconde, troisième, etc., il faut, pour qu'il obtienne l'ordonnance du juge, qu'outre la prestation de la caution, il justifie de sa propriété par ses livres. Le Code a borné à trois ans l'engagement de la caution, si, pendant ce temps, il n'y a eu ni demandes ni poursuites juridiques, quoique, en général, les actions résultant de la lettre de change durent pendant cinq années. C'est au propriétaire de la lettre perdue à faire promptement ses diligences, s'il veut conserver son recours contre la caution, et, ainsi, être sûr de son paiement, même en cas d'insolvabilité du porteur, responsable envers lui comme ayant touché mal à propos, et à son préjudice.

Si l'acquéreur se refuse au paiement réclamé contre lui par le propriétaire de la lettre perdue, celui-ci conserve tous ses droits par un acte de protestation, qui doit être fait le lendemain de l'échéance, et qui doit être notifié aux tireurs et endosseurs dans les formes et délais prescrits pour la notification du protêt.

Le propriétaire de la lettre perdue doit, pour s'en procurer la seconde, s'adresser à son endosseur immédiat, qui est tenu de lui prêter son nom et ses soins pour agir envers son propre endosseur; et ainsi en remontant d'endosseur en endosseur, jusqu'au tireur de la lettre. C'est le propriétaire qui supportera tous les frais; mais, de leur côté, les endosseurs ne pourront lui refuser leur nom et leurs soins, quand même il n'y aurait eu ni protêt, ni recours dans les délais de la loi.

Lorsque le débiteur d'une lettre de change n'offre en paiement qu'une portion du prix, le porteur est tenu de recevoir cet à-compte, qui vient à la décharge des tireurs et endosseurs, et de faire protester la lettre pour le surplus. Si plusieurs des codébiteurs de la lettre de change tombent en faillite, le créancier peut participer aux distributions de dividendes dans toutes les masses, jusqu'à son parfait et entier paiement.

§ XII. PAIEMENT PAR INTERVENTION.

On a vu, dans le septième paragraphe, que toute personne peut intervenir lors du protêt faute d'acceptation, et accepter la lettre de change; il en est de même lors du protêt faute de paiement. Tout intervenant pour le tireur ou pour l'un des endosseurs peut payer la lettre protestée, même à l'insu de celui pour lequel il intervient; mais il faut que le protêt ait lieu, et que l'intervention et le paiement se trouvent constatés, soit dans l'acte de protêt, soit à la suite. Le tiers intervenant, qui acquitte la lettre, est, de plein droit, subrogé au lieu et place du porteur, et tenu des mêmes devoirs pour les formalités à remplir; mais il peut n'avoir pas pour obligés tous les endosseurs contre lesquels le porteur avait lui-même le droit de réclamer son paiement, et il ne conserve aucun recours contre tous les coobligés postérieurs à celui pour qui il paye; il n'a d'action que contre les individus que celui pour qui il paye pouvait actionner. Ainsi, lorsque le paiement est fait pour le compte du tireur, tous les endosseurs sont libérés : s'il est fait pour un endosseur, il libère les endosseurs subséquens. Par une conséquence de cette règle, s'il y a concurrence pour le paiement par intervention, celui qui opère le plus de libérations est préféré; et, par le même principe, si celui sur qui la lettre était originairement tirée, et sur qui a été fait le protêt faute d'acceptation, se présente pour la payer, il sera préféré à tous autres.

§ XIII. DEVOIRS DU PORTEUR POUR LA CONSERVATION DE SES DROITS.

Le porteur d'une lettre de change doit accomplir certaines formalités et observer certains délais, s'il veut conserver tous les priviléges attachés à son titre, et faire un usage utile de la garantie qui oblige solidairement envers lui le tireur et tous les endosseurs, aussi bien que l'accepteur même.

Si la lettre est tirée à vue, ou à un délai quelconque de vue, il doit en exiger le paiement ou l'acceptation dans les délais précédemment indiqués au sixième paragraphe, à peine de perdre son recours sur les endosseurs, et même sur le tireur, si celui-ci a fait provision. C'est le jour même de l'échéance que le porteur doit exiger le paiement; c'est le lendemain, ou le jour suivant, si le lendemain est un jour férié légal, que le refus de paiement doit être constaté par un acte que l'on nomme *protêt faute de paiement*.

Sous l'ordonnance de 1673, la jurisprudence était divisée sur la question de savoir si la faillite du principal débiteur dispensait du protêt le porteur. Le Code de commerce a établi, par une disposition expresse, que le porteur n'est dispensé du protêt faute de paiement, ni par le protêt faute d'acceptation, ni par la mort ou la faillite de celui sur qui la lettre est tirée. L'ouverture de faillite rendant exigibles toutes les dettes non échues, le porteur a la faculté, en cas de faillite de l'accepteur avant l'échéance, de faire protester, et d'exercer son recours, afin d'obtenir de tous les débiteurs obligés solidairement avec le failli, caution du paiement à l'échéance. Mais ce droit est purement facultatif; aussi rien n'empêche qu'après un premier protêt pour cause de faillite, il n'en soit fait un second à l'échéance; et l'inobservation des délais fixés pour l'exercice des recours n'entraîne la déchéance qu'à partir du second protêt.

Le porteur d'une lettre de change, protestée faute de paiement, peut exercer l'action qu'il a solidairement contre le tireur et les endosseurs, soit individuellement contre chacun d'eux, soit collectivement contre tous ou partie d'entre eux; et la même faculté existe pour chacun des endosseurs à l'égard du tireur et des endosseurs qui les précèdent.

Si le porteur exerce le recours individuellement contre son cédant, il doit lui faire notifier le protêt, et ne doit pas se contenter de lui en donner simplement avis par correspondance; à défaut de remboursement, il doit, de plus, le faire citer en jugement dans les quinze jours qui suivent la date du protêt, si celui-ci réside dans la distance de cinq myriamètres. Ce délai, à l'égard du cédant domicilié à plus de cinq myriamètres de l'endroit où la lettre était payable, sera augmenté d'un jour par deux myriamètres et demi, excédant les cinq myriamètres. Les lettres de change tirées de France, et payables hors du territoire continental de la France, en Europe, étant protestées, les tireurs et endosseurs résidans en France doivent être poursuivis dans les délais ci-après : de deux mois pour celles qui étaient payables en Corse, dans l'île d'Elbe ou de Capraja, en Angleterre, et dans les états limitrophes de la France; de quatre mois pour celles qui étaient payables aux Échelles du Levant et sur les côtes septentrionales de l'Afrique; d'un an pour celles qui étaient payables aux côtes occidentales de l'Afrique, jusques et compris le Cap de Bonne-Espérance, et dans les Indes occidentales; de deux ans pour celles qui étaient payables dans les Indes orientales. Ces délais doivent être observés dans les mêmes proportions pour le recours à exercer contre les tireurs et endosseurs résidant dans les possessions françaises situées hors d'Europe. Les délais ci-dessus, de six mois, d'un an et de deux ans, sont doublés en temps de guerre maritime.

Lorsqu'un des endosseurs, après notification du protêt, se trouve cité en justice, dans les délais ci-dessus exprimés, en paiement de la lettre de change protestée, et lorsqu'il veut, à son tour, exercer son recours contre les endosseurs qui le précèdent, et contre le tireur, individuellement ou collectivement, il doit se renfermer dans les mêmes délais, qui commencent à partir, à son égard, du lendemain de la date de la citation qu'il a reçue pour paraître en justice; et chaque endosseur, ainsi poursuivi, jouit du même délai pour l'exercice de ses propres recours. Mais si le porteur, ou l'un des endosseurs assignés, ne s'adressent pas à leur cédant immédiat, et franchissent un ou plusieurs des débiteurs de la lettre, pour actionner un ou plusieurs des débiteurs précédens, ils doivent, pour les poursuites, se renfermer dans le délai qui leur appartient directement contre le débiteur qu'ils actionnent, et ils ne peuvent pas profiter de l'addition des délais qui auraient couru pour l'exercice des actions intermédiaires, si elles avaient été intentées.

Si les poursuites sont dirigées collectivement contre plusieurs des coobligés, ils se trouvent appelés ensemble à un même tribunal, dans un même procès, pour être condamnés par une seule sentence; mais il faut, à l'égard de chacun d'eux, se conformer aux délais qui le concernent. Le tribunal est, au choix du demandeur, celui du lieu où la lettre était payable, du lieu d'où elle était tirée, ou du domicile de l'un des coobligés. Si le tiré n'a ni accepté, ni endossé la lettre, il ne peut pas être distrait de ses juges naturels, pour être entraîné au tribunal du domicile de l'un des débiteurs, quand même il se trouverait redevable envers le tireur du montant de la lettre de change; ce ne sont que les débiteurs engagés dans la lettre même, qui peuvent, à raison de leur solidarité, se trouver assignés valablement au domicile de chacun d'eux.

Après l'expiration des délais ci-dessus, pour la présentation de la lettre de change à vue, ou à un ou plusieurs jours, mois, ou usances de vue, pour le protêt faute de paiement, pour l'exercice de l'action en garantie, le porteur de la lettre de change est déchu de tout recours et de tous droits contre les endosseurs, et même contre le tireur, si celui-ci prouve qu'il y avait provision à l'échéance; le porteur, en ce cas, ne conserve d'action que contre le tiré. L'inobservation des mêmes délais de la part des endosseurs contre leurs cédans entraîne la même déchéance de toute action en garantie. On a beaucoup discuté la question de savoir si les cas de force majeure peuvent quelquefois faire relever le porteur et les endosseurs, des résultats de la déchéance encourue par le retard de leurs poursuites; après beaucoup d'hésitations, l'on s'est généralement prononcé pour l'affirmative. Il est un autre cas dans lequel les effets de la déchéance cessent contre le porteur : c'est lorsqu'après l'expiration des délais fixés pour le protêt, pour la notification du protêt ou pour la citation en jugement, le tireur, ou l'un des endosseurs, ont reçu par compte, compensation ou autrement, les fonds destinés au paiement de la lettre de change. Il devient évident par la remise même des fonds, que la négligence du porteur n'a entraîné aucune perte pour celui qui les a reçus, et qui s'enrichirait injustement aux dépens d'autrui, s'il se trouvait, tout à la fois, libéré de la lettre de change, et autorisé à en retenir le montant.

Pendant l'intervalle qui sépare du protêt le jugement, et indépendamment des formalités prescrites pour l'exercice de l'action en garantie, le porteur peut, en obtenant la permission du juge, saisir conservatoirement les effets mobiliers des tireurs, accepteurs et endosseurs.

§ XIV. FORME DES PROTÊTS.

Les protêts faute d'acceptation ou de paiement doivent être dressés soit par deux notaires, soit par un notaire ou un huissier accompagnés de deux témoins, Français, majeurs, sachant signer, non parens ni alliés des parties, ou du notaire, ou de l'huissier, jusqu'au degré de cousin issu de germain inclusivement, ni leurs domestiques. L'acte de protêt doit contenir la transcription littérale de la lettre de change, de l'acceptation, des endossemens, et des recommandations qui y sont indiquées, ainsi que la sommation de payer le montant de la lettre de change. Il faut qu'il énonce la présence ou l'absence de celui qui doit payer, les motifs du refus de payer, et l'impuissance ou le refus de signer. Toute infidélité dans le récit des faits, dans la réponse, dans la transcription des pièces, pourrait être poursuivie comme faux. Les notaires et les huissiers sont tenus, à peine de destitution, dépens, dommages-intérêts envers les parties, de laisser copie exacte des protêts, et de les inscrire en entier, jour par jour et par ordre de dates, dans un registre particulier, coté, paraphé, et tenu dans les formes prescrites pour les répertoires. C'est devant les tribunaux civils, et non devant les tribunaux de commerce que doivent être portées les demandes en dommages-intérêts contre le notaire ou l'huissier qui a commis des irrégularités dans l'acte.

Le protêt doit être fait au domicile de celui sur qui la lettre de change était payable, ou à son dernier domicile connu ; au domicile indiqué pour le paiement par l'acceptation; au domicile des personnes indiquées par la lettre de change pour la payer au besoin; au domicile du tiers qui a accepté par intervention; le tout par un seul et même acte. En cas de fausse indication de domicile, le protêt est précédé d'un acte de perquisition; mais ce dernier acte ne suffirait pas seul, et ne peut pas dispenser du protêt. Nul acte, de la part du porteur de la lettre de change, ne peut suppléer l'acte de protêt, hors le cas où la lettre a été perdue, et où, comme on l'a vu au paragraphe onzième, le protêt se remplace par un acte de protestation qui doit être notifié dans les mêmes formes et les mêmes délais.

§ XV. RETRAITE ET RECHANGE.

Lorsqu'une lettre de change n'a pas été payée à l'échéance, il est juste que le porteur, qui doit être rendu indemne, puisse sur-le-champ se rembourser sur le tireur, ou sur l'un des endosseurs, tant du montant de la lettre protestée que de tous les frais accessoires dans lesquels il a été induit par le non-paiement. Il a droit à se faire rembourser, 1° le principal de la lettre, avec les intérêts qui courent du jour du protêt; 2° les frais de protêt; 3° les autres frais légitimes, tels que commission de banque, courtage, timbre, ports de lettres, etc. Il peut, pour parvenir à ce remboursement, tirer lui-même une nouvelle traite, ou lettre de change, sur le tireur, ou sur l'un des endosseurs, et cet effet de commerce est appelé *retraite*.

Le porteur à le droit de négocier cette retraite comme toute autre lettre de change, mais souvent il arrive qu'il ne peut opérer cette négociation qu'à perte; et l'on ne doit pas, dans ce cas, le rendre passible de la perte qu'entraîne la négociation qu'il est obligé de faire pour rentrer dans ses fonds. Il a droit à se faire indemniser de cette perte, qui prend le nom de *rechange*. Le rechange se règle, à l'égard du tireur de la lettre protestée, par le cours du change du lieu où cette lettre protestée était payable, et d'où la retraite est tirée, sur le lieu d'où avait été tirée la lettre protestée et où la retraite est payable. Il se règle, à l'égard des endosseurs, par le cours du change du lieu où la lettre de change a été remise ou négociée par eux, sur le lieu où le remboursement s'effectue.

La retraite est accompagnée de la lettre de change protestée, du protêt, ou d'une expédition de l'acte de protêt. Elle est accompagnée aussi d'un *compte de retour*, qui comprend le principal de la lettre protestée et le détail des frais accessoires; et, en outre, le prix du rechange, avec la preuve qui le constate. Cette preuve se donne par le certificat d'un agent de change, et, dans les lieux où il n'y a pas d'agent de change, par celui de deux commerçans. Si la retraite est tirée sur un endosseur, comme celui-ci a droit, à son tour, d'en tirer une sur l'un de ses cédans, il est nécessaire, pour lui faciliter l'exercice de son droit, que la retraite faite sur lui soit accompagnée, en outre, d'un certificat qui constate le cours du change du lieu où la lettre était payable, sur le lieu d'où elle a été tirée. Il n'est point dû de rechange si le compte de retour n'est pas accompagné de ces certificats d'agent de change ou de commerçans.

Le porteur, ou les endosseurs qui ont remboursé, peuvent tirer une retraite sur celui qu'ils veulent choisir parmi les débiteurs de la lettre qui les précèdent, mais chacun ne peut en tirer qu'une seule, et contre un seul débiteur. Les comptes de retour, déjà sujets à quelques abus, seraient bien plus abusifs encore, s'il pouvait en être fait plusieurs sur une même lettre de change. Ce compte de retour est remboursé d'endosseur en endosseur respectivement, et définitivement par le tireur. On a regardé comme trop sévère de faire tomber sur celui-ci la charge de tous les rechanges accumulés; il n'en supporte qu'un seul, ainsi que chaque endosseur.

La retraite ne dispense pas de la notification du protêt, et de l'assignation en justice dans les délais prescrits par la loi. Elle est simplement, pour celui qui la fait, un moyen de rentrer dans ses fonds plus promptement que par l'effet d'un jugement. L'intérêt des frais de protêt, rechange, et autres frais légitimes, n'est dû qu'à compter du jour de la demande en justice.

§ XVI. BILLETS A ORDRE.

Il n'est pas de l'essence du billet à ordre, comme de la lettre de change, de reposer sur une remise d'argent de place en place; et ce billet n'est pas comme la lettre de change, réputé, par lui-même, un acte de commerce qui rende tous les signataires contraignables par corps. S'il porte des signatures d'individus non-négocians, et n'a pas pour occasion des opérations de commerce, trafic, change, banque ou courtage, il est une pure obligation civile, et il ne peut alors être soumis aux tribunaux de commerce, si le défendeur requiert son renvoi devant les tribunaux civils. Lorsque les billets portent en même temps des signatures d'individus négocians et d'individus non-négocians, le tribunal de commerce en connaît, mais il ne peut prononcer la contrainte par corps contre les individus non-négocians, à moins qu'ils ne se soient engagés à l'occasion d'opérations de commerce, trafic, banque, ou courtage.

Le billet à ordre est daté. Il énonce la somme à payer; le nom de celui à l'ordre de qui il est souscrit; l'époque à laquelle le paiement doit s'effectuer; la valeur qui a été fournie, en espèces, en marchandises, en compte, ou de toute autre manière. Les dispositions relatives aux lettres de change, en ce qui concerne l'échéance, l'endossement, la solidarité, l'aval, le paiement, le paiement par intervention, le protêt, les déchéances, les devoirs des porteurs et des endosseurs, le rechange, les intérêts, lui sont généralement applicables.

§ XVII. PRESCRIPTION.

Toutes actions relatives aux lettres de change, s'il n'est pas intervenu de condamnation, ou si la dette n'a pas été reconnue par acte séparé, se prescrivent par cinq ans, à compter du protêt, ou de la dernière poursuite juridique, ou bien, à compter du jour de l'échéance, lorsqu'il n'y a pas eu de protêt. Dans le cas où il y a eu condamnation, ou reconnaissance de la dette, le cours de la prescription s'étend au délai ordinaire de trente années. Sous l'empire de l'ordonnance de 1673, les billets à ordre n'étaient sujets qu'à la prescription trentenaire; mais le Code de commerce a établi à leur égard la prescription quinquennale comme pour la lettre de change, pourvu toutefois qu'ils soient souscrits par des négocians, marchands ou banquiers, ou pour faits de commerce.

Cette prescription est une présomption légale de paiement, contre laquelle les juges ne sauraient être autorisés à admettre des présomptions contraires de non-paiement; mais s'il existe des preuves de non-paiement complètes et irrécusables, le débiteur peut être condamné, quoiqu'il invoque la prescription, et la présomption cède contre la certitude. Par suite de même principe, les prétendus débiteurs, qui invoquent la prescription, sont tenus, s'ils en sont requis, d'affirmer, sous serment, qu'ils ne sont plus redevables; et leurs veuves, héritiers ou ayans-cause, qu'ils estiment de bonne-foi qu'il n'est plus rien dû.

FIN.

www.ingramcontent.com/pod-product-compliance
Lightning Source LLC
Chambersburg PA
CBHW061008220326
41599CB00023B/3874
* 9 7 8 2 0 1 3 5 2 0 3 8 6 *